영재교육필독시리즈 8

Social/Emotional Issues, Underachievement, and
Counseling of Gifted and Talented Students

사회적 · 정서적 문제, 미성취, 상담

Sidney M. Moon 편저 · 문은식 · 송의열 · 최지영 · 송영명 공역

학지사

Social/Emotional Issues, Underachievement, and Counseling of Gifted and Talented Students
by Sidney M. Moon

영재교육필독시리즈 번역을 통한 새로운 지평을 열며

한국영재교육학회 회장 송인섭

한국에서 영재교육에 대한 관심의 역사와 뿌리는 수십여 년에 걸쳐 많은 영재교육학자들과 다양한 영역의 학자들이 이론적 대화와 논쟁을 통해 발전시키고 이를 교육 현장에 접목시키려는 노력에서 찾을 수 있다. 학문의 수월성 추구라는 측면과 한 인간이 가진 학습력의 다양성에 적절성을 제공한다는 의미에서 영재교육은 항상 우리의 관심 안에서 생명력을 키워 왔다. 그런 가운데 1995년 5월 30일 교육개혁안의 발표로 교육에서 영재교육이 차지하는 비중이 점차 강조되고 크게 다루어짐으로써, 영재교육의 새로운 지평을 여는 계기가 되었다. 이에 대한 실천 방안으로 2001년 1월 21일에 공포된 '영재교육진흥법'은 영재교육을 이론과 실제에서 구체적으로 한국사회에 정착하게 만든 중요한 전환점으로 기억된다.

> 이 법은 교육기본법 제12조, 제19조 규정에 따라 재능이 뛰어난 사람을 조기에 발굴하여 타고난 잠재력을 개발할 수 있도록 능력과 소질에 맞는 교육을 실시함으로써 개인의 자아실현을 도모하고 국가사회발전에 기여함을 목적으로 한다(영재교육진흥법 제1조 목적).

'영재교육진흥법 제1조 목적'을 보면, 이제 한국에서도 영재교육을 구체적으로 시행하려는 의도를 엿볼 수 있다. 자아실현을 통한 개인의 성장을 도모함과 국가사회발전에 기여함을 목적으로 설정한 점은 영재교육의 기본 전제와 차이가 없다. 이제 국가적인 차원에서 영재교육의 가능성이 열린 것이다.

그러나 영재교육은 이상과 의지만으로 되는 것이 아니고 합리적이고 타당한 실제가 있어야만 한다. 따라서 앞으로 단순히 법적인 차원에서의 목적 제시가 아닌, 한 개인이 자아실현을 이루고 그 자아실현을 통하여 한국사회에 봉사하는 영재를 교육하는 실제가 이루어지는 구체적인 노력이 필요하다.

이를 계기로 영재의 판별, 독립적인 영재교육과정의 개발, 정규 공교육과정 내에 영재교육의 실제적인 도입, 영재교육을 활성화하기 위한 다양한 영재교육기관의 설립, 그리고 영재교육을 위한 전문 연구소 또는 대학 부설 영재교육센터의 설치와 운영의 문제 등이 현실화되면서, 영재교육은 교육현장에서 중요한 부분을 차지하게 되었다.

영재교육은 통합학문적인 특성과 종합적인 사고속에서 이론과 실제가 연계될 때만이 신뢰성과 타당성을 갖출 수 있다는 특성이 있어 다양한 분야 전공 학자들이 이 문제에 대하여 큰 관심을 가질 필요가 있다. 교육학 자체가 이론과 실제의 조화를 요구하듯이, 영재교육에 대한 접근도 다양하고 종합적인 사고가 요구된다는 것을 우리는 잘 인식하고 있다. 영재교육은 영재교육에 대한 철학과 인간에 대한 가정으로부터 출발하여 인간의 특성에 대한 합리적이고 충분한 근거 위에서 논의해야 할 것이다. 이러한 이유로 현재 한국의 영재교육은 인문, 사회, 과학 분야를 망라하는 다양한 학자들의 손을 거쳐 점차적으로 이론과 실제라는 측면에서 발전하는 과정에 있다고 볼 수 있다.

이러한 발전과정의 하나로, 2002년 영재교육에 관심 있는 학자들이 뜻을 모아 현재의 '한국영재교육학회'를 창립하였다. 창립 이후에 각종 학술대회 개최, 세미나 실시, 그리고 매월 영재교육에 대한 콜로키움 등의 다양한 모임의 진행을 통하여 영재교육에 대한 문제를 토론하고 연구하며 현장에 적용하려는 노력을 지속하고 이를 『영재와 영재교육』이라는 학술지로 출판하고 있다. 특히, 영재교육학회의 콜로키움은 전국에서 20~30명 내외의 학자가 매월 1회씩 만나 영재교육과 관련된 논문 및 다양한 주제에 대해 토론하고 있다. 이를 통하여 영재에 관한 우리의 사고를 발전시킬 뿐만 아니라, 한국 사회에 어떻게 영재교육을 정착시킬 것인가의 문제를 가지고 논의하여 왔다. 이러한 노력으로 본 학회의 연구결과를 공표하는 학술지인 『영재와 영재교육』이 한국학술진흥재단의 등재후보학술지로 인정받았다.

이에 더하여 본 학회는 2006년도에 콜로키움의 주제를 미국영재교육학회에서 펴낸 지난 50년간의 영재교육의 연구결과물인 『영재교육필독시리즈(essential readings in gifted education, 2004)』를 선택하여 연구하였다. 매월 콜로키움을 통해 본 시리즈를 공부하고 논의하면서, 쉽지 않은 작업이지만 한국 영재교육의 발전을 위하여 시리즈를 번역하기로 합의하였다. 본서는 한국의 영재교육 상황을 설명하기 위하여 한국의 영재교육을 '특별호'로 첨가시켰으며 이 작업은 송인섭과 한기순이 하였다. 본 번역 작업은 1년 반의 기간이 소요되었으며, 공사다망한 가운데 번역 작업에 자발적으로 참여한 영재교육학자들은 강갑원, 강영심, 강현석, 고진영, 김미숙, 김정휘, 김정희, 김혜숙, 문은식, 박명순, 박은영, 박창언, 박춘성, 성은현, 성희진, 송의열, 송영명, 유효현, 이경화, 이민희, 이신동, 이정규, 이행은, 임웅, 전명남, 전미란, 정정희, 최병연, 최지영, 최호성, 한순미, 황윤세다.

물론 공동 작업은 쉽지 않은 일이었다. 그러나 많은 연구자들이 바쁜 와중에도 본 시리즈를 번역하는 일에 시간을 집중 할애함으로써 기간 내에 완성하였다는 점은 우리 모두로 하여금 학문적 성취감을 갖게 하기에 충분하였다. '번역은 제2의 창조'라는 말이 있듯이 새로운 지식 창출은 쉽지 않은 작업이었으나, 번역자들은 정기적인 회의를 통해 용어를 통일하였으며 내용의 일관성과 상호 검증과정을 통해 가능한 한 원저자의 의도를 반영하도록 노력하였다. 마지막으로 번역자들은 전체 회의를 통해 시리즈의 용어 통일을 위한 활동을 하면서, 시리즈 출판 후의 작업으로 '영재교육용어사전(가칭)'을 편찬하기로 합의하는 등 뜨거운 관심과 학문적 노력으로 본 시리즈의 번역물이 세상에 그 탄생을 알리게 되었다.

본 시리즈에 대해서는 원문의 편저자가 자세히 제시하였듯이, 영재교육에서 다루어야 할 대부분의 문제를 다루고 있다. 영재성의 정의, 판별, 교육과정, 영재의 정서적인 문제, 그리고 영재교육의 공공정책에 이르기까지 다양한 영역을 다루고 있다는 측면을 보더라도 본 시리즈가 갖는 학문적 포괄성과 깊이를 충분히 이해할 수 있다. 나아가 결론 부분에서 '영재교육이 지속적으로 성장하기 위해서는 새로운 목소리가 들려야 하고 새로운 참여자가 있어야 할 것이며 위대한 기회가 우리 분야에 활용될 것'이라는 주장은 영재교육의 미래에 대한 도전의 가치를 시사하고 있다.

본 시리즈에 포함된 주옥같은 논문들은 영재교육 분야의 『Gifted Child Quarterly』 같은 중요한 저널에서 가장 많이 인용된 논문들로, 엄선되어 소개된 것이 특징이다. 본 시리즈가 영재교육의 역사와 현재 영재교육에 대한 논의를 통해 영재를 위한 최상의 교육적 경험들을 찾는 것처럼, 한국의 영재교육 연구자에게도 바람직한 정보를 제공할 것이다. 또한 본 번역진들은 영재교육필독시리즈가 영재교육을 공부하는 학도들의 관심을 불러일으킬 만한 논문들로 구성되었다는 점을 확인할 수 있었다. 다소 그 대답을 찾지 못한 영역을 기술한 학자들은 도입 부분에서 아직 남아 있는 질문들을 이해하는 데 출발점이 될 수 있을 것이다. 우리는 그러한 대답들을 여전히 찾고 있으며, 현재 계속되는 발전적인 질문을 하기 위해 좀 더 나은 준비를 할 필요가 있다. 이번 시리즈의 독창적인 논문들은 우리가 어떤 이슈들을 해결하는 데 도움을 주면서 쉽게 답이 나오지 않는 다른 의문들도 강조한다. 결국 이 논문들은 끊임없이 제기되는 의문에 대하여 새롭게 도전하도록 도와준다고 볼 수 있다.

영재교육과 관련하여 그 성격과 내용, 방법, 교사연수, 교육과정 개발, 국가의 지원 문제 등에 대한 연구가 부족한 시점에서, 본 시리즈의 출판으로 많은 문제가 나름대로 정리되고 한국의 영재교육에 새로운 방향을 제시하기를 바라는 마음이 깊다. 영재교육에 관심 있는 영재 학도들의 토론의 출발점이 되는 번역서의 역할을 기대한다. 작업에 참여한 역자들은 영재교육 문제를 이론적·실제적으로 생각하고 논의하는 과정에서 마침내 본 시리즈를 한국 사회에 내놓게 되었다.

한편, 이 시리즈의 출판은 좀 더 큰 다른 결실로 나아가기 위한 과정이라고 볼 수 있다. 우리는 영재교육의 순기능을 극대화하는 방향을 모색하는 연구를 계속하고자 한다. 또한 영재교육에 관한 논의를 한국적 상황에 적용할 수 있는 한국적 영재교육을 생각하고자 한다. 교육과 연구를 병행함으로써 이론 발전을 통하여 현장에서의 영재교육 활동과 접목하여 발전시켜 나갈 것이다. 지금까지의 영재교육은 이론적·실제적 측면보다는 무작위적인 활동을 통한 교육으로 많은 시간을 소모하고 있는 듯하다. 이 시리즈의 논문에서 대답되고 제기된 문제들은 우리가 영재교육 분야에서 진일보할 수 있도록 도움을 줄 것이다.

우리는 '이 시리즈를 읽는 사람들이 영재교육의 흥미로운 여행에 동참해 주기를 희망한다'는 본 시리즈 소개의 결론에 동의하면서, 한국 사회에서 관심 있는 많은 사람들이 본 시리즈를 통하여 영재교육에 대한 관심과 새로운 도전에 참여하기를 기대한다. 역자들은 이 분야에 관련된 이론 발전을 위해 계속 연구할 것을 약속하고자 한다.

본 작업이 완료되기까지는 학지사의 김진환 사장의 출판에 대한 철학과 기획 시리즈의 사회적 기능을 고려한 적극적 지원의 힘을 얻었다. 뿐만 아니라 학지사의 편집부 직원 모두에게 깊은 감사를 드린다.

2007년 12월
청파골 연구실에서

역자 서문

　영재아의 사회적·정서적 특징과 발달에 관하여 알려진 지식은 일반학생에 비해 적은 편이다. 영재아는 부모, 교사, 친구로부터 높은 기대와 관심을 받아 성취동기, 자신감, 만족감을 촉진시킬 수도 있지만, 반대로 좌절감, 스트레스, 불안, 우울 등의 부정적인 결과를 초래할 수도 있다. 일반적인 또래 집단과 영재아 집단 간에는 사회적·정서적 특징과 발달에 어떠한 차이가 있는가? 차이가 존재한다면 어떻게, 어떤 과정을 통해서인가? 영재아의 미성취는 무엇인가? 어떤 요인이 영재아의 미성취와 관련되는가? 사회적·정서적 문제를 겪는 영재아를 대상으로 한 상담은 어떻게 차별화할 것인가? 국내에서는 지금까지 이와 관련된 선행연구가 거의 이루어지지 않은 상황이다. 이 책에 포함된 16편의 독창적인 논문은 영재아의 사회적·정서적 특징, 미성취, 상담을 다루고 있어 이러한 문제해결에 관한 대안을 탐색하는 데 상당한 도움을 줄 것이라고 생각한다.

　이 책에 소개된 논문들은 영재학술지 『Gifted Child Quarterly』에 게재된 것으로 영재아의 사회적·정서적 문제, 미성취, 상담을 다룬 대표적인 것을 모은 것이다. 사회적·정서적 문제에서는 9편의 경험적 논문을 포함하고 있는데, 7편의 논문은 양적 접근을 취하고, 나머지 2편의 연구는 질적 접근을 취하고 있다. 미성취에서는 5편의 논문을 소개하고 있는데, 하나는 학교 만족, 열망, 서비스 요구에서 고성취 영재와 미성취 영재 간의 차이를 비교하였고, 3편의 연구는 미성취를 성취로 되돌리려는 질적인 중재 연구를 수행한 것이며, 마지막 연구는 관련 문헌을 종합적으로 고찰한 논문이다. 영재학생 상담에서는 3편의 영향력 있는 논문을 제시하고 있다. 영재교육의 분야는 영재학생을 위한 차별화된 상담 서비스보다는 차별화된 서비스의 요구 및 효능을 연구하는 데 상당한 시간과 노력을 경주하였다. 그 결과 특정 시점에서 특수한 영재학생들의 발달에 가장 도움이 될 수 있는 상담 서비스 유형에 관하여 알려진 것이 거의 없는 실정이다.

모든 영재학생의 정의적 발달에는 보다 많은 주의가 필요하며, 특히 잠재력을 발휘하는 데 실패할 위험에 처한 영재학생, 미성취자 등으로 이루어진 특수 집단의 정의적 요구에 주의를 기울일 필요가 있다. 또한 '이들 학생에게 효과적으로 작용하는 것이 무엇인지(What work with these students)'에 관한 보다 더 경험적인 연구, 즉 정의적 교육과정과 같은 예방적 전략에 관한 연구와 개인, 집단, 가족 치료와 같은 보다 심층적인 중재에 관한 연구가 필요하다. 이를 위해서는 영재교육 분야의 연구자들이 개인·사회 심리학, 상담 심리학, 가족 치료, 정신의학과 같은 정의적 분야의 연구자들과 공동으로 연구할 필요가 있다. 그렇게 공동으로 작업한다면, 정신건강 문제를 겪는 영재학생에게 가장 효과적으로 중재하는 방법과 모든 영재들이 최적의 사회적, 정서적, 개인적 발달을 성취하도록 돕는 방법을 이해할 수 있을 것이다.

이 책을 번역하는 데 참여한 역자들은 4명이며 역자들은 이 책의 내용을 1년여 동안 읽고 번역하고 그 내용을 상호 검토하면서 의견을 교환하였다. 이 책은 총 16개 장으로 구성되어 있는데, 문은식은 서론, 제1장~제5장을, 송의열은 제6장~제9장을, 최지영은 제10장~제12장을, 송영명은 제13장~제16장을 각각 번역하였다. 원서의 내용 중에는 지나치게 미국적 상황에만 국한된 것이 있어서 다소 생략한 부분도 있다. 그러나 그렇지 않은 부분은 가급적 우리나라의 상황에 맞게 번역하려고 노력하였다.

2007년 12월
역자 일동

목 차

 제1부 사회적 · 정서적 문제

제2부 미성취

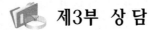

제3부 상담

사회적 · 정서적 문제, 미성취, 상담

영재교육필독시리즈 소개

Sally M. Reis

영재교육에 대한 지난 50년간의 연구 업적은 과소평가할 수 없을 만큼 수행되었다. 영재교육 분야는 더욱 강력하고 가시적으로 나타나고 있다. 미국의 많은 주의 교육위원회 정책이나 입장은 영재교육에 더욱 많이 지원하는 방향으로 수립되고 있으며, 영재교육에 대한 특별한 요구를 특별 법안으로 지원하고 있다. 영재에 대한 연구 분야의 성장은 일정하지 않았지만, 연구자들은 영재를 교육하는 데 국가 이익에 대한 다양한 관점과 영재교육의 책임에 대하여 논의하였다(Gallagher, 1979; Renzulli, 1980; Tannenbaum, 1983). Gallagher는 역사적인 전통 속에서 영재를 위한 특별 프로그램의 지원과 냉담의 논쟁을 평등주의에서 수반된 신념과 귀족적 엘리트의 싸움으로 묘사하였다. Tannenbaum은 영재에 대한 관심이 최고조였던 두 시점을 1957년 스푸트니크 충격[1] 이후의 5년과 1970년대 후반의 5년이라고 제시하면서, 혜택받지 못한 장애인에 대한 교육에 여론의 집중이 최고조였던 시기의 중간 지점에서 영재교육은 오히려 도태되었다고 하였다. "영재에 대한 관심의 순환적 특징은 미국 교육사에서 특이한 것이다. 그 어떤 특별한 아동 집단도 교육자와 아마추어에게 그처럼 강하게 환영받고 또 거부당하는 것을 반복한 적이 없었다."(Tannenbaum, 1983, p. 16) 최근 미국 정부에서 영

---

1) 역자 주: 옛 소련이 세계 최초로 인공위성인 스푸트니크(1957년 10월 4일 발사)를 발사하자, 과학을 비롯하여 우월주의에 빠져 있던 미국은 이를 'Sputnik Shock' 라 하면서, 교육과 과학을 포함한 모든 분야에서 국가 부흥운동을 대대적으로 전개함.

재교육 분야를 주도한 결과, 교육과정의 실험화와 표준화에 대한 우려가 증가하면서 영재교육이 다시 후퇴하는 것으로 나타난 것처럼, Tannenbaum의 말대로 영재교육의 순환적 본질이 어느 정도 맞아떨어지는 것이 우려된다. 영재교육의 태만한 상태에 대한 그의 묘사는 최근의 영재교육 상황을 잘 설명하고 있다. 영재교육에 대한 관심이 최고조였던 1980년대 말에는 영재교육 프로그램이 융성하였고, 초·중등 영재교육 프로그램을 위한 시스템과 15가지 모형이 개발되어 책으로 소개되었다(Renzulli, 1986). 1998년 Jacob Javits의 영재학생 교육법(Gifted and Talented Students Education Act)이 통과된 후 국립영재연구소가 설립되었다. 그리고 12개 프로그램이 '과소대표(underrepresentation)' 집단과 성공적인 실험에 관련된 영역에서 통합적인 지식으로 추가되었다. 그러나 1990년대에는 영재를 위한 프로그램이 축소되거나 삭제되기 시작하였고, 1990년대 후반에는 미국의 절반이 넘는 주가 경기침체와 악화된 예산 압박으로 영재교육을 더욱 축소하였다.

심지어 영재교육의 필요성이 더욱 증가하고 있음에도 불구하고, 제한적 서비스 제공에 대한 우려는 계속 제기되었다. 미국에서 가장 재능이 뛰어난 학생의 교육에 대한 두 번째 연방보고서(Ross, 1933)인 『국가 수월성-발전하는 미국의 재능에 대한 사례(National Excellence: A Case for Developing America's Talent)』는 영재에 대한 관심의 부재를 '심각한 위기(a quiet crisis)'라고 지적하였다. "수년간 영특한 학생의 요구에 단발적인 관심이 있었으나, 영재 중 대부분은 학교에서 자신의 능력 이하의 공부를 하며 지내고 있다. 학교의 신념은 경제적이고 문화적인 배경에서 탁월한 영재보다 모든 학생의 잠재력을 계발해야 한다는 쪽으로 바뀌었다. 따라서 영재는 덜 도전적이고 덜 성취적인 학생이 되었다."(p. 5) 또한 보고서는 미국의 영재가 엄격하지 않은 교육과정에서 별로 읽고 싶지 않은 책을 읽으며, 직업이나 중등교육 졸업 이후를 위한 진로 준비가 다른 많은 선진 국가의 재능이 뛰어난 학생보다 덜 되고 있다는 사실을 지적하였다. 특히 경제적으로 취약하거나 소수집단의 영재는 무시되고, 대부분이 어떠한 중재 없이는 그들의 탁월한

사회적·정서적 문제, 미성취, 상담

잠재력을 알아차리지 못할 것이라고 보고서는 지적하였다.

영재교육 분야의 진보를 축하하는 이 기념비적인 영재교육필독시리즈는 학자들이 『Gifted Child Quarterly』와 같은 영재교육 분야의 주요 저널에서 가장 많이 언급한 주옥 같은 논문들을 소개하고 있다. 우리는 영재교육의 과거를 존중하고 현재 우리가 직면한 도전을 인정하며, 영재를 위해 최상의 교육 경험을 찾는 것같이 미래사회를 위한 희망적인 안내문을 제공해 주는 사색적이고 흥미를 불러일으킬 만한 논문으로 영재교육필독시리즈를 구성하였다. 엄격한 검토 후 출판된 영향력 있는 논문들은 영재교육 분야에서 자주 인용되고 중요하게 여겨지기 때문에 선택되었다. 시리즈의 논문들은 우리가 영재교육에 대해 중요한 내용을 배우고 있다는 것을 보여 주고 있다. 우리의 지식은 여러 분야에 걸쳐 확장되고 진보된 것이 무엇인지에 대해 합의를 이끌어 내고 있다. 다소 분리된 영역을 기술한 학자들은 도입 부분에서 아직 남아 있는 질문을 이해하는 데 도움이 된다고 설명하였다. 그러한 대답을 여전히 찾으면서도, 현재 우리는 발전적인 질문을 계속하기 위해 좀 더 나은 준비를 하고 있다. 이번 시리즈의 독창적인 논문들은 어떤 쟁점을 해결하는 데 도움을 주며, 쉽게 답이 나오지 않는 다른 질문도 강조한다. 결국 이 논문은 끊임없이 제기되는 질문에 새롭게 도전하도록 도와준다. 예를 들면, Carol Tomlinson은 영재교육 분야의 상이한 교육과정은 영재교육 분야에서 계속 파생되는 문제라고 하였다.

초기 영재교육 분야의 문제들은 시간이 지남에 따라 해결되어 점차 체계적 지식의 일부로 포함되었다. 예를 들면, 학교와 가정 모두 높은 잠재력을 지닌 개인의 영재성을 육성하는 데 도움이 될 수 있다는 점과, 학교 내부와 외부의 교육 서비스의 연계는 영재성이 발달할 가장 훌륭한 학창시절을 제공해 줄 수 있다는 것이 널리 인정되고 있다. Linda Brody가 도입부에서 지적한 것처럼, 이미 30년 전에 제기된 집단편성과 속진 문제에 대해 논쟁을 벌이는 것은 현재로서는 불필요하다. 예를 들면, 영재학생들에게 적절한 교육 기회를 제공하기 위해 집단편성, 심화, 속진 모두 필요하다는 사실에 일반적으로 동의하고 있다. 이러한 과거의 논쟁들은 영재교육 분야를 발전시키는 데 도움은 되었으나, 사변적이고 상호 관련되는 작업이 아직 남아 있다. 이번 시리즈는 각 장의 편저자가 배워야 할 것을 모으고, 미래에 대해 흥미를 불러일으키는 질문을 끄집어냈다. 이러한 질문은 영재교육 분야에 고민할 기회를 많이 주고, 다음 세대의 학자들에게 연구할 기회를 충분히 제공한다. 서론에는 이번 시리즈에서 강조하는 내용을 간략하게 소개하고자 한다.

제1권 영재성의 정의와 개념

제1권에서는 Robert Sternberg가 영재성의 정의, 아동기와 청소년기에 보이는 재능의 종류에 대한 독창적인 논문들을 소개하고 있다. 일반적으로 가장 널리 사용되는 영재성의 정의는 교육학자들이 제안한 정의가 담긴 미국 연방법의 정의다. 예를 들면, Marland 보고서(Marland, 1972)는 미국의 많은 주나 학회에서 채택되었다.

주나 지역의 수준에 따라 영재성의 정의에 대한 선택은 주요 정책의 결정 사항이었고 지금도 여전히 그러하다. 정책결정이 종종 실제적 절차나 혹은 영재성 정의나 판별에 관한 연구결과와 무관하거나 부분적으로만 관련이 있다는 점은 흥미롭다. 정책과 실제에서 차이가 발생하는 것은 아마도 많은 변인이 있기 때문일 것이다. 불행하게도, 연방법에 따른 영재성의 정의는 포괄적이지만 모호하여 이 정의로 인해 발생하는 문제들이 해당 분야의 전문가들에 의해 밝혀졌다. 최근 영재 프로그램의 현황에 대한 연방정부 보고서인 『국가 수월성』(Ross, 1993)에서는 신경과학과 인지심리학에서의 새로운 통찰력에 토대를 두고 새로운 연방법에 따른 정의를 제안하고 있다. '천부적으로 타고난다(gifted)'라는 조건은 발달하는 능력보다 성숙을 내포하고 있다. 그 결과 재능 발달을 강조한 새로운 정의인 "현재의 지식과 사고를 반영한다."(p. 26)라고 한 아동에 대한 최근 연구결과와는 논쟁이 되고 있다. 영재에 대한 기술은 다음과 같다.

사회적·정서적 문제, 미성취, 상담

영재는 일반 아이들과 그들의 나이, 경험 또는 환경과 비교했을 때 뛰어난 탁월한 재능수행을 지니거나 매우 높은 수준의 성취를 할 수 있는 잠재력을 보여 주는 아동이다. 이런 아동은 지적, 창의적 분야, 그리고 예술 분야에서 높은 성취력을 나타내고, 비범한 리더십을 지니며, 특정 학문 영역에서 탁월하다. 그들은 학교에서 일반적으로 제공되지 않는 서비스나 활동을 필요로 한다. 우수한 재능은 모든 문화적 집단, 모든 경제 계층, 그리고 인간 노력의 모든 분야에서 아동기나 청소년기에 나타난다(p. 26).

공정한 판별 시스템은 각 학생의 차이점을 인정하고 다른 조건에서 성장한 학생들에 대해서도 드러나는 재능뿐만 아니라 잠재력을 확인시켜 줄 수 있는 다양하고 복잡한 평가방법을 사용한다. Sternberg는 책의 서두에서, 사람이 나쁜 습관을 가지고 있듯이 학문 분야도 나쁜 습관이 있다는 것을 인정하며, "많은 영재 분야의 나쁜 습관은 영재가 무엇인지에 대한 정확한 개념도 없이 영재성에 관한 연구를 하거나, 더 심한 경우는 아동이 영재인지 아닌지 판별하는 것이다."라고 설명하였다. Sternberg는 영재성과 재능의 본질, 영재성 연구방법, 영재성의 전통적 개념을 확장한다면 얼마나 달성할 수 있을까? 다시 말해, 영재성과 재능 사이에 차이점이 존재하는가? 유용한 평가방법의 타당성은 어떠한가, 그리고 아마도 가장 중요한 것으로 우리가 얼마나 영재성과 재능을 계발할 수 있는지에 대해 의문을 가져 봄으로써 영재성의 정의에 대한 중요 논문에서 주요 주제를 요약할 수 있었다. Sternberg는 논문을 기고한 많은 학자가 폭넓게 동의한 요점을 간결하게 정리하였다. 영재성은 단순히 높은 지능(IQ)보다 더 많은 것을 포함하고, 인지적·비인지적 요소를 포함하며, 뛰어난 성과를 실현할 잠재력을 계발할 환경이 있어야 하고, 영재성은 한 가지가 아니라고 하였다. 나아가 우리가 영재성을 개념화하는 방법은 재능을 계발할 기회가 있는 사람에게 큰 영향을 미치고, 독자에게 교육자로서의 책임을 상기시켜 준다고 경고하였다. 또한 영재교육 분야에서 가장 비판적 질문 중 하나는 천부적으로 뛰어난 사람은 그들의 지식을 세상에 이롭게 사용하는가, 아니면 해롭게 사용하는가다.

제2권 영재판별의 동향

제2권에서는 Renzulli가 영재교육 분야의 연구자가 현재 직면한 가장 비판적인 질문인 어떻게, 언제, 왜 영재를 판별해야 하는지에 대하여 기술하고 있다. 그는 영재성의 개념이 매우 보수적이고 제한된 관점에서 좀 더 융통성 있고 다차원적인 접근까지의 연속된 범위를 따라서 존재한다고 생각한다. 따라서 판별의 첫 단계부터 의문을 가져야 한다. 무엇을 위한 판별인가? 왜 보다 어릴 때 판별해야 하는가? 예를 들어, 미술 프로그램이 재능 있는 예술가를 위해 개발되었다면, 그 결과로써의 판별 시스템은 반드시 미술 영역에서 증명되거나 잠재적인 재능을 가진 아동을 판별할 수 있는 구조여야 한다는 것이다.

Renzulli는 도입 부분에서 판별에 대한 중요한 논문들과 최근의 합의를 요약하였다. 예를 들면, 대부분의 연구자들이 언급하였듯이 지능검사나 다른 인지능력검사들은 대부분 언어적이고 분석적인 기술을 통해 아동의 잠재력의 범위에 대한 정보를 제공한다. 그러나 그것은 우리가 누구를 판별해야 하는지 알아야 할 필요가 있는 모든 정보를 다 설명해 주지는 않는다. 그런데 연구자는 판별 과정에서 인지능력검사를 빼야 한다고 주장하지 않는다. 오히려 대부분의 연구자 (a) 다른 잠재력의 척도들이 판별에 사용되어야 하고, (b) 이러한 척도들은 특별 서비스를 받을 학생을 최종 결정할 때 똑같이 고려해야 하며, (c) 마지막 분석 단계에서 신중한 결정을 내리려면 점수를 매기거나 도구를 사용할 것이 아니라 식견이 있는 전문가의 사려 깊은 판단을 믿어야 한다고 생각한다.

판별에 대한 중요한 논문들의 저자들이 제시한 또 다른 쟁점은 다음과 같다. (a) 수렴적이고 확산적인 사고(Guilford, 1967; Torrance, 1984), (b) 침해주의(entrenchment)와 비침해주의(non-entrenchment)(Sternberg, 1982), (c) 학교 중심의 영재성 대 창의적이고 생산적인 영재성의 차이(Renzuilli, 1982; Renzulli & Delcourt, 1986)다. 학교 중심의 영재성을 정의하는 것은 창

사회적 · 정서적 문제, 미성취, 상담

의적이고 생산적인 영재성의 잠재력을 가진 아동을 정의하는 것보다 더 쉽다. Renzulli는 영재학생 판별에 대한 발전은 계속되어 왔으며, 특히 지난 25년 동안 인간의 잠재력과 영재성의 개념에 대한 새로운 이론을 고려한 평준화의 문제, 정책, 그리고 실제에 대한 새로운 접근법이 연구되고 있다고 믿는다. 그러나 그는 판별 기법에 대한 끊임없는 연구가 여전히 필요하고, 역사적으로 재능 있는 영재가 다른 이들처럼 항상 측정되지 않는 어떤 특성이 있다는 것을 마음속에 지니는 것이 중요하다고 하였다. 우리는 지금까지 설명하기 어려운 것을 위한 연구를 계속해야 할 필요가 있다. 영재성은 문화적으로나 상황적으로 모든 인간 행동에 고착된다는 것을 깨달아야 하며, 무엇보다 우리가 아직 설명하지 못하는 것의 가치를 매겨야 할 필요가 있다.

제3권 영재교육에서 집단편성과 속진
제4권 영재 교육과정 연구
제5권 영재를 위한 차별화 교육과정

제3, 4, 5권에는 영재 프로그램의 교육과정과 집단편성에 대한 쟁점에 대해 설명하였다. 아마도 이 영역에서 가장 유망한 기법의 일부가 영재에게 실시되고 있을 것이다. 집단편성의 다양한 유형은 영재에게 진보된 교육과정에서 다른 영재와 함께 공부할 기회를 주는 것처럼, 집단편성과 교육과정은 서로 상호작용한다. 수업상의 집단편성과 능력별 집단편성에 대해서 일반적으로 알려진 것처럼 학생을 집단편성하는 방법을 다루는 것이 아니라, 가장 큰 차이를 만드는 집단 내에서 무엇이 일어나는지를 다루는 것이다.

너무도 많은 학교에서, 영재를 위한 교육과정과 수업이 학교에 있는 동안 약간만 다르게 이루어지며 최소한의 기회를 주고 있다. 때때로 방과 후 심화 프로그램 또는 토요일 프로그램이 종합적인 학교 프로그램을 운영하고 있는 박물관, 과학 센터 또는 현지 대학을 통해 제공된다. 또한 학업적으로 매우 재능 있는 학생은 나라를 불문하고 수업을 지루해하고 비동기적, 비도전적으로 수업에 참여한다. 미국에서 빈번하게 사용된 교육방법인 속진은 종종 교사나 행정관료에 따라 시간적인 문제, 월반에 대한 사회적 영향, 그리고 기타 부분에 대한 염려를 포함한 다양한 이유를 들어 부적절한 방법으로 저지되었다. 속진의 다양한 형태-유치원이나 초등학교를 1년 먼저 들어가는 조숙한 아이, 월반, 대학 조기입학 등-는 대부분의 학교에서 일반적으로 사용하지 않는다.

불행하게도, 대안적인 집단편성 전략은 학교 구조의 개편을 의미한다. 그리고 일정, 재정 문제, 근본적으로 변화를 지연시키는 학교 때문에 교육적 변화를 일으키는 데 어려움이 있어서 아마도 매우 늦게 이루어질 것이다. 이렇게 지연되면서, 영재학생은 그들 연령의 동료보다 훨씬 앞서서 더 빠르게 배울 수 있고 더 복잡한 사물을 살필 수 있는 기본적인 기능과 언어 능력에 기초한 특별한 교육을 받지 못하는 것이다. 뛰어난 학생에게는 적절한 페이스, 풍부하고 도전적인 수업, 일반 학급에서 가르치는 것보다 상당히 다양한 교육과정이 필요하지만, 학업적으로 뛰어난 학생이 학교에서 오히려 종종 뒤처져 있다.

Linda Brody는 교육 목적에 맞게 학생을 집단편성하는 가장 좋은 방법을 소개하였다. 연령에 맞춘 전형적인 교육 프로그램이 그 교육과정을 이미 성취하고 인지능력을 지닌 영재의 욕구를 충족시켜 줄 수 있는가에 대하여 염려하였다. 집단편성에 대한 논문은 첫째, 개인의 학습 욕구를 충족시키는데 교육과정이 갖추어야 할 융통성의 중요성, 둘째, 교육 집단으로 학생을 선정할 때 융통성 있는 교육자의 필요성, 셋째, 필요하다면 집단을 변경해야할 필요성을 강조한다. 서론에는 영재를 일반학생과 같이 집단편성시키는 것에 대한 논쟁을 싣고 있다. 그리고 소수의 사람이 다른 학습 욕구를 지닌 학생을 위해 차별화된 교육을 허용하는 도구로 속진학습과 집단편성을 이용하고자 하는 요구에 찬성하지 않는다. 좀 더 진보된 교육 프로그램이 발달된 인지능력과 성취 수준을 다르게 하기 위한 방법으로써 이용될 때, 그러한 방법은 모든 학생에게 적절한 교육의 목표를 달성하도록 도와줄 수 있다.

사회적 · 정서적 문제, 미성취, 상담

VanTassel-Baska는 영재를 위한 교육과정의 가치와 타당한 요인을 강조하는 중요한 아이디어와 교육과정의 발달, 영재를 위한 교육과정의 구분, 그러한 교육과정의 연구에 기초한 효과와 관련된 교육법을 설명함으로써 영재교육과정에 대한 중요한 논문을 소개하고 있다. 또한 독자에게 교육과정의 균형에 대하여 Harry Passow의 염려와 불균형이 존재한다고 암시하였다. 연구결과를 보면, 영재의 정의적 발달은 특별한 교육과정을 통해서 일어난다고 암시하기 때문이다. 게다가 교육과정을 내면화하려는 노력은 예술 및 외국어 분야에서는 일어나지 않는다. 교육과정의 균형 있는 적용과 인정을 통해서 우리는 Passow가 생각했던 인문학의 개인 유형을 만들 수 있다. VanTassel-Baska는 균형을 맞추기 위해 교육과정의 선택뿐 아니라 다양한 영재의 사회정서적 발달을 위한 요구를 제시하였다.

Carol Tomlinson은 지난 13년 동안 유일하게 영재교육 분야의 차별에 대한 비판적인 논문을 소개하면서, 최근 논문이 '영재교육 분야에서 파생된 쟁점, 그리고 계속되어 재경험되는 쟁점'이라고 하였다. 그녀는 영재교육에서 중요한 것 중의 하나가 교육과정의 차별화를 다룬 주제라고 하였다. 인류학에서 유추한 대로, Tomlinson은 '통합파(lumpers)'는 문화가 공통적으로 무엇을 공유하는지에 대해 더 큰 관심을 가지는 것에 비해, '분열파(splitters)'는 문화 사이의 차이점에 초점을 맞춘다고 말하였다. 통합파는 혼합 능력 구조 안에서 다양한 집단에게 어떤 공통된 문제와 해결방법이 존재하는지를 질문한다. 반면, 분열파는 혼합 능력 구조 안에서 능력이 높은 학생에게 어떤 일이 일어나는지에 대해 물어본다. Tomlinson의 논문에서 주목할 만한 특징은 일반교육과 영재교육의 교육방법을 잘 설명하면서 두 교육과정의 결합을 제시하고 있다는 것이다.

제6권 문화적으로 다양하고 소외된 영재학생
제7권 장애영재와 특수영재
제8권 사회적 · 정서적 문제, 미성취, 상담

영재 프로그램에 참여하는 아동의 대부분은 우리 사회에서 다수 문화를 대표하는 학생이다. 그러나 경제적으로 어렵고 장애가 있으며 다른 문화적 배경을 지닌 소수의 학생은 영재 프로그램에 실제보다 적게 참여하는데, 이에 대하여 약간의 의혹이 존재한다. 의혹이 드는 첫 번째 이유는 영재의 판별에 사용되는 쓸모없고 부적절한 판별과 선발 절차가 이들의 추천 및 최종 배치를 제한할지도 모른다는 점이다. 이 시리즈에 요약된 연구는 영재 프로그램에서 전통적으로 혜택을 적게 받은 집단에 대해 다음의 몇 가지 요소가 고려된다면 좀 더 많은 영재가 출현할 수 있을 것이라고 지적한다. 고려될 요소란 영재성의 새로운 구인, 문화적이고 상황적인 가변성, 더욱 다양하고 확실한 평가방법 사용, 성취에 기초한 판별, 더욱 풍부하고 다양한 학습기회를 통한 판별의 기회다.

Alexinia Baldwin은 『Gifted Child Quarterly』에서 지난 50년간 영재교육에 대한 대화와 토론을 진행시켜 온 주요 관심사로, 영재 프로그램에서 문화적으로 다양하면서 영재교육의 혜택이 부족했던 집단에 대해 논의하였다. 이에 대한 3개의 주요 주제는 판별과 선발, 프로그래밍, 위원의 임무와 개발이다. 판별과 선발이라는 첫 번째 주제에서, 영재성은 광범위하면서 많은 판별기법을 통해 표현될 수 있다는 것을 확실하게 하기 위한 교육자의 노력은 아킬레스건과 같음을 지적하고 있다. Baldwin은 판별을 위한 선택을 확장한 Renzulli와 Hartman(1971), Baldwin(1977)의 호의적인 초기 연구를 인용하면서, 해야 할 것이 아직도 많이 남아 있다고 경고하였다. 두 번째 주제인 프로그래밍은 다양한 문화를 가진 학생의 능력을 알아보지만, 그들을 일괄적으로 설계된 프로그램 안에 있으라고 종종 강요한다. 세 번째 주제에서 그녀는 영재교육 프로그램을 담당하는 교사의 다양성뿐만 아니라, 이론을 만들고 그런 관심을 설명하며 조사하는 연구자의 태도나 마음가짐에 대해 관심을 표명하였다.

Susan Baum은 "영재는 일반 사람에 비해 더욱 건강하고 대중적이고 순응적이다."라고 제안한 Terman의 초기 연구를 요약하면서, 영재의 개별적인 특별한 요구에 대해 역사적 근원을 밝히고 있다. 더 중요한 것은 영재가 별다른 도움 없이 모든 영역에서 높은 수준의 성과를 낼 수 있을 것이라고 간주되어 왔다는 것이다. Baum은 영재에 대한 고정관념의 특징에 따라 특별한 요구를 지닌 영재가 특정 집단이 될 수 있는 가능성을 감소시켰다고 하였다. Baum은 이번 시리즈의 중요한 논문에서 영재가 위기에 직면하고 있으며 그들의 가능성을 실현하는 데 방해되는 장애물을 극복하기 위한 전략을 제안하였다. 논문은 세 개의 학생 집단에 초점을 맞추었다. (1) 학습장애와 주의력장애로 위기에 처한 중복-장애(twice-exceptional), (2) 계발되고 성취할 수 있는 능력을 사회적으로나 감정적으로 억제하는 성(gender) 문제에 직면한 영재, (3) 경제적으로 빈곤하고 학교에서 탈락할 위기에 놓인 학생이다. Baum은 이러한 아동 집단이 발달하는 데 하나 또는 그 이상의 장애의 영향을 받는다는 것을 연구하였다. 가장 큰 장애는 판별방법, 프로그램 설계의 결함, 적절한 사회적, 정서적 지원의 부족 등이다. 그녀는 이러한 비판을 통해 미래의 영재교육이 나아갈 방향에 대해 사려 깊은 질문을 던지고 있다.

Sidney Moon은 사회적, 정서적인 쟁점을 설명해 주는 영재학회의 프로젝트 팀이 기고한 영재의 사회적, 정서적 발달과 영재 상담에 대하여 중요한 논문을 소개하였다. 첫 번째 프로젝트는 2000년도에 '사회적, 정서적 문제를 위한 특별연구회(Social and Emotional Issues Task Force)'가 연구하였으며, 2002년에 연구결과를 『영재아동의 사회적, 정서적 발달: 우리는 무엇을 아는가?(The Social and Emotional Development of Gifted Children: What do we know?)』를 출판함으로써 마무리되었다. 이 부분에서는 영재의 사회적, 정서적 발달에 관한 문헌연구를 하였다(Neihart, Reis, Robinson, & Moon,

2002). Moon은 사회적, 정서적 발달과 상담 분야의 중요한 연구가 최근 영재교육 분야의 사회적, 정서적인 쟁점에 대한 연구의 장단점을 잘 설명해 준다고 믿는다. 논문은 영재의 잠재력을 계발하는 데 실패한 미성취 영재 집단 등의 특수영재 집단에 대하여 연구자의 관심을 증대시켰다. 또한 방해 전략과 좀 더 철저한 중재에 따라서, 이러한 학생에 대해 좀 더 경험적 연구를 요구하였다. 그녀는 비록 좋은 영재 상담 모형이 발전되어 왔지만, 아시아계 미국인, 아프리카계 미국인, 특수 아동과 같이 특수한 경우의 영재에 대하여 상담의 중재와 효과를 결정하기 위해 정확하게 평가될 필요가 있다고 하였다. 또한 Moon은 영재교육 분야의 연구자는 사회심리학, 상담심리학, 가족치료학, 정신의학과 같은 정서 분야의 연구자와 협력해야 한다고 주장한다. 이는 해당 분야의 전문가 집단에게 영재를 가장 효과적으로 중재하는 것을 배우기 위해서이며, 모든 영재가 최상의 사회적, 정서적, 개인적 발달을 할 수 있도록 도와줄 수 있는 좀 더 나은 방법을 배우기 위해서다.

제9권 예술 · 음악 영재학생
제10권 창의성과 영재성

Enid Zimmerman은 음악, 무용, 시각예술, 공간적 · 신체적 표현 예술 분야의 재능이 있는 학생에 대한 논문을 고찰하고, 시각과 행위 예술 분야의 재능 발달에 관한 책을 소개하고 있다. 논문에 나타난 주제는 (1) 예술 재능 발달에서 천성 대 양육에 관련된 문제에 관심을 보이는 부모, 학생, 교사의 인식, (2) 예술 재능이 있는 학생의 결정 경험에 관한 연구, (3) 다양한 환경 속에서 예술 재능이 있는 학생을 판별하는 학교와 공동체 구성원 간의 협동, (4) 교사가 예술 재능이 있는 학생을 격려하는 것에 관련된 리더십에 관한 쟁점이다. 이는 모두 어느 정도 예술 재능이 있는 학생의 교육에 관한 교사, 학부모, 학생과 관계되어 있다. 그리고 도시, 교외, 시골 등 다양한 환경에 놓여 있는 예술 재능 학생의 판별에 관한 논의도 포함되어 있다. Zimmerman

은 이러한 특별한 분야에서 교육 기회, 교육환경의 영향, 예술 재능이 있는 학생의 발달에 영향을 미치는 교사의 역할에 대한 연구가 필요하다고 하였다. 판별 기준과 검사도구의 영향, 시각과 행위 예술에 재능이 있는 학생의 교육 관계는 앞으로 연구가 매우 필요한 분야다. 예술 재능이 있는 학생의 교육에 관한 세계적이고 대중적인 문화의 영향과 비교 문화적 관계뿐만 아니라 학생의 환경, 성격, 성 지향성, 기법 개발, 그리고 인지적·정의적 능력에 관한 연구도 필요하다. 이 책에서 그녀가 소개하고 있는 사례연구는 이러한 관점에 대한 연구의 필요성을 제기하고 있다.

Donald Treffinger는 창의성과 관련된 개념적이며 이론적인 연구를 살펴보려는 연구자들이 공통적인 관심과 노력을 기울이고 있는 다음의 5가지 주요 주제, (1) **정의**(어떻게 영재성, 재능, 창의성을 정의하는가?), (2) **특성**(영재성과 창의성의 특성), (3) **정당성**(왜 창의성이 교육에서 중요한가?), (4) 창의성의 **평가**, (5) 창의성의 **계발**에 대해 논의하였다. 창의성 연구의 초창기에 Treffinger는 훈련이나 교육에 따라 창의성이 계발되는 것이 가능한지에 대해서 상당한 논의가 있어 왔다고 하였다. 그는 지난 50년 동안 교육자들이 창의성의 계발이 가능하다(Torrance, 1987)는 것을 배워 왔으며, '어떤 방법이 가장 최선이며, 누구를 위하여, 어떤 환경에서?'와 같은 질문을 통해 이러한 연구 분야를 확장시켜 왔다고 언급하였다. Treffinger는 효과적인 교수법을 통해 창의성을 발달시키고, 어떤 방법이 가장 큰 영향을 줄 수 있는지 탐구하려고 노력한 교육자의 연구를 요약하였다.

제11권 영재교육 프로그램 평가
제12권 영재교육의 공공정책

Carolyn Callahan은 적어도 지난 30년간 영재교육 분야의 전문가가 간과하였던 중요한 요소가 평가자와 참여자 간에 큰 역할을 한다는 평가에 대하여 비중 있는 논문을 소개하고 있다. 그녀는 평가에 관한 연구를 구분하였는데, 그중에서도 영재교육 프로그램의 평가에 관한 연구는 다음의 4가지 범주로 구분하였다. (1) 이론과 실제적인 지침 제공, (2) 평가의 구체적인 프로그램, (3) 평가 과정을 둘러싼 쟁점, (4) 평가 과정에 관한 새로운 연구 제안이다. Callahan은 연구자에 따라 평가 작업이 이미 수행되고 있으며, 재능아를 위한 프로그램의 효율성 증가에 평가가 중요한 공헌을 한다고 하였다.

James Gallagher는 가장 도전적인 질문이 증가하고 있는 공공정책을 소개하면서 전투 준비를 해야 한다고 하였다. Gallagher는 영재교육의 한 분야로, 영재교육의 강력한 중재를 통해 합의를 이끌어 내고, 우리가 어떻게 엘리트주의라는 비난에 대응할 것인지를 생각해야 한다고 제안하였다. 그는 영재교육 분야가 일반교사와 재능 교육 전문가의 개발을 지원하는 추가적인 목표에 노력을 더 기울여야 한다고 하였다. 그리고 부족한 자원을 획득하기 위한 공공의 싸움에 실패한 것은 이미 20년 전에 1990년을 전망하며 Renzulli(1980)가 던진 질문인 "영재아동의 연구동향이 2010년에도 계속 이어질 것인가?"를 다시금 생각하게 한다고 하였다.

결 론

영재교육 분야에 대한 고찰과 최근 수십 년 동안의 독창적인 논문에서 우리는 무엇을 배울 수 있는가? 첫째, 앞으로 영재교육을 계속하여 발전시켜야 하는 우리는 논문이 쓰였던 시기와 과거를 존중해야 한다. 우물에서 물을 마실 때 우물을 판 사람에게 감사해야 한다는 속담처럼, 선행연구가 영재교육 분야를 성장시키는 씨앗임을 알아야 한다. 둘째, 우리의 시리즈 연구가 영재교육 분야에서 매우 신나는 연구이며 새로운 방향 제시와 공통된 핵심 주제임을 알아야 한다. 마지막으로, 우리는 영재에 대한 연구에서 완전히 마무리된 연구결과물이란 없으며, 논문마다 제기한 독특한 요구를 어떻게 최선을 다해 만족시킬 수 있는지를 연구함으로써 미래를 포용해야 한다. 이

사회적·정서적 문제, 미성취, 상담

시리즈에서 보고된 논문은 앞으로 연구할 기회가 풍부하다는 것을 의미한다. 그러나 아직도 많은 질문이 남아 있다. 미래의 연구는 종단연구뿐만 아니라 양적, 질적인 연구에 기초해야 하고, 단지 수박 겉핥기만 해 온 연구를 탐구할 필요가 있는 쟁점과 많은 변수를 고려하여 완성시켜야 한다. 다양한 학생 중 영재를 판별해 내는 보다 포괄적인 프로그램을 개발하는 연구가 더욱 필요하다. 이것이 이루어질 때, 미래의 영재교육의 교사와 연구원은 교육자, 공동체, 가정에서 포용할 수 있는 답변을 찾을 것이고, 훈련된 교사는 학급에서 영재의 영재성을 보다 효과적으로 발달시킬 수 있을 것이다.

또한 우리는 일반적인 교육 분야가 어떻게 연구되고 있는지를 주의 깊게 고려해 볼 필요가 있다. 연구기법이 발전하고 새로운 기회가 우리에게 유용하게 찾아올 것이다. 이제 모든 학생이 새로운 교육과정을 시작하기 전에 교과과정을 먼저 평가할 수 있게 될 것이다. 그리고 이제는 학생이 많은 학점을 선취득했을 때, 그들을 자신의 학년 수준에 유지시키려는 문제는 사라질 것이다. 왜냐하면 우리는 새로운 기법으로 학생의 능력을 정확히 판별할 수 있기 때문이다. 새로운 기법으로 학생이 이미 알고 있는 것이 무엇인지를 더 잘 판별하게 되면, 학생의 강점과 흥미에 기초한 핵심적인 교육과정뿐만 아니라 다양한 기회에 도전하도록 격려하는 것이 꼭 필요하다. 이러한 특별한 영재 집단에 관심을 갖는 부모, 교육자, 전문가는 영재의 독특한 요구를 충족시켜 주기 위하여 정치적으로 적극적일 필요가 있으며, 연구자는 영재의 건강한 사회적, 정서적 성장을 위한 기회뿐만 아니라 재능 계발의 효과를 증명할 수 있는 실험연구를 수행해야 한다.

어떤 분야가 지속적으로 성장하려면 새로운 주장이 나타나야 하며 새로운 참여자가 있어야 한다. 위대한 기회는 우리 분야에서 활용될 수 있다. 우리가 지속적으로 영재를 위한 주장을 할 때, 우리는 변화하는 교육개혁의 움직임에서 중요한 역할을 해낼 수 있는 것이다. 우리는 영재와 심화 프로그램을 유지하기 위해 싸우는 한편, 모든 학생을 위해 그들이 더 도전적인 기회를 성취할 수 있도록 계속 연구할 것이다. 우리는 지속적으로 선행학습을 통한 차별화, 개별 교육과정의 기회, 발전된 교육과정과 개인별 지원 기회를 지지할 것이다. 이 시리즈의 논문에서 대답하고 제기한 질문은 우리가 영재교육 분야에서 진일보할 수 있도록 도움을 줄 것이다. 우리는 이 시리즈의 독자가 영재교육의 흥미로운 여행에 동참해 주기를 희망한다.

📰 참고문헌

Baldwin, A. Y. (1977). Tests do underpredict: A case study. *Phi Delta Kappan, 58*, 620-621.

Gallagher, J. J. (1979). Issues in education for the gifted. In A. H. Passow (Ed.), *The gifted and the talented: Their education and development* (pp. 28-44). Chicago: University of Chicago Press.

Guilford, J. E. (1967). *The nature of human intelligence.* New York: McGraw-Hill.

Marland, S. P., Jr. (1972). *Education of the gifted and talented: Vol. 1. Report to the Congress of the United States by the U.S. Commissioner of Education.* Washington, DC: U.S. Government Printing Office.

Neihart, M., Reis, S., Robinson, N., & Moon, S. M. (Eds.). (2002). *The social and emotional development of gifted children: What do we know?* Waco, TX: Prufrock.

Renzulli, J. S. (1978). What makes giftedness? Reexamining a definition. *Phi Delta Kappan, 60*(5), 180-184.

Renzulli, J. S. (1980). Will the gifted child movement be alive and well in 1990? *Gifted Child Quarterly, 24*(1), 3-9. **[See Vol. 12.]**

Renzulli, J. S. (1982). Dear Mr. and Mrs. Copernicus: We regret to inform you… *Gifted Child Quarterly, 26*(1), 11-14. **[See Vol. 2.]**

Renzulli, J. S. (Ed.). (1986). *Systems and models for developing programs for the gifted and talented.* Mansfield Center, CT: Creative Learning Press.

Renzulli, J. S., & Delcourt, M. A. B. (1986). The legacy and logic of research

사회적 · 정서적 문제, 미성취, 상담

on the identification of gifted persons. *Gifted Child Quarterly, 30*(1), 20-23. **[See Vol. 2.]**

Renzulli, J. S., & Hartman, R. (1971). Scale for rating behavioral characteristics of superior students. *Exceptional Children, 38,* 243-248.

Ross, P. (1993). *National excellence: A case for developing America's talent.* Washington, DC: U.S. Department of Education, Government Printing Office.

Sternberg, R. J. (1982). Nonentrenchment in the assessment of intellectual giftedness. *Gifted Child Quarterly, 26*(2), 63-67. **[See Vol. 2.]**

Tannenbaum, A. J. (1983). *Gifted children: Psychological and educational perspectives.* New York: Macmillan.

Torrance, E. P. (1984). The role of creativity in identification of the gifted and talented. *Gifted Child Quarterly, 28*(4), 153-156. **[See Vols. 2 and 10.]**

Torrance, E. P. (1987). Recent trends in teaching children and adults to think creatively. In S. G. Isaksen, (Ed.), *Frontiers of creativity research: Beyond the basics* (pp. 204-215). Buffalo, NY: Bearly Limited.

사회적·정서적 문제, 미성취,
상담에 대한 소개

Sidney M. Moon(Purdue University)

미국영재학회(National Association for Gifted Children: NAGC)는 영재아의 사회적·정서적 문제를 연구하기 위해 두 개의 특별전문위원회(task force)를 구성함으로써 영재아의 사회적·정서적 발달을 21세기의 우선 과제로 선정하였다. 첫 번째 특별전문위원회는 2000년에 구성되었고, 사회적·정서적 문제 특별전문위원회라고 명명되었으며,『영재아의 사회적·정서적 발달: 우리는 무엇을 아는가?』를 발간함으로써 과업을 완수하였다 (Neihart, Reis, Robinson, & Moon, 2002). 이 책은 영재아의 사회적·정서적 발달에 관한 문헌들을 심층적으로 검토한 결과를 제시하였다. 2002년에는 정의적 교육과정 특별전문위원회가 두 번째로 구성되었다. 이 위원회의 주된 과제는 영재아와 재능아의 긍정적인 정의적 발달을 촉진하기 위한 교육과정의 개발 지침(개념적 구조)이 되는 자매 책자를 발간하는 것이다.

영재아의 사회적·정서적 특징에 관한 지식은 최적의 정의적 발달을 촉진하는 방법에 관한 지식보다 더 많이 알려졌다. 여기에 포함된 16편의 독창적인 논문은 일반적으로 영재학생의 사회적·정서적 특징을 다룬 것이며, 특수하게는 미성취를 다룬『Gifted Child Quarterly』에 게재된 논문들의 표본이다. 또한 이 논문들은 영재아 상담에 관한 임상적 문헌의 개론—
많은 경우 이 분야 밖의 저널에 게재됨—을 제공한다. 이 16편의 논문을 세
범주, 즉 사회적 · 정서적 문제, 미성취, 상담으로 나누어 논의할 것이다.

사회적 · 정서적 문제

　여기에서는 영재학생의 사회적 · 정서적 특징을 다룬 영재아 학술지에
게재된 9편의 경험적 논문을 포함하고 있다. 논문에서 사용된 연구 설계는
매우 다양하다. 7개의 연구는 양적 접근을, 나머지 2개의 연구는 질적 접근
을 취하고 있다. 양적 연구 중 5개는 사회적 · 정서적 변인에서 영재학생과
일반학생의 차이에 대하여 비교하고 있다. 그리고 양적 연구 중 하나의 연
구에서만 보통의 생활연령 비교집단뿐만 아니라 정신연령 비교집단도 포함
하고 있다. 이 연구 설계는 영재교육 연구를 위해 추천된 설계다(Robinson,
Zigler, & Gallagher, 2000). 몇몇 연구는 영재학생들 간의 집단 내 차이를 연
구하였다. 2개의 연구는 서로 다른 수준의 영재성을 지닌 학생들 간의 정의
적 차이를 탐색하였다(Baker, 1995; Sayler & Brookshire, 1993). 3개의 연구
는 인기도(Cornell, 1990), 고독(Kaiser & Berndt, 1985), 또는 적응(Sowa &
May, 1997)과 같은 사회적 · 정서적 변인을 기초로 영재 집단을 하위 집단으
로 구분함으로써 영재학생들 간의 집단 내 차이를 연구하였다.

　이들 연구는 고능력 학생 집단의 사회적 · 정서적 문제에 관한 대표적 연
구로 손꼽히고 있다. 사회적 · 정서적 문제에 관한 많은 연구들은 영재교육
분야 밖의 저널에 게재되었기 때문에 이들 연구는 철저한 절차를 갖춘 연구
라고 볼 수 없다. 그럼에도 불구하고 9편의 논문은 고능력 학생들이 경험한
사회적 · 정서적 문제에 관한 생산적인 연구를 대표하고, 영재교육 분야에
존재하는 사회적 · 정서적 문제의 장점과 단점을 예시하고 있다. 9개의 연구
는 각각 보다 큰 문헌의 맥락하에 간략하게 기술할 것이다. 이들 연구는 2개

의 범주, 즉 양적 비교연구와 기술적·모형화 연구로 논의한다. 그 다음에 미래 연구의 방향을 제시하고자 한다.

양적 비교연구

영재학생의 사회적·정서적 문제에 관한 많은 경험적 문헌들에서는 영재로 확인된 학생들의 특징을 하나 이상의 비교집단과 비교함으로써 인과적 비교 설계를 사용하고 있다. 때때로 비교집단은 평균 수준의 성취를 이룬 학생들일 수도 있고, 영재학생의 하위 집단일 수도 있다. 일부 연구는 두 유형의 비교집단을 포함한다. 영재학생의 하위 집단 비교연구는 영재성의 수준이나 심리적 특징과 같은 변인에 기초하여 하위 집단을 나눈다. 여기에 제시된 연구들은 양적 비교 문헌의 좋은 예다.

평균 성취자와의 비교 사회적·정서적 문제에 관한 초기 연구의 경향은 학문적 영재학생의 사회적·정서적 특징을 평균 수준의 성취를 보이는 학생과 비교하는 데 중점을 두었다. 이런 유형의 연구를 최초로 수행한 연구 중 하나가 Lehman과 Erdwins(1981)의 연구다. Lehman과 Erdwins는 공립학교의 영재 프로그램에 등록한 3학년 학생과 평균 IQ점수(범위 = 90~110)를 나타낸 같은 학교의 3학년과 6학년 아동을 비교하고, 영재학생 대 생활연령 비교집단과 정신연령 비교집단 또는 CA-MA 설계를 비교하였다. 연구자들은 같은 생활연령의 동료들과 비교하였을 때 영재학생이 개인적으로나 사회적으로 탁월하게 적응하고 있다고 밝혔다. 같은 정신연령의 동료 집단과 비교하였을 때, 몇 가지 개인적이고 사회적인 변인(자존감, 개인적인 자유의식, 반사회적 경향의 결핍)에서는 3학년 영재학생들이 6학년 학생들보다 우수하였고, 다른 변인(자기 방향성, 위축 경향, 사회적 표준, 사회적 기술)에서는 유사하였다. 영재학생이 같은 정신연령의 또래에 비해 긍정적 적응이 낮게 나타난 유일한 영역은 신경증(nervous symptoms) 변인이었다. 이러한 연구결과는 영재 프로그램에 참여하는 영재아가 강한 자존감과 가족의 지지,

그리고 조숙한 사회적 기술과 자기 방향성을 가지고 있음을 시사한다.

4개의 연구는 영재학생의 적응과 일반학생의 적응을 비교하였는데, 연구한 결과 영재학생이 비슷하거나 우월하게 적응하였음을 밝혔다. 첫 번째 연구는 미국 교육 종단 연구(National Educational Longitudinal Study) 자료에서 얻은 11~12세 영재학생에 대해 통제의 소재, 자아개념, 인기도, 그리고 행동문제가 일반학생과 어떠한 차이가 있는가를 비교했고, 연구결과 영재학생이 일반적으로 보다 우월하게 적응하였음을 보였다(Sayler & Brookshire, 1993). 두 번째 연구는 고성취 고등학생과 일반학생 간에 우울에서 차이가 있는가를 비교한 결과 통계적으로 유의미한 차이가 없는 것을 밝혔다(Baker, 1995). 세 번째 연구는 우울, 노여움, 스트레스의 측정점수에서 영재학생이 규준 점수와 통계적으로 유의미한 차이가 없음을 보고하였다. 최근 네 번째 연구는 미국 Head Start 프로젝트에 참여한 3학년 학생 중 상위 3%의 학생과 나머지 학생을 사회적 유능감(social competence)에서 비교한 결과, 교사와 학부모는 상위 집단 학생들이 개인적, 사회적 적응에서 보다 우월하다고 지각하고 있음이 나타났다(Robinson, Lanzi, Weinberg, Ramey, & Ramey, 2002).

이들 4개 연구는 영재학생이 일반적으로 보통 능력의 동료 집단과 비교했을 때 비슷하거나 좀 더 우월한 적응을 보인다는 전반적인 비교연구 결과와 일치한다(Keiley, 1997; Neihart, 2002a, 2002b). Robinson, Lanzi와 동료들의 연구(2002)는 빈곤 가정 출신의 고능력 학생들이 보이는 개인적이고 사회적인 적응을 탐색한 연구들 중 하나다.

영재학생의 하위 집단별 비교 비교연구 중 4개의 비교연구는 영재학생의 하위 집단별 차이를 연구하였다. 그중 한 연구에서는 8학년 속진 영재학생과 영재학급의 영재학생을 비교한 결과, 사회적 관계, 정서 발달, 행동문제의 발생 빈도에서 어떠한 차이도 없음을 발견하였다(Sayler & Brookshire, 1993). 또 다른 연구는 SAT 점수에서 상위 1%의 13세 영재학생과 시외 고등학교의 학업성적에서 상위 5%의 학문적 영재 고등학생을 비교한 결과, 우울에서 어떠한 차이도 없음을 발견하였다(Baker, 1995). 이러한 연구들은 전형적인 것이다. 서로 다른 수준(또는 유형)의 영재성을 지닌 학생들을 비교한 대부분의 연구는 우울(Metha & McWhirter, 1997; Pearson & Beer, 1991)과 행동문제(Cornell, Delcourt, Bland, Goldberg, & Oram, 1994) 같은 정신건강 변인에서 어떠한 차이도 없음을 발견하였다.

그러나 비교연구 결과, 우정 영역에서는 서로 다른 수준과 유형의 영재성을 지닌 학생들 간에 차이가 있음을 발견하였다(Dauber & Benbow, 1990; Swiatek, 1995). 지적 능력이 높은 영재학생과 언어 능력이 높은 영재학생은 중간 정도의 영재학생 또는 수학 영재학생들보다 동료 관계에서 어려움을 더 겪고, 친구가 더 적은 것으로 나타났다. 또한 영재아는 비슷한 생활연령의 또래들보다 더 성숙한 우정 개념을 갖는 것으로 나타났다(Gross, 인쇄 중).

반대로 하위 유형 비교연구는 영재학생이 사회적 · 정서적 변인에 근거하여 하위 유형이 구분되었을 때 집단 간에 차이가 있음을 일관되게 발견하였다. 예컨대, 영재학생은 '영재성의 오명(stigma of giftedness)'에 대처하는 방식에서 차이가 있었고(Cross, Coleman, & Terhaar-Yonkers, 1991), 자기충족적(self-contained) 프로그램에서 서로 다른 정서적 반응을 보였다(Moon, Swift, & Shallenberger, 2002).

여기에서 제시하는 연구들은 사회적 · 정서적 변인에서 영재학생들 간의 개인차를 연구하는 방법을 예시하고 있다. 그 공통된 방법론은 영재학생의 사회적 혹은 정서적 변인을 측정하고 나서 이 측정점수에 근거하여 비교집단을 구성하는 것이다. 이 방법론은 비인기 영재학생의 연구에 적용되었다(Cornell, 1990). 첫째, 영재학생은 동료 지명 점수와 동료 평정의 점수를 합산한 점수를 근거로 상중하의 인기도로 범주화된다. 그리고 나서 인기 집단과 비인기 집단은 자아개념, 정서적 자율성, 불안과 같은 자기 보고식 성격 변인에서 차이가 있는지, 또한 교사 평정의 학문적 자존감에서 차이가 있는지가 비교된다. 연구자들은 비인기 고능력 학생은 가정의 사회적 지위, 사회적 자아개념, 학문적 자존감에서 보통 학생 또는 인기 학생과 차이가 있음을 발견하였다. 그러나 정서적 자율성 혹은 불안에서는 차이가 나지 않았다. 이런 연구들처럼 기술적 연구는 상담, 프로그램 개발, 그리고 정책에 유용한 정보를 제공한다.

이와 유사하게 Kaiser와 Berndt(1985)는 거버너(Governor) 학교[1]에 다니는 고등학생을 대상으로 노여움, 우울, 스트레스를 유발하는 생활 변화(stressful life changes), 그리고 고독을 포함하는 정서적 변인을 측정하였다. 그들은 고등학생이 전반적으로 잘 적응하고 있음을 발견하였지만, 15~20%는 하나 혹은 그 이상의 변인에서 어려움을 겪는 것으로 보고하였다. 연구자들은 기술 수준을 넘어 예언 수준으로 나아가 회귀분석을 사용하여 우울, 스트레스, 노여움이 영재학생들의 고독을 어떻게 예언하는지를 설명하였다. 집단 내 차이를 연구하는 이 회귀분석 방법은 세 가지 장점을 가지고 있다. 첫째, 대다수의 영재학생이 잘 적응하고 있더라도, 소수 영재학생은 사회적·정서적 문제에서 위험에 처할 수 있음을 보여 준다. 둘째, 회귀분석 설계는 연속 변인의 모든 정보를 그대로 간직하고, 대다수 사회적·정서적 측정척도는 본질상 연속적이다. 셋째, 예언 모형은 사회적·정서적 적응 문제에서 위험에 처한 특수한 영재학생을 확인하도록 하거나, 상담을 통하여 도움을 받게 할 수 있다.

기술적·모형화 연구

마지막 연구 영역은 기술적이고 모형화된 연구다. 이런 연구들 중 일부는 조사방법(Moon, Kelly, & Feldhusen, 1997)을 사용하였고, 또 다른 연구들은 질적 방법(Coleman, 2001; Sowa & May, 1997)을 사용하였다. 이들 연구는 영재학생의 사회적·정서적 특징과 사회 체제를 기술하거나, 고능력 학생들의 적응 과정 모형을 개발하기 위해 설계되었다. 이들 연구는 주로 고능력

---

1) 역자 주: 사우스캐롤라이나 주에 위치한 찰스턴 대학교에서 14~17세 중·고등학생을 대상으로 실시하는 여름 학문적 프로그램(Summer academic program)을 '거버너 학교'라고 함

사회적·정서적 문제, 미성취, 상담

학생에게 초점을 맞추기 때문에, 상담이나 심리학과 같은 관련 분야의 학술지보다는 영재교육 분야의 학술지에 더 빈번하게 게재된다. 여기에 소개된 논문들은 그러한 연구의 가장 훌륭한 표본이다.

조사연구는 차별화된 상담 서비스 요구에 대한 성인들의 지각을 조사하였다(Moon et al., 1997). 영재학생의 부모, K~12 영재교육 프로그램의 조정자(coordinator), 지역사회 상담가, 그리고 교수들이 연구조사에 참여하였다. 모든 집단은 영재학생과 그 가족이 전문화된 상담과 안내 서비스의 도움을 받았다고 믿었다. 전문화되고 차별화된 상담 서비스가 필요하다고 인정되는 사회적·정서적 문제는 동료 관계, 정서적 적응, 사회적 적응, 스트레스 관리, 그리고 미성취다.

영재학생을 위한 상담 서비스 요구에 대한 강한 인식은 영재학생이 대부분의 다른 학생들보다 더 잘 적응한다고 제안한 집단 비교 문헌들의 연구결과와 다소 차이가 난다. 이렇듯 명백하게 대립되는 연구결과는 두 가지로 설명할 수 있다. 첫째, 이 연구에 참여한 성인은 소수의 영재학생들이 사회적·정서적 문제를 가지고 있다고 생각할 수 있다. 둘째, 성인은 모든 영재학생이 상담을 필요로 한다고 주장하기보다는 오히려 상담 과정의 차별화가 필요하다고 주장해 왔다. 교사, 교장, 상담가, 심리학자를 위한 훈련 프로그램을 요구하는 응답자들이 이런 해석을 강력하게 지지하였다.

Sowa와 May(1997)는 영재학생의 기능적·역기능적 적응 유형에 관한 예언 모형을 창안하기 위해 질적 연구방법을 사용하였다. 그들의 모형은 대처 양식을 알기 위해 영재학생을 관찰한 것과 가족, 교사 그리고 친구를 면접한 것에 기초하고 있다. 질적 연구가 그렇듯이 비록 표집은 작았지만, 그것은 다양한 사회적·정서적 문헌 중 몇몇 표본의 하나다. 20명 중 7명 (35%)이 소수 민족이었다. 그들이 개발한 모형은 사회적·정서적 적응을 예언하기 위해 환경 변인(가족 기능)과 개인 변인(적응 기제) 모두를 사용하였다. 집단 내 비교연구에서처럼, 이 연구는 영재학생이 사회적·정서적 변인과 관련해서 다양하다는 점을 상기시킨다. 즉, 일부 영재학생은 잘 적응하고 다른 일부 영재학생은 적응 문제를 가지고 있다는 점이다. 또한 이 연구는 영재학생의 적응 문제를 종종 일으키는 가족과 심리적 위협 요인에 관하여 안내하고 있다. 그것은 영재학생의 회복력(resilience)을 증가시키는 중재 프로그램과 같은 것으로 가족 기능과 개인적 대처 양식을 개발하고 평가하는 이론적 구조를 제공한다.

기술적 연구는 영재학생을 위한 주립 고등학교의 사회 체제에 대한 심층 연구를 수행하기 위해서 민족지학(ethnography)을 사용하였다(Coleman, 2001). 이 연구는 여기에 소개한 다른 어떤 연구보다도 영재청소년의 심층 세계로 들어가게 함으로써, 그들이 학문적으로 엄격한 환경과 기숙제(residential) 환경에서 무엇을 경험하는지를 이해하도록 돕는다. 이 연구는 영재학생을 위한 기숙제 학교가 청소년만의 독특한 사회 체제, 즉 다양성의 이해, 학업적 성취의 지지, 신체적 폭력의 부재와 같은 긍정적 특징이 있는 사회 체제가 생성되도록 촉진할 수 있음을 제안한다. 또한 이 연구는 영재학생이 바쁜 일정, 계속되는 최종 기한, 압박 등의 환경에서 경험할 수 있는 스트레스요인(stressors)을 강조하고 있다.

미래 연구의 방향

집단 비교연구　연구자들은 영재학생을 규준 집단과 비교했을 때, 일관성 있게 영재학생이 우월한지의 여부를 밝혀 왔다. 그러나 영재학생을 평균 학생과 비교한 대부분의 연구는 수업료가 있는 여름 프로그램에 참여한 영재학생에 초점을 맞추었거나 시외의 영재 프로그램에 참여한 백인 표본에 초점을 맞추었기 때문에, 연구결과를 다른 영재 집단, 예를 들면 영재 프로그램에 참여할 기회가 전혀 없었던 영재학생이나 백인 출신이 아닌 영재학생을 대상으로 일반화하는 데는 한계가 있다. 따라서 이 유형의 미래 연구에서는 보다 다양한 민족 출신의 영재학생과 어떠한 특수 프로그램도 받지 않은 영재학생을 포함해야 한다.

사회적·정서적 문제, 미성취, 상담

또한 미래 연구는 성별, 연령, 영재성의 유형, 영재성의 수준, 영재 프로그램의 유용성과 유형, 민족, 동기, 정서, 성격, 가족의 특징 등의 폭넓은 집단 변인들을 활용함으로써 영재학생의 집단 내 차이에 초점을 맞추어야 한다. 이 연구는 특수한 하위 유형의 영재학생이 언제 사회적·정서적 스트레스를 경험하기 쉬운지를 예언하는 복합적인 모형을 창안해야 한다.

결핍 모형(deficit model) 대 긍정적 심리학(positive psychology) 여기에서 소개된 대부분의 연구는 취약성과 심리적 문제를 연구한 심리적 기능의 결핍 모형을 적용하고 있다. 미래 연구는 긍정적 심리학 구조 내에서 수행되고 영재학생의 회복력(Neihart, 2002c) 또는 개인적 재능(Moon, 2002, November)을 증가시키는 요인을 연구해야 한다. Sowa와 May(1997)의 연구는 스트레스에 긍정적·부정적으로 적응하는 데 영향을 주는 과정을 확인했기 때문에 이런 방향을 추구했다. 미래 연구는 영재학생의 최적 또는 특별한 심리적·사회적 발달을 촉진하는 요인을 계속해서 탐색해야 한다.

횡단 연구 대 종단 연구 여기에서 소개한 대부분의 연구는 단기적이고 횡단적인 연구다. 심리적·사회적 발달은 시간의 경과에 따라 일어나는 과정이기 때문에, 영재학생의 사회적·정서적 문제를 완전하게 이해하려면 종단 연구가 필요하다(Peterson, 2002; Robinson, Reis, Neihart, & Moon, 2002). 성장 분석과 같은 방법은 시간 경과에 따른 영재학생의 사회적·정서적 변인의 변화 유형을 밝히는 데 사용될 수 있다. 또한 종단 연구는 위협과 회복 요인(risk and resilience factors)에 대한 정확한 예언을 향상시킨다.

미성취

영재학생의 미성취는 여러 해 동안 영재교육 분야에서 산발적인 주의를 끌어 온 주제이며 난감한 현상이다(Dowdall & Colangelo, 1982; Reis &

McCoach, 2000; Rimm, 1995; Whitmore, 1980). 미성취 연구는 미성취의 정의에 대한 합의가 부족한 점, 미성취 영재학생의 수가 적은 점, 미성취의 본질이 숨겨져 있는 점, 그리고 현상이 복잡한 점 때문에 제대로 수행되기가 어려웠다(Reis & McCoach, 2000). 이 영역에서는 결정적인 연구가 거의 없지만 몇몇 연구는 흥미를 끌 만하여 그중 5개의 미성취 관련 연구를 제안한다.

유일한 양적 연구는 학교 만족, 열망, 서비스 요구에서 성취와 미성취 영재 고등학생 간에 차이가 있는지를 비교하였다(Colangelo, Kerr, Christensen, & Maxey, 1993). 이 연구는 앞에서 논의한 영재학생의 하위 유형 비교를 적용하였다. 다른 세 개의 경험적 연구는 모두 미성취를 성취로 회복시키려는 중재에 관한 질적 연구다(Baum, 1995; Emerick, 1992; Hébert & Olenchak, 2000). 마지막 연구는 관련 문헌을 종합적으로 고찰한 논문이다. 이 연구들의 논문은 미성취에 관하여 다음의 세 가지 질문을 던진다. (a) 미성취는 무엇인가, (b) 어떤 요인이 영재학생의 미성취와 관련되는가, (c) 미성취가 발생했을 때 영재학생의 빈약한 학업성취를 어떻게 성취로 되돌릴 수 있는가다.

미성취의 정의와 모형

Reis와 McCoach(2000)는 미성취에 관한 종합적인 문헌 고찰에서 세 가지 질문 모두를 다루었다. 이들은 '미성취가 무엇인가?'에 대답하기 위해 미성취의 조작적이고 개념적인 정의가 관련 문헌에서 제안되었음을 언급하였다. 그리고 폭넓게 적용할 수 있는 미성취의 조작적인 정의를 추천하였다. 이 조작적 정의는 '시간이 경과되어도 지속되는 기대 성취(검사로 측정된 성취)와 실제 교실수업에서의 성취(교사 평가로 측정된 성취) 간의 뚜렷한 불일치 현상'을 미성취로 규정한다. 여기에서 제시된 4개의 연구는 모두 미성취 대상자를 선정하기 위해서 이 정의를 일부 수정하여 사용하였다. 이 정의가 학교 밖 상황에서의 미성취에 적합하지 않고 잠재된 미성취 영재학

사회적 · 정서적 문제, 미성취, 상담

생(예, 표준 성취도검사에서 능력을 발휘하지 못하는 영재학생)을 빠뜨릴 수도 있으나, 영재학생의 빈약한 학업수행(poor school performance)을 연구하는 데 효과적인 정의라고 할 수 있다.

몇몇 저자들은 '어떤 요인이 영재학생의 미성취와 관련되는가?'에 대답하기 위해 미성취 모형을 제안하였다(Baker, Bridger, & Evans, 1998; Rimm, 2003). 일반적으로 이 모형들은 개인, 가족, 학교 요인이 미성취의 원인일 수 있음을 제안한다. Reis와 McCoach(2000)의 문헌 고찰에 따르면, 그 상황은 이 모형들이 제안하는 것보다 더 복잡하다고 제안한다. 또한 동료들도 미성취에 영향을 줄 수 있다. 게다가 많은 개인적 특징이 미성취와 관련되는 것으로 밝혀졌는데, 이 특징들은 매우 다양하고 특유해서 단일한 미성취 성격을 확인할 수는 없다(Baum, 1995). 세 영역(가족, 개인, 학교)의 영향은 매우 다양하게 나타난다. 예컨대, 모든 미성취 영재학생이 역기능적 가정 출신이거나 부적절한 학교교육을 받았다는 일관된 증거는 전혀 없다. 마지막으로 이 모형은 문화, 민족성, 사회화가 미성취에서 할 수 있는 역할을 설명하지 못한다. 따라서 이 부가적 복잡성을 설명할 수 있는 새 모형이 필요하다.

미성취자의 특성

미성취 연구 중 하나의 흐름은 영재학생의 개인적 특징을 찾아내는 것이었다. 이 연구 전통은 문헌 고찰 논문(Reis & McCoach, 2000)과 양적인 비교 논문(Colangelo et al., 1993)에 잘 나타나 있다. 문헌 고찰 논문의 〈표 13-5〉는 총명한 아동의 빈약한 학업수행과 관련된 것으로 밝혀진 성격 특성, 내적 중개인, 차별화된 사고양식, 부적합한 전략, 그리고 긍정적 귀인에 관한 연구의 종합적인 요약을 제시하고 있다. 대부분의 특징들은 부정적인데, 많은 특징이 학습 무능력 및(또는) AD/HD와 관련되어 있다. Colangelo와 동료들의 연구는 미성취자들이 고성취 동료들보다 교육적 열망이 낮으며 교실 이외의 성취도 빈약하다고 밝힌다.

미성취 연구의 두 번째 흐름은 영재학생의 가족의 특징을 탐색하는 것이다(Fine & Holt, 1983; Fine & Pitts, 1980; Green, Fine, & Tollefson, 1988; Moon & Hall, 1988; Rimm & Lowe, 1988; Zuccone & Amerikaner, 1986). 가족에 관한 연구는 영재교육의 주요 주제가 아니기 때문에 미성취 연구에서 대표적인 것은 아니다. 게다가 가족 문헌 연구의 일부는 가족과 가족 중재에 초점을 둔 저널들로 영재교육 분야 밖에서 발표된 것이다.

개인과 가족에 관한 두 가지 연구 흐름에서, 특징 연구는 기본적으로 기술적이다. 단지 일부 연구만이 인과관계(causality)를 결정하려고 시도하였다(Dias, 1998). 소수의 내성법(retrospective) 연구(Emerick, 1992; Peterson, 2001b; Peterson & Colangelo, 1996)와 종단 연구(Peterson, 2000, 2001a, 2002)를 제외하고 대부분의 연구는 횡단 연구라서 미성취가 시간 경과에 따라 어떻게 변화되는지를 거의 알 수 없다. 생태-체제적 관점에서 미성취에 관한 보다 많은 종단 연구가 절실히 요구된다. 여기서 생태-체제적 관점이란 시간 경과에 따라 성취자와 미성취자를 추적하고, 그들의 개인적 특징뿐만 아니라 가족, 동료, 학교의 특징을 평가하는 연구를 말한다. 이 연구 유형의 좋은 예가 Peterson(2002)의 연구로, 미성취 위험에 처한 14세 영재의 고등학교 이후 발달을 연구한 것이다. Peterson은 생태-체제적 관점에서 4년 동안 이 청소년들을 추적 연구함으로써, 고등학교 이후에 전개되는 발달을 관찰하고 그 내용을 보고할 수 있었다. 또한 미성취의 특수한 하위 집단, 특히 영재 프로그램의 역사에서 드러나지 않았던 집단들에 관한 보다 많은 연구가 필요하다(Dias, 1998; Ford, 1996).

미성취를 성취로 되돌리기

미성취 연구들은 빈약한 학교 수행을 되돌리기 위한 중재에 초점을 두고 있다. 위에서 기술한 미성취 모형으로부터 기대되는 것처럼, 이 연구는 세 가지 흐름을 가진다. 그것은 '교육적 중재'(Whitemore, 1980), '가족 중재'(Fine

사회적 · 정서적 문제, 미성취, 상담

& Pitts, 1980; Moon & Hall, 1998; Moon & Thomas, 2003; Wendorf & Frey, 1985; Zuccone & Amerikaner, 1986), 그리고 '개인적 중재'(Siegle & McCoach, 2002)의 연구를 포함하고 있다. 그중 몇몇 연구, 특히 내성법 연구는 세 가지 유형의 중재 모두를 동시에 탐색하였다(Emerick, 1992; Peterson, 2001b).

여기서 소개된 논문들은 미성취를 되돌리기 위한 교육적이고 개인적인 중재에 관한 세 개의 연구다. 하나는 공식적 중재 프로그램 없이 미성취를 성취로 되돌린 예에 관한 내성적, 생태–체제적 연구(Emerick, 1992)이고, 나머지 두 연구는 계획된 중재 프로그램의 효과성에 관한 연구(Baum, 1995; Hébert & Olenchak, 2000)다. Emerick은 평균 또는 평균 이하의 학업성취를 지속적으로 보였다가 평균 이상의 학업성취로 되돌아온 14~20세 학생 10명을 연구하였다. 그녀의 질적인 연구는 미성취 되돌리기에 관련된 요인들을 기술하는 6개의 신생 주제(emergent themes), 즉 학교 밖의 흥미, 지지적인 부모, 특수한 특징의 학급, 진로 목표, 보호적이고 열정적인 교사, 개인적 성장을 제시하였다. Baum과 동료들은 미성취하도록 만드는 요인들의 다양한 프로파일을 가진 8~13세 학생 17명의 빈약한 학업수행을 되돌리는 3단계 연구의 효과성을 연구하였다. 그들은 참여자 중 82%가 중재 프로그램을 받은 해와 바로 그 다음 해에도 빈약한 학업수행의 지속적인 되돌리기를 경험하였다는 것을 발견하였다. 개선은 성적과 행동, 특히 자기조절 행동과 교실 행동에서 이루어졌다. Hébert와 Olenchak(2000)는 연령이 다른(초등학교~대학교) 3명의 여학생이 빈약한 학업수행을 되돌리는 데 멘터의 효과성이 어떠한지를 연구하였다. 그들은 멘터가 개방적이고 일방적으로 판단하지 않고, 일관되고 인격적인 지지를 제공하며, 장점과 흥미에 기초를 둔 중재 전략을 창안했을 때, 멘터십이 미성취를 성취로 되돌릴 수 있었음을 발견하였다. 아울러 이 세 개의 연구는 흥미와 장점에 기초한 개별화된 접근이 미성취 영재학생의 빈약한 학업수행 유형을 되돌리는 데 도움이 될 수 있음을 제안하고 있다. 그러한 중재는 부모, 교육자, 멘터 등의 다양한 성인 보호자가 운영할 수 있다.

영재학생 상담

영재교육의 분야는 영재학생을 위한 차별화된 상담 서비스보다 차별화된 교육 서비스의 요구 및 효능을 연구하는 데 훨씬 더 많은 시간과 노력을 소비하였다. 그 결과 특정 시점에서 특수한 영재학생들의 발달에 가장 많은 도움이 될 수 있는 상담 서비스 유형에 관하여서는 알려진 것이 거의 없다.

영재학생 상담과 관련된 대부분의 문헌은 경험적인 것이 아니라 임상적인 것으로, 영재학생을 대상으로 하는 특수한 상담 전략의 효능에 관한 연구보다는 실천에 근거한 임상가(clinicians)의 보고서로 구성되어 있다. 게다가 많은 문헌이 책(Kerr, 1991; Silverman, 1993; VanTassel-Baska, 1990; Webb & DeVries, 1993) 또는 영재교육 분야 외의 학술지, 특히 『The Journal of Counseling and Development 』(McMann & Oliver, 1998; Myers & Pace, 1986; Peterson & Colangelo, 1996; Zuccone & Amerikaner, 1986), 『The Journal of Counseling Psychology』(Kerr & Cheryl, 1991), 『The Journal of Marital and Family Therapy』(Moon & Hall, 1998), 그리고 『The School Counselor』(Lester & Anderson, 1981)에 출판되었다. 여기에 제시된 세 개의 영향력 있는 논문은 단지 현존하는 문헌들의 일부분을 제시한 것이다.

상담의 필요성

앞서 언급한 것과 같이, 영재학생을 위한 차별화된 상담 서비스 요구에 관한 문헌에는 모순되는 사실들이 있다. 한편으로 영재아와 그들의 가족과 상담해 온 임상가에 따르면, 영재학생은 영재성과 관련된 정의적 관심, 즉 정체성 발달, 다중잠재성(multipotentiality), 완벽주의, 내향성, 동료 관계, 감수성을 다루는 데 도움이 필요하다고 한다(Jackson & Peterson, 2003; Mohoney, 1997; Mendaglio, 2003; Peterson, 2003; Silverman, 1993). 또한 영재성은 정신건강 문제(예, 행동과 우울 장애)의 증상을 감출 수 있다는 임상적인 증거가 일부 있다(Jackson & Peterson, 2003; Kaufmann, Kalbfleisch, & Castellanos, 2000; Kaufmann & Castellanos, 2000). 다른 한편으로는 앞서 언급한 것처럼, 정의적 변인에 관하여 영재학생과 보통학생을 비교한 연구는 일반적으로 영재학생이 규준 집단 수준에 부합하거나 우월하다고 주장한다.

이 장에서 논의된 사회적 · 정서적 발달에 관한 조사연구는 상담 요구에 관하여 서로 다른 관점을 제시하고 있다(Moon et al., 1997). 이 연구에서는 영재학생을 대상으로 한 차별화된 상담 서비스의 필요성에 대한 인식을 알아보기 위해서 부모, 학교 인사, 관련 상담 전문가를 조사대상으로 하였다. 연구결과는 집단 비교 문헌보다는 임상적 문헌의 내용을 지지하였다. 세 집단 모두 영재학생이 전문화되고 차별화된 상담 서비스로부터 도움을 받을 수 있다고 인식하였다. 그들이 추천한 서비스는 진로 평가, 재능 평가, 그리고 부모와 학생에 대한 안내를 포함한다. 이 연구는 영재학생의 독특한 문제를 다루려면 상담 서비스의 차별화가 필요다고 주장하였다. 그러나 안타깝게도 영재학생을 대상으로 하는 상담을 어떻게 차별화할 것인가에 관한 경험적 연구는 거의 없는 상황이다.

상담 모형

여기에서 제시하는 상담에 관한 두 개의 연구는 임상적 실천에 기초한 모형을 제안하였다(Buescher, 1987; Dettman & Colangelo, 1980). 이들 논문은 예방에서 중재까지 연속선에 걸친 영재학생 상담에 관한 임상적 문헌의 전형이다(Moon, 2002, 2003). 여기에 포함된 모형은 예방 차원을 나타내고 있다.

하나의 모형에 따르면, 차별화되고 정의적인 교육과정은 영재청소년들이 청소년 발달, 정체성과 스트레스, 관계성, 진로 발달의 네 가지 중요한 문제를 다루는 데 도움이 된다(Buescher, 1987). 이 교육과정 모형은 자율적인 학습자 모형(Autonomous Learner Model)의 차원 1과 2에 제안된 모형과 유사하다(Betts & Kercher, 1999; Betts, 1985). 이 모형의 목표는 영재청소년이 스스로를 이해하고 개인적 재능을 계발하도록 돕는 것이다(Moon, 2002, November, 2002, October). 미국영재학회의 정의적 교육과정 특별전문위원회는 현재 영재학생의 사회적, 정서적, 개인적 발달을 촉진하는 정의적 교육과정의 종합적인 체제(comprehensive framework)를 개발하기 위해 유사 영역의 전문가들과 함께 연구하고 있다.

여기에 제시된 논문들 중 가장 오래된 다른 논문에서는 학교 상담자가 영재학생의 부모와 상담하는 데 사용되는 모형을 제시하였다(Colangelo & Dettman, 1981). 이 모형은 영재학생 부모의 요구에 관한 초기 문헌의 고찰(Colangelo & Dettmann, 1983)에 기초하여 학교 상담가가 영재학생의 부모를 도와주는 데 적용할 수 있는 세 가지 접근, 즉 부모중심 접근, 학교중심 접근, 그리고 협력적 접근을 기술하고 있다. 협력적 접근은 다른 두 접근의 장점을 포함하고 영재아 복지의 공동 책임(joint responsibility)을 촉진하기 때문에 추천되었다. 이 모형은 직관적으로는 인식할 수 있지만 경험적으로 검증되고 타당화되지 않았으며, 부모–학교 협력 관계를 형성하는 방법에 관한 매우 일반적인 지침(general guidance)만을 학교 상담자에게 제시할 뿐이다.

상담 모형의 중재 차원을 보여 주는 논문은 없다. 그 이유는 영재학생의 치료적 중재에 관한 연구가 많지 않기 때문일 것이다. 소수 연구만이 종종 다른 분야의 저널, 즉 치료 분야의 저널(Adams-Byers, Whitsell, & Moon, 2004; Moon, Nelson, & Piercy, 1993; Thomas, 1999; Wendorf & Frey, 1985)이나 영재교육 분야의 다른 저널(Bourdeau & Thomas, 2003)에 발표되었다.

결 론

모든 영재학생의 정의적 발달에는 보다 많은 주의가 필요하며, 또한 잠재력을 발휘하는 데 실패할 위험에 처한 영재학생이나 미성취자 등 특수 집단

사회적 · 정서적 문제, 미성취, 상담

의 정의적 요구에 관해 주의가 필요하다는 것은 점점 더 확연해지고 있다. 또한 '이 학생들에게 효과적으로 작용하는 것이 무엇인지(What work with these students)'에 관한 보다 더 경험적인 연구, 즉 정의적 교육과정과 같은 예방적 전략에 관한 연구와 개인, 집단, 가족 치료와 같은 보다 심층적인 중재에 관한 연구가 필요하다. 좋은 상담 모형이 개발되기는 했지만 가장 효과적인 조건이 무엇인가를 결정할 수 있도록 엄격하게 평가될 필요가 있다. 그리고 아시아계 미국인, 아프리카계 미국인과 같은 영재학생의 특수한 하위 집단의 정의적 중재 및 상담에 관한 연구가 필요하다(Ford, Harris, & Schuerger, 1993; March/April; Moon, Zentall, Grskovic, Hall, & Stormont, 2001; Plucker, 1996; Zuccone & Amerikaner, 1986). 이를 위해서는 영재교육 분야의 연구자들이 개인·사회 심리학, 상담 심리학, 가족 치료, 그리고 정신의학(psychiatry)과 같은 정의적 분야의 연구자들과 공동으로 연구할 필요가 있다. 그렇게 함께 작업하면 정신건강 문제를 겪는 영재학생에게 가장 효과적으로 중재하는 방법과 모든 영재들이 최적의 사회적, 정서적, 개인적 발달을 성취하도록 돕는 방법을 이해할 수 있을 것이다.

📖 참고문헌

Adams-Byers, J., Whitsell, S. S., & Moon, S. M. (2004). Gifted students' perceptions of the academic and social/emotional effects of homogeneous and heterogeneous grouping. *Gifted Child Quarterly*, *48*(1), 7-20.

Baker, J. A. (1995). Depression and Suicidal ideation among academically gifted adolescents. *Gifted Child Quarterly*, *39*(4), 218-223. [See vol. 8, p.21.]

Bakker, J. A., Bridger, R., & Evans, K. (1998). Models of underachievement among gifted preadolescents: The role of personal, family, and school factors. *Gifted Child Quarterly*, *42*(1), 5-15.

Baum, S. M., Renzulli, J. S., & Hébert, T. P. (1995). Reversing underachievement: Creative productivity as a systematic intervention. *Gifted Child Quarterly, 39*(4), 224-235. **[See Vol. 8, p. 133.]**

Betts, G., & Kercher, J. (1999). *Autonomous learning model: Optimizing ability.* Greely, CO: ALPS.

Betts, G. T. (1985). *Autonomous learner moldel for the gifted and talented.* Greeley, CO: ALPS.

Bourdeau, B., & Thomas, V. (2003). Counseling gifted clients and their families: Comparing clients' perspectives. *Journal for Secondary Gifted Education, 14*(2), 114-126.

Buescher, T. M. (1987). Counseling gifted adolescents: A curriculum model for students, parents, and professionals. *Gifted Child Quarterly, 31*(2), 90-94. **[See Vol. 8, p. 221.]**

Colangelo, N., & Dettman, D. F. (1981). A conceptual model of four types of parent-school interactions. *Journal for the Education of the Gifted, 5*(2), 120-126.

Colangelo, N., & Dettman, D. F. (1983). A review of research on parents and families of gifted children. *Exceptional Children, 50*(1), 20-27.

Colangelo, N., Kerr, B., Christensen, P., & Maxey, J. (1993). A comparison of gifted underachievers and gifted achievers. *Gifted Child Quarterly, 37*(4), 155-160. **[See Vol. 8, p. 119.]**

Coleman, L. J. (2001). A "rag quilt": Social relationships among students in a special high school. *Gifted Child Quarterly, 45*(3), 164-173. **[see Vol, 8, p. 63.]**

Cornell, D. G. (1990). High ability students who are unpopular with their peers. *Gifted Child Quarterly, 34*(4), 155-160. **[See Vol. 8, p. 31.]**

Cornell, D. G., Delcourt, M. B., Bland, L. D., Goldberg, M. D., & Oram, G. (1994). Low incidence of behavior problems among elementary school students in gifted programs. *Journal for the Education of the Gifted, 18*(1), 4-19.

Cross, T. L., Coleman, L. J., & Terhaar-Yonkers, M. (1991). The social cognition of gifted adolescents in schools: Managing the stigma of

사회적 · 정서적 문제, 미성취, 상담

giftedness. *Journal for Educaton of the Gifted, 15,* 44-55.

Dauber, S. L., & Benbow, C. P. (1990). Aspects of personality and peer relations of extremely talented adolescents. *Gifted Child Quarterly, 34*(1), 10-15.

Dettman, D. F., & Colangelo, N. (1980). A functional model for counseling parents of gifted students. *Gifted Child Quarterly, 24*(3), 158-161. [See vol. 8, P. 213.]

Dias, E. I. (1998). Perceived factors influencing the academic underachievement of talented students of Puerto Rican descent. *Gifted Child Quarterly, 42*(2), 150-122.

Dowdall, C. B., & Colangelo, N. (1982). Underachieving gifted students: Review and implications. *Gifted Child Quarterly, 26*(4), 179-184.

Emerick, L. J. (1992). Academic underachievement among the gifted: Students' perceptions of factors that reverse the pattern. *Gifted Child Quarterly, 36*(3), 140-146.

Fine, M. J., & Holt, P. (1983). Intervening with school problems: A family systems perspective. *Psychology in the Schools, 20,* 59-66.

Fine, M. J., & Pitts, R. (1980). Intervention with underachieving gifted children: Rationale and strategies. *Gifted Child Quarterly, 24*(2), 51-55.

Ford, D. Y. (1996). *Reversing underachievement among gifted black students: Promising practices and programs.* New York: Teachers College Press.

Ford, D. Y., Harris, J., & Schuerger, J. M. (1993, March/April). Racial identity development among gifted black students: Counseling issues and concerns. *Journal of Counseling and Development, 71*(March/April), 409-417.

Green, K., Fine, M. J., & Tollefson, N. (1988). Family systems characteristics and underachieving gifted. *Gifted Child Quarterly, 32*(2), 267-272.

Gross, M. (in press). From "play partner" to "sure shelter": How do conceptions of friendship differ between average-ability, moderately gifted, and highly gifted children?, *Proceedings of the 5th Biennial Henry B. and Jocelyn National Wallace Research Symposium on Talent Development.* Scottsdale, AZ: Gifted Psychology Press.

Hebert, T. P., & Olenchak, F. R. (2000). Mentors for gifted underachieving males: Developing potential and realizing promise. *Gifted Child Quarterly, 44*(3), 196-207. **[See Vol. 8, p. 157.]**

Jackson, P. S., & Peterson, J. S. (2003). Depressive disorder in highly gifted students. *Journal For Secondary Gifted Education, 14*(3), 175-186.

Kaiser, C. R., & Berndt, D. J. (1985). Predictors of loneliness in the gifted adolescent. *Gifted Child Quarterly, 29*(2), 74-77. **[See Vol. 8, p. 43.]**

Kaufmann, F., Kalbfleisch, M. L., & Castellanos, F. X. (2000). *Attention deficit disorders and gifted students: What do we really know?* Storrs, CT: NRC/GT.

Kaufmannn, F. A., & Castelanos, F. X. (2000). Attention-Deficit/Hyperactivity Disorder in gifted students. In K. A. Heller, F. J. Monks, & R. J. Sternberg, & R. F. Subotnik (Eds.), *International Handbook of Giftedness and Talent* (2nd ed., pp. 621-632). Amsterdam: Elsevier.

Keiley, M. K. (1997). Affect regulation in adolescents: Does the Management of feelings differ by gender and / or by method of measurement. *Unpublished Manuscript.*

Kerr, B. (1991). *A handbook for counseling the gifted and talented.* Alexandria, VA: American Counseling Association.

Kerr, B., & Cheryl, E. (1991). Career counseling with academically talented students: Effects of a value-based intervention *Journal of Counseling Psychology, 38*(3), 309-314.

Lehman, E. B., & Erdwins, C. J. (1981). The social and emotional adjustment of young, intellectually-gifted children. *Gifted Child Quarterly, 25*(3), 134-137. **[See Vol. 8, p. 1.]**

Lester, C. F., & Anderson, R. S. (1981). Counseling with families of gifted children: The school counselor's role. *School Counselor, 29*(2), 147-151.

Mahoney, A. S. (1997). In search of gifted identity: From abstract concept to workable counseling constructs. *Roeper Review, 20*(3), 222-227.

McMann, N., & Oliver, R. (1988). Problems in families with gifted childeren: Implications for counselors. *Journal of Counseling and Development, 66*, 275-278.

Mendaglio, S. (2003). Heightened multifaceted sensitivity of gifted students: Implication for counseling. *Jornal for Secondary Gifted Education, 14*(2), 72-82.

Metha, A., & McWhirter, E. H. (1997). Suicide ideation, depression, and stressful life events among gifted adolescents. *Journal for the Education of the Gifted, 20*(3), 284-304.

Moon, s. M. (2002). Counseling needs and strategies. In M. Neihart, S. M. Reis, N. M. Robingson, & S. M. Moon (Eds.), *The social and emotional development of gifted children: What do we know?* (pp. 213-222). Waco, TX: Prufrock Press.

Moon, S. M. (2002, November). *Personal talent.* Paper presented at the National Association for gifted Children, Denver, CO.

Moon, S. M. (2002, October). *Developing personal talent.* Paper presented at the European Council for High Ability, Rhodes, Greece.

Moon, S. M. (2003). Counseling families. In N. Colangelo & G. A. Daivs (Eds.), *Handbook of gifted education.* (pp. 388-402). Boston: Allyn and Bacon.

Moon, S. M., & Hall, A. S. (1998). Family therapy with intellectually and creatively gifted children. *Journal of Marital and Family Therapy, 24*(1), 59-80.

Moon, S. M., Kelly, K. R., & Feldhusen, J. F. (1997). Specialized counseling services for gifted youth and their families: A needs assessment. *Gifted Child Quarterly, 41*(1), 16-25. **[See Vol. 8, p. 229.]**

Moon, S. M., Nelson, T. S., & Piercy, F. P. (1993). Family therapy with a highly gifted adolescent. *Journal of Family Psychotherapy, 4*(3), 1-16.

Moon, S. M., Swift, S., & Shallenberger, A. (2002). Perceptions of a self-contained class of fourth-and fifth-grade students with high to extreme levels levels of intellectual giftedness. *Gifted child Quarterly, 46*(1), 64-79.

Moon, S. M., & Thomas, V. (2003). Family therapy with gifted and talented adolescents. *Journal of Secondary Gifted Education, 14*(2), 107-113.

Moon, S. M., Zentall, S. S., Grskovic, J. A., Hall, A., & Stormont, M. (2001). Emotional and social characteristics of boys with AD/HD and/ or giftedness: A comparative case study. *Journal for the Education of the Gifted, 24*(3), 207-247.

Myers, R. S., & Pace, T. M. (1986). Counseling gifted and talented students: Historical perspectives and contemporary issues. *Journal of Counseling and Development, 64,* 548-551.

Neihart, M, (2002a). Delinquency and gifted children. In M. Neihart, S. M. Reis, N. M. Robinson, & S. M. Moon (Eds.), *The social and emotional development of gifted children: What do we know?* (pp. 103-112). Waco, TX, Prufrock Paess.

Neihart, M. (2002b). Gifted Children and depression. In M. Neihart, S. M. Reis, N. M. Robinson, & S. M. Moon (Eds.), *The social and emotional development of gifted children: What do we know?* (pp. 93-102). Waco, TX: Prufrock Press.

Neihart, M. (2002c). Risk and resilience in gifted Children: A conceptual framework. In M. Neihart & S. M. Reis & N. M. Robinson & S. M. Moon (Eds.), *The social and emotional development of gifted Children: What do we know?* (pp. 113-122). Waco, TX: Prufrock.

Neihart, M., Reis, S., Robinson, N., & Moon, S, M. (Eds.). (2002). *The social and emotional development of gifted Children. What do we know?* Waco, TX: Prufrock.

Pearson, M., & Beer, J. (1991). Self-consciousness, self-esteem, and depression of gifted school Children. *Psychological Reports, 66,* 960-962.

Pearson, J. S. (2000). A follow-up study of one group of achievers and underachievers four years after high school graduation. *Roeper Review, 22*(4), 217-224.

Pearson, J. S. (2001a). Gifted and at risk: Four longitudinal case studies of post-high school development. *Roeper Review, 24*(1), 31-39.

Pearson, J. S. (2001b). Successful adults who were adolescent underachievers. *Gifted Child Quarterly, 45*(4), 236-250.

Pearson, J. S. (2002). A longitudinal study of post-high-school development in gifted individuals at risk for poor educational outcomes. *Journal for Secondary Gifted Education, 14*(1), 6-18.

사회적 · 정서적 문제, 미성취, 상담

Pearson, J. S. (2003). An argument for proactive attention to affective concerns of gifted adolescents. *Journal for Secondary Gifted Education, 14*(2), 62-71.

Pearson, J. S., Colangelo, N. (1996). Gifted achievers and underachievers: A comparison of patterns found in school files. *Journal of Counseling and Development, 74*, 399-407.

Plucker, J. A. (1996). Gifted Asian-American Students: Identification, curricular, and counseling concerns. *Journal for the Eudecation of the Gifted, 19*(3), 314-343.

Reis, S. M., & McCoach, D. B. (2000). The underachievement of gifted students: What do we know and where do we go? *Gifted Child Quarterly, 44*(3), 152-170. [See Vol. 8, p. 181.]

Rimm, S. (1995). *Why bright kids get poor grades and what you can do about it.* New York: Crown.

Rimm, S. B. (2003). Underachievement: A national epidemic. In N. Colangelo & G. A. Davis (Eds.), *Handbook of gifted education.* (pp. 424-443). Boston: Allyn and Bacon.

Rimm, S. B., & Lowe, B. (1988). Family environments of underachieving gifted students. *Gifted Child Quarterly, 32*, 353-359.

Robinson, N. M., Lanzi, R. G., Weinberg, R. A., Ramey, S. L., & Ramey, C. T. (2002). Family factors associated with high academic competence in former Head Start children at third grade. *Gifted Child Quarterly, 46*(4), 278-290. [See Vol. 8, P. 83.]

Robinson, N. M., Zigler, E., & Gallagher, J. J. (2000). Two tails of the normal curve: Similarities and differences in the study of mental retardation and giftedness. *American Psychologist, 55*(12), 1413-1425.

Sayler, M. F., & Brookshire, W. K. (1993). Social, emotional, and begavioral adjustment of accelerated students, students in gifted classes, and regular students in eighth grade. *Gifted Child Quarterly, 37*(4), 150-154. [See Vol. 8, p. 9.]

Siegle, D., & McCoach, D. B. (2002). Promoting positive achievement attitued with gifted and talented students. In M. Neihart, S. M. Reis, N. M. Robinson, & S. M. Moon (Eds.), *The social and emotional development of gifted children: What do we know?* (pp. 237-249). Waco, TX: Prufrock.

Silverman, L. K. (1993). *Counseling the Gifted and Talented.* Denver, CO: Love.

Sowa, C. J., & May, K. M. (1997). Expanding Lazarus and Folkman's paradigm to the social and emotional adjustment of gifted children. *Gifted Child Quarterly, 41*(2), 36-43. **[See vol. 8, p. 51.]**

Swiatek, M. A. (1995). An empirical investigation of the social coping strategies used by gifted adolescennts. *Gifted Child Quarterly, 39*(3), 154-161.

Thomas, V. (1999). David and the family bane: Therapy with a gifted child and his family. *Journal of Family Psychology, 10*(1), 15-24.

VanTassel-Baska, J. (Ed.). (1990). *A practical guide to counseling the gifted in a school setting* (2nd. ed.). Reston, VA: Council for Exceptional Children.

Webb, J. T., & DeVries, A. R. (1993). *Training manual for facilitators of SENG model guided discussion groups.*

Wendorf, D. J., & Frey, J. (1985). Family therapy with the intellectually gifted. *The American Journal of Family Therapy, 13*(1), 31-38.

Whitmore, J. R. (1980). *Giftedness, conflict, and unerachievement.* Boston: Allyn & Bacon.

Zuccone, C. F., & Amerikaner, M. (1986). Counseling gifted underachievers: A family systems approach. *Journal of Counseling and Development, 64,* 590-592.

제 1 부

사회적 · 정서적 문제

01

지적 영재의 사회적 · 정서적 적응[1]

Elyse Brauch Lehman, Carol J. Erdwins

영재를 대상으로 한 Terman의 종단 연구 이래, 지적, 학문적, 성취 기준을 근거로 산출한 평균 IQ의 또래 아이들과 영재를 비교하는 추가 연구들이 많이 수행되어 왔다(예, Flanagan & Cooley, 1966; Gallagher & Crowder, 1957; Klausmeier & Check, 1962; Klausmeier & Loughlin, 1961; Terman, Baldwin, & Bronson, 1925). 그전에는 지적 영재의 사회적 · 정서적 특징이 같은 생활연령이나 정신연령의 또래와 어떻게 다른가를 비교하는 방법에 대해 거의 관심이 없었다. 초기 이론가들(Jung, 1954; Lombroso, 1891)이 영재에게는 정서적 불안정성의 성향이 있다고 주장하였으나 여전히 관심을 끌지 못하였다.

그런데 최근의 많은 연구들은 만장일치로 이러한 가정을 거부하였고, 영재 집단이 보다 많은 정서적 장애를 겪는다는 아무런 증거도 발견하지 못하였다(Kennedy, 1962; Ramaseshan, 1957; Warren & Heist, 1960; Wrenn, Ferguson, & Kennedy, 1962). 사실상 다른 연구들(Haier & Denham, 1976;

---

[1] 편저자 주: Lehman, E. B., & Erdwins, C. J. (1981). The social and emotional adjustment of young, intellectually gifted children. *Gifted Child Quarterly, 25*(3), 134-137. © 1981 National Association for Gifted Children. 필자 승인 후 재인쇄.

Lucito, 1964; Milgram & Milgram, 1976)뿐만 아니라 이들 연구도 자기만족, 지배성, 독립성, 독창성, 부조화, 긍정적 자아개념, 내적인 통제와 같은 특성에서 영재학생이 평균 IQ를 지닌 동료에 비해 높다는 것을 발견하였다. 그렇지만 이 연구들 대부분은 고등학생 또는 대학생 연령의 학생을 대상으로 수행되었고, 같은 연령의 동료 학생 또는 규준적 자료(normative data)를 비교집단으로 이용하였다. 지금까지 단 하나의 연구에서만 영재를 같은 생활연령의 아동과 나이가 더 많은 아동과 비교하려고 시도하였을 뿐이다. Lessinger와 Martinson(1961)은 캘리포니아 성격검사에서 8학년 영재학생들이 같은 연령의 동료 집단보다 영재 고등학생 집단과 일반 성인 집단에 훨씬 더 유사하다고 밝혔다.

이 연구는 영재의 사회적·정서적 발달에 초점을 맞추고 있다. 영재가 같은 생활연령의 또래 집단보다 지적으로나 학문적으로 몇 년 앞서 기능하는 것으로 알려진 이래, 사회적·정서적 측면에서는 같은 정신연령 집단과 보다 유사할 수 있으리라는 가정이 성립된다. 이 가설은 사회적·정서적 적응에 관련한 다양한 점수를 제공하는 두 가지 성격 측정치에서 3학년 지적 영재 집단과 3~6학년의 평균 IQ 집단 간에 차이가 있는가를 비교함으로써 검증된다.

연구방법

피험자

중산층이면서 주로 백인 아동으로 구성된 세 집단이 연구에 참여하였다. 첫 번째 집단은 시외 공립학교의 영재 프로그램에 참여하는 16명의 매우 총명한 3학년 학생(남학생 9명, 여학생 7명)으로 구성되었다. 이 아동들은 연령과 총명한 정도가 같거나 비슷한 다른 아동들이 포함된 학급에 소속되어 있었다. 물론 같은 학교에 '정규(regular)' 3학년 학급도 있었다. 그들의 Stanford-Binet(L-M형) IQ 점수는 141~165(평균은 152.6)이었다.

IQ 90~110 사이의 점수를 기초로 선정한 아동들은 두 개의 평균 IQ 집단, 즉 하나는 3학년 집단이고 다른 하나는 6학년 집단(각각 8명의 남학생과 8명의 여학생)을 구성하였다. 이들은 영재들이 사는 지역과 인접한 시외 지역의 초·중학교에 다니고 있었다. 집단별 생활연령은 각각 6~8세, 8~11세, 8~12세였다.

절 차

검사도구로는 캘리포니아 성격검사(AA형: 초등학생용)(Thorpe, Clark, & Tiegs, 1953)와 아동의 사회적 태도와 가치 척도(Solomon, Kendall, & Oberlander, 1976)가 사용되었다. 지적 영재는 학교수업이 끝난 후 집에서 개별적으로 검사를 실시하였고, 반면 평균 IQ 아동은 학교에서 소집단으로 검사를 실시하였다. 영재는 친숙한 환경에서 검사를 받았긴 하지만, 집에서의 검사 실시는 학교 환경이 아니라서 주의가 산만해지기 쉽다. 모든 집단의 검사는 매우 엄격하게 실시되었다. 개별 문항을 큰 소리로 읽게 하였고, 문항들이 명확하지 않을 때 질문하도록 격려하였으며, 검사 동안 두 명의 실험자가 개별화된 주의(individualized attention)를 주도록 하였다.

성격검사는 12개의 하위검사(반은 개인적 적응을 측정하고 반은 사회적 적응을 측정함)로 구성된 일련의 질문들에 '예' 혹은 '아니요'의 결정을 하도록 요구한다. 이 하위검사들은 〈표 1-2〉에 제시되어 있다. 개별적 진술문은 간략하게 하여 아동의 독서 수준에 맞추어 조절하였다. 초등학생용에서 발췌한 문항의 예를 들면, '보통 시작한 게임을 끝마칩니까?' '어떤 일을 잘할 수 있다고 생각합니까?' '새로운 사람과 이야기하는 것이 어렵습니까?'가 있다. Kuder-Richardson 공식을 사용하여 계산한 개별적 하위검사의 신뢰도 계수는 .59~.83이다(Thorpe et al., 1953). 지필 성격 측정은 종종 긍정적인 왜곡 가능성이 있다고 여겨지나, Thorpe와 동료들(1953)은 초등학교 아동들에게는 이러한 현상이 일어날 가능성이 거의 없다고 주장한다. 그리고 이들은 비위협적인 방식으로 검사 문항을 구성하려는 시도를 해 왔다.

태도검사에서 아동들은 '매우 그렇다'에서 '전혀 그렇지 않다'의 4점 척도로 각 문항에 응답하였다. 이 검사는 자발성(self-direction), 협동, 타인에 대한 관심 등의 의견을 조사하는 11개의 척도로 구성되어 있다. 이 척도들은 〈표 1-1〉에 제시되어 있다. 이 척도들의 문항의 예를 들면, '어떤 것을 만들고 싶을 때, 다른 사람의 도움 또는 교사의 조언을 받고 시작하는 것이 최선이다.' '규칙을 모르는 사람에게 게임을 하게 하는 것은 재미없게 하는 것이다.' '학교는 모든 사람이 모든 것을 공유할 수만 있다면 좋은 곳이다.' 등이 있다. 개별 척도들의 내적 일관성 신뢰도 계수는 .38~.79이다(Solomon et al., 1976).

연구결과

[그림 1-1]은 세 집단 아동의 캘리포니아 성격검사에서 하위검사의 표준점수를 제시한 것이다. 높은 점수는 적응을 잘하는 것을 의미한다. 세 집단 아동의 사회적 태도와 가치 척도의 점수는 〈표 1-1〉에 제시되어 있고, 여기서 높은 점수는 특별한 사회적 가치에 보다 큰 일치를 나타내는 것을 의미한다. 이 결과들을 검토해 보면, 지적 영재가 매우 잘 적응하고 있음을 알 수 있다. 여러 척도에서 그들은 같은 생활연령 또래 집단보다 더 높은 적응 점수를 보이고 있다. 또 캘리포니아 성격검사에서 Thorpe와 동료들(1953)이 제시한 규준적 자료와 비교해 보면, 전체적으로 영재 집단은 12개 하위검사 중 10개에서 백분위 점수 50 이상의 점수를 보였다. 아동의 사회적 태도와 가치 척도의 규준적 자료는 입수할 수 없었다.

세 집단 아동 간의 차이를 알아보기 위해 두 개의 다변량 일원분산분석이

사회적·정서적 문제, 미성취, 상담

표 1-1 아동의 사회적 태도와 가치 척도의 평균과 F검정

척 도	평 균			F	p
	3학년 보통아	3학년 영재	6학년 평균아		
자발성	12.81	11.63	12.27	1.11	—
주장의 책임성	12.38	12.31	11.60	0.55	—
타협 의지	13.25	9.81	12.27	3.42	.042
주장의 동등성	9.56	11.06	11.07	2.43	—
참여의 동등성	11.25	12.63	11.00	4.32	.019
집단 활동	30.13	32.94	34.60	3.26	.048
협동	23.13	24.31	22.00	3.34	.045
의사결정의 자발성	24.19	21.81	21.93	0.67	—
차이에 대한 인내	10.67	12.44	10.67	1.75	—
타인에 대한 관심	22.19	22.94	21.87	0.48	—
자존감	45.81	50.06	44.40	3.80	.030

주: $-df = 2, 44$. 빈칸은 유의미하지 않음을 나타냄

사용되었다. 첫 번째는 변인으로 12개의 하위검사 점수를 활용해서 캘리포니아 성격검사의 효과를 검증했으며, 두 번째는 변인으로 아동의 태도와 가치 척도의 11개 점수를 사용했다. 그 다음에 어떤 변인이 주 효과에 가장 크게 공헌하는지를 알아보기 위해 F검정이 사용되었다. 〈표 1-1〉과 〈표 2-2〉는 각 변인의 F검정 결과를 요약해서 제시하고 있다. 마지막으로, 영재 집단을 기술하고 영재와 다른 집단의 유사성에 관한 초기 질문에 답하는 데 도움을 주기 위해, 분산분석 결과 유의한 것으로 나타난 각각의 변인을 대상으로 Newman-Keuls 사후분석이 수행되었다.

성 격

캘리포니아 성격검사의 다변량분산분석(MANOVA)은 세 가지의 차이 기준을 적용하였을 때 통계적으로 유의미하였다. 즉, Pillais $F = 2.70 (df = 24, 70)$, $p < .00067$, Hotellings $F = 3.13 (df = 24, 66)$, $p < .00013$, 그리고 Wilks-Roys $F = 2.91 (df = 24, 68)$, $p < .00029$로 모두 통계적으로 유의미한 것으로

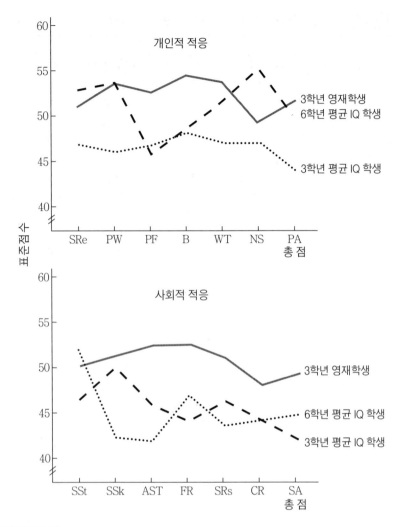

[그림 1-1] 세 집단 아동의 성격검사 점수의 표준 평균

주: 자기신뢰(SRe), 개인적 가치(PW), 개인적 자유(PF), 소속감(B), 위축 경향(WT), 신
경증적 증상(NS), 사회적 표준(SSt), 사회적 기술(SSk), 반사회적 경향(ASt), 가족 관계
(FR), 학교 관계(SRs), 지역사회 관계(CR)

나타났다. 개인적 가치의식, 개인적 자유의식, 신경증적 증상, 사회적 기술,
반사회적 경향, 학교 관계에 관한 6개 하위검사는 유의미한 분산분석 결과
를 산출하였다. 사후검증 결과($p < .05$), 개인적 가치의식과 사회적 기술에서

사회적 · 정서적 문제, 미성취, 상담

표 1-2	캘리포니아 성격검사의 F검증	
하위검사	F	p
개인적 적응		
자기신뢰	2.62	—
개인적 가치의식	4.41	.018
개인적 자유의식	3.34	.045
소속감	2.74	—
위축 경향	2.66	—
신경증적 증상	4.60	.015
사회적 적응		
사회적 표준	2.71	—
사회적 기술	3.88	.028
반사회적 경향	4.06	.024
가족 관계	3.08	—
학교 관계	4.74	.014
지역사회 관계	1.62	—

주: $-df = 2, 45$. 빈칸은 유의미하지 않음을 나타냄

는 영재와 6학년 평균 IQ 학생이 3학년 평균 IQ 학생보다 높은 점수를 보였다. 개인적 자유의식에서는 영재가 다른 두 집단보다 높은 점수를 보였고, 반사회적 경향과 학교 관계에서는 영재가 3학년 평균 IQ 학생보다 높은 점수를 나타냈다. 신경증적 증상에서는 6학년 평균 IQ 학생이 다른 두 집단보다 높은 점수를 보이는 것으로 나타났다.

사회적 태도와 가치

아동의 태도와 가치 척도의 다변량분산분석(MANOVA)은 세 가지의 차이 기준을 적용하였을 때 통계적으로 유의미하였다. 즉, Pillais $F = 1.95(df = 22, 70)$, $p < .019$, Hotellings $F = 2.18(df = 22, 66)$, $p < .0079$, 그리고 Wilks-Roys $F = 2.07(df = 22, 68)$, $p < .012$로 모두 통계적으로 유의미한 것으로 나타났다. 〈표 1-1〉은 타협 의지, 참여의 동등성, 집단 활동, 협동, 자존감의 5개 변인에서의 분산분석 결과가 유의미함을 나타내고 있다. 사후검증

결과($p < .05$), 참여의 동등성에서는 영재가 3학년과 6학년 평균 IQ 학생보다 높은 점수를 보였고, 개인적 자유의식에서는 영재가 다른 두 집단보다 높은 점수를 보였다. 협동과 자존감에서는 영재가 6학년 평균 IQ 학생보다 높은 점수를 나타냈으며, 타협 의지에서는 영재가 3학년 평균 IQ 학생보다 낮은 점수를 보이는 것으로 나타났다. 그밖에 6학년 평균 IQ 학생은 집단 활동에서 3학년 평균 IQ 학생보다 높은 점수를 받았다.

논 의

개인적·사회적 성격검사 점수의 분산분석 결과, 일반적으로 지적 영재가 같은 정신연령의 아동 집단보다는 같은 생활연령의 아동 집단과의 평균 비교에서 유의미한 차이가 있음을 시사한다. 그러나 차이의 유형은 일관성 있게 나타나지 않았다. 일부 척도(신경증적 증상, 협동)에서는 영재가 같은 생활연령의 아동과 비슷한 수준을 나타냈고, 다른 일부 척도(개인적 가치의식, 사회적 기술)에서는 영재가 같은 정신연령의 아동과 비슷한 수준을 나타냈으며, 또 다른 일부 척도(개인적 자유의식, 타협 의지, 참여의 동등성, 자존감)에서는 차이가 나타났다.

이러한 비교로부터 나타난 영재의 상황은 긍정적인 것이었다. 영재학생들은 자신 그리고 대인관계에 만족감을 느끼는 것으로 나타났다. 예컨대, 이 연구에서 영재는 자신에 관하여 긍정적인 감정을 보고하였다. 이러한 결과는 4학년과 8학년의 영재 집단이 보다 긍정적인 자아개념을 나타냈다는 Milgram과 Milgram(1976)의 연구와 일치한다. 또한 영재 집단은 3학년 평균 IQ 집단보다 높은 개인적 자유를 누리는 것으로 나타났다. 아마도 영재는 상호 관계에서 높은 성숙도를 보이기 때문에 이들의 가족이 보다 많은 자유를 허용하리라고 여겨진다. 사실상 이들은 학교와 가정이 믿을 만한 곳이라고 느끼는 것 같다. 영재는 긍정적인 가족 관계에서 6학년 아동보다 유의

사회적·정서적 문제, 미성취, 상담

하게 높았고, 학교 관계에서는 3학년 평균 IQ 아동보다 유의미하게 높은 것으로 나타났다.

영재 집단의 부적응에 관한 증거는 무시할 만하다. 3학년 아동 집단은 6학년 아동 집단에 비해 보다 높은 신체적 질병을 호소하고 있지만, 현기증(dizzy spells), 감기, 복통과 같은 신체적 질병과 백일몽과 손가락 깨물기 등의 신경증적 증상의 발생은 3학년 영재동과 보통 아동 두 집단에서 같은 수준인 것으로 나타났다. 부적응(반사회적 경향)의 CTP 측정에서, 영재는 같은 생활연령의 아동보다 유의미하게 높은 적응 점수를 보였다. 즉, 덜 공격적이고 덜 파괴적이었으며 행동문제를 덜 일으켰다.

또한 영재는 대인관계에 도움이 되는 사회적 기술을 지닌 것으로 나타났다. 다른 사람과 적절하게 상호작용하는 능력을 평가하는 사회적 기술의 측정치에서 영재가 동년배 아동보다 높은 점수를 얻었다. 또한 평균 IQ 아동보다 협동과 민주적 관계(동료 집단 간의 상호작용을 중시함)를 가치롭게 여기는 것으로 나타났다. 동시에 이들은 자신에게 타협 의지가 별로 없다고 여기고 있다.

요약하면, 여러 척도에서 영재는 평균 IQ 아동 집단과 유의미한 차이를 보이고 있지만, 또래 아동 또는 같은 정신연령의 아동과는 일관성 있는 차이를 보이지 않는다. 분명한 것은 초기의 영재 연구에서 보고되었던 것처럼, 영재는 사회적·정서적 적응에서 일관성 있게 긍정적인 측정치를 보인다는 것이다. 그들은 자신에 대하여 보다 긍정적인 감정을 보였고, 타인과의 상호작용에서는 보다 높은 성숙도를 나타냈으며, 타인과 보다 좋은 관계를 보고하고 있다.

📑 참고문헌

Flanagan, J. C., & Cooley, W. W. (1996). *Project talent one-year follow-up studies*. Pittsburgh, PA: University of Pittsburgh.

Gallagher, J. J., & Crowder, T. (1957). The adjustment of gifted children in the regular classroom. *Exceptional Children, 23*, 306-312; 317-319.

Haier, R. J., & Denham, S. A. (1976). A summary profile of the nonintellectual correlates of mathematical precocity in boys and girls. In D. P. Keating (Ed.), *Intellectual talent: Research and development*. Baltimore: The Johns Hopkins University Press, 225-241.

Jung, C. G. (1954). The gifted child. In H. Read, M. Fordham, & G. Adler. (Eds.), *The collected work of C. G. Jung* (Vol. 17). NYC: Pantheon Books.

Kennedy, W. A. (1962). MMPI profiles of gifted adolescents. *Journal of Clinical Psychology, 18*, 148-149.

Klausmeier, H. J., & Check, J. (1962). Retention and transfer in children of low, average, and high intelligence. *Journal of Educational Research, 55*, 319-322.

Klausmeier, H. J., & Loughlin, L. T. (1961). Behavior during problem solving among children of low, average and high intelligence. *Journal of Educational Psychology, 52*, 148-152.

Lessinger, L. M., & Martinson, R. (1961). The use of the California Psychological Inventory with gifted pupils. *Personnel and Guidance Journal, 39*, 572-575.

Lombroso, C. (1891). *The man of genius*. London: Scott.

Lucito, L. J. (1964). Independence-conformity behavior as a function of intellect: Bright and dull children. *Exceptional Children, 31*, 5-13.

Milgram, R. M., & Milgram, N. A. (1976). Personality characteristics of gifted Israeli children. *The Journal of Genetic Psychology, 129*, 185-194.

Ramaseshan, P. H. (1957). The social and emotional adjustment of the gifted. Doctoral dissertation, University of Nebraska.

Solomon, D., Kendall, A. J., & Oberlander, M. I. (1976). children's social attitude and value scales. In O. G. Johnson (Ed.), *Tests and measurements in child development* (Vol. 2). San Francisco: Jossey-Bass, 1074-1075.

Terman, L. M., Baldwin, B. T., & Bronson, E. (1925). Mental and physical traits of a thousand gifted children. *Genetic studies of genius* (Vol. 1). Stanford, CA: Stanford University Press.

Thorpe, L. P., Clark, W. W., & Tiegs, E. W. (1953). *California Test of Personality.* Monterey, CA: McGraw-Hill.

Warren, J. R., & Heist, P. A. (1960). Personality attributes of gifted college students. *Science, 132,* 330-337.

Wrenn, G. C., Ferguson, L. W., & Kennedy, J. L. (1962). Intelligence level and personality. *Journal of Socail Psychology, 7,* 301-308.

8학년 속진학생, 영재학급 학생, 정규학급 학생의 사회적 · 정서적 · 행동적 적응[1]

Michael F. Sayler, William K. Brookshire(University of North Texas)

이 연구는 8학년 영재학급 학생과 정규학급 학생의 사회적 · 정서적 · 행동적 적응에서 차이가 있는가를 탐구하였다. 세 집단, 즉 (a) 조기입학하였거나 최소한 K~7의 한 학년을 월반한 영재학생, (b) 8학년 영재학급에 등록한 학생, (c) 8학년 정규학급 학생이 확인되었다. 자료는 미국 교육통계청(NCES)의 미국 교육 종단 연구에서 얻은 자기 보고식 자료다. 연구결과는 사회적 관계와 정서적 발달의 지각에서 속진 영재학생과 영재학급 학생이 정규학급 학생보다 좋은 것으로 나타났고, 이들의 학교 행동문제는 정규학급 학생에 비해 덜 심각한 것으로 나타났다. 일반적으로 믿는 것과는 반대로, 조기입학했거나 초등학교 어느 학년을 월반한 영재학생의 대부분은 특별한 사회적 고립을 보고하지 않았고 심각한 정서적 어려움을 경험하지 않았다. 그리고 심각한 행동문제에서도 정규학급 학생에 비해 덜한 것으로 나타났다.

영재학생을 위한 교육적 선택으로써의 속진 활용은 미국에서 오랜 역사를 가지고 있다. 1900년부터 활용된 후(Panel on Youth, 1974), 속진에 대한

---

1) 편저자 주: Sayler, M. F., & Brookshire, W. K. (1993). Social, emotional, and behavioral adjustment of accelerated students, students in gifted classes, and regular students in eighth grade. *Gifted Child Quarterly*, 37(4), 150-154. ⓒ 1993 National Asociation for Gifted Children. 필자 승인 후 재인쇄.

관심은 이 세기 동안 몇 가지 흥망성쇠의 주기를 경험하였다(Brody & Stanley, 1991). 최근 영재 프로그램의 국가적 조사에 따르면, 9~16%의 공립 학교가 보통 또는 급진적인 속진을 허용하고 있는 것으로 나타났다(Cox, Daniel, & Boston, 1985).

속진의 학문적 이점은 일반적으로 긍정적이다(Brody & Benbow, 1987; Daurio, 1979; Southern & Jones, 1991). 26편의 속진 연구를 대상으로 한 메타분석은 속진학생이 학문적으로 성공적이었고 검사에서 동년배 학생들을 훨씬 능가하는 점수를 획득했음을 밝혀냈다(Kulik & Kulik, 1984). 영재학생에게 조기입학을 허용하거나 조기진급을 허용하는 것은 발달적으로 적합한 교육을 제공하는 것이다(Elkind, 1988). 많은 전문가들은 속진을 영재학생을 위해 실행할 수 있는 선택으로 인정하고 있다(Benbow, 1991; Cox et al., 1985; Feldhusen, 1989; National Commission on Excellence in Education, 1983; VanTassel-Baska, 1986).

많은 형태의 속진이 있는데(Brody & Stanley, 1991), 이 연구에서는 두 가지 형태, 즉 학교 조기입학과 학년 월반(grade skipping)만 살펴보았다. 학교 조기입학은 보통보다 적은 연령에 공식적인 학교에 취학하도록 허용한다. 월반은 재학 중인 학생이 한 학년 이상 건너뛰어 진급하도록 허용한다. 실제에서는 서로 다른 점이 있지만, 실천가들은 조기입학과 조기진급을 비슷한 문제와 약점을 지닌 같은 과정으로 간주한다(Southern, Jones, & Fiscus, 1989).

개인들은 속진의 긍정적인 학문적 이점을 인정할지 모르지만, 속진이 학생들에 미치는 사회적 또는 정서적 효과에 의문도 자주 제기하고 있다(Cornell, Callahan, Bassin, & Ramsay, 1991; Gagné, 1983). 속진을 반대하는 이들이 제기한 논의는 종종 경험적 증거에 기초한 것이 아니라 모호한 일반성(vague generalities)과 반쪽 진리(half-truths)에 기초한다(Southern et al., 1989). 사실이나 개인적 경험이 아닌 선입견이 이러한 대부분의 반대 의견의 기초가 된다(Daurio, 1979). 흥미롭게도 학교 관리자들(Southern et al., 1989) 또는 부모들(Hoffman, 1989; Howley & Howley, 1985)이 개인적으로나

사회적·정서적 문제, 미성취, 상담

가족 단위로 속진을 경험했을 때, 속진에 관한 이들의 태도는 극적으로 진전되고 두려움은 침묵된다.

잠재적인 사회적 · 정서적 적응 문제에 관한 현재의 연구는 몇 가지 설계의 어려움을 겪고 있다. 많은 속진 연구는 적합한 횡단적 접근 또는 종단적 접근이 없다(Janos & Robinson, 1985). 종종 참조 집단 또는 통제집단, 특히 연구에 참여하지 않는 영재학생 집단이 없기 때문이다(Richardson & Bendow, 1990). 분명한 연구결과를 제시할 수 있도록 충분한 표본의 크기와 대표성을 가진 연구가 필요하다(Stanley, 1991).

이 연구는 전국에서 대표적으로 선택된 8학년 학생들로부터 표집한 세 집단 학생의 사회적 · 정서적 적응을 탐색했다. 이 세 집단은 (a) 조기입학했거나 K~7에서 한 학년 이상을 월반한 학생들, (b) 8학년 영재학급 학생들, (c) 8학년 정규학급 학생들로 나누어져 있다.

연구의 활용도

영재를 위한 속진의 활용은 계속 논의되는 주제다. 많은 부모와 교육자는 속진 아동이 사회적으로 잘 행동하지 못하거나 정서적 적응 문제로 고통받을 것을 두려워한다. 이 연구는 이러한 두려움을 다루는 데 필요한 대답을 모두 제시하지는 못하지만, 속진이 많은 아동들에게 꽤 효과적이라는 하나의 시사점을 제시한다. 전국적인 표본은 여러 장소와 상황에 있는 많은 속진학생의 단편을 제시한다. 폭넓은 초점을 가진 이러한 연구가 속진학생 각 개인의 적응에 관하여 설명할 수는 없지만, 일반적으로 속진학생은 자신의 사회적 · 정서적 적응에 관하여 좋은 감정을 가진 것으로 보고했고 또한 행실이 바른 것으로 나타났다. 대부분의 변인에서, 속진학생의 자기평정 점수는 정규학급 학생보다 높았고 영재학급 학생과는 거의 같은 수준으로 높았다.

자료는 미국교육통계청의 '첫 번째 전국 교육종단연구: 1988(National Education Longitudinal Study, 1988; NELS: 88)'에서 추출되었다. 이 연구는 8학년 학생이 초등학교(8학년)를 졸업하고 고등학교(10~12학년)를 거쳐 대

학과 직장(고등학교 졸업 후 2년)에 갈 때까지 추적 연구한 것이다. 1,052개 학교와 24,599명의 학생이 두 단계의 전국적인 유층표집 절차, 즉 첫 번째로 학교를 선택하고 그 다음 선택한 학교에서 학생들을 표집하는 것을 이용해서 선택되었다. 표본은 공립학교와 사립학교를 포함하고 있다. 학생들은 조사지를 완성하였고 성취검사를 받았다. 각 학생의 어머니 또는 아버지가 조사지를 작성하였다. 학교 관리자는 학생이 재학 중인 학교에 관한 조사지를 작성하였다. 각 학교에서 무선적으로 표집된 두 명의 교사도 조사지를 작성하였다. 이 교사들은 국어, 수학, 과학, 사회의 4개 교과 영역을 담당하고 있는 교사 중에서 표집되었다.

이 연구는 'NELS: 88' 자료의 사후분석이다. 기존 자료를 활용하는 것은 도구, 문제, 자료수집 기법을 선택하고 연구문제를 창안하는 데 한계가 있다. 이러한 제한점은 피험자의 커다란 표집 크기와 전국적인 대표성에 따라 상쇄되었다. 사후 제한점이 가정되기 때문에 네 개 영역, 즉 자아개념, 통제의 소재, 심한 행동문제, 자기 보고의 동료 관계와 참조 집단에서 'NELS: 88' 자료의 사회적·정서적 적응이 조작되었다.

통제의 소재와 자아개념은 'NELS: 88' 자료의 종합적인 척도다([그림 2-1] 참조). 자아개념 척도는 전반적인 자아개념의 측정치를 제공한다. 두 척도의 점수는 질문지 문항의 평균 z점수(average z scores)다. 각 척도의 신뢰도(α 계수)가 계산되었다(통제의 소재 = .68, 자아개념 = .79). 두 척도의 타당도 자료는 'NELS: 88'의 기술적 편람(technical manuals)에 제시되지 않았다. 미국 교육통계청이 수행하고 있는 두 개의 서로 다른 주요 연구(미국 종단 연구, 즉 NLS-72; 고등학교와 그 이후, 즉 HS & B)의 비교 가능성과 구인타당도 때문에 문항들은 미국교육통계청이 선정하였다(Ingels et al., 1989).

'NELS: 88' 연구는 영재학생의 행동적 적응 문제를 세부적으로 다루지는 못했지만, 두 개의 행동적 적응의 총점 측정치―행동문제 때문에 교장실로 호출된 경우 또는 행동문제에 관한 주의 안내문을 부모에게 보낸 경우―는 활용할 수 있었다. 이러한 자기 보고식 측정치는 행동적 적응 문제의 제한

통제의 소재 문항
• 나는 삶의 방향을 충분히 통제하지 못한다.
• 나의 삶에서, 행운은 성공을 위해 열심히 노력하는 것보다 중요하다.
• 내가 어떤 일을 추진하려고 할 때마다 어떤 것(또는 사람)이 나를 방해한다.
• 나의 계획은 전에 제대로 실행되지 않아서, 계획을 세우는 것은 나를 불행하게 할 뿐이다.
• **계획을 세울 때, 내가 그 계획을 잘 실행할 수 있다고 확신한다.**
• 나의 삶에서 주어지는 기회와 운은 매우 중요하다.

자아개념 문항
• **나는 자신에 대하여 좋게 생각한다.**
• **나는 내가 가치 있는 사람이고, 또한 다른 사람도 동등하게 가치 있다고 생각한다.**
• **나는 대부분의 다른 사람들처럼 어떤 것을 잘할 수 있다.**
• **전반적으로 나는 나 자신에게 만족한다.**
• 나는 종종 쓸모없는 사람이라고 생각한다.
• 나는 자랑거리가 많지 않다고 생각한다.

[그림 2-1] 통제의 소재와 자아개념 문항

주: 진한 글씨 이외의 문항은 역체점 문항임

된 지표를 나타낸다. 보통 매우 심각한 문제일 경우만 교장실로 호출하거나 부모에게 안내장을 전달하기 때문이다. 지각된 사회적 적응은 응답자의 학급 동료가 자신을 어떻게 바라보는지(인기 있는지, 건강한지, 좋은 학생인지, 말썽을 일으키는지)에 대한 자기 보고를 통해서 평가되었다.

'NELS: 88'을 위해 설계된(Rock & Pollack, 1991) 성취검사, 국어, 수학, 과학, 사회의 총점으로 각 집단의 학생 성취를 평가하였다. 종합 척도를 구성하고 있는 하위척도의 신뢰도(α계수)는 .75~.90이었다.

연구방법

피험자

세 집단은 24,599명의 8학년 학생들로 구성된 'NELS: 88'의 자료에서 표집되었다.

첫째, 속진학생 집단이 확인되었다. 속진학생의 초기 집단은 속진 조사 문항의 자기 보고에 기초하여 선정되었다. 이러한 선정 방법은 초기 학년에서 속진했지만 그 이후 다시 일반학급 집단으로 되돌아간 많은 수의 비영재 학생을 포함하는 표본을 산출하였다. 그 다음에 속진 영재학생을 판별하기 위해서 대안적 전략이 개발되었다. 1988년 9월에는 11세 이하인 모든 피험자가 속진자로 포함되었다. 그 밖에 12세이면서 1974년 1월 1일 이후에 출생한 학생들이 포함되었다. 1월 1일을 선택한 것은 1월 1일 생일인 아동이 5세가 될 때 유치원에 들어가기 때문이다. 마지막으로, 1988년 9월 1일과 1989년 1월 1일 사이에 12세이면서 속진하였다고 보고한 학생들이 속진 집단에 포함되었다. 이러한 세 단계 선정 절차에 따라 정확하지만 융통성 없는 속진자 표본($n = 365$)을 산출하였기 때문에, 몇몇 속진자는 이 절차에 따라 확인되지 않을 수도 있다. 확인되지 않는 또 다른 집단은 속진하였다가 적응 또는 학업적 문제로 보류 후 나중에 다시 속진한 학생들이다. 이 속진자들은 이 연구의 선정 기준을 적용하면 영재 또는 일반학생으로 확인될 수 있다.

속진 집단과 표본 크기가 거의 같은 두 개의 비교집단이 무선으로 선정되었다(영재학생, $n = 334$; 보통학생, $n = 323$). 이것은 분석 시 세 집단이 동등한 가중치를 갖도록 한다. 영재학생 집단은 8학년 동안 영재학급에 참여하였다고 보고한 'NELS: 88' 연구의 4,633명을 대상으로 하여 컴퓨터로 무선 표집한 표본이다. 속진 집단에 포함된 학생들은 무선 표집이 실행되기 전에 영재

사회적 · 정서적 문제, 미성취, 상담

프로그램 참여 집단에서 배제되었다. 정규학급 학생 집단은 'NELS: 88' 연구의 24,599명을 대상—속진 영재학생과 영재학급 학생으로 선정된 학생들은 제외시킴—으로 하여 컴퓨터를 이용해 무선 표집한 표본이다.

절 차

학생에 관한 자료의 원천은 조사 문항, 조사 문항으로부터 추출한 척도, 개별적인 성취검사를 포함한다. 부모는 조사지만 작성하였다. 관련 문항, 종합적인 자아개념과 통제의 소재, 성취검사가 분석되었다.

연구결과

세 집단의 성별 분포에서 유의미한 차이가 있는 것으로 나타났다(카이스퀘어 = 9.142, p = .01; 효과크기 = .09). 영재 집단의 남학생 비율은 56%로 이 연구의 전체 표본의 남학생 비율 48%보다 높았다. 속진 집단의 여학생 비율은 55%로 전체 표본의 여학생 비율 52%보다 높은 것으로 나타났다.

일반집단의 사회경제적 지위(SES)는 모두 4분 분포 비율로 공평하게 분포되었다(25.5%, 24.6%, 27.1%, 22.8%). 대부분의 속진 집단(71.6%)과 영재 집단(65.1%)은 상위 2분 분포 출신이었다. 속진 집단 학생의 부모의 대학 졸업 비율(52%)은 영재학급 학생의 부모(45%), 또는 정규학급 학생의 부모(24%)보다 높은 것으로 나타났다(카이스퀘어 = 70.346, 효과크기 = .26).

평균점수에서, 속진 집단의 학생들이 가장 높은 수준의 내적인 통제를 보였고, 그 다음은 영재 집단, 일반 집단 순이었다(〈표 2-1〉 참조). 영재 집단과 속진 집단의 자아개념은 일반 집단보다 높았다.

속진 집단의 종합 성취점수는 영재 집단과 일반 집단보다 높은 것으로 나타났다. 속진 및 영재 집단은 전체 'NELS: 88' 표본의 평균보다 표준편차가

표 2-1 통제의 소재, 자아개념, 성취의 평균 표준점수와 표준편차

변인 명	n	M(z-scores)	SD	범 위
통제의 소재				
속진	365	0.162	0.614	-2.450 ~ 1.280
영재	343	0.127	0.674	-2.090 ~ 1.280
일반	323	-0.055	0.656	-2.300 ~ 1.280
자아개념				
속진	365	0.113	0.707	-2.690 ~ 1.210
영재	344	0.133	0.680	-2.510 ~ 1.210
일반	323	-0.015	0.690	-2.690 ~ 1.210
성취검사의 종합 점수				
속진	362	0.603	1.046	-2.180 ~ 2.098
영재	337	0.514	1.158	-2.127 ~ 2.098
일반	317	-0.034	0.959	-2.110 ~ 1.971

약 0.5 높은 것으로 나타났다.

통제의 소재, 자아개념, 종합 성취검사 점수 변인의 차이를 분석하기 위해 다변량분산분석이 활용되었다. Wilks' lambda는 0.929로 세 변인에서 세 집단 간에 유의미한 차이가 있는 것으로 나타났다(F = 12.66, df = 6, 2014, p = .0001). 다변량분산분석을 실시한 후 유의미한 결과가 나온 경우는 단일변량분산분석이 수행되었다. Tukey의 사후평균 비교(HSD)를 한 결과, 세 변인 모두에서 속진 집단과 영재 집단의 평균이 일반 집단보다 높은 것으로 나타났다(〈표 2-1〉 참조). 작지만 유의미한 차이가 통제의 소재(F = 9.80, df = 2, 1009, p = .0001; 효과크기 = .14), 자아개념(F = 4.09, df = 2, 1009, p = .017; 효과크기 = .09), 종합 성취(F = 36.65, df = 2, 1009, p = .0001; 효과크기 = .27)에서 나타났다.

영재학생은 일반학생 또는 속진학생보다 또래 동료들이 자신들을 훌륭하고, 인기 있고, 중요하며, 건강한 학생으로 여긴다고 보고하였다(〈표 2-2〉 참조). 속진학생은 일반학생에 비해 또래로부터 좋은 학생으로 더 인정받는다고 보고하였으나, 영재학생과 비교하였을 때는 그렇지 않다. 속진 집단은

표 2-2 동료 지각(%)

변인별 집단	매우 그렇다	약 간	전혀 그렇지 않다	짝 비교
인기 있음				
속진(A)	17.09	59.38	23.53	A = G(p< .001)
영재(G)	23.88	63.88	12.24	A = R (p = .487)
일반(R)	15.02	63.90	21.09	G = R(p = .001)
카이스퀘어		20.95(p< .001)		
건강함				
속진(A)	18.38	50.97	30.64	A = G(p< .001)
영재(G)	35.82	44.78	19.40	A = R (p = .242)
일반(R)	23.70	47.73	28.57	G = R(p = .001)
카이스퀘어	31.82(p< .001)			
좋은 학생				
속진(A)	47.65	46.54	5.82	A = G(p = .004)
영재(G)	60.06	34.91	5.03	A = R (p< .001)
일반(R)	32.59	58.86	8.54	G = R(p< .001)
카이스퀘어	49.79(p< .001)			
중요함				
속진(A)	21.62	62.22	15.83	A = G(p = .015)
영재(G)	30.21	59.21	10.57	A = R (p = .140)
일반(R)	16.77	63.23	20.00	G = R (p<.001)
카이스퀘어		22.62(p< .001)		
분란을 일으킴				
속진(A)	3.90	15.60	80.50	A = G(p = .321)
영재(G)	4.85	19.39	75.76	A = R (p = .006)
일반(R)	6.11	24.12	69.77	G = R(p = .235)
카이스퀘어		10.42(p = .034)		

일반 집단에 비해 분란을 덜 일으키는 것으로 지각하였다.

피험자는 행동문제로 교장실에 호출되거나 부모가 주의 촉구 안내문을 받은 횟수를 보고하였다. 교장실에 호출된 빈도에서, 속진 집단이 보통 집단에 비해 낮은 것으로 나타났다. 행동문제로 부모가 주의 촉구 안내문을 받은 빈도에서는 집단 간에 유의미한 차이가 없는 것으로 나타났다(〈표 2-3〉 참조).

표 2-3 행동문제의 자기 보고 기록

	전혀 없음	한 번 또는 두 번	두 번 이상	
비행으로 교장실에 호출됨				
속진(A)	77.35	18.78	3.87	A = G(p = .070)
영재(G)	74.78	17.30	7.92	A = R(p = .006)
보통(R)	67.59	24.07	8.33	G = R(p = .085)
카이스퀘어		13.00(p = .011)		
부모가 주의 촉구 안내문을 받음				
속진(A)	83.47	12.67	3.86	A = G(p = .070)
영재(G)	76.54	18.18	5.28	A = R(p = .308)
보통(R)	78.95	15.79	5.26	G = R(p = .711)
카이스퀘어		5.56(p = .235)		

논 의

이 연구는 전국에서 대표적으로 선정된 8학년 학생의 횡단적 표본으로부터 표집한 세 집단 학생의 사회적 · 정서적 적응을 탐색하였다. 인구통계학적, 학문적, 사회적, 적응, 전체 행동 변인에서 집단 간의 차이가 있는가를 비교하였다. 이 연구에서 세 집단은 조기에 입학하거나 혹은 K~7에서 최소한 한 학년 이상을 월반한 학생(속진 집단), 8학년의 영재학급 학생(영재 집단), 8학년의 정규학급 학생(일반 집단)으로 분류되었다.

이 연구에서 적용한 대표본 횡단적 접근의 본질은 속진의 적절성에 관하여 소표본의 프로그램－특수한 피험자 집단 연구에서 얻은 증거보다 더 분명한 증거를 제시하였다. 전국의 모든 지역, 수입 수준, 민족, 도시와 시골 학교, 공립과 사립학교가 표집되었는데, 이것은 연구결과의 타당성과 일반화 가능성의 수준을 높였다.

속진이 보통으로나 불가피하게 학문적, 사회적, 정서적 부적응을 초래한다는 두려움은 지지되지 않았다. 평균적으로 속진학생은 조기입학 또는 8학

사회적 · 정서적 문제, 미성취, 상담

년 전에 조기진급 때문에 불이익을 받지 않았다. 그들은 일반학생보다 높은 수준의 정서적 적응과 타인으로부터의 수용감을 보여 주었다.

최소한 동료 수용 지각 자료로부터 하나의 대안적인 해석이 가능하다. 동료 관계에 관한 자기 보고는 학생들의 자아개념의 지표가 될 수 있다. 수용 변인(중요한, 인기 있는, 훌륭한, 건강한)은 다면적 자아개념(multifaced self-conception)의 뚜렷한 요소들을 대표한다(Griffin, Classin, & Young, 1981). 동료 관계의 자기 보고가 실제로 다면적 자아개념의 측정치가 된다는 가설을 형성하게 하면, 학문적 자아개념의 증거는 다른 사람이 좋은 학생으로 간주하는지의 여부에 대한 학생의 답변으로부터 추론할 수 있다. 마찬가지로 속진학생은 일반학생보다 더 좋은 학문적 자아개념을 가진 것으로 나타났다. 영재학생은 일반학생에 비해 더 높은 건강한 자아개념을 가지는 것으로 나타났다. 속진학생과 일반학생은 이 변인에서 유의미한 차이가 나타나지 않았다. 영재학생은 속진학생 또는 일반학생보다 더 높은 사회적 자아개념을 나타내면서, 인기도와 중요성에서도 높은 점수를 보고하였다. 속진학생과 일반학생은 건강한 자아개념에서처럼 이 문항들(사회적 자아개념, 인기도, 중요성)에 대하여 같은 수준으로 평정하였다. 모든 측정치의 감수성과 가설 검증력은 제한되었다. 개별 추측은 하나 또는 두 개의 자기 보고 문항에 기초하고 있다.

이 연구는 1988년 미국 학교에서 8학년 전에 조기입학하거나 또는 속진이 널리 퍼져 있는 현상의 단편을 말해 준다. 이 연구에서 단지 1.3%의 8학년 학생만이 속진한 것으로 확인되었다. Cox와 동료들(1985)의 연구는 속진이 교육적 선택으로 거의 사용되지 않았음을 보여 주었다. 전국적 조사에 참여한 학교의 9~16%가 보통의 또는 급진적인 속진을 허용한 것이다. 이 연구는 9~16%의 학교가 속진을 허용한다 하더라도, 속진한 학생은 거의 없었다고 주장하였다.

이 연구는 영재학생을 판별할 때 계속되는 문제, 즉 사회경제적 지위가 낮은 가정 출신의 속진학생과 영재학생의 낮은 발생 빈도를 예증하고 있다.

속진과 영재 집단의 학생들은 주로 전국에서 수입, 자원, 경험을 갖춘 상위 50%에 속한 가정의 출신이었다. 일반 집단의 학생들과는 다르게 속진학생과 영재학생에게는 최소한 대학 교육을 받은 어머니 또는 아버지가 있는 것이 일반적이다.

이 연구는 몇 가지 제한점이 있다. 사후분석의 본질 때문에 일부 속진학생과 영재학생이 연구에서 누락되었을 것이다. 영재집단의 학생들은 단지 자기 보고를 통해서만 확인되었다. 이 학생들이 참여하는 영재 프로그램 유형에 관해서는 어떠한 질적 분석도 수행할 수 없었다. 이 연구는 적응 문제를 경험하여 속진을 보류한 다음 다시 속진한 속진학생들의 사회적, 정서적, 행동적 특징을 다루지 못하였다. 후에 다시 속진한 속진학생들의 전체 수가 일찍이 속진했던 학생 중에서 적은 비율을 차지한다 할지라도, 이들 속진학생들의 특징은 탐색될 필요가 있다. 사례연구 접근은 성공한 속진자와 성공하지 못한 속진자를 구별하는 요인을 가장 잘 확인하고 규명할 것이다.

이 연구의 자료는 추후연구를 위한 기초를 제공하고 영재학생의 속진에 따른 사회적 · 정서적 영향에 관한 논의를 제공한다. 속진학생의 사회적 · 정서적 적응에 관한 우리의 이해는 그들이 중등교육과 고등교육을 계속 받음에 따라 향상될 것이다. 미래의 분석은 이 연구에서 확인된 속진학생을 관리하고, 8학년 이후에 속진한 학생들을 추가하고, 8학년 전에 속진하였으나 8학년 이후 다시 정규학급으로 간 학생들을 살펴보고, 자아개념과 적응에서 높은 속진학생과 낮은 속진학생을 비교하고 대조해 보아야 할 것이다.

참고문헌

Benbow, C. P. (1991). Meeting the needs of gifted students through acceleration. In M. C. Wang, M. C. Reynolds, & H. J. Walberg (Eds.), *Handbook of special education* (Vol. 4, pp. 23-36). Elmsford, NY: Pergamon.

사회적 · 정서적 문제, 미성취, 상담

Brody, L. E., & Benbow, C. P. (1987). Accelerative strategies: How effective are they for the gifted? *Gifted Child Quarterly, 31,* 105-109.

Brody, L. E., & Stanley, J. C. (1991). Young college students: Assessing factors that contribute to success. In W. Southern & E. Jones (Eds.), *Academic acceleration of gifted children* (pp. 102-132). New York: Teachers College Press.

Cornell, D. G., Callahan, C. M., Basin, L. E., & Ramsay, S. G. (1991). Affective development in accelerated students. In W. Southern & E. Jones (Eds.). *Academic acceleration of gifted children* (pp. 74-101). New York: Teachers College Press.

Cox, J., Daniel, N., & Boston, B.O. (1985). *Educating able learners.* Austin, TX: University of Texas Press.

Daurio, S. P. (1979). Educational enrichment versus acceleration: A review of the literature. In W. C. George, S. J. Cohn, & J. C. Stanley (Eds.), *Educating the gifted* (pp. 13-63). Baltimore, MD: The Johns Hopkins University Press.

Elkind, D. (1988). Mental acceleration. *Journal for the Education of the Gifted, 11*(4), 19-31.

Feldhusen, J. F. (1989). Synthesis of research on gifted youth. *Educational Leadership, 46,* 6-11.

Gagné, F. (1983). Perceptions of programs for gifted children: Agreement on principles, but disagreement over modalities. *Journal of Special Educational, 7*(2), 51-56.

Griffin, N., Classin, L., & Young, R. D. (1981). Measurement of global self-concept versus multiple role-specific self-concepts in adolescents. *Adolescence, 26*(1), 49-56.

Hoffman, S. G. (1989). What the books don't tell you about grade skipping. *Gifted Child, Today, 12*(1), 37-39.

Howley, C. B., & Howley, A. A. (1985). A personal record: Is acceleration worth the effort? *Roeper Review, 8*(1), 43-45.

Ingels, S. J., Abraham, S. Y., Rasinski, K., Kan, R., Spencer, B. D., & Frankel, M. R. (1989). *User's manual: National education longitudinal study of*

1988 (NCES Publication No. 90-404). Washington, DC: U.S. Department of Education, Office of Educational Research and Improvement.

Janos, P. M., & Robinson, N. R. (1985). The performance of students in a program of radical acceleration at the university level. *Gifted Child Quarterly, 29*, 175-179.

Kulik, J. A., & Kulik, C.-L. C. (1984). Effects of accelerated instruction on students. *Review of Educational Research, 54*, 409-426.

National Commission on Excellence in Education (1983). *A nation at risk: The imperative for educational reform.* Washington, DC: U.S. Government Printing Office.

Panel on Youth of the President's Science Advisory Committee (1974). History of age grouping in America. In J. S. Coleman et al. (Eds.), *Youth: Transition to adulthood* (pp. 9-29). Chicago, IL: University of Chicago Press.

Richardson, T. M., & Benbow C. P. (1990). Long-term effects of acceleration on the social emotional adjustment of mathematically precocious youths. *Journal of Educational Psychology, 82*(3) ,464-470.

Rock, D. A., & Pollack, J. M. (1991). *Psychometric report for the NELS:88 base year test battery: Contractor report* (NCES Publication No. 91-468). Washington, DC: U.S. Department of Education. Office of Eductional Research and Improvement.

Southern, W. T., & Jones, E. D. (Eds.). (1991). *The academic acceleration of gifted children.* New York: Teachers College Press.

Southern, T. W., Jones, E. D., & Fiscus, E. D. (1989). Practitioner objections to the academic acceleration of gifted children. *Gifted Child Quarterly, 33*, 29-35.

Stanley, J. C. (1991). Critique of "Socioemotional adjustment of adolescent girls in a residential acceleration program." *Gifted Child Quarterly, 35*, 67-70.

VanTassel-Baska, J. C. (1986). Acceleration. In C. J. Maker (Ed.), *Critical issues in gifted education, defensible Programs for the gifted* (pp. 179-190). Rockville, MD: Aspen.

사회적 · 정서적 문제, 미성취, 상담

학문적 영재청소년의 우울과
자살 관념화[1]

Jean A. Baker(University of Georgia)

학문적 영재청소년, 특수 영재청소년, 학업수행이 보통인 일반청소년의 우울과 자살 관념화가 연구되었다. 경험한 고통의 수준, 심각성, 본질에서 세 집단 간에 유의미한 차이가 없는 것으로 나타났다. 연구결과는 고등학생에게 적합한 지지적 중재에 비추어 논의되었고, 심리적 고통을 경험하기 쉬운 영재학생의 하위 집단을 대상으로 한 심층 연구의 필요성이 논의되었다.

학문적 영재청소년의 우울과 자살 관념화

　교육자들은 학생의 정신건강이 필요함을 점점 더 인식하고 있다. 특별히 관심을 두는 사항은 청소년의 우울과 자살 행동이다. 이러한 인식은 이 문제의 만연과 심각성에서 유발되고 있다. 유행병학적 증거에 따르면, 약 10~12%의 고등학생이 임상적으로 상당한 수준의 우울을 경험하고 있음을 알 수 있다. 이와 유사하게 자살에 관한 생각 또는 자살 관념화도 거의 같은 비

---

1) 편저자 주: Baker, J. A. (1995). Depression and suicidal ideation among academically gifted adolescents. *Gifted Child Quarterly, 39*(4), 218-223. ⓒ 1995 National Association for Gifted Children. 필자 승인 후 재인쇄.

율로, 공립 고등학교의 청소년 11%가 일종의 자살적 행동을 보이고 있다 (Kovacs, 1989; Reynolds, 1990). 현재까지 영재학생을 대상으로 특징적인 이 영역에 관해 연구한 경우는 극히 드물다. 교육자들은 이 학생들이 '위험에 처해' 있을 것이라고 생각하지만, 이 주장을 구체화하는 경험적 증거는 거의 없는 실정이다.

영재청소년의 우울

우울은 일상의 활동에서 슬픔과 흥미 상실로 특징화되는 일련의 증상 또는 징후(Kendall, Cantwell, & Kazdin, 1989)로 가장 잘 개념화된다(American Psychiatric Association, 1994). 믿을 만한 문헌들은 청소년이 우울해지는 과정과 성격을 잘 기술하고 있다(Reynolds, 1992). 그러나 영재학생에게 해당하는 문헌은 거의 없다.

10년 전 예비 연구는 영재학생이 우울 척도에서 평균 또는 평균 이하의 점수를 얻은 것으로 보고하였다(Berndt, Kaiser & Van Aalst, 1982; Kaiser & Berndt, 1985). 그런데 이 연구들은 영재학생 집단을 포함하긴 했으나 전형적인 청소년 집단 또는 공립학교 출신의 영재학생과 우울을 비교하지는 않았다. 영재청소년의 우울의 만연, 심각성, 본질을 기술하기 위해 잘 통제된 경험적 노력을 시도하지 않았다.

영재청소년의 자살 관념화

자살 행동은, 한쪽 끝은 죽음에 관한 병적인 생각과 모호한 열망을 나타내고 다른 쪽 끝은 실제 자살 행동을 나타내는 연속선 중 어느 위치에 해당하는 행동이라고 말할 수 있다(Reynolds, 1988). 영재청소년의 자살 시도에 관해 잘 통제된 자살 관념화 연구는 거의 없다. Lajoie와 Shore(1981)는 영재성과 관련된 자살 문헌을 검토한 후 자살한 사람과 그렇지 않은 사람 간의 IQ 차이를 지지할 만한 경험적 증거가 없다고 결론지었다. 이들은 Terman

사회적 · 정서적 문제, 미성취, 상담

의 영재아에 관한 종단적 자료를 검토하면서 평균 이하의 자살률을 보인다고 인용하였다. 그러나 Delisle(1984)는 자살에 관한 지나친 상상과 자살 행동의 가능성이 고성취 대학생과 고등학생에게 있을 수 있다고 주장하였다. 자살 위험이 영재성의 결과인지 아니면 다른 환경적 또는 개인적 요인의 결과인지는 분명하지 않다. 경험적 증거는 부족하지만, 영재학생은 자살의 높은 위험에 놓여 있을 것이라는 우려의 목소리가 존재한다(예, Hayes Sloat, 1989; Smith, 1990).

연구의 목적

이 연구는 학문적 영재학생과 일반학생의 우울과 자살 관념화의 만연과 성격을 탐색하였다. 영재학생, 특수 영재학생, 일반학생(비교집단) 간에는 어떠한 차이도 나타나지 않는다고 가정하였다.

연구의 활용도

이 연구는 우울 또는 자살 관념화에서 학문적 영재학생은 일반 동료 집단보다 더 위험에 처해 있지 않음을 시사한다. 또한 특수 영재청소년의 경우도 그러하다. 그렇지만 이들은 덜 우울한 것으로 나타나지는 않았다. 이 연구결과는 임상적으로 유의미한 수준의 우울적 증상을 경험하는 고등학생이 대략 10%임을 시사한다. 교사들은 청소년의 우울 신호에 경계할 필요가 있으며, 적절한 학교 중심의 예방이나 중재 노력은 고등학생들의 권리를 보증하는 것이다.

연구방법

피험자

중서부 지역에 거주하고 있는 총 146명의 피험자가 이 연구에 참여했다.

'특수한(exceptionally)' 영재학생 32명의 특수 영재학생은 북서부 재능 탐색 프로그램(Northwest Talent Search Program)의 일부분으로 약 13세 때 시험을 친 학업적성검사(Scholastic Aptrtude Test: SAT)에서 900 이상의 점수를 얻은 학생들로 선발되었다. 900 이상의 점수를 얻은 학생들은 일반적으로 특수한 영재학생으로 간주되었고 이 연령대의 상위 1%의 학문적 영재학생을 구성한다(E. Schatz, personal communication, October, 1992; VanTassel-Baska, 1984). 학생들 중 25명이 9학년이다(나머지 6명은 중학생(junior high)이고, 1명은 11학년임). 표본의 성비는 남학생은 56%이고 여학생은 44%다. 민족 분포는 백인 90%, 아시아계 3%, 스페인계 3%, 그리고 기타 3%다. 학생의 부모 직업 보고로 알아본 결과, 84%가 부모 중 한 명이 최상위의 SES 수준(Hollingshead(1975)의 지수를 사용함)임을 보고하였다.

영재학생 2개의 시외 공립 고등학교에서 학업성취가 상위 5%에 해당하는 46명의 학생이 '학문적 영재(academically gifted)' 집단으로 선발되었다. 이 학생들은 9~11학년이다.

또한 재능 탐색(Talent Search) 집단의 SAT 점수가 600 정도인 12명의 학생이 이 집단에 포함되었다. 그들은 표준화된 학업성취검사에서 백분위 95 이상의 점수를 획득하였다. 12명의 학생은 연령을 제외한 다른 인구통계학적 변인에서 이 연구의 공립학교 영재 표본과 다르지 않았다. 전체적으로 이들은 나이가 약간 어렸고, 학년 분포는 7~10학년(대부분은 9학년임)이었다. 자살 관념화 질문지를 제외하고, 이 연구에 사용된 모든 측정도구의 규준(norms)은 7~12학년을 수용하였기 때문에 이 학생들의 자료는 모든 분석에서 영재 공립학교 표본으로 구분되었으나 자살 관념화 분석에서는 그렇지 않다.

따라서 총 58명의 학생이 이 연구의 영재 집단을 구성하였다. 이 표본은 29%의 남학생과 71%의 여학생으로 구성되어 있다. 여학생의 불균형적 비율은 이들 학교 학생들의 상위 5%의 구성 비율을 반영하는 것이다. 표본의 민족 비율은 백인 95%, 아시아계 3%, 스페인계 2%였다. 부모 직업에 관한 학생의 보고를 통해 알아보면, 80%의 학생이 부모 중 최소한 한 명이 최상위의 SES 수준임을 보고하였다.

일반학생 공립 고등학교 9~11학년에서 학급 석차 순위가 중간 정도인 56명의 학생이 선발되었다. 이 집단은 보통 비교집단을 구성하였다. 표본의 성비를 보면, 남학생이 55%, 여학생이 45%다. 민족 분포는 백인 96%, 아프리카 미국인 2%, 스페인계 2%다. 부모 직업에 대한 학생의 보고를 통해 알아본 결과, 70%의 학생이 최소한 부모 중 한 명이 최상위의 SES 수준임을 보고하였다.

특수, 영재, 일반 집단은 일부 변인을 제외하고 모든 인구통계학적 변인을 대상으로 비교되었다. 특수학생 집단의 연령이 일반학생 및 영재학생 집단보다 젊은 것으로 나타났다. 영재 집단에서는 여학생이 남학생보다 더 많은 것으로 나타났다.

절 차

공립학교 표본 각 가정의 부모에게 연구 참여 승낙서(permission letter)를 보냈고, 학생들을 통해 부모의 연구 참여 동의를 받았다. 측정도구에서 임상적 경계선 이상의 점수를 얻은 학생의 명단이 학교의 생활지도 담당자에게 통보되었다. 영재학생의 경우 64%의 회수율을 보였고, 일반학생의 경우는 45%의 회수율을 보였다. 부모 동의서의 회수율은 이러한 연구에서 전형적으로 나타나는 것이다.

모든 자료는 정규 학교수업일 동안에 학교에서 수집되었다. 질문지는 교실 또는 자습실(study hall)에서 학생들에게 배부되어 실시되었고, 학생들에게는 언제든지 질문지 응답을 거부할 기회를 주었다. 모든 학생이 질문지에 응답을 했다. 우울과 자살 관념화 질문지는 영재학생의 스트레스 특성을 알아보는 조서(protocol)로 제시되었다. 자료 수집 이후에 10대 스트레스를 논의하고, 학교와 지역사회의 상담 자원을 열거한 정보지를 학생들에게 제공하였다. 우울 또는 자살 관념화 도구에서 임상적 경계선 이상의 점수를 얻은 학생들은 학교에 통보되었다.

북서 재능 탐색(Northwest Talent Search) 표본 반경 200마일 내에 살고 있는 학생과 부모가 심화 활동과 관련된 자료 수집을 위해 대학 캠퍼스에 초대되었는데, 부모 동의를 받은 학생들만 포함되었다. 기본적으로 거리가 멀어 캠퍼스까지 운전해서 학생을 데리고 와야 하는 적극적인 참여를 요구하기 때문에, 학생들의 참여율은 15%로 매우 낮은 편이었다. 우울 또는 자살 관념화 도구에서 임상적 경계선 이상의 점수를 얻은 학생들은 부모에게 통보되었다.

도 구

Reynolds 청소년 우울 척도(Reynolds Adolescent Depression Scale: RADS, Reynolds, 1987)는 우울을 측정하기 위해 사용되었다. RADS는 30개 문항으로 구성되어 있고 7~12학년을 대상으로 우울 징후를 측정하는 자기보고식 검사다. 검사 지침서(manual)는 이 검사의 신뢰도와 타당도가 양호함을 보고하고 있다. 이 연구에서 내적 일관성 신뢰도(Cronbach α)는 .92였다. RADS는 우울의 강력한 단일 척도로 가장 많이 활용되고 있지만, 요인분석 결과는 4개 유형의 우울 징후 문항, 즉 인지적 우울, 신체적 우울, 우울한 기분, 실망을 측정하였음을 시사한다.

자살 관념화는 자살 관념화 질문지(Suicidal Ideation Questionnaire: SIQ, Reynolds, 1988)를 이용해서 측정되었다. SIQ는 미약한 수준의 죽음 생각에서 자신을 해치려는 극단적인 의도까지 이르는 자살 관념(suicidal thought)을 측정한다. 고등학생용 SIQ는 30문항이고 중학생용 SIQ는 10문항이다. 검사 지침서는 이 두 도구의 탁월한 신뢰도와 타당도 자료를 제시하고 있다. 이 연구에서 내적 일관성 신뢰도는 고등학생용 .97, 중학생용 .90이었다.

사회적 · 정서적 문제, 미성취, 상담

표 3-1 측정도구 측정치의 집단별 및 성별 평균(M)과 표준편차(SD)

측정도구	일반		영재		특수 영재	
	남학생	여학생	남학생	여학생	남학생	여학생
	$n=30$	25	17	41	18	14
RADS	$M=55.63$	65.40	57.00	61.51	54.89	65.50
	$SD=10.14$	13.67	9.79	14.33	10.01	12.64
SIQ	$M=16.12$	24.28	13.58	22.67		
	$SD=12.78$	28.23	11.05	26.72		
SIQJr	$M=$		12.20	13.13	12.59	18.15
	$SD=$		8.23	12.87	5.77	16.15

연구결과

각 측정도구의 집단별 및 성별 평균과 표준편차는 〈표 3-1〉에 보고되어 있다. 이 연구에 사용된 측정도구에서 유의미한 성별 차이가 나타났기 때문에 남학생과 여학생을 각각 분리해서 자료 분석 계획을 세웠다.

우울과 자살 관념화 수준의 차이

우울과 자살 관념화의 수준에서 영재학생, 특수 영재학생, 일반학생 간에 거의 차이가 없을 것이라는 가설이 설정되었다. 이 가설은 사실로 나타났다. Dunn 절차를 이용한 평균 비교가 개별 종속 척도별로 각각 수행되었다(〈표 3-2〉 참조). 각 쌍(each nest)의 비교는 $\alpha = .05$ 수준에서 이루어졌고, 모든 검증은 양방 검증이었다. 자료는 성별(남학생과 여학생)로 각각 분석되었다. RADS 자료의 경우, 영재와 일반학생(G/A) 간, 일반과 특수 영재학생(A/E) 간, 영재와 특수 영재학생(G/E) 간에 평균 비교가 수행되었다. 고등학생용 SIQ의 경우, 공립학교 표본에서 표집한 영재와 일반학생(G/A) 간의 비교가 수행되었다. 자살 관념화 수준의 경우, 특수 영재와 영재학생(G/E) 간에 평균 비교가 수행되었다. 〈표 3-2〉를 보면, 우울 또는 자살 관념화 수준에서

표 3-2 성별에 따른 집단 간의 측정치의 쌍 비교: t 값

| 척도(df) | 집단 | | | | | |
| | 여학생 | | | 남학생 | | |
	G/A	A/E	G/E	G/A	A/E	G/E
RADS(6,144)	1.25	-0.02	-1.05	-0.37	0.02	0.51
SIQ(1,97)	.42			.10		
SIQJr(1,42)			.60			.70

*$p < .05$

표 3-3 각 집단별 남학생과 여학생 간의 측정치의 쌍 비교: t 값

| 척도(df) | 남학생 대 여학생 | | |
	GT	Av	Ex
RADS (3,144)	2.93*	1.27	2.42*
SIQ (1,97)	1.76	1.72	
SIQJr (1,42)	.60		.84

*$p < .05$

집단 간에 유의미한 차이가 없는 것으로 나타났다.

또한 Dunn의 평균 비교 절차를 이용해서 집단 내의 성별 차이가 계산되었다(〈표 3-3〉 참조). 척도들에서 유의미한 성별 차이가 기대되었기 때문에 모든 검증은 일방 검증이 수행되었다. 예상된 차이가 RADS에서 발견되었다. 즉, 일반 집단을 제외한 영재 집단과 특수 영재 집단에서 여학생의 우울 수준이 남학생보다 더 높은 것으로 나타났다. 자살 관념화 질문지에서는 남학생과 여학생 간에 유의미한 차이가 없는 것으로 나타났다.

집단에 따른 우울의 만연

집단 간의 평균 차이보다 더 관심이 있는 것은 임상적으로 유의미한 수준의 우울 또는 자살 관념화를 보고하는 학생의 비율에서 집단 간의 차이를 알아보는 것이다. RADS의 경우, 임상적 경계 점수 77 이상의 점수를 얻은 학생의 비율에서 집단 간에 유의미한 차이가 없는 것으로 나타났다(카이스퀘

어 = .38, 2 *df*, *p* = .82). 이와 유사하게 SIQ 경계 점수 41 이상의 점수를 얻은 학생 비율(카이스퀘어 = .25, 1 *df*, *p* = .62), SIQJr 경계 점수 31 이상의 점수를 얻은 학생 비율(카이스퀘어 = .02, 1 *df*, *p* = .90)에서 집단 간에 유의미한 차이가 없는 것으로 나타났다.

우울의 본질

　보통 능력 집단에 비해 영재학생이 우울을 다르게 경험하는지의 여부도 이 연구의 관심 사항이다. RADS에 따라 측정되는 네 유형의 우울 징후에서 집단 간의 차이는 쌍 비교(nested planned comparisons)를 이용하여 분석되었다. RADS의 인지, 실망, 신체, 기분 요인의 평균과 표준편차, 그리고 집단 비교의 Dunn 검증 통계치가 〈표 3-4〉와 〈표 3-5〉에 보고되었다(모든 검증은 양방 검증). RADS의 네 요인에서 집단 간에 유의미한 차이는 발견되지 않았다.

표 3-4 RADS 요인의 집단별 및 성별 평균(*M*)과 표준편차(*SD*)

요 인		일 반		영 재		특수 영재	
		남학생 *n*=30	여학생 25	남학생 17	여학생 41	남학생 18	여학생 14
인지	M = 13.07		16.24	13.53	13.88	12.72	14.29
	SD = 3.48		5.68	3.68	4.92	4.03	4.60
실망	M = 19.43		23.12	20.00	23.56	19.44	24.36
	SD = 4.30		4.42	4.33	6.10	4.72	5.11
기분	M = 8.63		9.16	8.47	8.39	8.17	9.14
	SD = 1.73		2.25	1.55	1.73	2.23	1.96
신체	M = 12.00		14.12	12.59	13.29	12.17	14.86
	SD = 2.83		3.53	3.36	4.01	2.07	3.63

집 단	인 지	실 망	기 분	신 체
남학생				
영재 대 일반	2.05	-0.35	1.60	0.99
일반 대 특수 영재	1.29	-0.74	0.03	-0.65
영재 대 특수 영재	-0.29	-0.51	-1.28	-1.51
여학생				
영재 대 일반	-0.34	-0.30	0.28	-0.57
일반 대 특수 영재	0.25	-0.01	0.82	-0.16
영재 대 특수 영재	0.53	0.33	0.47	0.37

표 3-5 RADS 요인의 성별에 따른 집단별 쌍 비교: t 값

* $p < .05$

논 의

학문적 영재학생이 정신건강 문제의 위험에 처해 있는지의 여부 문제는 영재교육자들의 관심 사항이었다. 이 연구의 중요한 결과는 우울 또는 자살 관념화 수준의 차이에서 영재학생과 특수 영재학생이 일반학생들과 특별히 구별되지 않는다는 점이다. 이러한 결과는 영재학생이 높은 수준의 우울을 보이지 않는다는 선행연구의 일반적 결과(Berndt et al., 1982)를 지지한다. 그런데 이 연구는 영재학생의 수행을 척도의 규준(norms)과 비교했을 때 우울 수준이 낮다고 보고한 선행연구와는 차이가 있다(Berndt et al., 1982; Kaiser & Berndt, 1985). 이 연구에서 학문적 영재학생의 우울 정도는 일반학생보다 낮게 나타나지 않았다. 이 연구에서 8%의 영재청소년, 9%의 일반 청소년, 그리고 12%의 특수 영재청소년이 유의미한 수준의 우울을 경험하는 것으로 나타났다.

이 연구에서 또 하나의 관심사는 영재청소년의 우울의 특성을 알아보는 것이다. 영재학생이 인지적 왜곡을 통해 고통을 경험하고 과대 지성화할 것이라는 것도 일부 관심사다. Berndt와 동료들(1982, 1985)은 학문적 영재이면서 우울한 학생의 표본에서 지배적으로 나타나는 우울의 인지적 특징을

사회적 · 정서적 문제, 미성취, 상담

보고하였다. 그런데 이 연구결과는 우울 증상을 경험하는 방식에서 집단 간에 유사성이 있음을 밝혔다. 이 연구결과의 주요한 시사점은 우울 청소년을 위한 치료적 중재가 우울에 빠져 있는 영재학생에도 적용될 수 있다는 것이다. 그러나 이 주장을 지지하기 위해서는 영재학생과 일반학생의 임상적 표본을 대상으로 한 심층적인 비교연구가 필요하다.

이 자료들은 영재학생이 일반학생보다 더 자살 관념화의 위험에 처해 있다는 주장을 지지하지 않는다. 이 연구는 일반학생과 영재학생 간의 차이보다는 유사성을 더 시사한다. 그러나 조사연구는 개인차의 유형에 민감하지 않다. 영재청소년의 심리적 고통에 관한 추후연구에서 개인 특징에 강조를 두는 방법론을 적용하는 것은 영재청소년의 심리적 문제의 유형을 기술하는 데 도움이 될 것이다.

이 연구결과를 일반화하는 데는 표본의 특성 때문에 몇 가지 주의 사항이 있다. 연구 참여에 필요한 부모의 적극적인 동의로 말미암아, 잠재적인 선발 편파(potential selection bias)는 아동의 심리적 고통에 관한 연구의 타당화에 위협을 가한다. 부모의 동의 요구 때문에 심리적 고통을 겪는 아동을 적게 표집할 가능성이 있는 것이다. 특별히 자료 수집을 위해 부모가 자녀를 학교까지 운전해서 데려와야 하는 특수 영재학생들을 표집해야 하는 경우, 그러한 선발 편파가 실제로 일어날 수 있다.

모든 우울 연구에서 선발 편파가 관심사이기는 하지만, 이 연구의 결과에 부당하게 영향을 주리라고는 생각하지 않는다. 연구 참여 학생의 우울과 자살 관념화 척도 점수, 그리고 심리적 고통을 경험하는 학생의 비율은 선행연구 결과와 비교되었다. 이 연구에서 가장 문제가 되는 것은 특수 영재학생의 참여율이다.

또 하나의 잠재적 제한점은 집단의 이질성과 표본 크기다. 특수 영재 집단은 다른 집단보다 더 어린 편이다. 척도의 규준은 이 연구의 연령과 학년을 모두 수용하고 있기 때문에, 연령의 차이는 심각한 문제로 고려해야 할 사항이 아니다. 그렇지만 영재 집단은 여학생을 남학생에 비해 두 배 정도 더 표집하였다. 이 연구에서 적은 수의 영재 남학생의 표집 때문에, 영재청소년의 성별 차이 가능성 또는 그들의 우울을 이해하는 데 장애물이 된다. 앞으로는 성별 차이를 설명하기 위해서 보다 많은 영재 남학생을 대상으로 한 연구가 요구된다.

마지막으로, 이 연구가 영재학생을 위한 지속적이고 지지적인 프로그램을 운영하는 학교로부터 표집한 고능력 학생의 심리적 고통을 평가하였다는 것을 주목할 필요가 있다. 우리는 미성취 학생 또는 학문적 지지를 거의 제공하지 않는 학교의 학생으로부터 얻은 비교 자료를 기대하기는 어렵다.

이 자료들로부터 교육자를 위한 몇 가지 교육적 함의를 이끌어 낼 수 있다. 첫째, 능력 있는 학생들에게 우울은 심각한 문젯거리가 아니었지만, 일반학생들과 같은 비율로 우울을 경험하였다. 이러한 사실은 영재교육자가 약 10%의 영재학생이 임상적으로 유의미한 수준의 우울을 겪고 있다는 사실을 유념해야 함을 시사한다. 이 연구결과는 교사가 우울을 경험하는 학생을 인지하고 중재할 수 있는 훈련을 받을 필요가 있음을 지지한다(Baker & Reynolds, 1994). 둘째, 영재학생은 일반학생 동료들처럼, 예방적인 정의적 교육 또는 그들의 정의적 발달을 이해하고 스트레스 요인과 심리적 고통에 대처할 수 있는 지원 체제로부터 도움을 받을 것이다. 청소년의 우울 증후의 발생이 가정된다면, 학교 기반 교육과정은 고등학생의 정신건강 요구를 다룰 필요가 있다.

📎 참고문헌

American Psychiatric Association. (1994). *Diagnostic and statistical manual of mental disorders* (4th edition). Washington, DC: Author.

Baker, J. A., & Reynolds, W. M. (1994). *Enhancing teachers' recognition of depressed children in their classrooms: A teacher training model.* Manuscript in preparation.

사회적 · 정서적 문제, 미성취, 상담

Berndt, D., Kaiser, C., & Van Aalst, F. (1982). Depression and self-actualization in gifted adolescents. *Journal of Clinical Psychology, 38*, 142-150.

Delisle, J. R. (1984). Death with honors: Suicide among gifted adolescents. *Journal of Counseling and Development, 64*, 558-560.

Hayes, M. L., & Sloat, R. S. (1989). Gifted students at risk for suicide. *Roeper Review, 12*, 102-207.

Hollingshead, A. B. (1975). *Four Factor index of social position.* New Haven, CT: Author.

Kaiser, C., & Berndt, D. (1985). Predictors of loneliness in the gifted adolescent. *Gifted Child Quarterly, 29*, 74-77.

Kendall, P. C., Cantwell, D. P., & Kazdin, A. E. (1989). Depression in children and adolescents. Assessment issues and recommendations. *Cognitive Therapy Research, 13*, 109-146.

Kovacs, M. (1989). Affective disorders in children and adolescents. *American Psychologst, 44*, 209-215.

Lajoie, S. P., & Shore, B. M. (1981). Three myths? The over-representation of the gifted among dropouts, delinquents and suicides. *Gifted Child Quarterly, 25*, 138-143.

Reynolds, W. M. (1987). *The Reynolds Adolescent Depression Scale.* Odessa, FL: Psychological Assessment Resources.

Reynolds, W. M. (1988). *The Suicidal Ideation Questionnaire.* Odessa, FL: Psychological Assessment Resources.

Reynolds, W. M. (1990). Depression in children and adolescents: Nature, diagnosis, assessment and treatment. *School Psychology Revielw, 19*, 158-173.

Reynolds, W. M. (1992). Depression in children and adolescents. In W. M. Reynolds (Ed.), *Internalizing disorders in children and adolescents* (pp. 149-254). New York: Wiley & Sons.

Smith, K. (1990). Suicidal behavior in school-aged youth. *School Psychology Review, 19*, 186-195.

VanTassel-Baska, J. (1984). The talent search as an identification model. *Gifted Child Quarterly, 28*, 172-176.

동료에게 인기 없는 고능력 학생[1]

Dewey G. Cornell(University of Virginia)

선행연구는 고능력 학생이 일반적으로 호의적인 동료와 잘 지낸다고 밝히고 있지만, 비슷한 능력의 동료들에게는 인기가 없다는 연구는 거의 수행되지 않았다. 이 연구는 성취, 가족의 사회적 지위, 성격 적응에서 인기 없는 고능력 학생과 보통 집단과 인기 있는 집단 간에 어떠한 차이가 있는가를 비교하였다. 연구결과는 보통학생과 인기 있는 학생 간에 거의 차이가 없음을 제시하고 있으나, 비인기 학생은 상대적으로 낮은 사회적 자아개념과 학문적 자아개념을 지니고 있고, 또한 부모가 명성 있는 직업을 덜 가지고 있음을 제시하고 있다. 비인기 학생이 인기 있는 동료들보다 학문적으로 능력이 낮고, 덜 성숙하고, 더 걱정한다는 증거는 없었다.

동료 관계는 아동 발달에서 결정적으로 중요한 요인이다. Piaget에서 Erikson에 이르는 이론가들은 아동의 동료와의 상호작용은 인지발달, 사회적 기술의 성장, 자아개념의 발달, 도덕적이고 사회적인 가치의 형성을 위한 맥락을 제공한다고 강조한다.(Erikson, 1963; Piaget, 1965). Harry Stack Sullivan(1953)은 동료 관계는 기본적인 인간 요구를 충족시키고 대인관계

---

1) 편저자 주: Cornell, D. G. (1990). High ability students who are unpopular with their peers. *Gifted Child Quarterly, 34*(4), 155-160. ⓒ 1990 National Association for Gifted Children. 필자 승인 후 재인쇄.

의 아동기적 자아중심성에서 보다 성숙하고 호혜적인 관점으로 전환하는 데 기초를 제공한다고 주장하였다.

많은 연구가들은 아동기에 겪는 동료 관계의 어려움은 성인기의 심각한 부적응과 관련될 수 있음을 확신하였다(Parker & Asher, 1987). 이에 따라 동료 관계에 관심을 둔 연구가 다시 시작되었고(Mueller & Cooper, 1986; Parker & Asher, 1987), 또한 동료 관계의 문제를 지닌 아동을 확인하고 다루는 노력들이 제기되었다(Scheider, Rubin & Ledingham, 1985). 어떤 한 상황에서 동료에게 인기 없는 아동은 계속해서 친구를 사귀는 데 어려움을 겪는다(Rubin & Mills, 1988).

고능력 청소년의 동료 관계

고능력 청소년의 동료 관계에 관한 거의 모든 연구는 이들이 학급 동료에게 거부당하는 사회적 부적응자(social misfits)라는 전통적인 견해를 반박하는 데 초점을 두었다(Austin & Draper, 1981; Montemayor, 1984; Schneider, 1987). 그러한 연구들의 설계는 영재 프로그램 학생의 정규학급 동료가 평정하는 동료 평가를 포함한다. 이 연구들에 따르면, 영재로 확인된 아동은 보통 또는 보통 이상의 동료 지위를 갖는다. 단, 연구결과는 청소년에게는 일관성이 덜하였다(Austin & Draper, 1981; Gallagher, 1958; Schneider, 1987; Schneider, Clegg, Byne, Ledingham, & Crombie, 1989).

한 집단으로써 영재 프로그램 학생에 대한 높은 인기도 평정은 동료 문제를 가진 고능력 학생에 관한 정보를 감춘다. 선행연구는 이 문제를 해결하는 데 두 가지 측면에서 한계가 있다. 첫 번째, 아동의 비인기가 아동의 성격과 행동에 기인하는 것인지, 또는 교실이나 학교에서의 편견적 태도에 기인하는 것인지가 분명하지 않다. 성취에 대하여 긍정적인 태도를 취하는 학교에서 고능력 학생은 잘 받아들여질 수 있지만, 다른 학교에서는 그들의 개인적인 특성에 관계없이 인기가 덜할 수 있다.

사회적 · 정서적 문제, 미성취, 상담

두 번째, 선행연구는 고능력 학생의 집단 내 차이, 특별히 인기 있는 학생과 그렇지 않은 학생을 구별하는 것이 무엇인지에 많은 관심을 보이지 않았다. 그러나 이 문제는 인기가 덜한 학생이 그들의 동료 관계를 개선하는 데 도움을 주는 방식으로 이끌 수 있기 때문에 중요하다.

연구의 활용도

대부분의 고능력 학생이 동료와 잘 어울린다 하더라도, 친구와 분란을 일으키거나 다른 사람과 잘 지내는 소수의 고능력 학생에 대해서는 알려진 것이 거의 없다. 일부 결점이 특수한 능력 또는 영재 프로그램 학급 배치와 관련되는 낙인, 또는 사회적 기술 문제 때문에 때때로 동료들에게 거부당하는지 아닌지를 이야기하는 것은 어렵다. 이 연구는 동등하게 고능력을 지닌 동료들에게 인기가 없는 고능력 학생을 연구함으로써 우리의 지식을 확장하였다.

이 연구는 한 집단으로써 비인기 학생들은 심각한 심리적인 적응 문제의 징후를 가지고 있지 않음을 밝혔다. 예컨대, 이들은 동료들보다 더 걱정하거나 정서적으로 더 의존하지 않는다. 또한 이들은 사회적 자아개념의 척도에서 낮은 점수를 받았지만, 반면 학문적, 운동적, 신체적 외모 자아개념에서는 낮은 점수를 받지 않았다. 비인기 학생에 대한 교사 평정에서는 부적절하거나 비주장적인 교실 행동을 지적하였다. 이러한 결과는 비인기 학생의 평가와 상담이 이들의 일반적인 성격 또는 학업적 능력보다는 오히려 사회적 자아개념과 사회적 기술에 초점을 두어야 함을 시사한다.

연구의 목적

이 연구의 초점은 고능력 학생 집단 내에서 인기도의 차이다. 한 학생이 영재 프로그램의 학급 동료에게 인기가 없다면, 그 문제가 그 프로그램에 관한 편견적 태도 또는 '영재(gifted)'로 판별되었다는 특수한 지위 때문이라고 말할 수 없을 것이다. 동등한 능력을 가진 비인기 학생과 인기 학생 간의 차이가 연구될 수 있다. 따라서 이 연구는 영재학급, 특히 대학 기숙 중심의 여름 심화 프로그램에 참여하는 학생의 동료 지위 또는 인기도를 탐색하였다.

동료로부터 인기 없음이 확인된 학생들은 다른 두 집단, 즉 인기가 보통인 학생과 인기 있는 영재 프로그램 학급 동료와 비교되었다.

다양한 개인적 특성이 고능력 학생의 동료 지위 차이와 관련될 수 있다. 몇몇 학자들은 탁월한 능력을 지닌 학생은 다른 영재 프로그램 참여 학생들 사이에서도 진정한 동료가 없다고 주장하였다(Hollingworth, 1942; Janos & Robinson, 1985; Schneider, 1987). 사회경제적 지위가 낮은 가정 출신의 학생은 동료들 사이에서 덜 호의적인 지위를 경험할 수 있다. 빈약한 자아개념은 동료와 잘 지내는 능력을 떨어뜨릴 것이다(이 관계가 쌍방향적 관계일지라도). 다른 학자들은 동료 관계에 영향을 주는 고능력 학생의 성격과 정서적 성숙과 사회적 능력을 포함한 정서적 적응을 확인하였다(Kurdek & Krile, 1982; Montemayor, 1984; Steinberg & Silverberg, 1986).

이 연구는 동료 지위와 다음의 네 가지 요인, 즉 학생의 학업성취와 능력, 가족의 사회적 지위, 학생의 자기 보고식 자아개념 척도와 교사 평정의 자존감, 정서적 성숙과 불안으로부터의 자유 척도 간의 관계를 탐색하였다.

연구방법

표본(sample) 표본은 버지니아 대학교의 여름 심화 프로그램에 참여하였던 5~11학년 학생으로 구성되었다. 부모들에게는 가족 관련 질문지의 작성을 요구하는 우편물을 발송하였다. 2주의 여름 프로그램 동안 학생들에게는 일련의 질문지를 작성하도록 요구하였다. 접촉한 795 가족 가운데 486 가족(61%)이 연구 참여에 동의하였다. 피험자는 두 번째 또는 세 번째 시기의 여름 프로그램에 참여하였던 학생 319명으로부터 표집하였다(동료 지명 자료가 첫 번째 시기 동안에 수집되지 않았기 때문).

심화 프로그램의 기술 여름 심화 프로그램은 학생들이 학문적이고 사

사회적 · 정서적 문제, 미성취, 상담

회적인 다양한 활동에 참여하는 2주 동안의 기숙 경험이다. 7~9학년 집단은 학생이 교실에 없을 때 관리하는 초기 성인 상담자와 함께 기숙사(dormitory suites)에서 공동으로 생활한다. 각 주간 동안 학생들은 하나의 심화 과목(예, 심리학, 컴퓨터 프로그램 작성, 인문학)에서 오전 3시간의 수업에 참여한다. 그 강좌들은 보통 정규 학교 교육과정에서 접근하기 어려운 문제와 주제에 관한 심층 연구(in-depth study)와 독립적인 학습 기술을 강조한다. 학급당 15~20명의 학생으로 구성되었다(오후 수업은 천문학에서 동물학에 이르는 교과와 관련된 다양한 특수 주제 세미나를 포함함).

학생은 교사의 추천, 학교 성적, 표준화 검사점수(입수 가능한 경우), 개인적 흥미와 활동에 관한 질문(프로그램에 지원하는 이유 포함)에 대한 학생의 반응에 기초하여 프로그램에 참여하도록 허용되었다. 프로그램은 단일한 준거에 강조를 두지 않고 다양한 고능력 청소년 집단이 참여할 수 있도록 시도한다.

측정도구

동료 지위 동료 지위는 2주 차인 11~12일째에 측정되었다. 동료 지위를 측정하는 데는 광범위하게 수용되고 신뢰도와 타당도가 양호한 두 가지 방식인 동료 지명과 동료 평정이 있다(Asher & Hymel, 1981). 동료 지명(peer nominations)은 오전 수업 동안에 학생들에게 모든 학생의 명단을 주고 가장 친한 친구 3명의 이름에 동그라미 표시를 하도록 요구하여 구한다. 이 방법은 한 학생이 친구로 선택된 횟수가 몇 번인가에 따라 동료 지위를 측정하는 것이다.

학생은 학급의 어떤 학생도 지명할 수 있지만, 동료 선호의 사회측정학적 평가에서 쉽게 형성되는 성 편파 때문에 동성 친구의 지명만 계산되었다. 이 절차에서 한 가지 위험한 점은 한 교실에 몇 명의 남학생이나 여학생만 있다면, 지명은 어떤 방식으로든 왜곡된다는 것이다. 예컨대, 5명의 남학생이 있는 교실에서는 한 남학생이 더 많은 남학생이 있는 교실의 어떤 한 남학생에 비해 적게 평정될 수 있다. 따라서 점수의 범위와 분포가 검토되었으나 왜곡된 결과에 대한 어떤 증거도 관찰되지 않았다. 이 표본에서 10명의 학생만이 5번 이상의 지명을 받았지만, 대부분의 학생들은 0~8번의 지명을 받았다. 평균 지명의 수는 2.4였다. 동료 지명은 어떤 극단 점수의 효과를 줄이기 위해 세 개의 폭넓은 범주로 집단화되었다.

동료 지명의 또 다른 제한점은 어떤 학생이 누구에게서도 지명되지 않는다면, 다른 학생들이 그 학생을 싫어하는지, 무시하는지, 단지 간과하는 것인지가 분명하지 않다는 것이다. 이 한계를 다루기 위해 동료 평정 방법이 사용되었다. 동료 평정은 학생들에게 5(매우 좋아한다)~1(전혀 좋아하지 않는다)의 5점 척도로 각 학생을 평가하도록 요구하여 구한다. 각 학생의 동료 평정점수는 학급의 다른 학생으로부터 받은 평정점수의 평균이 된다. 여기에서도 동성의 평정점수만 계산되었다. 이 방법의 약점은 학생이 모든 학생에게 동일한 평정을 하리라는 가정이다.

두 가지 방법은 동일한 결과에 이르지 않는다. 동료 평정과 동료 지명의 상관은 변량의 29%만을 설명하는 .54($p < .01$)이다. 동료 지명과 동료 평정은 비인기, 보통, 인기 학생 집단을 뚜렷하게 구분하기 위해 통합해서 사용되었다. 학생들은 동료 평정의 상위, 중간, 하위로 분류되었다. 하위의 동료 평정(경계선 3.60 이하)이면서 어느 동료의 지명도 없는 학생은 '비인기(unpopular)'($n = 43$)로 분류되었다. 이 학생들은 분명하게 동료 관계 문제를 가지고 있었고, 학급 동료들은 낮은 평정을 하였으며, 어느 누구도 친구로 지명하지 않았다. 동료 평정이 중간(3.60~4.09)이면서 두세 명의 학생으로부터 동료 지명을 받은 학생은 '보통(average)'($n = 54$)으로 분류되었다. 상위의 동료 평정(4.09 이상)이면서 4명 이상의 동료 지명을 받은 학생은 '인기(popular)'($n = 43$)로 분류되었다. 나머지 189명의 학생은 집단 차이를 최대화하기 위해 분석에서 제외되었다. 이 학생들의 평균 나이는 12.4세였고, 집

사회적·정서적 문제, 미성취, 상담

단 간에 유의미한 연령 차이는 존재하지 않았다. 약 40%의 학생이 남학생이었고, 집단과 성을 함께 고려한 성비에서 유의미한 차이는 존재하지 않았다.

학업성취와 능력 학업성취와 능력은 독서와 수학의 점수(전국 단위의 백분위 점수)와 과학연구협회(Science Research Associates: SRA)의 추정된 능력 점수(Estimated Ability Scores: EAS)의 학교 기록으로 평가되었다.

가족의 사회적 지위 가족의 사회적 지위에 관한 정보는 여름 프로그램 실시 전에 우편으로 실시되었던 부모 설문지(이 연구에 보고되지 않은 정보를 포함)를 통해 얻어졌다. 사회적 지위는 Hollingshead(1975)가 제시한 부모의 직업과 교육에 관한 표준 척도를 이용하여 평가되었다.

자아개념, 정서적 자율성, 불안 세 개의 자기 보고식 성격 질문지는 매 2주간 첫 2~3일 내에 조사되었다. 자아개념은 Harter(1982)의 지각된 자기 능력 척도(Perceived Self-Competence Scale for Children: PSCS)에 따라 36개 문항의 자기 보고식 질문지를 이용해서 평가되었다. 이 연구의 활용을 위해 선택된 4개의 PSCS 척도는 다음의 4개 영역, 학문적 자아개념, 사회적 자아개념, 신체적 외모 자아개념, 운동적 자아개념을 평가하였다. PSCS의 적절한 신뢰도와 타당도의 증거는 다른 곳에서 보고되었다(Harter, 1982, 1985).

학생은 정서적 자율성의 실험적 척도를 작성하였다. 이 척도는 Steinberg 와 Silverberg(1986)가 고안한 정서적 자율성척도(Emotional Autonomy Scale)다. 이 질문지는 20개 문항으로 구성되었고, 학생이 부모로부터 정서적으로 얼마나 자율적인가와 어느 정도로 독립적인 의사결정을 할 수 있는가를 평가한다. 이 척도는 4개의 척도로 구성되어 있다(괄호 안에 표본 문항이 제시됨). 즉, 부모 탈관념화(Parent Deidealization; '나는 나의 부모와 같은 의견을 가지려고 노력한다.' [역산 문항]), 부모를 사람으로 지각하기(Perceives Parents as People; '나는 내가 주변에 없을 때 부모가 어떻게 행동하는지 종종 궁금하다.'), 개체화(Individuation; '부모가 모르는 나에 관한 어떤 것들이 있다.'),

부모에 대한 비의존(Nondependency on Parents; '어떤 것에 관한 조언을 구할 때 부모보다는 가장 친한 친구에게 가는 것이 최선이다.')이 있다. Steinberg와 Silverberg(1986)는 정서적 자율성척도의 적절한 신뢰도와 타당도의 증거를 보고하였다.

또한 말썽을 잘 일으키고 신경질적인 학생이 동료 지위에 문제가 있다는 아이디어에 기초한 아동의 명백한 불안척도(Children's Manifest Anxiety Scale: RCMAS, Reynold & Richmond, 1985)는 만성적인 불안 수준의 전반적인 측정을 제공하는 37개 문항의 '예' 혹은 '아니요' 질문지다(Reynold & Richmond, 1985). Scholwinski와 Reynolds(1985)는 정규학급 아동($n =$ 5,507)과 영재 프로그램 아동($n = 584$)의 전국적인 규준적 표본을 대상으로 요인분석을 하였다. 그들은 각 표본에서 세 개의 요인, 즉 생리적 불안, 걱정 혹은 과민성, 집중 불안을 확인하였다. 이 연구는 영재 프로그램 학생이 계산한 요인 부하량에 따라 RCMAS 하위척도 점수를 계산하였다.

교사 평정의 학문적 자존감 교사는 2주 후 행동적인 학문적 자존감(Behavioral Academic Self-Esteem: BASE) 질문지(Coopersmith & Gilberts, 1979)를 작성하였다. BASE는 5개 영역에서 학생의 교실행동척도를 제공하는 16개 문항의 평정척도다. 이 5개 영역에는 학생 주도성(initiative; 학생이 교실에서 자발적이고 독립적이다.), 사회적 주의(학생은 수업시간에 과도한 주의를 요구하지 않는다.), 성공 또는 실패(학생은 실패에 조급하지 않고 비판에 과도한 행동을 하지 않는다.), 자기확신(학생은 의견을 쉽게 표현하고 자신의 일에 대해 좋은 평가를 한다.)이 포함된다. BASE의 심리측정학적 특성에 관한 정보는 다른 논문에 보고되었다(Coopersmith & Gilberts, 1979).

연구결과

　　다중 척도를 가진 측정도구와 같은 표본 크기를 대상으로 다변량분산분석(MANOVA)을 통해 집단 비교가 수행되었다(표본 크기는 일부 피험자의 결측자료 때문에 분석에 따라 다르다.). 다변량분산분석이 유의미하거나 적절하지 않았을 때 단일변인 사후비교 분석(Student-Newman Keuls)이 수행되었다. 모든 분석의 기술적 정보와 F값이 〈표 4-1〉과 〈표 4-2〉에 보고되었다.

　　학업성취　표본의 선택적 특성에도 불구하고, 통계 분석을 정당화하는 성취검사의 적절한 범위가 존재하였다. 각 척도의 점수 범위를 알아보면, 독서 점수는 75~99 백분위(percentile)를, 수학 점수는 46~99 백분위를, 능력 점수(EAS)는 103~145를 보였다. SRA 독서와 수학 성취에서 집단 간 차이가 유의미하지 않았다. 또한 SRA의 추정된 능력 점수에서도 집단 간에 유의미한 차이가 없었다.

표 4-1　학생 성취와 가족의 사회적 지위의 집단 비교

측정도구	비인기 M	(SD)	n	보통 M	(SD)	n	인기 M	(SD)	n	F
SRA 성취										
독서	93.6	(6.3)	30	93.7	(6.2)	46	95.2	(5.7)	34	0.44
수학	93.3	(6.4)	30	93.3	(10.6)	46	94.5	(5.8)	34	0.77
SRA 능력(EAS)	127.2	(8.2)	20	129.4	(7.7)	33	127.2	(9.3)	23	0.51
사회적 지위										
어머니										
교육	5.81	(.87)	21	6.00	(1.2)	30	5.97	(.86)	32	0.25
직업	7.19	(.87)	21	7.10	(1.5)	30	6.69	(1.3)	32	1.25
아버지										
교육	5.85	(1.2)	21	6.20	(.96)	30	6.50	(.88)	32	2.73
직업	6.90	(1.7)	21	7.53	(1.6)	30	8.03	(1.2)	32	3.58*

*$p < .05$

표 4-2 성격척도의 집단 비교

측정도구	비인기			보통			인기			F
	M	(SD)	n	M	(SD)	n	M	(SD)	n	
자아개념										
학문적	18.6	(2.8)	33	19.8	(2.8)	54	19.2	(3.0)	43	1.86
사회적	14.5	(3.8)	33	18.3	(3.4)	54	19.0	(2.8)	43	19.97**
운동적	15.3	(3.9)	33	15.8	(4.0)	54	16.8	(4.2)	43	1.38
신체적 외모	16.1	(4.0)	33	16.6	(3.8)	54	16.1	(4.4)	43	0.23
학문적 자존감										
주도성	22.5	(5.2)	31	24.7	(4.1)	51	25.0	(4.5)	41	3.47*
사회적 주의	11.5	(2.9)	31	12.8	(2.3)	51	13.0	(2.0)	41	4.02*
성공/실패	7.4	(1.9)	31	8.3	(1.4)	51	8.3	(1.6)	41	3.86*
사회적 매력	10.0	(2.5)	31	11.4	(2.2)	51	12.2	(2.4)	41	8.06**
자기확신	7.9	(1.6)	31	8.3	(1.2)	51	8.2	(1.5)	41	0.62
정서적 자율성										
탈관념	13.9	(2.8)	31	14.1	(2.4)	53	12.9	(2.6)	43	
부모	15.5	(2.3)	31	14.9	(3.4)	53	14.4	(2.6)	43	
개체화	14.1	(3.2)	31	13.9	(2.7)	53	13.4	(2.6)	43	
탈의존	13.9	(2.8)	31	14.1	(2.4)	53	12.9	(2.6)	43	
불안										
생리적	2.2	(1.7)	32	2.1	(1.6)	54	1.9	(1.5)	43	
과민성	4.2	(3.4)	32	4.0	(2.7)	54	3.7	(2.8)	43	
집중	4.0	(2.7)	32	2.9	(2.1)	54	2.5	(2.4)	43	

* $p < .05$ ** $p < .01$ 다변인 F값은 유의미하지 않았기 때문에 정서적 자율성과 불안 척도의 단일변인 F검증 결과는 보고되지 않았다.

사회적 지위　가족의 사회적 지위의 다변량분산분석은 유의미하였다 ($F = 2.20, p < .05$). 후속 단일변인 분석결과, 아버지가 명성 있는 직업을 가진 경우의 학생이 보다 높은 동료 지위를 갖는 것으로 나타났다. 인기가 보통인 학생의 부모 직업 지위가 비인기 학생보다 높았고, 인기 학생의 부모 직업 지위는 보통 학생보다 높았다.

성격척도　4개의 자아개념 척도의 다변량분산분석은 $F = 5.23, p < .01$로 유의미하였다. 사후분석은 단지 하나의 척도, 즉 사회적 수용에서만 유의미

한 것으로 확인하였다. 비인기 학생의 사회적 자아개념은 다른 두 집단에 비해 유의미하게 낮은 것으로 나타났다.

BASE의 다변량분산분석은 $F = 2.45$, $p < .01$로 유의미하였다. 사후분석은 5개의 척도 중 4개에서 유의미한 집단 차이가 있는 것으로 확인하였다. 사후분석 결과, 비인기 학생은 다른 두 집단보다 낮았으나, 보통과 인기 집단 간에는 차이가 나지 않았다. 그리고 정서적 자율성의 다변량분산분석은 $F = 0.96$, 불안의 다변량분산분석은 $F = 1.87$로 유의미하지 않았다.

논 의

비인기 학생은 가족의 사회적 지위, 사회적 자아개념, 그리고 학문적 자존감에서 보통학생 및 인기 학생과 차이가 있었다. 성취 척도, 정서적 자율성과 불안의 척도에서는 차이가 없었다. 이 연구결과는 각각 고능력 학생의 동료 지위 문제를 이해하는 데 도움을 주며, 후속 연구의 방향을 제시한다.

비인기 학생의 아버지들은 다른 학생의 아버지에 비해 낮은 직업적 지위를 갖고 있었다. 9점 평정의 직업척도에서, 비인기 학생의 아버지의 평균 평정점수는 6.90이었고, 보통 학생의 아버지의 경우는 7.53이었으며, 인기 있는 학생의 아버지의 경우는 8.03이었다. 다른 수준의 척도로 직업의 예를 들면, 수준 6은 기술자와 비서, 수준 7은 관리자와 컴퓨터 프로그래머, 수준 8은 행정가와 중등학교 교사, 수준 9는 변호사와 의사 등이다.

아버지의 직업과 동료 지위 간의 관계를 관찰하는 것은 문제를 야기한다. 이 관계의 이유는 명확하지 않아 후속 연구를 필요로 한다. 학생들이 다른 학생의 아버지의 직업을 아는 것이 그들의 동료 관계에 직접적으로 영향을 미친다는 것은 의심스러운 점이다. 그러나 학생들은 부모의 직업 지위와 연관된 다른 동료의 특성에 반응해 왔을 것이다. 가족의 사회적 지위와 동료 지위에 간접적으로 관련되는 옷, 대화 유형(내용, 양식, 정확한 발음), 자신감 또는 자기 주장, 다른 행동에서 차이가 날 수 있다. 민족과 동료 지위 간의 관계는 별도의 보고서에서 분석되었다. 연구결과는 가족의 사회적 지위를 통제하든지 안 하든지 간에 흑인 학생이 백인 학생보다 덜 호의적인 동료 지위를 경험하지 않음을 시사한다(Cooley, Cornell, & Lee, 인쇄 중).

비인기 학생은 학업성취와 능력의 척도에서 다른 학생만큼 점수를 얻었다. 물론 모든 학생이 여름 프로그램에 지원할 자격이 있기 때문에(여름 프로그램 허가 과정에 어떤 특징적인 경계 점수는 없지만, 대부분의 학생은 고성취 학생이었음), 이 측정도구에서 범위의 본질적인 제한점이 있을 수 있다. 그럼에도 불구하고 다른 연구자가 미성취와 동료 문제의 관계를 관찰하였는데(Whitemore, 1980), 비인기 학생이 비교적 낮은 성취자가 아니라는 사실은 주목할 만하다.

비인기 학생은 성취검사에서 비교적 높은 점수를 획득하지는 못하였으나, 이것이 특수한 고지능이 빈약한 동료 관계와 관련이 있는지 없는지의 문제를 풀지는 못한다. 이 연구에서 사용된 것과 같은 성취검사는 동료 문제와 연관되는 극단적 상위 학생을 구별하는 최상위 학생을 충분히 가려낼 수 없다(Hollingworth, 1942; Janos & Robinson, 1985). 3 표준편차 이상의 IQ(Stanford−Binet 검사에서 148점, Wechsler 지능척도에서 145점)를 지닌 학생들 중 일부가 비인기 학생이었으나, 이 문제에 관해서는 직접적인 연구가 더 필요하다.

성격의 연구결과 비인기 학생이 상대적으로 좀 더 빈약한 사회적 자아개념을 갖는다는 것은 놀라운 일이 아니다. 이 척도는 학생에게 얼마나 쉽게 친구를 사귈 수 있는지, 충분히 많은 친구를 가지고 있다고 생각하는지를 평가하도록 요구한다. 자아개념 질문지는 동료 지위가 평가되기 10일 전에 수집되었지만, 비인기 학생이 친구 사귀기 문제를 인식하는 데는 별 무리가 없으리라고 판단된다. 사회적 자아개념과 동료 지위 간에는 쌍방향적 관계가 있을 수 있기 때문에, 동료 문제를 가진 학생은 빈약한 자아개념을 촉진시키고, 빈약한 자아개념을 가진 학생은 친구를 사귀는 데 어려움이 있을 것이다(Cornell et al., 인쇄 중). 또한 비인기 학생은 친구를 사귀는 데 필요한 사회적 기술이 부족할 것이다(Asher & Hymel, 1986).

자아개념 결과에 관해 가장 흥미 있는 발견은 비인기 학생이 총괄적으로 빈약한 자아개념을 가지고 있지는 않다는 것이다. 비인기 학생은 일반적으로 다른 학생과 필적할 만한 학문적 능력, 신체적 외모, 운동 능력의 개념을 가지고 있었다. 이것은 빈약한 동료 지위를 가진 학생에게 중재하려는 노력은 사회적 영역에 초점을 두어야 함을 시사한다. 이 결과를 일반화하는 데 예상되는 제한점은 다른 문헌에서 논의될 것이다(Cornell et al., 인쇄 중).

또한 정서적 자율성과 불안 척도의 부정적 결과는 빈약한 동료 지위를 가진 학생들과 작업을 할 때 관심의 초점을 좁히도록 도와준다. 비인기 학생은 다른 학생들과 유사하게 부모로부터의 정서적 독립으로 특징지어지는 태도를 지지하였다. 그들은 동료와 상호작용을 못하게 하는 과도한 불안이나 신경과민을 보고하지 않았다. 정서적 의존이나 과도한 불안으로 동료 지위에 방해받는 학생이 확실히 있다고 해도, 이것은 일반적으로 비인기 학생에게 일관되게 나타나는 문제는 아니다.

가장 일관성 있는 집단 간의 차이는 학문적 자존감의 교사 평정에서 나타났다. 5개 척도 중 4개에서 비인기 학생이 그들의 동료보다 낮게 평정되었다. 이 척도들에 기초해 보면, 비인기 학생은 특히 독립적으로 작업해야 할 때 주도성, 의사결정, 새로운 과제, 도전을 받아들이기에서 부족한 것으로 특징화될 수 있다. 그들은 사회적 주의에 대하여 과도한 요구를 하고 있어서 학급에서 조용하지 않으며 다른 학생들과 잘 협조하지 못할 수도 있다. 그들은 실패에 대한 참을성이 부족하고 비평에 지나친 행동을 한다. 마지막으로, 교사들은 비인기 학생이 동료 관계에서 지도적인 역할을 취하지 않고 일반적으로 자신을 긍정적인 용어로 언급하지 않음을 관찰한다.

추후연구의 방향

이 연구는 영재 프로그램 학급 동료에게 인기 없는 고능력 학생과 다른 학생을 구별하려는 시도 중 하나다. 따라서 여기에 제시된 모든 연구결과는 반복되고 확장될 필요가 있다. 후속 연구를 위한 세 가지 주요한 방향을 제시하면 다음과 같다. 첫째, 비인기 고능력 학생과 보통 능력의 비인기 학생을 비교하는 것은 유용할 것이다. 이 두 집단이 유사하다면, 이들 비인기 학생들의 지능에 초점을 두는 것보다는 오히려 다른 요인에 초점을 두는 것이 생산적일 것이다.

둘째, 여름 심화 프로그램에서 인기 없는 학생이 본래 소속 학교(home schools)에서도 인기가 없는 것인지, 그리고 여름 프로그램에서 인기 있는 학생이 소속 학교에서도 인기 있는 것인지를 연구하는 것은 유용할 것이다. 그러한 연구들은 고능력 학생이 다른 학생처럼 동료의 특성을 가치 있게 여기는지를 탐구하는 데 유용할 것이며, 또한 개인으로서 고능력에 대한 비호의적 태도와 일반적으로 고능력 학생 또는 영재 프로그램 참여 학생에게 갖는 편견적 태도를 구별하는 데 유용할 것이다.

마지막으로 보다 세밀하게 빈약한 동료 지위를 갖는 고능력 학생의 특성을 연구하는 것은 중요하다. 이 학생들의 빈약한 사회적 자아개념에 공헌하는 요인들은 무엇인가? 그들의 자아상은 향상될 수 있는가? BASE 평정에서 교사가 관찰하는 특수한 행동은 변화를 위해 어떤 행동에 목적을 두어야 하는가? 이 학생들은 정말로 중요한 사회적 기술이 부족한 것인가? 이 연구의 궁극적 목적은 비인기 학생이 사회적 능력을 개선시켜서 보다 긍정적이고 건설적인 동료 관계를 형성하도록 돕는 방법의 개발일 것이다.

📑 참고문헌

Austin, A. B., & Draper, D. C. (1981). Peer relationships of the academically gifted: A review. *Gifted Child Quarterly, 25*, 129-133.

Asher, S. R., & Hymel, S. (1981). Children's social competence in peer relations: Sociometric and behavioral assessment. In J. D. Wine & M. S. Smye (Eds.), *Social competence*. New York: Guilford Press.

Asher, S. R., & Hymel, S. (1986). Coaching in social skills for children who lack friends in school. *Social Work in Education, 8*, 205-218.

Cooley, M. R., Cornell, D. C., & Lee, C. (in press). Peer acceptance and self-concept of black students in a summer gifted program. *Journal for the Education of the Gifted*.

Coopersmith, S., & Gilberts, R. (1979). *Behavioral Academic Self-Esteem: A rating scale*. Palo Alto, CA: Consulting Psychologists Press.

Cornell, D., Pelton, G., Bassin, L., Landrum, M., Ramsay, S., Cooley, M., Lynch, K., & Hamrick, E. (in press). Self-concept and peer status of gifted program youth. *Journal of Educational Psychology*.

Erikson, E. H. (1963). *Childhood and society* (2nd ed., rev.). New York: Norton.

Gallagher, J. J. (1958). Peer acceptance of highly gifted children in elementary school. *Elementary School Journal, 58*, 465 - 470.

Harter, S. (1982). The perceived competence scale for children. *Child Development, 53*, 87 - 97.

Harter, S. (1985). *Manual for the self-perception profile for children*. Denver: University of Denver.

Hollingshead, A. B. (1975). Four factor index of social status. Unpublished paper. Yale University.

Hollingworth, L. S. (1942). *Children above 180 IQ, Stanford-Binet*. New York: World Book.

Janos, P. M., & Robinson, N. M. (1985). Psychosocial development in intellectually gifted children. In F. D. Horowitz & M. O'Brien (Eds.), *The gifted and talented: Developmental perspectives* (pp. 149-195). Hyattsville, MD: American Psychological Association.

Kennedy, J. H. (1988). Issues in the identification of socially incompetent children. *School Psychology Review, 17,* 276-288.

Kurdek, L. A., &. Krile, D. (1982). A developmental analysis of the relation between peer acceptance and both interpersonal understanding and perceived social selfcompetence. *Child Development, 53,* 1485-1491.

Montemayor, R. (1984). Changes in parent and peer relationships between childhood and adolescence: A research agenda for gifted adolescents. *Journal for the Education of the Gifted, 8,* 9-23.

Mueller, E. C., & Cooper, C. R. (Eds.) (1986). *Process and outcome in peer relationships.* Orlando: Academic Press.

Parker, J. G., & Asher, S. R. (1987). Peer relations and later personal adjustment: Are low-accepted children at risk? *Psychological Bulletin, 102,* 357-389.

Piaget, J. (1965). *The moral judgment of the child.* New York: The Free Press (Original work published 1932).

Reynolds, C. R., & Richmond, B. O. (1985). *The revised children's manifest anxiety scale.* Los Angeles: Western Psychological Services.

Rubin, K. H., & Mills, R. S. (1988). The many faces of social isolation in childhood. *Journal of Consulting and Clinical Psychology, 56,* 161-124.

Schneider, B. H. (1987). *The gifted child in peer group perspective.* New York: Springer-Verlag.

Schneider, B. H., Clegg, M. R., Byrne, B. M., Ledingham, J. E., & Crombie, G. (1989). Social relations of gifted children as a function of age and school program. *Journal of Educational Psychology, 81,* 48-56.

Scholwinski, E., & Reynolds, C. R. (1985). Dimensions of anxiety among high IQ children. *Gifted Child Quarterly, 29,* 125-130.

Steinberg, L., & Silverberg, S. B. (1986). The vicissitudes of autonomy in early adolescence. *Child Development, 57,* 841-851.

Sullivan, H. S. (1953). *The interpersonal theory of psychiatry.* New York:

Norton.

Whitmore, J. R. (1980). *Giftedness, conflict, and underachievement.* Boston: Allyn & Bacon.

영재청소년의 고독에 대한 예언 변인[1]

Charles F. Kaiser(College of Charleston)

David J. Berndt(Michael Reese Hospital and Medical Center and University of Chicago)

영재청소년은 노여움, 우울, 스트레스가 많은 생활 변화를 생기게 하는 고독의 정도를 보고하였다. 더욱이 우울이 고독을 예언하는 데 가장 특징적인 측면은 무기력감, 사회적 내향, 낮은 자존감이었다. 고독과 우울 간의 관계는 우울한 영재청소년이 성공적으로 대처할 수 있는 근거(증거)를 제시할 것이다. 연구 결과는 고독과 다른 곤란 상태(dysphoric states) 간의 복잡한 관계를 명료화하는 데 도움이 된다.

영재청소년의 고독의 예언 변인들

고독은 많은 사람들이 공통으로 겪는 문제이자 또한 고통을 주는 문제다(Bradburn, 1969). 고독은 우울(Ortega, 1969), 자살(Wenz, 1977), 알코올중독을 포함하는 다양한 개인적 · 사회적 문제(Nerviado & Gross, 1976), 비행 행동(Ostrov & Offer, 1978), 신체적인 질병, 건강 보호 서비스의 과다한 사용(Lynch, 1977), 그리고 일반적인 부적응(Goswick & Jones, 1981; Ostrov &

---

1) 편저자 주: Kaiser, C. F., & Berndt, D. J. (1985). Predictors of loneliness in the gifted adolescent. *Gifted Child Quarterly, 29*(2), 74-77. ⓒ 1985 National Association for Gifted Children. 필자 승인 후 재인쇄.

Offer, 1978)의 중심 요인으로 간주되고 있다. 이 연구에서는 영재청소년의 고독과 다른 곤란 상태를 탐구하였다.

고독을 개념화한 것 중 널리 알려진 것은 인간의 사회적 · 정서적 관계의 수와 질에 대한 불만족의 결과에서 오는 불쾌한 심리적 상태를 고독으로 여기는 것이다(Peplau & Perlman, 1979; Young, 1981). 그리고 고독은 노여움, 자기 실망, 불행, 비관주의를 수반하는 것으로 알려져 있다(Young, 1979). Young(1981)은 고독한 개인을 의지하고, 사랑하고, 이해하며, 신뢰하고, 의미 있는 가치와 흥미를 공유할 사람 없이 지내는 사람으로 기술하였다. 그들은 소외(다른 사람과 다르다는 감정), 배제(바라는 집단에 소속되지 않음), 사랑받지 못한다는 감정(매력적이지 않고 수용되지 않음), 긴장(다른 사람에게 표현할 수 없는 생각과 감정을 감춤)을 경험한다.

비교적 최근에 와서야 고독의 관련 변인, 예언 변인, 결과에 초점을 맞추는 연구가 수행되었다. 이 연구는 개정된 UCLA 고독척도(Lonelinesss Scale)(Russell, Peplau, & Cutrona, 1980), 청소년 우울 검사(Young, 1979)와 같은 자기평가 도구가 개발되면서 처음 시도되었다.

주로 대학생에 기초한 연구들을 검토한 결과, 고독은 우울(Berndt, 1981; Bragg, 1979; Russell, Peplau, & Cutrona, 1980; Young, 1979), 자기 보고의 우울과 관련된 특성들(자신에 대한 불만족과 낮은 자존감을 포함, Goswick & Jones, 1981), 사회적이고 일반적인 불안(Jones, Freemon, & Goswick, 1981), 내향성, 낮은 주장성, 소외감, 외적인 통제(Hojat, 1982), 사회적 · 비사회적 활동의 감소, 세상의 불공정성에 대한 지각(Jones et al., 1981), 지나친 경계심 또는 방관자적 행동(Weiss, 1973), 수줍음(Cheek & Busch, 1981; Maroldo, 1981), 싫증과 침착하지 못함(Russell et al., 1980)과 상관이 있는 것으로 나타났다.

청소년기는 심리적 · 신체적 변화가 현저히 두드러지는 시기로 고독을 한층 악화시킬 수 있다. Ostrov와 Offer(1978)가 제안하였던 것처럼, 분리와 개체화의 과정은 경계선으로써의 고독을 가진다. 영재청소년도 이 경계선에 있으리라고 예상된다. 그러나 이 집단에서의 고독은 체계적으로 탐구되

사회적 · 정서적 문제, 미성취, 상담

지 않았다. Berndt, Kaiser 및 van Aalst(1982)의 최근 연구에서, 영재청소년의 하위 집단은 성공 우울에 해당하는 경험을 하는 것으로 나타났다. 전반적으로 영재 표본은 다중점수 우울 검사(Multiscore Depression Inventory: MDI)로 측정하였을 때 동료들보다 더 내향적인 것으로 나타났다(Berndt, Petzel, & Berndt, 1980). 영재청소년의 성공 우울로 볼 수 있는 뚜렷한 증후는 죄의식, 낮은 자존감, 무기력감, 인지적 곤란이다. Seligman(1975)은 학습된 무력감의 이론적 틀—부당한 보상을 받는다고 믿는 사람들은 자신의 주도성이나 재능과 관계없이 성취에 대한 강화를 받는다고 믿기 때문에 우울에 빠지기 쉬움—내에서 최근의 성공 우울 이론을 명료화하였다.

이 연구는 초기 연구(Berndt, Kaiser, & van Aalst, 1982)에서 피험자가 되었던 영재청소년의 우울에 관한 문제를 탐색하였다. 우선 우울의 어떤 측면이 이 집단의 고독과 가장 관련이 있는지를 결정하는 데 관심을 두었다. 또한 영재청소년의 증가된 스트레스, 우울, 노여움, 고독 간의 관계를 연구하였다.

연구방법

연구대상

대상자는 Governor's School of South Carolina, 즉 찰스턴 대학에서 실시하는 여름 학문적 프로그램(select summer academic program)에 참여한 14~17세의 중·고등학생 175명이었다. 85명의 남학생과 90명의 여학생이 이 연구에 참여하였다. 공립학교와 사립학교에 등록된 비율을 고려하여 선택된 연구 참여자들은 소속 학급에서 상위 5% 이상의 점수 또는 표준화 능력 검사나 성취검사에서 그에 상응하는 점수를 받은 학생들이었다. 또 그들의 학교가 가장 지적이고 창의적인 영재로 확인한 학생들이었다. 이 영재청소년들의 또 다른 특성과 복잡한 선발 과정은 다른 논문에 기술되어 있다 (예, Berndt, Kaiser, & van Aalst, 1982; Kaiser & Bryant, 1982). 표본은 극단적인 검사점수를 가진 집단이었기 때문에, 여러 변인들의 제한된 점수 범위는 이 연구에서 얻어진 관계성의 양을 감소시켰다.

절 차

참여자는 집단 검사 실시 동안 다음의 측정도구에 응답하였다. 이 측정도구에는 Young(1979) 고독 검사, Novaco(1977) 노여움 검사, 노여움 반응의 차원(Novaco, 1977), 간편형 다중점수 우울 검사(SMDI, Berndt, Berndt, & Kaiser, 1984; Berndt, Petzel, & Kaiser, 1983), Coddington(1972) 청소년 적응, Holmes와 Rahe(1967) 스트레스의 최근 사건 스케줄 측정(Schedule of Recent Events[SRE] measure of stress) 검사가 있다. 이 측정도구들을 통해 공식적인 집단 활동의 첫째 날에 검사가 실시되었다.

SMDI는 다중점수 우울 검사(Berndt, 1981; Berndt & Berndt, 1980; Berndt, Berndt, & Byars, 1983; Berndt, Petzel, & Berndt, 1980)의 간편형 검사로, 우울의 전반적인 점수뿐만 아니라 서로 다른 증상의 점수도 제공하여 우울의 심각성을 측정하는 자기 보고식 검사다. MDI는 7학년 이상의 독서 능력을 가진 청소년을 대상으로 설계되었다(Berndt, Schwartz, & Kaiser, 1983). 47문항의 간편형 검사는 전체 척도와 9개의 하위척도 모두에서 적절한 타당도와 신뢰도가 있는 것으로 나타났다(Berndt, 1982; Berndt, Berndt, & Kaiser, 1984; Berndt, Petzel, & Kaiser, 1983; Joy, 1981). 9개의 하위척도에는 죄의식, 사회적 내향, 과민성(irritability), 슬픈 기분, 낮은 자존감, 열정 수준, 도구적 무력감, 염세주의, 인지적 곤란이 있다.

Young(1979) 고독 검사는 다른 고독 척도와 매우 높은 관련이 있는 것으로 나타났다(Russell, Peplau, & Cutrona, 1980). 스트레스 요인의 측정은 Holmes와 Rahe(1967)가 SRE 방법론을 소개한 이래 상당히 진전되었지만, Coddington(1972) 검사가 청소년의 적절한 스트레스 요인을 측정하는 체크리스트형 검사로는 유일하게 타당도가 잘 확보되는 것이다.

사회적 · 정서적 문제, 미성취, 상담

연구결과

〈표 5-1〉은 모든 대상자(175명)의 평균과 표준편차를 제시하고 있다. 남학생과 여학생 간의 차이는 유의미하지 않았고, 따라서 이후 분석에서는 통합되어 분석되었다. 평균과 표준편차는 규준 청소년의 보고된 점수와 비교된다(예, Berndt, Berndt, & Kaiser, 1984; Coddington, 1972; Novaco, 1977). 영재청소년은 약간 높은 우울, 스트레스, 고독, 노여움을 보고하였지만, 이 점수들 중 어느 것도 청소년 동료 집단보다 유의미하게 높지는 않았다. 그러나 전반적으로 일관된 선택 현상—대부분의 영재청소년은 정신병리에 가까운 척도에서 낮은 점수를 보고함—을 보여 주었다. 그럼에도 불구하고 영재청소년의 15~20%가 〈표 5-1〉에 제시된 하나 이상의 측정도구에서 유의미한 심리적 고통이 있음을 보고하였다. 최소한 12%의 영재청소년이 고독, 우울, 노여움에서 평균 이상의 1 표준편차 점수를 보고하였다.

그리고 이 연구결과는 영재청소년 집단의 곤란 상태(dysphoric states)에서 분명한 어려움이 없음을 나타내고 있다. 그러나 고독이 연속선으로 개념화된다면, 이 연구에 보고된 후속 분석은 영재 모집단에만 일반화될 수 있다. 더욱이 성공 우울 집단이 실제로 존재한다면, 이 연구결과는 영재청소년

표 5-1 우울, 노여움, 스트레스 척도의 평균과 표준편차

측정도구	평 균	표준편차
다중점수 우울 검사(간편형)	11.61	9.98
Novac 노여움 검사	250.34	59.72
고독 검사	9.41	6.43
노여움 반응의 차원	16.95	10.31
스트레스를 받은 사건 수	6.89	6.24
Coddington 스트레스 점수	252.60	136.85

주: $n = 175$.
많은 변인의 경우, 점수 범위의 한계 문제는 미약한 수준에서 보통 수준 사이에 있었다.

의 성공 우울이 연속선으로서 개념화될 수 있는지의 여부를 이해할 수 있게 할 것이다.

영재청소년의 고독의 예언 변인을 결정하는 데는 두 단계 회귀분석이 이용되었다(Lewis-Beck, 1980). 첫째, 우울의 어떤 측면이 영재청소년의 고독에 가장 특징적인가를 밝히기 위해, SMDI의 9개 척도가 단계적 회귀분석에 투입되었다. 10개 변인 중 4개만이 회귀방정식―$F(4,170) = 37.91, p< .001$―에 투입되었다. 4개 변인들이 투입된 순서는 〈표 5-2〉에 열거된 순서와 같다. 표준화 회귀 값, 각 변인에 의해 설명되는 변량의 설명력, 유의미한 수준이 〈표 5-2〉에 보고되었다. 스트레스, 무기력감, 사회적 내향성, 낮은 자존감은 회귀방정식에 유의미하게 영향을 미친 반면, 다른 6개의 변인은 유의미하게 미치지 않았다. 고독의 예언 변인을 보다 더 분명하게 확인하기 위해 두 번째 회귀분석이 수행되었다. 분석결과, 고독은 SMDI 총점, Coddington의 사건 변화의 수, Novaco 노여움 검사로 구성된 회귀방정식―$F(3,171) = 64.66, p< .001$―에 따라 유의미하게 예언되었다. 네 번째 측정도구인 노여움 반응의 차원은 회귀방정식에 유의미하게 기여하지 않았다. 표준화 회귀

표 5-2 영재청소년의 고독의 예언에 유의미하게 영향을 미치는 사건과 우울 증상

측정도구	Beta	STD Error	R^2	R^2 Change
Coddington***	.501	.058	.286	.286
무기력***	.274	.455	.394	.108
사회적 내향***	.196	.247	.447	.053
자존감*	.134	.263	.459	.012

주: n=175, *** $p< .001$; * $p< .05$

표 5-3 영재청소년의 고독의 예언에 영향을 미치는 유의미한 변인들

측정도구	Beta	STD Error	R^2	R^2 Change
중다점수 우울 검사***	.482	.044	.464	.464
Coddington***	.290	.068	.500	.036
Novaco 노여움 검사*	.166	.006	.521	.021

주: $n = 175$, *** $p< .001$; * $p< .05$

값, 각 변인에 따라 설명되는 변량의 설명력, 기여하는 변량의 증가, 유의미 수준이 〈표 5-3〉에 보고되었다.

논 의

고독과 우울의 상관은 자기 보고의 우울과 고독 간에 실제적인 관계가 있음을 나타내는 선행연구를 지지한다. MDI(Berndt, Petzel, & Berndt, 1980)를 통해 측정된 현저한 무기력감은 고독이 영재학생의 좌절된 의존과 인지 요구, 소외, 불충분한 사랑의 인지, 이해, 사회적 지지에 따라 특징화될 수 있음을 시사한다(Berndt, 1981 참조). 또한 사회적 내향성은 성취에 대한 강한 요구에 일치될 수 있는 양면 가치와 긴축 관계를 반영하는 양식을 시사한다. 또한 낮은 자존감은 일반 동료들로부터 지각되는 소외나 실제적인 소외, 그리고 자신과 타인이 설정한 사회적 요구와 높은 지적인 요구와의 직면에서 부적절한 처신을 시사한다. 연구결과는 외로운 영재학생들이 아마도 '성공'이라는 무거운 짐 때문에 스트레스를 받고 우울해질 수 있음을 기술하고 있다.

스트레스 사건과 고독 간의 관계는 관계의 중단과 지지의 상실이 고독을 촉진한다는 이론을 지지한다. 그리고 스트레스에 대한 적응은 교제를 나누고 친밀하며 상호 지지적인 관계에서 요구되는 사회적 기술의 발달과 향상의 기회를 제한할 수 있다(Beck & Young, 1978; Lynch, 1977; Weiss, 1973).

또한 노여움의 경향과 고독 간의 가정된 관계는 주목할 가치가 있다. 노여움은 거부되고, 소외되고, 배제되고, 사회적으로 박탈된다는 감정에 대한 반응으로 쉽게 나타날 수 있다 하더라도, 그것은 영재청소년에게서 거만하게 보이는 A 유형의 행동 표현으로 간주할 수도 있다(Kaiser & Bryant, 1982). 우리 사회에서 강하게 강화받는 이 행동 유형은 다른 유형의 기능에서 지각된 부적합성의 보상―고독을 악화시킬 수 있음―을 허용한다.

스트레스 생활 사건과 고독은 다른 상황의 성취를 방해할 수는 있으나,

청소년의 우월한 학문적 · 창의적인 수행을 반드시 방해하지는 않는 것으로 나타났다(Ponzetti & Cate, 1981). 초기 연구결과는 적절한 주의가 요구된다. 여기에 나타난 관계성은 인과적 순서를 나타내는 것이 아니다. 사실 관계성은 복잡하고 상호 호혜적인 것이다.

교육자에게 연구결과는 영재청소년의 정서적 문제에 대한 특수한 민감성의 중요성을 강조한다. 대다수의 영재청소년은 매우 잘 적응하고 건전한 자기확신과 자존감을 유지하면서 자신의 성공을 발견한다. 그러나 연구결과는 모든 영재학생이 학문적 과제만큼 정서적으로 잘 적응하지 못한다는 것을 시사한다. 연구에서는 거의 1/8의 영재학생이 고독뿐만 아니라 우울과 노여움에서 유의미한 수준임을 보고하였다. 높은 스트레스와 함께 우울 증상의 유형(무기력감, 내향성, 죄의식, 낮은 자존감)은 성공 우울 가능성의 지표로 고려된다. 학생들은 동료가 만족해하는 성취로부터 향상된 자존감을 경험하지 못할 수도 있다. 전혀 해결할 수 없는 비현실적인 높은 기대 또는 성공이 외적으로나 예기치 못한 요인에 기인한다는 신념은 영재학생을 빈약한 자존감, 고독, 우울에 빠지게 할 수 있다. 그러한 개인은 상담이나 심리치료를 고려할 필요가 있다. 그러나 이 문제들은 과도한 스트레스에 대한 일시적인 반응을 반영할 수도 있다.

📰 참고문헌

Beck, A. T., & Young, J. E. (1978). College blues. *Psychology Today, 12*, 80-92.

Berndt, D. J. (1981). How valid are the subscales of the multiscore depression inventory? *Journal of Clinical Psychology, 37*, 564-570.

Berndt, D. J. (1982, July). *Premature closure in the diagnosis of adolescent depression.* Paper presented at the 10th Congress of the International Association for Child and Adolescent Psychiatry and Allied Professions, Dublin, Ireland.

사회적 · 정서적 문제, 미성취, 상담

Berndt, D. J., & Berndt, S. M. (1980). Relationship of mild depression to psychological deficit in college students. *Journal of Clinical Psychology, 36*, 868-873.

Berndt, S. M., Berndt, D. J., & Byars, W. D. (1983). A multi-institutional study of depression in family practice. *Journal of Family Practice, 16*, 83-87.

Berndt, D. J., Berndt, S. M., & Kaiser, C. F. (1984). Multidimensional assessment of depression. *Journal of Personality Assessment, 48*, 489-494.

Berndt, D, J., Kaiser, C. F., & van Aalst, F. (1982). Depression and self-actualization in gifted adolescents. *Journal of Clinical Psychology, 38*, 142-150.

Berndt, D. J., Petzel, T., & Berndt, S. M. (1980). Development and initial evaluation of a multiscore depression inventory. *Journal of Personality Assessntent, 44*, 396-404.

Berndt, D. J., Petzel, T., & Kaiser, C. F. (1983) Evaluation of a short form of the multiscore depression inventory. *Journal of Consulting and Clinical Psychology, 51*, 790-791.

Berndt, D. J., Schwartz, S., & Kaiser, C. F. (1983). Readability of self-report depression inventories. *Journal of Consulting and Clinical Psythology, 51*, 627-628.

Bradburn, N. (1969). *The structure of psychological well-being.* Chicago: Aldine.

Bragg, M. (1979, May). *A comparison of non-depressed and depressed loneliness.* Paper presented at the UCLA Research Conference on Loneliness, Los Angeles.

Cheek, J. M., & Busch, C. M. (1981). The influence of shyness on loneliness in a new situation. *Personality and Social Psychology Bulletin, 7*, 572-577.

Coddington, R. D. (1972). The significance of life events as etiologic factors in the diseases of children. *Journal of Psychosomatic Research, 16*, 205-213.

Coswick, R. A., & Jones, W. H. (1981). Loneliness, self-concept and adjustment. *Journal of Psychology, 107*, 237-240.

Hojat, M. (1982). Loneliness as a function of selected personality variables. *Journal of Clinical Psychology, 58*, 137-141.

Holmes, T. H., & Rahe, R. (1967). The social readjustment rating scale. *Journal of Psychosomatic Research, 11,* 213.

Jones, W. H., Freemon, J. E., & Goswick, R. A. (1981). The persistence of loneliness. *Journal of Personality, 49,* 27-48.

Joy, D. (1981, August). *Viewing a rape: The psychological costs to crisis intervention volunteers.* Paper presented at the 89th Annual Meeting of the American Psychological Association, Los Angeles.

Kaiser, C. F., & Bryant, L. (1982, May). *The relationship between health locus of control and type A personality in gifted adolescents.* Paper presented at the Georgia Psychological Association, Augusta, GA.

Lewis-Beck, M. S. (1980). *Applied regression: An introduction.* Beverly Hills, CA: Sage.

Lynch, J. (1977). *The broken heart: The medical consequences of loneliness.* New York: Basic Books.

Maroldo, G. K. (1981). Shyness and loneliness among college men and women. *Psychological Reports, 48,* 885-886.

Nerviado, V, J., & Gross, W. F. (1976). Loneliness and locus of control for alcoholic males. *Journal of Clinical Psychology, 32,* 479-484.

Novaco, R. W. (1977). Stress inoculation: A cognitive therapy for anger and its application to a case of depression. *Journal of Consulting and Clinical Psychology, 45,* 600-608.

Ortega, M. J. (1969). Depression, loneliness and unhappiness. In E. S. Shneidman & M. J. Ortega (Eds.), *Aspects of depression. Boston:* Little & Brown.

Ostrov, E., & Offer, D. (1978). *Adolecent youth and society.* Chicago: University of Chicago Press.

Peplau, L. A., & Perlman, D. (1979). Toward a social psychological theory of loneliness. In M. Cook & G. Wilson (Eds.), *Love and attraction.* Oxford, England: Pergamon Press.

Ponzetti, J. J., & Cate, R. M. (1981). Sex differences in the relationship between loneliness and academic Performance. *Psychological Reports, 48,* 758.

Russell, D., Peplau, L. A., & Cutrona, C. (1980). The revised UCLA loneliness scale. *Journal of Personality and Social Psychology, 39*, 472-480.

Seligman, M. E. P. (1975). *Helplessness.* San Francisco: Freeman.

Weiss, R. S. (1973). *Loneliness: The experience of emotional auld social isolation.* Cambridge, MA: MIT Press.

Wenz, F. V. (1977). *Seasonal suicide attempts and forms of loneliness. Psychological Reports, 40,* 807-810.

Young, J. E. (1979). Loneliness in college students: A cognitive approach. *Dissertation Abstracts, 40,* 1932.

Young, J. E. (1981). Cognitive therapy and loneliness. In G. Emery, S. D. Hollon, & R. C. Bedrosian (Eds.), *New directions in cognitive therapy.* New York: Guilford.

06

영재아동 및 영재청소년의 사회적 · 정서적 적응(SEAM)에 대한 Lazarus와 Folkman의 패러다임 확대[1]

Claudia J. Sowa, Kathleen M. May(University of Virginia)

20명의 영재아동 및 영재청소년들이 자신이 경험한 요구와 압력에 어떻게 대처하는가에 대한 질적 연구는 이 논문에서 제시된 사회적 · 정서적 적응 모형의 근거다. 이 모형은 아동과 청소년들이 자신의 생활에서 스트레스 요인들에 반응하였던 방식에서의 유형과, 아동 발달과 스트레스에 대한 성격적 적응의 영역으로부터 얻어진 이론적이고 경험적인 정보와의 결합이다. 모형의 틀 내에서 개인 내적, 가정, 학교 및 또래 영향, 그리고 사회적 · 정서적 적응의 순기능적 유형과 역기능적 유형이 설명되었다.

영재청소년의 사회적 · 정서적 경험(과 경험의 원인이 된 관련 요인들)을 이해하려면, 아동 발달과 심리적 적응의 영역에서 보다 더 일반적인 개념과 모형을 관련시켜 그들의 인지발달을 확인해야 한다. Rathus와 Nevid(1992)의 적응에 관한 견해와 Lazarus와 Folkman(1984)의 스트레스 적응 모형은 이

---

1) 편저자 주: Sowa, C. J., & May, K. M. (1997). Expanding Lazarus and Folkman's Paradigm to the social and emotional adjustment of gifted children and adolescents(SEAM). *Gifted Child Quarterly, 41*(2), 36-43. © 1997 National Association for Gifted Children. 필자 승인 후 재인쇄.

러한 경험을 탐색하는 토대를 마련하였다.

Rathus와 Nevid(1992)는 적응 기제를 사람들이 환경적 요구에 반응하는 데 사용하는 과정으로 정의하였다. 성공적인 적응 기제는 요구에 부응하고, 필요와 기호에 맞게 환경을 바꾸고, 원하는 결과를 이끌어 내도록 행동을 정하고, 바라는 결과를 성취할 수 있도록 능력을 믿고, 문제해결을 지각하도록 경험을 해석하고, 부정적 감정을 표면적으로 나타내지 않으며, 자신의 환경에 영향을 주는 많은 방식을 학습한 다른 사람들을 모방한다. 이런 특성을 보여 주는 아동 및 청소년들은 성공적인 사회적·정서적 적응 과정을 거쳐 간다.

Rathus와 Nevid(1992)가 적응한 사람들의 특성을 서술한 반면, Lazarus와 Folkman(1984)은 인지적 평가 패러다임 모형을 제안하였다. 그 모형 안에서의 적응은 '개인적 자원을 혹사시키거나 초과하는 것으로 평가된 구체적인 외적, 내적 요구를 다루기 위해 끊임없이 변화하는 인지적, 행동적 노력'(p. 141)을 포함한다. 그들은 과정 적응과 성취 적응 체제를 정의하고 있다. 과정 적응은 환경의 요구에 대처하기 위하여 인지적 노력을 활용하는 방법인 반면, 성취 적응은 환경에 적응하기 위한 행동적 노력의 수행이다 (Lazarus & Folkman, 1984).

성취 적응은 종종 비영재 또래와 비교하여 영재아동의 적응에 대한 연구에 반영되었다. 이런 문헌의 예들은 영재아동과 비영재아동의 사회적 능력에 대한 자기 지각의 비교(Clan, 1988) 및 영재아동의 가정과 비영재아동의 가정환경의 특성에 대한 비교를 포함한다(Mathews, West, & Hosie, 1986).

과정 적응은 1993년 Lazarus가 문제 중심 또는 정서 중심의 인지평가로서 자세히 기술하였다. 문제 중심 대처에서 개인들은 문제를 해결하거나, 환경과 연관된 스트레스를 감소시킬 목적으로 행동을 결정하기 위하여 인지평가를 사용한다. 정서 중심 대처에서 인지평가 과정은 스트레스를 줄이기 위해 환경에 대한 개인적 해석을 변경하는 것과 관련이 있다.

그러므로 과정 적응 내에서 인지평가의 사용은 행동을 야기하거나 환경

사회적·정서적 문제, 미성취, 상담

이 논문에서 제시된 영재아동의 이야기와 도출된 패러다임을 근거로 연구자, 교사, 부모는 이 아동의 사회적·정서적 적응의 이원성(duality)을 인식할 필요가 있다. 영재청소년들에게 사회적·정서적 적응의 발달은 평형적(parallel) 과정이 아닐지도 모른다. 즉, 영재아동이 행동에 사회적 적응을 반영하지 않을지라도 정서적으로 적응하였음을 보여 주는 인지 평가를 표현하는 정서적 욕구의 대가로 사회적 적응을 반영하는 행동에 의존할 수도 있다.

의사결정에 대한 다른 사람의 의견을 합치는 것과 개인적인 의견을 발전시키고 표현할 수 있는 것, 이 모두에 대한 기회와 보상을 만들 수 있는 학교와 가정환경을 마련하고자 하는 요구는 영재아동의 건강한 사회적·정서적 적응을 증진시키는 데 중요하다.

의 해석을 변화시킨다. 만일 이런 평가 과정이 개인으로 하여금 환경 내에서 적응적인 행동들을 보이는 데 도움을 준다면, 그것은 성취 적응과 과정 적응의 평행적 체제를 반영하는 것이다.

Lazarus와 Folkman(1984)의 인지평가 패러다임은 Ryan-Wenger(1992)와 Compas(1987)가 주로 성인의 인지발달과 기능을 반영하는 것이라고 하면서 비판해 왔다. 하지만 영재아동들에게서 연역적 추론의 출현은 4세 정도의 어린 시기에 나타나는 것으로 보여 왔다(Hollingworth, 1931; Morelock, 1992; Torrance, 1965). 연역적 추론의 조기 발달과 영재아동의 조숙함을 근거로, 제안된 사회적·정서적 적응 모형의 일부로써의 인지평가 패러다임의 적용은 적절한 것으로 간주된다.

어린이에 대한 인지평가 패러다임의 이런 적용은 아동과 청소년의 스트레스 요인들이 성인과 동일하지 않다는 점을 인식시켜 준다(Dise-Lewis, 1988). 어린이의 스트레스는 종종 부모, 다른 가족 구성원들, 교사들, 자신의 통제를 넘어선 사회 조건들과의 경험과 관련이 있다(Compas, Malcarne, & Fondacaro, 1988). 따라서 추가로 고려할 점은 아동과 환경 사이의 적합함이다(Compas, 1987). 그러므로 이 논문에서 제시된 모형은 Lazarus와

Folkman의 인지평가 패러다임에 가정, 학교 및 또래들의 환경적 특성 추가를 통해서 영재청소년과 그들의 환경 사이의 일치를 개념화한다.

연구방법

연구대상

영재아 전문 소식지에 광고를 내고, 영재 프로그램 조언자와의 접촉을 통해 9~14세의 남자 3명과 여자 17명 등 20명의 청소년들이 모집되었다. 각 참여자들은 학교에서 영재로 인정받아 왔다. 인구학적 특성과 사회적·정서적 적응 문제에 관한 개방형 질문지에 대한 응답에 근거해 좀 더 나은 선발이 이루어졌다. 표본의 반 정도에 해당하는 영재아동이나 부모는 긍정적 또래 관계의 부족, 교사나 부모 또는 형제 관계에서의 어려움, 학교 좌절 같은 적응 문제를 경험하였음을 보고하였다. 그러나 어떤 학생도 심리적 장애를 지닌 것으로 확인되지는 않았다. 최종 선발은 영재 프로그램 유형, 지리적 위치, 인종적 지위 및 사회경제적 지위 등의 다양성을 반영하였다.

모두가 같은 남동부 지역 주에 살며 20개의 다른 학교로부터 모여 한 공립학교 영재 프로그램에 다니고 있었다. 이들은 중하, 중상, 상위 계층 가정 출신이었으며 도시, 도시 근교, 교외 지역의 학교, 지역사회를 대표하였다. 미국인 13명, 아시안 2명, 아프리칸 3명, 히스패닉 1명, 혼혈 인종 1명이었다.

연구절차

영재아가 어떻게 적응하고 스트레스에 대처하는지에 관해 학생, 가족, 교사, 친구를 면접하였다. 또한 학생을 학교, 가정, 특별활동(예, 보이스카웃, 야구 게임)에서 관찰하였다. 면접과 관찰은 사회적·정서적 욕구에 중점을 두고 1년이 넘게 이루어졌다. 사본이나 관찰 보고서는 정보를 명료하게 하고

사회적·정서적 문제, 미성취, 상담

결론이 내려진 시사점에 관한 피드백을 위해 피험자들과 다른 정보원이 함께 검토하였다.

각 사례들은 학교, 가정, 또래에 대한 반응의 유형과 전반적인 발달 문제를 위해 분석되었다. 연구 사례로 얻어진 경험적 근거의 결과로써, 자료와 연계된 영재아동과 청소년들의 사회적 · 정서적 적응의 모형과 이론적 정보를 통합하기 위해 형성되었다.

사회적 · 정서적 적응 모형(SEAM)

다음에서는 SEAM의 3개 경로, 즉 사회적 · 정서적 양면의 특성을 반영하는 영재아동과 영재청소년을 대표하는 순기능적 경로와, 사회적 또는 정서적 적응 유형에서 다른 사람의 희생에 의존하는 사람들을 대표하는 두 역기능적 유형을 기술한다. 우선 SEAM 내의 순기능적 경로를 제시하였다.

순기능적 모형

영재아동 SEAM의 시작은 영재아동이다. 영재아동은 능력이 확인되지 않은 또래보다 더 이른 연령에서 형식적 조작 또는 추상적 사고의 발달이 일어난 사람들로 정의된다(Morelock, 1992). 부모는 자녀가 3세경 읽기 학습을 하였다거나 5세경 피아노를 연주하였다는 등의 상황에 대해 이야기를 나누었다. 부모는 자녀가 이른 연령에서 원하였던 것을 알았을 뿐 아니라 해답을 구하는 법도 알았다는 점에 동의하였다.

가 정 아동과 부모, 전 가족 사이의 상호작용은 영재아동의 사회적 · 정서적 적응의 기반을 제공하였다(상자 2.0). 순기능적 가정에서(상자 2.2) 소속감은 자신의 독특한 정체성을 갖는 느낌과 균형을 이룬다(Minuchin, 1974). Goldenberg와 Goldenberg(1994)는 순기능적 가정이 질서와 안정감을 유

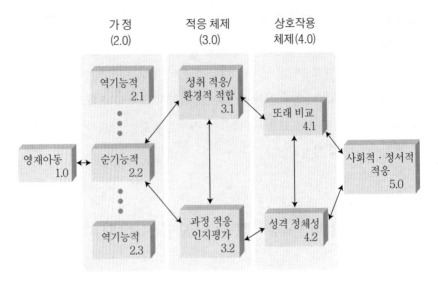

가정
(2.0)

적응 체제
(3.0)

상호작용
체제(4.0)

역기능적
2.1

성취 적응/
환경적 적합
3.1

또래 비교
4.1

영재아동
1.0

순기능적
2.2

사회적 · 정서적
적응
5.0

역기능적
2.3

과정 적응
인지평가
3.2

성격 정체성
4.2

[그림 6-1] 순기능적 모형

지하는 규칙을 마련함과 동시에 환경의 변화에 따라 융통성을 갖게 하는 것
으로 기술하고 있다.

적응 체제 잘 기능하는 가정은 아동들에게 성취 적응과 과정 적응을 동시
에 발달시키기 위한 기반이 된다. 성취와 과정 적응 사이의 이런 균형은 모
형 내에서 영재아동의 사회적 · 정서적 적응을 위한 필수요소로 고려된다.
성취 적응과 과정 적응이 상호적이고 적응 체제 내(상자 3.0)에서 역동적인
관계이더라도 명료함을 위해 표 안에서 두 개의 분리된 상자(상자 3.1, 3.2)로
제시하였다.

앨런(Alan)은 동시적인 적응 체제 사용의 전형을 보여 주고 있다. "만약
어떤 사람이 내가 싫어하는 것을 하고 있다면, 나는 큰 노력이 필요없는 어
떤 것을 …하기 좋아하고 그 사람에게 마음을 쓰지 않도록 단지 무언가를
읽거나 한다. …스스로를 위안하고 뭔가 하는 것을 배우며, 반응하는 것 대
신에 내 머리를 활용한다."고 하였다. 이런 경우에 영재청소년은 문제를 해
결하고 환경과 관련된 스트레스를 줄이는 데 목적을 두는 행동을 결정하기

위해 인지평가를 사용한다. 이런 평가 과정은 앨런으로 하여금 자아감의 손상 없이 환경에 적응하도록 돕기 때문에 성취 적응과 과정 적응의 평행적 적응 체제를 반영한다.

상호작용 메커니즘 아동은 다른 사람들과의 관계, 자기 지식의 개발, 타인과의 비교를 통해 자아개념을 발달시켜 간다(Collins, 1984). 상호작용 체제(상자 4.0)는 이런 발달과정을 반영한다. 자아개념은 비슷한 또래와의 사이에서 확인하거나 비교하는 것(상자 4.1)에 기반을 두기 때문에 상황적이며, 성격 정체성(상자 4.2)의 개념에 근거해서는 포괄적인 양면을 지닌다(Bandura, 1986; Erikson, 1963). 이전의 연구는 또래와의 자아 비교가 영재청소년의 사회적 · 정서적 적응에 중요하다는 점을 보여 주고 있다(Cornell et al., 1990).

두 명의 히스패닉 영재학생들과 함께한 한 교사는 다음과 같은 이야기를 하였다. "영재학생인 안토니오(Antonio)가 처음 왔을 때, 나는 후안(Juan)과 안토니오가 친구가 되리라 생각하였다. 아마도 후안이 안토니오에게 좋은 영향을 줄 것이라 생각하였기 때문이다. 그러나 후안은 안토니오가 성가시다고 생각하여 거리감을 두었다. 지금 학급에서 둘은 서로에게 좋다고 말은 하지만, 내가 보기에 안토니오가 그에게 좋은 친구라고는 말할 수 없다."

전체 순기능적 모형의 결과는 사회적으로나 정서적으로 적응한 영재아동들이다(상자 5.0). 이 청소년들은 Rathus와 Nevid(1992)가 정의한 것과 같은 순기능적 적응의 특성과 긍정적 자아개념을 보여 주고 있다. 다음의 이야기는 순기능적 모형을 반영하는 한 아동의 대략적인 모습이다.

6학년 학생인 니나(Nina)는 상당한 창의적인 능력을 갖추고 있다. 니나는 부모님이 '합당한 규칙'을 정하였다고 생각하지만 때때로 규칙에 동의하지 않는다는 점을 인정하였다. 그녀에게는 책임감이 주어졌고 정상적인 방식으로 형제들과 상호작용하였다. 그녀는 형제들과 '잘 지내는' 대부분의 시간에는 '정말 좋은 친구'로, 그러나 다른 때는 '때때로 전혀 어울리지 못하는' 관계로 형제들과의 관계를 기술하였다.

니나는 학업이나 과외 활동 등 매사에 정열적이며 적극적이다. 그녀는 쾌활하며 개인적인 즐거움을 위해 넓은 범주의 경험에 참여하는 것 같다. 교장은 "그녀는 인기 있는 학생이며 …모든 영역의 학업에 흥미를 보이고 여러 일에 지속적인 호기심을 보인다. 학업을 좋아하고 목적을 추구하는 데 열성적이다."라고 진술하였다. 이와 동시에 교사는 니나가 "자기 동기적이며 도전적인 학생이어서 스스로에게 높은 기준을 세우고 있다."라고 하였다. 니나는 강한 목표지향적 사람으로 보인다. 니나는 자신의 이상, 능력, 가치에 관해 자신감을 분출한다. 그녀는 자신을 독특하고 다른 존재로 본다. 이런 지각은 부분적으로는 자신이 창의적인 사람이고, 창의성은 다른 사람과 어떤 차이를 만든다고 믿고 있다는 사실에서 나온다. '나는 창의적이기를 원한다. 창의적이 되면 사람들은 달라진다. 창의적으로 된다는 것은 모든 사람을 특별하게 만들고 다르게 만든다.'라고 믿는 것이다.

니나는 창의적이며 독특한 존재가 되는 걸 즐기는 동시에 학급 동료들과 어울리기를 좋아하고 많은 친구를 사귀고 있다. 한 교사는 "그녀는 자신의 입장을 편안해하는 것 같다."라고 표현하였다.

성취 적응 의존([그림 6-2])

성취 적응의 과다 의존은 영재아동 또는 영재청소년들이 자아감이 손상될 정도까지 소속감을 강조하는 가정(상자 2.1)의 일원일 때 일어날 수 있다. 이런 유형의 가정 특성은 가정 규칙의 엄격한 고수, 부모 지배성, 가정의 동조에 근거한 보상, 가정이 개인보다 우선인 것들을 포함한다(Lamborn, Mounts, & Steinberg, 1991). 예를 들면, 어떤 아동의 가정에서 아버지는 권위주의적이며 그의 말은 최종적이다. 아버지는 자녀와 아내를 통제할 필요를 느끼고, 칭찬은 자신의 관점에 부응할 때만 한다.

이러한 유형의 가정에서 아동의 곤란은 동시적인 적응 체제(상자 3.0) 내에서 불균형적인 결과를 낳는다. 영재아동은 사회적 · 정서적 대처의 수단

사회적 · 정서적 문제, 미성취, 상담

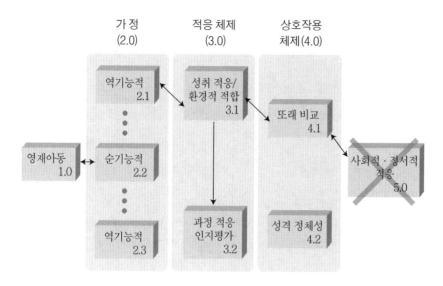

아래 표는 그림의 구성 요소를 나타낸다.

가정 (2.0)	적응 체제 (3.0)	상호작용 체제(4.0)
역기능적 2.1	성취 적응/ 환경적 적합 3.1	또래 비교 4.1
순기능적 2.2		사회적·정서적 적응 5.0
역기능적 2.3	과정 적응 인지평가 3.2	성격 정체성 4.2

영재아동
1.0

[그림 6-2] 성취 적응 의존

으로 성취 적응(상자 3.1)에 의존한다. 아동은 요구에 응하는 한편, 자아의 손상에 맞추는 목적적 시도를 포함하는 사회적으로 수용되는 행동을 한다. 교사는 종종 이러한 아동들을 완벽하다고 기술한다. "후안은 당신이 요구하는 것을 당신이 원할 때 정확히 해낸다. 그리고 어떤 피드백이 있다면 언제나 긍정적이라는 것이다."

이런 행위에 대한 아동의 의존은 그것이 환경에 대한 인지평가와 불일치할 때, 개인적인 믿음과 다른 사람이 기대하는 행동 사이에 갈등을 낳게 한다. 학교 연극에서 주연을 맡은 영재아동이 연극을 마친 뒤 기념 파티장에서 가족과 친구로부터 찬사를 받고 파티를 즐기는 것처럼 보였을지라도, 파티 내내 조용히 눈물을 흘리고 자신의 방으로 돌아가서는 '내가 해야 하는 만큼 잘하지 못하였다'고 생각할 것이다.

성취 적응 의존은 환경에 적응하고 게임 규칙에 따라 노는 비슷한 또래(상자 4.1)의 선택에 따라 종종 강화된다. [그림 6-2]에서 설명하는 경로를 따르는 영재아동은 또래 기대에 부응하려는 믿음에 끊임없이 사로잡히고 정

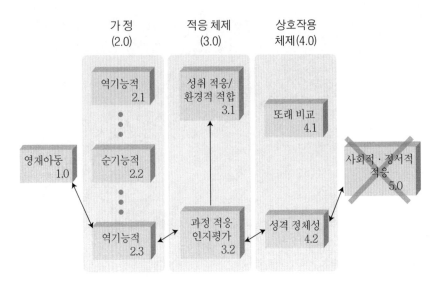

가정　　　　　적응 체제　　　　상호작용
(2.0)　　　　　　(3.0)　　　　　 체제(4.0)

역기능적
2.1

성취 적응/
환경적 적합
3.1

또래 비교
4.1

영재아동
1.0

순기능적
2.2

사회적·정서적
적응
5.0

역기능적
2.3

과정 적응
인지평가
3.2

성격 정체성
4.2

[그림 6-3] 과정 적응 의존

서 적응을 희생시키며 사회적으로 적응할지도 모른다. 그것은 행동에 대한 자신의 믿음에 대해 반성을 요구한다. 예를 들어, 데비(Debbie)의 아버지는 "그녀는 사회적으로 어울리는 것을 매우 걱정해 또래들과 떨어져 보이는 것을 꺼렸다."라고 보고하였다.

13세의 준(June)은 비교적 작은 지역에 있는 공립 중학교의 8학년으로 성취 적응에 지나치게 의존하는 영재아동을 대표한다. 학교에서는 학생 기자와 연보 편집위원으로 활동하고 있다. 한때는 배구부의 매니저로 활동하였고, 장거리 선수로 육상부에 합류한 적도 있었다. 그녀는 학교 오디세이 마인드 팀(Odyssey Mind team)의 회원이며 방과 후 영재 세미나 프로그램에 참가하기도 하였다. 최근에는 내년 학급 회장으로 선출되었다.

학교 밖에서 준은 피아노와 발레 레슨을 받고, 이런 활동과 학교 과제 사이에도 다양한 활동을 유지할 시간을 찾는다. 그녀는 독서를 즐기고, 지역 연극 단체에 적극적으로 참여하며, 채소밭과 정원 가꾸기도 좋아한다.

가족을 한마디로 표현해 보라고 요구하였을 때, 준의 어머니는 '장인가

사회적·정서적 문제, 미성취, 상담

족(Smiths)'이라고 대답하였다. 이것은 상당히 많은 시간을 함께 보내는 가족을 말한다. 준의 아버지는 자신의 가족을 '밀접한 관계'로 기술한다. '장인가족'의 각각은 가족 생활에 매우 만족하고 서로를 지지하는 것으로 보인다. 준은 자신을 위해 부모가 최상의 것을 원한다고 지적하고 있다.

하지만 준은 어머니가 너무 열심히 일하는 것을 걱정하고, 당연히 해야 한다고 느끼는 모든 것을 할 수 없다는 것 때문에 때때로 속상해하는 것을 지적하고 있다. "집을 깨끗이 치우는 데 많은 시간을 보내는 것을 속상해한다."라고 말한 것이다. 어머니의 반응에 대해 준은 "집안일을 도울 수 있는 한 최대한 노력한다."라고 대답하였다. 준은 어머니가 흥분하였을 때 우리 모두에게 영향을 미친다는 점을 지적하였다. 그녀는 또한 때때로 어머니와 의견 대립을 하지만 서로에 대한 분노는 재빨리 없앤다고 하였다. 준은 "나는 어머니가 내게 매우 중요한 존재이기 때문에 상처 주는 관계를 원하지 않는다."라고 하였다.

준에게 하나뿐인 아주 가까운 친구 수잔(Susan)은 준과 아주 비슷하다. 그들의 관계는 서로의 학업적 지지를 바탕으로 한다. 준은 수잔과의 관계에 관해 "우리는 늘 같은 반이었다. 나는 수잔의 도움을 필요로 하고 수잔 또한 나의 도움을 필요로 하기 때문에 좋은 친구가 되어야만 한다."라고 주장한다. 준의 어머니는 준과 수잔 사이의 관계는 오로지 학업적 이해를 근거로 하는 것처럼 보인다며 걱정을 토로하였다.

지난 해 준은 처음으로 B 학점을 받았다. "그것은 그때 큰 사건이었다…." 거의 울지 않던 준이 운 것은 사실 충분히 큰 사건이었고 어머니는 교사에게 편지를 보냈다. 하지만 준은 '선생님과의 관계가 손상되는 걸 원하지 않았기 때문에' 그 편지를 교사에게 전하지 않았다.

교사에게 들어 보면, 준은 일종의 표준이다. 그녀는 학급에서 지도자로서 그리고 추종자로서 행동하며, 급우와 교사의 다른 견해에 개방되어 있고 학급 일에 적극 나선다. 수학 교사는 준이 공부를 즐길 뿐만 아니라, '부모를 기쁘게 하려는 강한 갈망을 가지기 때문에' 학교에서 성공한다고 믿는다. 준의 사례는 완벽한 영재아동이 다른 사람을 위해 늘 희생함으로써 정서적 적응 곤란이라는 위험에 처할지도 모른다는 점을 보여 주고 있다.

과정 적응 의존([그림 6-3])

영재아동이 개인적 중요성의 느낌을 지나치게 야기하는 가정(상자 2.3)에서 태어날 때 과다한 과정 적응 의존의 발달을 볼 수 있다. 이런 유형의 가정은 산만한 규칙, 개별적 지배(종종 아동 지배적), 개인적 요구에 대한 체제 수정의 기대, 그리고 개별 구성원이 가정보다 우선시되는 특징으로 나타난다(Hollingsworth,1990; Rimm, 1990). 예를 들면, 한 어머니는 아들인 케빈(Kevin)이 자신과 남편의 관계에 미치는 영향을 '케빈이 태어나기 전의 생활, 현재 케빈과의 생활, 케빈이 자란 후의 삶이 있을 것'으로 기술하였다. 한 아버지는 자녀가 '자신의 꿈과 희망의 수령인(recipient)'이었다고 말하였다.

이러한 유형의 가정에서 아동의 관여는 과정 적응 의존(상자 3.2)을 확립한다. 이런 아동은 종종 환경에 맞추지 않으며 적응 부족에 대해 어떠한 괴로움을 표현하지 않는 것으로 기술된다. 예를 들면, 5학년인 질(Jill)은 자신의 학급에서 종종 어떤 논쟁을 제기하고 토론하는데, "다른 학생들은 문제 제기와 토론을 좋아하지 않는다는 것을 알지만 그것은 그들에게 유익한 것이다. 아마 그들도 고등학교에서 토론에 잘 참여하거나 또는 법률가가 될 수 있을 것이다."라고 말한다.

이 청소년들에게 어려움은 자신의 신념과 행동 사이에 일치를 경험하지만, 그 신념과 행동들을 환경에 맞추는 데 도움이 되지 않는 행동을 초래할 때 발생한다. 이러한 행동은 다른 사람들에게는 종종 부적절한 것으로 보인다. 그러므로 영재청소년들의 내적 평가는 성취 적응에 필수적인 행동들을 고무하지 않는다. 정서 적응은 사회 적응이란 비용을 대가로 이루어진다.

이 연구가 시작될 때 7학년 학생이었던 케빈은 Slosson 지능검사에서 IQ 180을 보인 매우 우수한 아동이다. 케빈의 면접은 과정 적응 의존을 설명해

사회적 · 정서적 문제, 미성취, 상담

주는 하나의 사례다. 케빈의 어머니는 가족을 '전반적으로 아동 중심적인' 내용으로 기술한다. 아버지는 "아이들을 위해 너무 많이 노력하는 것 같다. 마치 내일이 없는 것 같다."고 동의한다.

학교의 맥락 안에서 케빈은 교사들이 볼 때 사회적 어려움을 갖는 것으로 보인다. 한 교사는 다음과 같이 설명하였다. "그는 아주 영리하고 흥미가 매우 다르기 때문에 어떤 면에서는 또래와의 관계가 요구하는 사회적 기술을 결코 학습할 수 없었다. 그것은 순환적이 되었다. 그는 다른 아이들이 하지 않는 것을 말하려고 하거나 관심을 갖곤 하여서 나쁜 반응을 얻었고, 따라서 스스로를 고립시키고 사회적 기술을 얻지 못하였다. 그래서 심지어 그와 지적으로 유사한 동료들도 그를 거부하게 되었다."

케빈의 성취 적응 부족은 과정 적응 의존 또는 그에게 정서적 괴로움을 야기하지 않는 방식으로 또래 관계성에 대한 자신의 평가를 통해 보상되었다. "학교에 있는 대부분의 사람들에게 나는 좋은 친구가 아니다. …우리는 사실 서로를 싫어하지 않는다. 우리는 단지 서로 다른 종류의 애정을 지닌 것이다. 경우에 따라 그들과 대화를 하고 게임을 한다. …그러나 우리는 동지나 단짝 친구가 아니며, 집에 놀러 오거나 하지 않는다. 당신이 어떤 식으로 그렇게 많이 진짜 좋은 친구를 가질 수 있는지 궁금하다."

케빈은 스스로를 다음과 같이 기술하며 자신의 이야기를 분명하게 요약하고 있다. "나는 어쨌든 진짜 사회적인 사람이 된 적이 없다. 나는 혼자서 시작하고 쉴 때는 책을 읽을 수 있다. …나는 자신에게 말하였다. …누가 그것을 필요로 하나? …잊자."

시사점과 결론

가정과 학교는 영재아동과 영재청소년의 사회적·정서적 적응 기술의 발달을 지원하기 위해 성취 적응과 과정 적응 체제 사이에 균형을 증진해야만 한다. 동시적으로 적응 체제를 증진하는 수단은 영재아동 또는 영재청소년이 한 영역의 적응에 의존을 마친 후 다른 것으로 넘어가는 방식과는 다르다. 성취 적응에 의존하는 영재아동과 영재청소년들은 자신의 성격 정체성을 강화하려는 필요와 자신의 성격 신념 체계를 표현하고 고수하는 데 좀 더 편안함을 느끼고자 한다. 성격 정체성의 보다 강한 느낌은 자신의 인지평가에서 신뢰를 높이고 동시적인 적응 체제의 균형을 재창조하는 데 이바지한다.

결국 대처의 수단으로 과정 적응에 의존하는 영재아동 또는 영재청소년들은 다른 사람들을 자신의 평가 과정에 포함시키는 것을 필요로 한다. 어린 이들이 또래와 다른 사람은 자신과는 다르다고 지각할 때도 그들의 견해를 이해하는 것을 학습하도록 학교와 가정이 돕는 것이 매우 중요하다. 청소년기에는 또래가 이런 과정을 용이하게 할 수 있고 성취 적응을 도모하는 수단으로 작용하기 때문에 더욱 중요하다.

개발 기간 동안 모형의 적용 가능성은 소수 인종과 성별을 고려하였다. 민족, 인종, 성적 정체성은 청소년의 성격 정체성과 비슷한 또래와의 비교라는 양면에서 중요한 역할을 수행한다(Boyd-Franklin, 1989). 모형에서 민족성, 인종, 성이 수행하는 역할은 가정 안에서의 민족, 인종, 성적 정체성의 중요성에 따라 결정된다. 그러므로 만약 가정이 이러한 문제를 균형 잡힌 적응 체제의 사용을 통해 통합한다면, 영재아동은 민족, 인종, 성적 정체성에 관해서 동시적인 경로([그림 6-1])를 시작할 것이다. 만일 가정이 소수 인종 또는 성 문제를 자신들의 성격 적응 체제에 통합하는 성취 적응이나 과정 적응 접근에 의존한다면, 영재아동도 그와 같은 의존을 보일 것이다. 이런 모형 안에서 민족, 인종, 성에 대한 시사점에 관한 추후연구가 필요하다.

양적 기법을 사용하는 후속 연구도 제안된 사회적 정서 적응의 모형 안에서 그 관계성을 명료하게 하기 위해 필요하다. 이 모형은 사회적 · 정서적 적응이 같은 구인이 아니며 별도의 적응 체제에 의존한다는 가정에서 세워졌다. 사회적 · 정서적 적응에 관한 이 개념적 모형은 영재아동과 영재청소년의 취약성에 대해 그림으로 표현할 수 있음을 나타낸다. 그것은 다른 세

사회적 · 정서적 문제, 미성취, 상담

상에 맞추는 것과 자신의 독특성을 이해하는 것 사이의 미묘한 균형에 근거한다. 이런 균형은 영재아동 및 청소년과 생활하거나 함께하는 모든 사람들이 기억해야 할 중요한 것이다.

🔖 참고문헌

Bandura, A. (1986). *Social foundations of thought and action: A social cognitive theory*. Englewood Cliffs, NJ: Prentice-Hall.

Boyd-Franklin, N. (1989). *Black families in therapy: A multisystems approach*. New York: Guilford Press.

Chan, L. K. S. (1988). The perceived competence of intellectually talented students. *Gifted Child Quarterly, 32*, 310-315.

Collins, W. A. (Ed.) (1984). *Development during middle childhood: The years from six to twelve*. Washington, D.C.: National Academy Press.

Compas, B. E. (1987). Coping with stress during childhood and adolescence. *Psychological Bulletin, 101*, 393-401.

Compas, B. E., Malcarne, V. L., & Fondacaro, K. M. (1988). Coping with stressful events in older children and young adolescents. *Journal of Counseling and Clinical Psychology, 56*, 405-411.

Cornell, D. G., Pelton, G. M., Bassin, L., Landrum, M., Ramsey, S., Cooley, M., Lynch, K., & Hamrick, E. (1990). Self-concept and peer status among gifted program youth. *Journal of Educational Psychology, 3*, 456-463.

Dise-Lewis, J. E. (1988). The Life Events and Coping Inventory: An assessment of stress in children. *Psychosomatic Medicine, 50*, 484-499.

Erikson, E. H. (1963). *Childhood and society* (2nd ed.). New York: Norton.

Goldenberg, H., & Goldenberg, I. (1994). *Counseling today's families* (2nd ed.). Pacific Grove, CA: Brooks/cole.

Hollingworth, L. S. (1931). The child of very superior intelligence as a special problem in social adjustment. *Mental Hygiene, 15*(1), 1-16.

Hollingsworth, P. L. (1990, May/June). Making it through parenting. *Gifted Child Today*, 2-7.

Lamborn, S. D., Mounts, N. S., & Steinberg, S. M. (1991). Patterns of competence and adjustment among adolescents from authoritative, authoritarian, indulgent, and neglectful families. *Child Development*, *62*, 1049-1065.

Lazarus, R. S. (1961). *Adjustment and personality.* New York: McGraw-Hill.

Lazarus, R. S. (1993). From psychological stress to the emotions: A history of changing outlooks. *The Annual Review of Psychology, 44,* 1-21.

Lazarus, R. S., & Folkman, S. (1984). *Stress appraisal and coping.* New York: Springer

Mathews, F. N., West, J. D., & Hosie, T. W. (1986). Understanding families of academically gifted. *Roeper Review, 9,* 41-42

Minuchin, S. (1974). *Families and family therapy.* Cambridge, MA: Harvard University Press.

Morelock, M. J. (1992, February). The child of extraordinarily high IQ from a Vygotskian perspective. Paper presented at the Esther Katz Symposium on the Psychological Development of Gifted Children, University of Kansas, Lawrence.

Rathus, S. A., & Nevid, J. S. (1989). *Psychology and the challenges of life: Adjustment and growth* (4th ed.). Fort Worth, TX: Holt, Rinehart, & Winston.

Rimm, S. B. (1990, May/June). Parenting and teaching gifted children: A model of relativity. *Gifted Child Today*, 33-36.

Ryan-Wenger, N. M. (1992). A taxonomy of children's coping strategies: A step toward theory development. *American Journal of Orthopsychiatry: 62,* 256-263.

Torrance, E. P. (1965). *Gifted children in the classroom.* New York: Macmillan.

사회적 · 정서적 문제, 미성취, 상담

07

'조각 잇기' : 특수고등학교 학생들 간의 사회적 관계[1]

Laurence J. Coleman(University of Toledo)

공립 기숙 고등학교에서의 영재 경험은 민족지적이고 현상학적인 조사 차원을 통해서 연구되었다. 새로 나타난 사회 체제는 학생이 전형적이지 않다고 판단하고 그렇게 서술한다. 상황적 요소들은 학생의 경험을 이해하기 위한 노력의 차원에서 제시된다.

특별한 프로그램 과정에서 학생들의 생활은 영재교육 현장에서 자주 다루어지는 주제는 아니다. 프로그램에 참여하는 학생은 아동 차원에서가 아니라 연구자 차원으로 연구된다. 일반적으로 학교라는 사회에 대해 참여자적인 관점에서 연구가 증가하고 있는 것이다. 사립학교와 자립형 학교(Cookson & Persell, 1985; Henry, 1993)뿐만 아니라 공립학교(Chang, 1992; Cusick, 1973; Peshkin, 1978, 1986, 1991)도 연구되고 있다. 그러한 **민족지적인**(ethnographic) 연구들은 중요한 것을 깨닫지 못하고 있음을 나타낸다. 왜냐하면, 참가자의 관점과 학교 문화는 전문가의 관점에서가 아니라, 거기에

---

1) 편저자 주: Coleman, L. J. (2001). A "rag quilt" : Social relationships among students in a special high school. *Gifted Child Quarterly, 45*(3), 164-173. ⓒ 2001 National Association for Gifted Children. 필자 승인 후 재인쇄.

사는 사람의 관점으로 표현되어야 하기 때문이다. 그럼에도 불구하고 영재교육의 현장에서 질적 연구는 증가하고 있으나(Hébert, 1998a, 1998b; Kitano, 1998a, 1998b, 1998c), **민족지적인 연구**는 거의 출판되지 않는다(Kitano, 1985; Story, 1985). 이 연구는 다른 분야에서처럼 참가자들의 관점으로부터 의미를 찾을 것이다. 이 특별한 경우에서는 학교에서 생활하는 학생의 경험은 가장 중요한 부분이고 그 상황에서 나머지 것들은 학생 생활의 상황적인 요소로 여겨진다. 다른 연구와 달리 이 연구에서는 영재학생들을 위한 공립 기숙 고등학교에서의 생활을 나타낼 것이다.

본 연구의 목적은 2년 동안 공립 기숙 고등학교에서 발견하였던 사회 체제를 묘사하기 위한 것이다. 거기에서의 경험과 사회 체제는 다른 지방 고등학교와는 다른 것으로 보고되었다. 나는 그들의 눈을 통해서 그 체제를 알게 되었는데, 고등학교에서 일반적으로 보고되는 것과는 다르게 나타났다. 학생들 간의 사회적 관계는 다른 학교에서보다 더욱 개방적이고, 포괄적이며, 유동적인 것으로 보인다(Chang, 1992; Cusick, 1973; Peshkin, 1991). 나는 본 논문에서 사회 체제를 묘사하고 그 결과가 의미하는 것에 대한 관찰로 마무리하려 한다.

연구 근거: 이론과 실제

연구는 이론적인 면과 실제적인 면을 가지고 있다. 이 연구는 미국 사회에서 영재로서 경험하는 것에 대한 나의 관심의 연장이다. 환경(setting)의 중요성은 영재의 발달을 이해하는 방식으로 내 마음속에 더 크게 자리 잡아 왔다(Coleman, 1995, 1997). 나는 영재가 자란 환경을 제외한 채 개인에게 초점을 맞춘 연구 접근법이나, 자란 환경을 보기 전 영재를 연구하는 것은 시대 착오적이라고 믿었다. 즉, 영재는 도움이 되는 환경에서 나타나는 것이다. 영재에 관한 가장 최근의 예는 그런 환경들과 관련되어 있다는 것이다.

사회적 · 정서적 문제, 미성취, 상담

이 연구는 학생들에게 전형적인 고등학교의 사회 체제와는 다르게 보이는 특별 프로그램에 대한 사회 체제를 묘사하기 위한 것이다. 일반적으로 학교의 사회 체제는 집단, 규율, 학생 간의 상호작용의 부산물이다. GI(Greenhouse Institute)에서 일어나는 사회 체제는 그 학교에서만 발생하였다. 그 체제는 일반적이지도 않고 다른 학교에 직접 적용할 수도 없다. 그러나 동시에 독자들은 GI의 사회 체제에 대한 묘사와 그 과정들이 다른 특별 프로그램을 상기시킨다는 것을 알게 될 것이다. 그러한 유사점과 차이점을 생각해 보면 독자들은 자신의 상황에 대한 발견이 의미심장하다는 것을 알 수 있다. GI와 같은 사회 체제가 하나의 상황에서 가능하다는 사실은 그러한 체제가 다른 장소에서도 만들어질 수 있다는 것을 나타낸다.

그러므로 그들의 재능을 발현하기 전의 영리하고 유망한 아동들로 가득한 특별한 환경에 대한 연구는 영재아동이 무엇을 경험하고 어떻게 발달하는지 알게 하는 미지의 방법이다.

영재를 키우는 조건들과는 별개로 개별적인 연구를 위해서 나중을 기다리는 것은 영재를 이해하기 위한 유용한 방법으로 여겨졌다. 그러나 여전히 대답할 수 없는 많은 의문들이 남아 있다(Bloom, 1985; Subotnik & Arnold, 1994).

본 연구는 또 하나의 실질적인 의문점을 가지고 있다. 영재학생을 위한 공립 기숙 고등학교는 미국에 단 12개만이 있다. 그러한 환경에서 학생들이 경험한 것은 입증된 적이 없다. 그 학생들의 관점은 그 프로그램을 처음으로 생각한 개발자, 그러한 프로그램을 운영하는 관리자, 프로그램을 적용할 부모와 아동, 그러한 프로그램의 유용성을 연구하는 사람들에게 유익할 것이다.

방법론, 환경(setting), 참가자

나의 목적은 표집된 기숙 프로그램에서 1학년 이상의 과정에 있는 영재에 대해 아는 것이었다. 현재 Greenhouse Institute(GI)라고 부르는 이 프로그램은 2학년제 공립 기숙 고등학교가 한 주에서 300명의 영재들에게 도움이 되도록 고안되었다. 나는 관리자의 초대로 GI에 접촉하였다. 관리자의 임명과 영재로서 갖는 경험에 관한 연구에 대해 서로의 관심을 논의하면서, 우리는 GI 학생들의 생활을 도울 수 있는 기금을 마련할 수 있는 방법을 모색하였다. 6개월 후 기금이 모아졌고, 나는 기회를 잡았다.

방법론

나의 기본 연구계획은 학생들의 경험에 대해 알기 위해 민족지적 연구, 현상학적 기법을 사용하는 것이었다. 나는 참여 관찰자로서 현장 기록을 가지고 면접하고 논문을 수집했다. 보고 들은 것을 기록하고 관찰했던 사람을 언제든지 기억하기 위해 공책을 늘 가지고 다녔다. 첫 번째 달에는 지도를 포함한 참가자 명단, 물리적 환경에 대한 묘사, 관찰에 대한 반성을 만들기 시작했다. 현장 기록은 시간이 지나면서 교우 관계, 교실 생활과 같은 학생들의 경험에 초점이 맞춰졌고, 그럴수록 형태가 점점 드러나기 시작했다. 참여 관찰자로서 학생들을 만날 수 있는 공적 공간이라면 어디든지 출입했고, 그들이 모이는 장소는 꼭 찾아갔다. 기숙사에서 생활했기 때문에 사적인 공간에서도 그들과 만났다. 나는 자발적이거나 계획적인 활동들에 언제라도 참여했다. 나는 산책에도 동참했고, 생일파티에도 초대되었고, 식당의 같은 식탁에서 식사를 했다. 기숙사 방에서 역할극에도 참가했고, 비디오도 보았으며, 욕실도 함께 사용했고, 클럽 모임이나 관리자 회의에도 참가했다. 가끔은 학생들의 허락 아래 그들의 일상생활을 그림자처럼 따라다녀 보기도

사회적 · 정서적 문제, 미성취, 상담

했다. 또 학생들은 참여하지 않는 행정직원 모임에도 참석했고 나 혼자만 성인인 학생들의 모임에도 참여했었다. 면접은 비공식적인 대화였으며, 현장에서 기록하거나 오디오 테이프에 녹음한 뒤 나중에 기록하였다. 나는 파일 서랍 3개 분량의 논문을 수집했다. 공식 안내서와 필기물, 잡지, 시집, 숙제뿐만 아니라 지역사회에 발표했던 전자우편 전송 복사본도 가지고 있다.

주제에 대한 나의 열정과 학생들과의 생활에서 얻는 즐거움은 산더미같이 모아진 자료들만큼이나 나를 고무했다. 나는 학생들과 10개월 동안 생활했다. 가을 학기에 12주를 거기서 보냈고, 심층면접을 했던 봄에는 매달 열흘 이상을 보냈다. 집에서 GI로 가는 시간에는 테이프를 듣거나, 일시적인 주제를 통합하거나, 내 관심을 어디에 둘 것인가를 생각했다. 나는 대부분의 시간을 남자 기숙사에서 생활했는데, 'Larry' 또는 '2층 사람'으로 알려졌다. 연구는 오리엔테이션 이틀 전에 시작해서 후기 졸업식까지 계속되었다. 6권의 공책(5″×8″)은 100일간의 현장 기록으로 가득 차 있다. 펼쳐진 장의 한쪽은 묘사가, 반대쪽은 반성과 지도가 기록되어 있다. 이 기록들은 매일 컴퓨터에 입력되었다. 나는 한 시간 동안 8명의 학생들과 면접하면서 녹음했고 한 번은 한 시간 동안 13명과 면접한 적도 있었다. 현장 기록에는 라운지나 교실, 교정, 커피하우스 등 학교 주변의 다양한 환경에서 89명의 학생들과 나눈 구체적인 대화가 실려 있다. 4개월 후 학생들을 위한 질문지가 만들어졌고, 관찰과 공식적인 대화에서 얻은 아이디어를 입증하기 위한 기능들이 개발되었다. 파일 노트와 면접 자료를 조직하고 분석하기 위해서 비수치적(nonnumerical) 자료를 처리하는 NUD*IST 4 프로그램(Qualitative Solutions and Research, 1997)을 사용했다. 연구가 진행될수록, 나의 관심은 학생들의 다양한 차원의 경험으로 쏠렸다. 민족지적인 연구 수행에서 상당한 양의 자료가 모아져 나는 이 논문에서 사회 체제 분야의 이야기를 조명하기로 결정했다. 이 논문의 모든 인용은 학생들의 언어다. 그들의 익명을 유지하기 위해 가명을 사용했다.

환경(Setting)과 참가자

GI는 공립 대학교 내에 있는 2학년 공립 기숙 고등학교로 주 교육부가 운영하고 있으며, 최대 정원은 300명이다. 학생들은 표준화 검사, 네 가지의 추천, 작문 점수에 근거해서 선발되었다. 많은 학생들이 자신들의 지역 학교에서 영재로 판별되었다. 그 결과 이 학교에 다니는 것에 흥미를 가진 주 여기저기에서 선발된 '매우 다양한' 집단이 되었다. 교육비는 주에서 지불하였다.

GI의 임무는 '심신의 틀 안에서 잠재력을 모두 발현할 수 있는 높은 학업 능력을 가진 11학년과 12학년 고등학생들에게 건강하고 도전적인 기숙 집단을 제공하는 것'이다(Greenhouse Institute, 1998, p. 1). 동시에 GI는 '주 도처의 다른 고등학교 운영자의 질적 발달과 원거리 학습, 서비스 지원을 위해'(p. 1) 봉사한다.

지침서의 철학적 진술은 다음과 같다.

> GI의 교육과정은 전통적인 훈련이 요구되는 과목에 대한 연구와 개별적인 탐구와 개인적인 향상 간의 균형을 제공하기 위해 고안되었다. 교육과정을 통해서 비판적인 사고, 창의력, 문제해결력, 연구, 의사결정의 과정들이 강조되며 주의회에서 발의할 것이다. GI는 특별한 지적 능력이 검증된 학생의 교육과 연구에 공헌할 것이다. GI의 철학은 제안으로부터 유래한다. 공정함이 주된 관심이 되는 사회에서는 일반적으로 능력과 잠재력이 나타나는 사람들에게 적절한 교육적 기회를 가능하면 많이 제공하기 위해서 노력한다. GI는 영재성이 높은 젊은이들이 공동으로 이익이 되는 틀 안에서 그들이 완전한 잠재력에 도전하여 이르도록 격려하고 기여할 것이다(Greenhouse Institute, 1998, p. 6).

프로그램은 학업 생활, 기숙사 생활, 사회봉사활동(outreach)으로 구성되어 있다. 각 분야는 나름대로의 방식에 따라 학교의 임무에 관심을 기울일 것이다. 사회봉사활동은 학교 밖에서 중요한 역할을 한다. 학생들은 이

사회적 · 정서적 문제, 미성취, 상담

에 대해 제한적으로 알고 있으며, 학교 주변에서 일상적인 대화의 일부분이 되지는 않는다.

학생들은 GI를 특별한 장소로 생각한다. 몇 명은 "세상에 이런 것은 또 없을 거야."라고 말한다. 10대로서, 청소년으로서 학생들은 모두 발달적인 것과 규정화된 논제들 가운데에서 상충되는 요구에 사로잡혀 있다. 어떤 학생들은 GI를 영리하게 이용한다. 대부분의 학생들은 장소를 정해 놓고, 자신이 할 수 있는 것을 터득한다. 다른 학생들은 경험을 통해 감내하고 있는 순간에도 그것을 다 겪는다. 또 다른 학생들은 자신을 위한 장소가 아님을 깨닫는다. 그리고 몇 명은 충돌한다. 후자의 두 집단은 공식적으로 '퇴출 (withdrawal)'로 떠난다.

기본 프로그램은 주 교육과정 내에서 무엇이 적당한가에 대한 교사의 의견에 따라 결정되는데, 엄격한 요구가 포함되어 있는 **대학 선수학습(prepara-tion)**이다. 고등학교보다는 대학이 그러한 것처럼 내용도 다양하다. 교육과정은 과학, 컴퓨터를 포함한 수학, 인문학 등의 분야별로 조직화되어 있다. 수학과 인문학 분야가 가장 광범위하고 역사, 문학, 외국어를 포함하고 있다. 또한 학생들은 세미나와 연구라고 불리는 특별 과정에 참가한다. 대부분의 수업은 월요일, 수요일, 금요일에 있다. 화요일과 수요일은 과학실험실과 외국어 어학실에 간다. 5월에는 여행을 위해서 표준 교육과정이 없는 특별한 학기가 제공된다.

기숙사는 수업이 없는 학생들이 지내며 느슨한 분위기다. 기숙사 상담자 (RCs)는 기숙사 생활, 대학 내의 스포츠, 웰빙 프로그램, 과외의 강당 프로그램 등을 감독한다. 우편함, 입실, 퇴실에 관련되는 것도 담당한다. 두 명 내지 그 이상 상주하는 상담자는 기숙사의 각 층에 배치되어 있다. 기숙사의 각 층은 각 상담자와 학생들 간의 상호작용 때문에 다른 특징과 느낌을 갖는다. 차이점은 남학생과 여학생 간의 소음 측면(남학생들이 더 소란스러움), 활동 수준(여학생은 아침 일찍 시작하고 남학생은 밤늦게까지 있음), 수면 유형(여학생이 일찍 잠듦), 대화 주제에서 확실하게 나타난다. 수업이 없는 학생들은 자신의 방에서 공부하거나, 잠을 자거나, 먹으면서 지내는 듯하다. 주말은 잠자기, 부족한 부분 만회하기, 모임 등을 위한 시간이다. **교사회**와 상주하는 상담자는 다른 역할을 한다. 교사들은 수업 경험이 있고 높은 등급을 가지고 있다. 어떤 교사는 공립학교에서 가르치고 있고, 어떤 교사는 대학에서, 또 몇 명은 둘 다에서 가르치고 있다. 교사들의 평균 연령은 40세. 상주하는 상담자는 상담자로서의 경험이 있고, 석사학위를 받은 사람이다. 상담자의 평균 연령은 20대 중반이다. 다른 성인들은 관리, 입학, 직업 상담자의 역할을 맡고 있다.

자료 분석

자료 분석은 이론적 근거를 갖춘 원리와, Peshkin과 또 비슷한 종류의 조사를 수행했던 다른 사람들의 통찰에 따른 구인 비교연구법(constant comparative method)(Glazer & Strauss, 1967; Stress & Corbin, 1990)을 사용했다. 연구를 수행하기 위한 허가는 연구가 시작될 때 받았다. 다음 문단에서는 나의 설정에 맞게 어떻게 방법을 수정했는지를 설명하고자 한다.

연구가 시작되었을 때, 나는 현장 기록을 조직화했고 현장에 있는 동안 메모를 했다. 첫 번째 학기 내내 GI를 떠나서 대학에 있는 주중에는 다음 달에 대한 계획을 세웠다. 분석을 실행하는 것은 내가 마칠 때까지의 자료 수집과 관련되어 있었다. 나는 생각을 기록하기 위해서 '나의 주관성' '자료에 따른 반성'이라고 제목을 붙인 파일을 준비했다. 나는 또 가능한 주제에 관해서 파일을 준비했으며, 매달 이 파일을 갱신했다. GI를 떠나던 달에 나는 자료 분석에 몰두해 있었다. 기록과 면접, 메모를 다시 읽는 동안에도 나는 NUD*IST를 어떻게 사용할 것이고, 간단하고 최소한의 해석이 요구되는 사전의 범주 목록을 사용하는 자료를 어떻게 부호화할 것인지 스스로 익혔다. 몇 개의 초기 범주화와 정의는 다음과 같다.

• **어린이**: 자료 제공자인 학생들

사회적 · 정서적 문제, 미성취, 상담

- **성인**: 학교에 있는 성인들
- **연구자 되기**: 내가 연구하고 있는 장소가 다른 사람에게 명확한 것
- **기숙사 생활**: 기숙사 생활에 관련된 것
- **학업 생활**: 학업 생활에 적용되는 것
- **부모/가족/가정**: 가끔 가족들에 대한 참조
- **교실에서의 생활**: 강조점은 교실에서의 상호작용에 있음
- **첫인상**: 도착과 기대에 대한 영향력에 대한 표현
- **사회적 관계**: 사회 체제, 지위, 만남 등에 관련된 일
- **우정**: 친구들과의 '조화'에 대한 언급
- **시간표**: 아동들의 개별적인 시간표
- **다양성**: 민족, 인종, 성적 성향, 성 다양성

　자료를 부호화할 때 범주들은 증가되기도 하고 없어지기도 하고 통합되기도 했다. NUD*IST는 메모에 구체적인 부호를 부여함으로써 메모 쓰기를 유용하게 한다. 그래서 사람들은 그 과정을 확인할 수 있다. 여름과 초가을 내내 나는 옛 범주와 새 범주가 통합된 3개의 광범위한 주제를 만들었다. 이 것들은 발달 논쟁이나 아이가 있는 사람들과 같은 '구조적이며 배경적 논쟁 (Structural and Background Issues)', 영향력과 자율성, 규칙 준수, 규칙 어기기와 같은 '논리학(Dialectics)', 주기적인 시간표, 그리고 GI가 의도하지 않았는데 그 체제가 가르쳐서 학습된 '본질(Essences)'이다. 4개월 후 GI의 학생들과 성인이 일치된 구성원으로 돌아왔을 때 나의 분석은 받아들여졌다. 정직하려고 노력한 하나의 집단 환경에서 성인들은 나의 노력이 오직 GI에서 몇 년 동안 경험한 사람들에게 매우 익숙한 이야기를 알리는 것뿐이라고 언급했다. 나는 학생들과 함께 이야기할 때 다시 한 번 나의 해석에 확신을 가졌다. 두 보고서는 내가 더욱 무난한 해석을 하도록 도움을 주었다. 그 과정은 1년이 걸렸다. 그동안 언급된 평범한 일 이외에도 이 논문의 논의 부분에 보고된 것과 같은 연구를 확신하기 위해 노력했다.

일반적인 사회 체제

나의 목적은 기숙하는 교육적인 환경에서 학생으로서의 경험에 대해 알아보는 것이었다. 나는 GI에서 지내면서 학생들이 자신들의 지역 고등학교를 기숙 학교와 비교하는 대화와 논의를 들었다. 그 대화를 더욱 깊이 조사하여, 그 특별한 고등학교에서 학생들 간의 사회적 관계와 사회 체제를 알게 되었다. 이러한 현실이 이 논문의 주된 주제다.

사회 체제란 학생들 간의 내적 상호관계를 가리키는 용어로 내가 명명한 것이다. 학생들은 친구라는 용어를 더욱 많이 사용할 것이다. 그러나 친구는 모든 사람들에게 너무 익숙한 의미로 인식되어 있어서 내가 관찰하고 학생들이 경험한 것을 가리키기에 적당하지 않았다. 성인과 젊은 사람들 간의 상호관계는 다음 논문으로 미루고, 여기서는 학생과 학생 간의 상호관계를 밝히기로 한다. 학교의 여러 가지 요소들을 기록하기 위해서 그 학생의 특징을 나타내는 동료들 간의 집단 면접을 실시하였다. 그동안 그 의미를 제공하는 2학년 여학생을 예로 들었다. 이 논문의 제목은 그 학생의 은유에 따른 것이다.

> GI는 퀼트 같은 것이다. 나의 어머니가 조각 잇기를 하셨고, 할머니도 그러셨다. 모든 조각 재료는 집에 있는 낡은 옷, 침대 커버, 시트, 커튼 같은 것이었다. 이것이 바로 내가 생각하는 GI와 같은 것이다. 왜냐하면, 우리 모두는 매우 다른 곳의 출신들이어서 모두가 약간은 다르기 때문이다. 우리를 모두 섞으면 당신은 우리가 잘 맞지 않을 거라 생각하지만, 나는 우리가 잘 맞을 것이라고 생각한다. 그리고 이곳은 아주 적당한 장소다. 우리 모두 함께 있을 때처럼, 누군가 어디에서 내가 영재이고 여기에 있어야만 한다고 생각하는 것만 제외한다면 나는 이 방의 어느 아이처럼 아무것도 아니라는 걸 알고 있다. 우리 모두 서로 얽혀 있다는 것은 멋지다. 그리고 지금 우리 모두는 우리가 만날 때 우리가 가진 그룹들과 친구들과 생각들이 어떻게 다른지 탐색할 것이다. 당신은 알고 있는가?

사회적 · 정서적 문제, 미성취, 상담

GI 학생들은 '**함께 얽혀**' 있으며, 출신 학교가 다르기 때문에 사회 체제가 나타나는 것이라고 생각한다. 이상하게도 그 프로그램은 사회 체제의 형태를 띤다. GI는 학생들의 학습과 다양성, 평가를 존중한다. 지위, 냉정함(being cool), 대중성, 다양성, 인종, 우정의 의미에 대한 관찰과 의미와 질문의 차원에서 나는 전형적인 일반 고등학교와는 다른 사회 체제가 있다는 것을 알았다. 어떤 특징들은 지방 고등학교와 비슷했고, 또 한편으로는 다른 특성들이 있었다. 내가 본 사회 체제는 다원론적이고 민주적인 사회에서 경의를 표하기 위해 우리가 요구하는 많은 종류의 가치가 반영된 것이었을까?

무엇이 나타났을까?

표면적으로 GI는 전형적인 한 도시의 고등학교다. 다양한 옷차림을 하고 책가방을 멘 각양각색의 학생들이 걸어서 교실에 온다. 대화는 전날 밤에 있었던 일(얼마나 늦게까지 깨어 있었니?), 학교생활(그 애가 우리에게 말한 일을 믿을 수 있겠니?), 음식(그런 점심은 못 먹겠어.) 등에 관한 것이다. 교실에서는 선생님과 한 그룹의 학생들이 책상에 앉아 있는 익숙한 장면이 보인다. 어떤 학생들은 구부리고 있고, 어떤 학생들은 필기를 하고 있고, 몇 명은 반쯤 졸고 있는 것이 보인다. 라운지에서는 두 명 또는 그 이상씩 모여서 이야기하고 농담하고, 독서하고, 공부하고, 레슬링 시합을 하고, 나중을 위해 계획을 짜는 것이 보인다. 식당에서는 대부분의 학생들이 빨리 먹고 일어나며, 저녁식사 때 이외에는 이야기하면서 오래 앉아 있는 학생들이 거의 없다. 여기서는 무슨 일이 있는 걸까? 이것은 학생들에게 무엇을 의미하는 것일까?

확실하지는 않지만, 사회 체제에는 무언가 명백함이 있었다. 그러나 이상하게도 그렇게 명확하지는 않았다. 학생들 간의 상호작용의 조직망은 고정적이지도 않고 계급적이지도 않았다. 그룹들은 변형 가능한 경계를 가지고 있으며 느슨한 형태였다. 지위, 냉정함, 대중성의 지표들은 학생들에게 중요한 문제가 아니었다. 차이점, 즉 다르다는 것이 인식되고, 인정되고, 받아들여졌다. 학생들은 그룹들 간에 자유롭게 이동했다. 고립도 나타나긴 했으나 그 환경은 스스로의 선택이었다. 이러한 방법으로 다르다는 것 또한 받아들여졌다. 대부분의 고등학교들과 다르게 특징지어지는 이러한 묘사들을 인식하면서, 나는 "내가 보고 있는 것이 정말로 일어나고 있고, 이러한 체제가 어떻게 만들어질 수 있을까?"라고 물었다. 다음에서는 이러한 질문들에 대답하기 위해 노력할 것이다.

이러한 체제는 어떻게 만들어지는가?

앞에서 인용했던 '조각 잇기'는 학생들이 '함께 얽힌' 상호관계를 나타낸다. 그것은 행정적인 상호관계가 아니며, 그들의 부모님도 그러한 가능성을 받아들이지 않을 것이다. 상호관계의 조직망은 임무와 그 임무를 수행하기 위해 의도된 구조와 함께 조직 속에서 발생하였다. 학생과 부모는 입학 허가를 받기 위해 GI의 임무를 받아들였다.

본질적으로 GI는 가운데 점을 나머지 원이 감싸고 있는 것처럼, 학생들의 공식적인 상호관계가 아니라 학생들 간의 상호관계로부터 가시화되었다. 자신은 학생들을 억압하는 학위과정(학업 생활), 기숙사 생활의 중심에 있다. 이 모든 원들은 작은 관리상의 지지대 위에 놓여 있다. 학교는 하나의 정책을 가지고 있으며, 학생의 생활을 감독하는 역할을 한다. 학생은 그 규칙들을 자유라는 명칭이 붙은 것에 대한 제한을 만드는 것으로 여긴다. 'GI라는 게 뭐야?'라는 질문에 대답하기 위해서 학생들은 통제를 나타내는 '감옥' 또는 이와 비슷한 말들을 비유로 사용한다. 그 장소는 '더욱 제한된 대학'과 훨씬 비슷하다(내가 가장 좋아하는 비유는 '속도감 있는 기능장애의 가족'이다.). 학생들은 나이와 부모의 주장 때문에 규칙의 필요성을 깨달았다. 그러나 동시에 학생들은 그 규칙을 견뎌 냈다. 한 1학년 남학생은 "나의 이

사회적 · 정서적 문제, 미성취, 상담

상적인 환경은 여기 있는 모든 사람이 기숙사를 관리할 수 있게 되고, 자신의 학업 생활과 모든 것을 조절할 수 있는 것인데, 어느 누구도 그 규칙에 저항할 필요가 없었다."라고 말하면서 공동의 의견을 말했다. **학생들은 '책임질 수 있는 완전한 자유'를 자신들이 가지는 체제를 더 좋아했을 것이다. 그리고 '네가 분위기를 흩뜨릴 거면, 네가 떠나라.'(대다수의 학생)였다.** 주의 정책과 부모의 염려에 힘입은 GI에 대한 방어적인 경향은 학생의 행동을 강요하는 규칙과 정책을 만들어 낸다.

1학년이 오리엔테이션에 도착했을 때 사회적 상호작용은 근접성에 따라서 시작되었고, 우정이 생겨나기 시작했다. 새로움은 설정되지 않았다. 1학년 여학생은 다음과 같이 말했다.

> 그것을 경험하지 못한 사람이 그것을 어떻게 이해할지는 모르겠다. 반 학기 동안 나는 지난 1년 동안 경험했던 것보다 더 많은 것들을 경험했다. 단지 사람들이 있고 사건이 일어날 뿐이다. 당신은 동시에 많은 것에 훨씬 더 많이 노출될 것이다. 그리고 그것은 나의 감각을 일깨워 준 것과 같다.

1학년과 성인들은 그것들을 그들의 우정과 상호관계 체제를 형성하는 방법으로 취급했다. 학생들이 지녀 온 가치와 학교의 가치는 충돌했다. 적어도 공식적인 학기에서는 기본적으로 그 가치들이 비슷했다. 왜냐하면, 학생들은 이 참여 상황에 자원하였기 때문이다. 학생들은 그 한계들을 받아들였고 즉각적으로 확실한 자유를 환영했다. 사실 학생들 간에는 상당한 다양성이 있었다. 2학년들은 자신의 집도 아니고 지역 학교에 있지 않다는 것을 빨리 알았다. 그들은 한편으로는 근사해지는 변화를 환영했다. 다양성, 공식적인 규칙, 그리고 엄격한 학업적 요구가 명백해졌다. 1학년이 2학년이 되었기 때문에 사회적 상호관계에 대한 그들의 느낌은 여전히 그대로였다. 2학년의 생각에는 대학 입학이라는 것이 중요했고, 그래서 마지막에는 불화감, 상실감, 불만이라는 감정들을 느꼈다. 졸업생 방문자는 기숙사 학생들에게 많은 학생이 입학할 선발된 대학들보다는 'GI는 더 열심히 할 것을 요구하는 것'이라고 말했다.

사회 체제를 이해한다는 것에 초점을 맞추는 것은 우정의 중요성을 이해하는 것이다. 우정의 발달은 익숙한 유형을 따른다. 도착한 학생들은 흥분되어서 잠들기가 어렵다. 공식적인 환영회 이후의 오리엔테이션 활동은 기숙사 상담가와 상주하는 조교(RAs)가 운영한다. 학생들은 상호작용을 시작했다. 대부분의 학생들은 서로에 대해 모른다. 몇몇 학생들만 여름 캠프, 고향, 사전 방문으로 이미 알고 있을 뿐이다. 대체로 룸메이트는 서로 처음 본 것인데, 외모나 행동이 닮은 사람에게 끌렸다. 다양한 그룹의 낯선 사람들 사이에서 불안에 관련된 최초의 느낌은 '개방감'과 자유를 주는 방법이었다. 이 단계에서 상대적으로 출신 학교를 연상시키는 그룹은 거의 없었다. 몇 주 이내에 학생들은 경계가 단단하지 않다는 것과 끼리끼리의 집단이 형성되지 않는다는 것에 주목했다. 그룹 내 또는 그룹 간의 이동은 쉬웠다. 친구들은 어디든지 있었다. 1학년 남학생은 "무엇이 적당한가 하는 것은 네가 낯선 사람을 만난다는 것이다. 그리고 출신 학교에 대해 설명하지 않아도 말하는 것(출신 학교를 말하는 것)을 알고 있다." 룸메이트들은 친절했지만 빨리 친구가 되지는 않았다. 한 1학년 여학생은 "여기서 당신은 결코 친구들과 멀어지지 않는다."라고 말하기도 했다. 수업활동과 숙제가 계속 없을 때는 우정이 학생들이 시간을 보내는 데 도움이 된다. "당신은 여기에서 그러한 미칠 듯한 것을 경험한다. 그러나 또 배우고 싶어 하는 사람들과 함께 있기 때문에 그것은 차이가 난다. 1학년과 2학년에게 우정의 중요성은 GI에서의 생활에 대한 은유를 하는 데서 확실하다.

> 나는 여기서 우정이 가장 중요하다고 생각한다. 왜냐하면, 1주일 만에 얻기에는 너무 어렵기 때문이다. 왜냐하면, 1주일이라는 것은 당신 좋을 대로 다음 주와 같이 단지 나누어 놓은 것(학업을 수행하느라고 바빠서)에 불과하기 때문이다. 그것은 마치 대양에 서서 다음에 칠 파도를 기다리다가 해변으로 기어가서 쉬고, 월요일에 거기에 다시 서 있는 것과 비슷하다. 우정은 당신이 우정을 계속 유지하고 우정과 함께 살아가도록 도와준다(1학년 여학생).

또한 우정은 스트레스를 유발한다. 우정은 빨리 형성되었다. 2학년 여학생은 "당신은 우정을 너무 빨리 형성했고 그래서 너무 스트레스다. 그리고 우정은 너무 빨리 깨어지고 사라진다."라고 말했다. 우정은 강렬했다. 왜냐하면, 학생들은 항상 같이 생활했고 서로를 보았기 때문이다. 어떤 학생은 서로에게 동의하지 않았다. 한 1학년 여학생은 "내가 가는 어느 곳이나, 식당이든 교실이든 라운지든 컴퓨터실이든 그가 있었다. 그와 떨어져 있을 시간이 없어서 나는 그렇게 생각한다."라고 했다. 한 학생은 상황에 대해서 흥미로운 개념을 제시했다.

> 만약 당신이 특히 좋아하지 않는 사람이 있다면…, 정말 나쁠 것이다. 왜냐하면, 당신은 그를 정말 많이 볼 것이기 때문이다. 그리고 당신은 사람을 싫어하는 행동을 하지 않기 위해서 이러한 자기조절을 할 수 있어야만 한다. 왜냐하면, 당신도 알다시피 그러한 폐쇄된 환경에 살고 있을 때는 상호관계가 팽팽하게 긴장되기 때문이다. 그들은 석탄이 다이아몬드로 변화해서 단단해지는 것과 같은 것을 경험하기도 하고 그렇게 되기도 할 것이다. 또 아니면 먼지로 산산조각 나서 그들을 미워할 것이다(1학년 남학생).

그의 관점에 따르면, 학생들은 자신들의 기숙사 세계를 살기 좋게 만들기 위한 선택을 했다. 여학생들은 물리적인 근접함의 측면에 따르면, 사생활은 우정의 강도를 높여 주는 요소라고 말한다. 1학년 여학생은 "모든 사람들은 당신이 무엇을 하는지를 알고 있다. 그 일은 주변에서 일어난다."라고 했다. 남학생들 사이에서의 우정 스트레스는 공부와는 거리가 먼 컴퓨터, 역할극 게임 등과 같은 활동에 관련이 있는 것 같다.

자신과 다른 사람들과의 우정은 출신 학교에서보다는 GI에서 훨씬 더 비슷하다. 몇몇 학생은 자신의 우정과는 다른 것으로 보고했다. 내가 물어봤던 모든 학생들은 출신 학교에서는 친해지지 않았을 것 같은 사람들과 친해졌다고 보고했다. 2학년 남학생은 "그전에 만났던 사람들과는 다른 친구들을 가지고 있다."라고 했다. 이러한 말들은 다른 인종의 사람들뿐만 아니라

'솔직하지 않은' 사람들을 언급한다.

사회 체제 요약하기

여러 다양한 학생들 간의 상호관계의 시스템은 여섯 가지 용어로 특징지을 수 있다. 바로 개방성, 유동성, 수용, 근면, 압박, 충돌, 당황이다. 이 용어들 중 몇 개는 학생들의 직접적 표현이다(개방성, 압박, 충돌, 당황). 나머지 세 개의 용어(유동성, 근면, 수용)는 학생들이 사용하고 스스로 경험한 것을 나타내기 위한 표현과 비슷한 것이다. 각각의 용어는 다음과 같이 묘사된다.

1. **개방성**은 모든 종류의 아이디어가 대화와 수업 중간 중간에 유동적임을 의미한다.

2. **유동성**은 그룹들 간에 녹아 있는 경계에 대한 회원 자격뿐만 아니라 변화, 상호관계를 의미한다.

3. **수용**은 어떤 사람이 일치하는 행동에서 다른 행동에까지 걸쳐 있는 다양한 종류의 행동을 하는 것에 대해서도 괜찮다고 하는 것을 의미한다.

4. **근면**은 계획된 일이나 활동이며 마감이 있는 것을 의미한다. 학생들은 보통 다른 활동이나 수업으로 이동하기 직전에 있다.

5. **압박**은 자아개념과 학업적 요구에 따라서 확대된 생활의 속도를 의미한다. 모든 학생들이 압박을 느끼기는 하지만, 그 느낌의 강도는 성격, 계획, 행운, 이전의 학업 등에 따른 여러 요인에 달려 있다.

6. **충돌과 당황**은 학생들이 다양성, 공식적인 규칙, 혹독한 학업적 요구, 기숙사 생활의 한계에 맞닥뜨렸을 때 가지는 반감을 의미한다. 자신이

사회적 · 정서적 문제, 미성취, 상담

있는 곳이 가족의 가정이 아니라 자신의 가정임을 배운다.

결과적으로 당황함은 그 장소의 방식에 충실한 방법을 갖게 한다. 역경을 이겨 낸 많은 사람들과 같이, 학생들은 GI 사람으로 바뀌었고, 그들이 졸업생으로서 돌아왔을 때는 이야기를 주고받았다. 학위수여식에서 4명의 학생 연사는 이 여섯 가지 주제를 발표했다.

사회 체제의 부조화

상호관계의 조직망에서, 몇 개의 요소는 내가 나타내는 요소에 일치하지 않는 것 같고, 또 사회 체제의 복잡함을 나타냈다. 학교에 등록한 학생 수는 300명 미만으로 적은 수였지만 모든 학생들이 각각의 이름을 다 아는 것은 아니었다. 1학년과 2학년은 서로의 이름을 알지 못한다는 것을 깨달았다. 세 가지 요인이 이러한 상황으로 나타난다. 첫 번째로는 기숙사 배치가 큰 영향을 주는 변인이었다. 다른 건물로 성별이 나뉘었고, 2학년은 룸메이트와 기숙사 상담가를 선택할 수 있었으나, 1학년은 그럴 기회가 거의 없었다. 학생들은 특히 RC 집단 내에서 자신의 기숙사 층에 사는 동료들을 잘 알고 있었다. 두 번째는 시간표가 변인이었다. 시간표는 강제로 주어졌고 시간은 부족했다. 학생들은 자신의 교실에 있는 학생들만 아는 경향이 있었다. 세 번째는 학생들의 1/3 또는 그 이상이 떠나는 주말이 변인이었다. 2시간 이내의 거리에 살고 있는 학생들, 또는 시간과 경제력이 있는 가족을 가진 학생들은 주말이 되면 집으로 갔다.

사람 간의 갈등은 사회 집단 내에서 필수적이다. GI에서는 사람들이 서로에게 '벼랑에서' '꺼져라' 하는 것을 귀찮아했다. 다른 사람들의 행동과 말에 대한 오해는 있기 마련이다. 기숙학교에서 사생활의 부재는 생활에서 어쩔 수 없는 요인이었다. 나는 실제적인 개인 내적 갈등의 양을 평가하지 못했다. 공적인 장소에서는 그런 일이 눈에 띄게 일어나지는 않았다. 그런 일은 말 그대로 RC와 RA가 어떤 사건이라도 순조로워지도록 도와주는 기숙사에서 대부분 발생했다. 현장 기록에는 확실한 갈등이 기록되지 않았다. 마찰이 있었더라도 물리적인 폭력은 전혀 없었다. GI 학생들은 싸움에 대한 어떤 이야기도 하지 않았다. 학생들은 싸움이 일어날 수 있는 말을 하기도 했지만, 내가 있던 1년 동안에는 그런 일이 전혀 일어나지 않았다. 성인들은 그 프로그램의 역사 내내 한 번도 일어나지 않았다고 말했다.

어떤 학생들의 그룹은 그룹으로써 동일함을 증명했다. 두 그룹은 모든 사람들에게 뚜렷했다. 첫 번째 그룹은 자신들의 동질성에 따라서 동일시되었다. 그들은 한 달 이상 만나 온 커플들이었다. 이것은 GI에서는 작은 그룹에 속한다. 그래서 눈에 띄었던 것이다. 몇몇의 같은 인종 그룹의 구성원들은 두 번째 그룹을 형성했다.

외부인들은 이러한 그룹을 파벌과 동일시할 수도 있겠지만, 그렇게 여긴 학생은 거의 없었다. 그러한 일은 이 체제에 적당하지 않을 것이다. 나는 파벌이라는 말을 들을 때마다 나중에 그 학생들을 따라가서 누가 그 파벌을 구성하는지 알아보려고 노력했다. 나의 관찰과 의문은 직간접적으로 비슷한 반응이 나왔다. 학생들은 자신의 설명을 옹호했고, 파벌이라는 용어가 의미하는 엄격한 경계에 대한 생각을 적용시킬 만한 전체적인 상황을 제공하지 못했다. 사실 나의 정보제공자는 그 생각으로부터 멀어졌다. 머물러 있는 동안 이른 식사 시간에 내가 주목했던 가장 확실한 **아시안계 인디언** 남학생 그룹과 **아프리카계 미국** 여학생 그룹에 학생들은 주목했다. 학생들은 이 집단화를 지적했지만 그들을 파벌로 보지는 않았다. 흥미롭게도 인디언 남학생들이나 흑인 여학생들이 그 두 그룹에 다 속하는 것은 아니었다. 식당이나 라운지에서 뒤섞인 집단이 전형적이었다. 경계는 개방적이었다. 같은 인종이거나 다른 인종인 외부인들이 이러한 행동을 설명하는 것은 다른 사람들의 요구인 '포괄적인' 것을 받아들이는 동시에 어떤 그룹이 스스로 특별해지려는 것을 다뤄야만 한다. 여러 달 이상을 다양한 방법으로 조사하였으

사회적 · 정서적 문제, 미성취, 상담

나, 인종을 다루는 것이 포함된 파벌 같은 그룹에 대한 진술은 나오지 않았다. 학생들은 그 그룹의 구성원들이 다른 GI 학생들과는 다르게 부드럽게 보일 필요가 있다고 느꼈다.

미국의 역사는 여러 인종의 이야기로 구성되어 있다. GI에서도 인종은 존재한다. 그러나 일반적인 방식과는 확실히 다르게 존재한다. 사실 많은 학생들은 존재하지 않는다고 말할 것이고 다른 이들도 그렇다고 할 것이다. 다양성은 학교의 기본 이념으로써 눈에 띈다. 학생들은 자신의 생활 속에 있는 범위 때문에 깜짝 놀라곤 한다. 많은 사람들은 아주 많은 다양함을 알아차릴 필요가 있다. 대부분의 사람들에게 그것은 그들이 경험해 온 '어떤 것과는 다른' 것이었다. 대부분의 학생은 자신의 출신 학교가 단편적이었다고 보고했다. 백인들은 백인들과 학교를 가고, 흑인들은 흑인들끼리 학교를 갔다. 다른 인종 그룹은 출신 학교의 특징이 사용되는 진술에서는 아주 작은 부분을 차지했다. 학생들은 다양함의 매력과 당황스러움을 알았다. 다양한 인종과 종교 간의 차이는 심지어 같은 인종 그룹의 구성원들까지도 놀라게 하였다. 나는 인도의 문화를 공유한 것처럼 행동했던 구성원들이 서로에게 묘사된 음식을 이해하지 못했을 때 클럽의 회합을 다시 요구했다.

GI에서의 다양성에 대한 의미는 복잡했다. 그 용어는 여러 종류의 다양함에 적용된다. 인종과 종교 간의 차이뿐만 아니라 도시와 농촌 간의 차이, 성별, 성적 성향의 차이까지도 포함한다. 첫 번째 가장 공통적인 의미는 흑인과 백인을 의미하는 인종의 차이였다. 다른 인종들도 인식되었지만, 다양성과 인종이 언급될 때의 대화에서 보면 거의 관계가 없는 것으로 보였다(물론 그룹의 구성원들은 서로를 인식한다.). 흑인이 아닌 인종 그룹의 구성원들은 인종주의가 존재한다고 말했다. 모든 학생들은 생활 속에서의 활력으로 인종주의를 무시했다. 학생들에게 두 번째로 다양성에 대한 혼란스러운 개념은 성적 성향이었다. 게이, 레즈비언, 양성의 성을 가진 급우들의 존재는 학생들이 어떤 사람에 대한 개인적인 호감과 다른 사람(호모)에 대한 종교적 가르침 간의 차이를 알 것을 요구했다. 나는 요구라는 단어를 사용했다. 왜

나하면, 10달 동안 다른 사람들과 하루 24시간을 생활했기 때문이다. 예를 들면, "나는 기독교인이고, 그것은 나의 신앙에 반대되는 것입니다."라는 진술은 "프랭크는 위대한 사람이야. 나는 그를 좋아하고, 그 사람도 나를 좋아해."라는 것과 결부되어 여겨진다.

전형적으로 다양성은 매우 긍정적으로 당연한 것으로 이야기되었다. 진술된 많은 다양성은 학생에게 학교의 확실한 특색이었다. 다양성에 대한 부정적인 경향이 강하게 있었다면, 나는 그들의 주장을 듣지 못했을 것이다. 그럼에도 불구하고 인종주의에 대한 언급은 불편한 경험이 되었다. 흑인과 백인들은 그 상황을 다르게 보았다. 양쪽 다 인종주의를 암시하는 즉석의 논평을 인식했다. **인종주의자들의 논평이 있을 때는 '유머에 대한 시도'가 있었는데, 이는 학생들의 공통적인 정보검색장치였다.** 두 집단 모두 인종주의가 분명히 존재한다고 말하기를 망설였다. 모든 사람들은 다양성이 GI에서 가치 있게 여겨진다는 것과, 그러한 환경은 인종주의자들의 논쟁을 지지하지 않을 것이라는 것을 알게 되었다. 때때로 (논쟁하는) 몇몇 사람, 모두 다 같은 사람이라고 말하는 사람, 논쟁하지 말자는 사람, 그런 것을 듣고 싶지 않다는 사람, 그런 것에 대해서 말하면 안 된다고 말하는 1학년 여학생들도 있다. 또 1학년 남학생은 인종주의자들의 논쟁은 GI와 같은 다양한 환경에 알맞지 않기 때문에 '그런 것은 현명하지 않다.'고 말한다. 백인과 흑인은 다양성이 의미 있는 양분을 나타내는가에 대해 얼마나 자주 대화를 하는지 보고했다. 백인들은 다양성이 익숙한 대화 주제였다고 진술했다. 흑인들은 논의되지 않았다고 말했다.

관점에서는 서로 달랐다. 왜냐하면, 흑인 학생들은 인종주의에 대해서 말한 반면에, 백인들은 인종주의에 대해서 말하지 않았기 때문이다. 인종주의에 대한 대화의 부재는 흑인 학생들을 불안하게 했다. 어떤 2학년 남학생은 자신의 동료에 대해서 이렇게 말했다.

GI는 인종을 제외한 모든 것, 섹스, 약물에 대해서 말할 수 있는 개방된 환경

사회적 · 정서적 문제, 미성취, 상담

이었다. 인종만 제외하고. 우리가 모든 것에 대해서 말할 수 있다면, 인종에 대해서 말하면 어떨까? 그렇게 나쁜 걸까? 너무 겁이 나서 우리는 그 주제에 관한 사람들의 의견을 얻지 못하는 것은 아닐까?

그리고 인종주의에 대해 생각하는 다른 인종 그룹의 학생들의 범위는 전혀 명확해지지 않았다. 나는 한국인이나 이란인 같은 구체적인 다른 그룹에 대한 자신들의 차이점뿐만 아니라 일반적인 다른 사람들에 대한 자신들의 차이점을 인식할 것이라고 확신했다. 하지만 그 그룹들은 구성원들이 섞여 있었다. 인종 집단에 관련된 클럽의 형성은 그러한 동일시를 나타낸다. 그러한 각성들 중 어떤 것은 인종 그룹의 구성원이 되는 것보다는 전통적이고 문화적으로 관련 있는 가치를 가지고 이민 온 아동들이 강조하는 것 같았다.

데이트가 있기는 했지만, GI 생활에서 큰 부분을 차지하지는 않았다. 학생들의 작은 그룹은 하나의 짝들로 언급되었다. 끈끈함은 신체적으로 밀접한 커플들을 언급하기 위한 용어다. 그리고 성은 지금까지도 농담의 주제였다. 우정은 데이트하는 것보다 더욱 중요한 것이었다.

동성 간의 우정은 라운지에서 연구하는 동안 저녁에 식당이나 학교 강당에서 한 쌍 또는 기숙사에 사는 3명 내지 그 이상의 그룹들에서 관찰되었다.

때로는 오랫동안의 우정이 사랑이 되어 한 쌍의 커플로 발전하기도 했다. 학생들에 따르면, 이것은 지속되는 것 같다. 내 생각에는 대부분의 고등학교에 있는 성적 행동은 거의 없었다. 남학생과 여학생 반반으로 구성되어 응답한 질문지에는 데이트가 많은 시간을 차지하지 않았다고 나타났다. 어느 정도 집중적인 활동을 한 몇몇 학생은 있었다. 성적 행동에 관한 이야기는 이야기를 듣는 사람들에게 효과가 있었다. 네 달이 지난 후에, 그 이야기들이 진짜 활동이라기보다는 원하는 관심에 대한 표시로써 과장되거나 꾸며낸 이야기처럼 생각되었다. 두 명의 학생은 내가 그들에게 백분위와 숫자를 적으라고 했던 현장에서의 마지막 날에 이 점에 대해 확신하게 했다. 나는 네 달 후에 구성원들을 확인 방문하는 동안 발견한 것을 2학년들에게 나누어 주고 피드백을 요구했다. 내가 받았던 것들은 나의 현장 기록과 비슷한 설명이었다. '우리는 서로 잘 알고 있으며, 그것은 공동 구성원을 만나는 것과 비슷하다.' '우리는 서로를 너무 자주 만나서 상호관계가 일어났고 빨리 끝났다.' '우리는 지금 다른 우선권을 가지고 있다.' '이것은 영원할 것이 없는 우리의 생활에서 변환된 시간이었다.' '우리 중 많은 사람들은 학교 밖에서도 우정 어린 상호관계를 가지고 있다.' 등의 설명이었다.

이러한 진술을 한 사람은 사회적 상호관계에 더욱 많은 노력을 하지 않는 것 같았음에도 불구하고 학교에 출석했다. 나는 몇몇 학생들이 학교에서의 자신의 위치에 관심이 있다는 생각이 들었다. 몇몇 성인들은 이러한 점에 관심을 나타냈다. 하지만 학생들은 나에게 거의 표현하지 않았다. 나는 누군가를 냉정하고 대중적이고 매력적인 사람으로 만드는 것이 무엇인지를 결정하지 못했다. 어떤 사람들은 교육과정을 열심히 하는 것, 대학에 들어가는 학생, 인간주의 이상의 과학, 의복을 포함한 지위에 대한 생각과 관련이 있을 것이라고 지적한다. 그러나 그러한 생각들이 사회적 상호작용에 얼마나 영향을 주는지는 명확하지 않다. 이 점에 관한 미묘한 차이에 대한 증거가 거의 없다. 그래서 이것이 나의 분석의 약점 중 하나라고 생각한다. 2학년들은 그들이 입학하기로 한 대학에 관심이 있다. 동시에 그것은 예측할 수 없는 과정이었다. 다른 사람들이 영리하다고 인정한 학생들이 항상 유명한 대학에 들어가는 것은 아니었고, 장학금의 액수는 마지막 선택에 영향을 주었다. 물론 대학 입학은 GI에 있는 학생의 생활과 사회 체제의 형성에서는 다소 늦은 2학년 마지막 학기에 공개되었다. 왜냐하면, 1학년과 2학년 사이에 관심을 두었기 때문에, 내가 그 체제에서 몇 가지의 변화를 빠뜨렸을지도 모르기 때문이다.

사회적 · 정서적 문제, 미성취, 상담

논의와 시사점

연구를 할 때, 사람은 해설적인 연구(scholarship)를 위한 주된 연구도구가 된다. 모든 자료들은 연구자가 그 자료로부터 참여자의 의미를 구성하는 의도에 따라서 해석된다. 누가 연구를 수행했느냐를 이해하는 것은 발견된 것을 신뢰할 것인가를 결정하기 위해서 중요하다(Denzin & Lincoln, 1994). 이 논문을 통해서 나는 장기적인 중재(prolonged engagement), 상세한 묘사, 구성원들의 확인 등과 같은 신뢰성(trustworthiness and credibility)의 논제에 관련한 이론적이고 방법적인 정보를 제공하고 있다. 이 논문의 마지막 부분에서 내가 발견한 것과 논의에서 독자들이 결론을 이해하는 데 도움이 되도록 나의 배경을 첨가했다.

나는 영재 프로그램을 지지한다. 그런 프로그램에서 나는 직접적인 교수, 조직화, 관리, 일일평가, 기숙사 프로그램을 포함한 경험들을 했다. 이러한 기술과 지식은 경험을 기술한 내용에 나타난다. 나의 확고한 관점과 그들의 잠재적 영향력을 인식하고 시작하기 전에 무엇을 알아내려는지 명확하게 진술했고, 동료이자 친구인 그 기관의 관리자에 대한 내 역할의 한계를 자세히 진술했다. 또한 나는 그 주제들이 다양한 원인(학생, 논문, 성인)과 다양한 방법(참여 관찰, 논문, 면접)을 통해서 제공된다는 것을 보고했다. 그리고 그 방법들은 참여자들이나 전자우편으로 공유되었고, 비평을 위해 현장과 연구 그룹에서 동료들에게 제공되었다.

GI에서 학생들은 고등학교와는 다르고 고등학교에서 배우는 것과도 다르다고 인정한 사회 체제를 구성했다(Chang, 1992; Cusick, 1973). 같은 상황에서 학습에 대한 중대한 관심을 공유하는 학생들의 다양한 그룹은 학문적인 탁월함을 증진하기 위해 만들어진 선택적인 프로그램에 들어갔다. 사회체제는 다양성과 선행학습을 중요시하는 고등학교에서 일어났다. 이러한 체제에서는 여러 종류의 차이점이 수용되고 평가받으며, 파벌이 형성되지 않고 그룹 간의 경계는 소속될 수 있으며, 이동이 유동적이고, 학업성취가 중요하게 여겨진다. 나의 현장 기록에는 다른 시간과 장소에서 누구와 함께 있었느냐에 관한 빈도수가 이러한 요인들을 강조한다.

사회 체제에 관한 상황은 거의 한가로워 보인다. 사회 내에서의 구분이 어떻게 여기서 분명해지겠는가? GI에도 성별, 사회경제적 지위, 성 정체성(sexual orientation), 인종, 민족적인 것에 따른 차이가 존재한다. 그런데 차이에 대한 인식은 명백했으나 그에 따른 갈등은 거의 보이지 않았다. 사회 전반에 있는 그런 차이에 따른 역사적인 구분은 자신의 출신 학교에 대한 보고에서 이 학생들이 만들고 경험한 것이기 때문에 전형적인 고등학교 사회를 재생산하는 데에 충분한 영향력을 미치지 못했다. 대신에 학생들은 서로 간의 차이를 안다. 학생들은 느슨하게 형성된 여러 그룹에 속해 있다. 그들은 광범위한 사회 구분을 암시하는 몇 개의 집단을 인식하는 것뿐만 아니라 다양성을 좋아한다. 그리고 그러한 그룹의 존재를 이해하기는 하지만 GI에 부적합한 것으로 해석한다. 또 학생들은 전체를 대표하는 내부의 GI들로 구성된 상상의 그룹을 만들어 낸다.

사회 체제는 사건이 아니다. 참가자(학생, 학과, 진행자, 관리자)들이 일어나게 하는 것이다. 이 논문에서는 나는 학생들이 어떻게 자신의 경험을 보고하는지에 집중했고, 그 이야기에서 성인들을 중요하게 여기지 않았다. 나는 학생들의 생활 표면에 집중하기를 원했다. 실제로 학생, 학생의 가족, 그리고 프로그램은 사회 체제의 생성에 영향을 미쳤다. GI의 임무, 학업 생활, 기숙사 생활, 관리로 둘러싸인 GI는 거기서 무언가가 발생하는 것을 억제함으로써 분명히 사회 체제 발달에 기여했다. GI는 거의 전체적인 제도(total institution)다. 이 용어는 생활의 모든 요소들이 통제되고 영향받는 장소를 묘사하기 위해 Goffman(1961)이 처음 사용하였다. 전체적인 제도와는 다르게 GI 학생들은 떠날 것을 결정할 수 있다. 학생의 선택은 제한된 한계 내에 있으며 성인이 설정한다. 어떤 경우는 학생이 정책과 규칙 준수에 관한 논의에 참여하기도 하지만, 그 결정권은 성인에게 있다. 학생은 장애물을 두루

사회적 · 정서적 문제, 미성취, 상담

경험하며 자신의 요구가 받아들여지도록 성인과 협상한다.

그 제도는 GI의 많은 가치들이 사회 체제와 일치함에도 불구하고 명확한 사회 체제가 나타나게 하는 시도가 아니다. 나는 GI가 학교에서 학생 스스로 자신을 유지하기 위해 사회 체제가 나타나도록 압력을 가하는 압박과 속도의 기운을 무의식적으로 만들어 낸다고 믿는다. 이러한 방법에서 그 상황은 나에게 Sherif(1966)의 다양한 그룹이 인종과 민족적 차이를 이어 줄 필요가 있는 상위 목적을 생각나게 했다. 나는 학생들이 출신 학교에서의 경험을 GI의 경험으로 바꾸려 하지 않을 때, GI가 더욱 전형적인 사회 체제의 출현을 막을 수 있을지 의심스러웠다(Cusick, 1973). 나는 학생들이 자신의 사회적 상호관계를 나눌 수 있는 힘을 무시하고 학교의 문화를 끌어들이는데 말없이 동의한 것을 알고 있다. 이러한 상황은 Peshkin(1991)의 다민족적인 공동체 학교에서 고등학교 학생들이 차이를 다루었던 방법에 대한 묘사와 몇가지 비슷한 점이 있다.

두 가지 덧붙일 이야기는 사회 체제에 대한 참고에서 학생들의 경험에 대한 나의 자료를 가지고 이야기할 필요가 있다. 첫 번째는 학생들과 함께해야 한다는 것이고, 두 번째는 연구 과정과 함께해야 한다는 것이다. 정보를 제공한 1학년 남학생은 졸업 전에 자신이나 다른 사람의 일주일 경험을 쓰는 것에 대해 내가 조언을 구했을 때 이렇게 말했다. "우리가 10대 청소년이라는 것을 잊지 마세요. 알았죠?" 요점은 명확했다. 독자들은 아마 그것을 놓쳤을 것이다. GI 학생들은 지금이든 나중이든 성적 관심, 약물, 경력, 등등뿐만 아니라 모든 청소년들이 그러한 것처럼 정체성이라는 논제와 논쟁을 해야만 한다(Chang, 1992).

두 번째로 언급되는 이야기는 내가 조사를 수행했던 방법이다. 나는 학생들 간의 불화의 사례에 초점을 맞추고 그것이 의미하는 것을 조사하기 위해 했던 것보다 더 많은 시간을 썼는지도 모른다. 나는 그러한 불화를 조사하려는 것은 아니었다. 왜냐하면, 참여 관찰은 내가 직면하였던 극소수의 사례만이 프로그램 적용이나 사회 체제 부각이라는 이야기와 논리적으로 일치하지 않았다는 것을 보여 주기 때문이었다. 단순히 나는 학생들 간의 불화에 관해서 많은 것을 목격하거나 들은 적이 없다. 내가 들었던 것에는 약간의 흥분이 담겨 있었다. 학생들의 대화는 대부분 GI의 엄격한 학업과 기숙사의 요구와 다가오는 학기에 관한 것이었다.

내가 이 논문에서 말하려고 선택한 이야기는 현장을 떠난 후 일 년 동안 분명하지 않았다. 그 기간 동안 현장 기록과 반성은 그 기간의 강요에 학생들을 적응시킬 때 여러 가지 사항이 드러났다. 나는 사회적 상호관계를 이해하기 원했지만, 사회 체제에 집중하려는 나의 선택은 사회 체제에 대해 '그래서 당신은 무엇을 배웠나요?' 같은 질문을 하고 나서 나의 즉각적인 반응을 인식한 후에야 일어났다. 나는 늦은 자각을 거기에 무엇이 있었는가를 보는 것이 아니라 나의 노력에 대한 지표로 해석했다. 왜냐하면, 나의 가치가 나를 그 방향으로 몰아가는 것이 두려웠기 때문이다.

연구결과는 1년 동안 어느 기숙 고등학교에서의 학생 경험에 관한 것이다. 약간 확대한다면 나의 발견들은 GI에서 그 다음 해에 무슨 일이 일어날까에 대한 것으로 이동할지도 모른다. 연구결과는 대부분의 고등학교에서 발견되는 것들과는 다른 사회 체제를 가질 수 있다는 점을 제시한다. 내가 묘사해 온 사회 체제가 실행할 수 있든, 바람직하든 간에 다른 프로그램에서 심사숙고할 것은 있다. 그런 학교를 시작하려고 계획하는 사람이나 학생, 부모, 교사, 상담가로서 참여하기를 고려하는 사람들은 GI가 재미있고 필요한 장소라는 것을 인식해야만 한다. 모든 사람이 그러한 환경에 머무르는 것을 원하지는 않을 것이다. 그러한 환경에 맞는 사람은 이 논문의 범위를 벗어난 많은 요인들에 달려 있다. 결론적으로 어떤 환경에서 영재로서의 경험에 대해 더 많은 것을 이해하려는 사람을 위해서 그 학생들에게 귀기울일 것을 추천한다. 왜냐하면, 그들은 자신들의 발달에 대해서 우리와 함께할 많은 것을 가졌고, 우리는 배울 것이 많기 때문이다.

📝 참고문헌

Bloom, B. S. (1985). *Developing talent in young people.* New York: Ballantine.

Chang, H. (1992). *Adolescent life and ethos: An ethnography of a U.S. high school.* London: Falmer.

Coleman, L. J. (1995). The power of specialized environments in the development of giftedness: The need for research on social context. *Gifted Child Quarterly, 39,* 171-176.

Coleman, L. J. (1997). Studying ordinary events in a field devoted to the extraordinary. *Peabody Journal of Education, 72,* 117-132.

Cookson, P., & Persell, C. (1985). *Preparing for power: America's elite boarding schools.* New York: Basic Books.

Cusick, P. A. (1973). *Inside high school: The student's World.* New York: Holt, Rinehart, & Winston.

Denzin, N., & Lincoln, Y. (Eds.) (1994). *Handbook of qualitative research.* Thousand Oaks, CA: Sage.

Claze, B., & Strauss, A. (1967). *The discovery of grounded theory: Strategies for qualitative research.* New York: Aldine de Cruyter.

Goffman, E. (1961). *Asylums: Essays on the social situation of mental patients and other inmates.* Garden City; MY: Anchor.

Hébert, T. (1998a). Gifted Black males in an urban high school: Factors that influence achievement and underachievement. *Journal for the Education of the Gifted, 21,* 385-414.

Hébert, T. (1998b). Deshea's dream deferred: A case study of a talented urban artist. *Journal for the Education of the Gifted, 22,* 56-79.

Henry, M. (1993). *School cultures: Universes of meaning in private schools.* Norwood, NJ: Ablex.

Kitano, M. (1985). Ethnography of a preschool for the gifted: What gifted young children actually do. *Gifted Child Quarterly, 29,* 67-71.

Kitano, M. (1998a). Gifted Asian American women. *Journal for the Education* of the *Gifted, 21,* 3-37.

Kitano, M. (1998b). Gifted Latina women. *Journal for the Education of the Gifted. 21,* 131-159.

Kitano, M. (1998c). Gifted African American women. *Journal for the Education of the Gifted, 21,* 254-287.

Peshkin, A. (1978). *Growing up American: Schooling and the survival of community.* Chicago: University of Chicago Press.

Peshkin, A. (1986). *God's choice: The total world of a fundamentalist Christian school.* Chicago: University of Chicago Press.

Peshkin, A. (1991). *The color of strangers, the color of friends: The play of ethnicity in school and community.* Chicago: University of Chicago Press.

Qualitative Solutions and Research. (1997). *QSR NUDIST 4 user guide.* Thousand Oaks, CA: Sage.

Sherif, M. (1966). *In common predicament: Social psychology of intergroup conflict and cooperation.* Boston: Houghton-Mifflin.

Story, C. (1985). Facilitator of learning: A micro-ethnographic study of the teacher of the gifted. *Gifted Child Quarterly, 29,* 155-59.

Strauss, A., & Corbin, J. (1990). *Basics of qualitative research: Grounded theory procedures and techniques.* Newbury Park, CA: Sage.

Subotnik, R., & Arnold, K. (Eds.). (1994). *Beyond Terman: Contemporary longitudinal studies of gtftedness and talent.* Norwood, NJ: Ablex.

Head Start 참여 아동의 3학년 학업능력과 관련된 가정 요인들[1]

Nancy M. Robinson(University of Washington)
Robin Gaines Lanzi(University of Alabama at Birmingham)
Richard A. Weinberg(University of Minnesota)
Sharon Landesman Ramey, Craig T. Ramey(Georgetown University)

영재학생들에 대한 대부분의 연구는 이미 확인된 집단이나 손쉬운 표본을 주시해 왔다. 본 연구는 보다 역학적인(epidemiological) 접근이다. 3학년 말에 검사받은 전국 Head Start/Public School Early Childhood Transition Demonstration Project에 있는 5,400명 중 어휘와 성취 측정에서 받은 점수에 대해 주요인분석을 통해 최상위 3%(N=162)에 속하는 학생이 선발되었다. 나머지 아동들과 비교했을 때, 고성취 아동들은 사회적으로나 학업적으로 노력하지만, 한 집단으로서의 학교를 매우 좋아하지는 않거나 소수는 상당히 불만족했다. 대체로 이 아동들의 가정은 좀 더 사용할 자원이 있었고 나머지 아동들의 가정에 비해 대처할 스트레스가 적었다. 그들의 평균 수입은 빈곤 지표(Poverty Index)상 단지 1.26배였지만, 선발되지 않은 아동들을 돌보는 사람들과 비교했을 때 고성취 아동들의 양육자들은 보다 긍정적인 부모 태도를 보였고, 교사들이 볼 때 좀 더 강하게 자녀의 발전을 격려하는 것으로 보였다. 1, 2, 3학년 때 검사점수에서 3학년 고성취 아동들 113명 중 52명은 적어도 2학년에 3%의 준거를 충족했고, 37명은 3년 내내 그렇게 했다. 높은 성취자의 연수는 가정 자원과 상관이 있었다. 이런 발견은 생활환경 때문에 스트레스를 받는 가정에서조차도 자녀에게 매우 긍정적으로 지적, 사회적 능력을 지원할 수 있음을 밝혀 준다.

1) 편저자 주: Robinson, N. M., Lanzi, R. G., Weinberg, R. A., Ramey, S. L., & Ramey, C. T. (2002). Family factors associated with high academic competence in former head start children at third grade. *Gifted Child Quarterly*, 46(4), 278-290. ⓒ 2002 National Association for Gifted Children. 필자 승인 후 재인쇄.

고성취로 확인된 아동들은 심리적, 교육적, 사회경제적 자원과 부모 역할 시간 등의 자원이 상대적으로 풍족한 가정의 출신인 경향이 있다(예, Bloom, 1985; Karnes, Shwedel, & Steinberg, 1984; Kulieke & Olszewski-Kubilius, 1989; Moon, Jurich, & Feldhusen, 1998; Moss, 1992; Terman, 1925). 고성취 아동의 부모는 그렇지 않은 아동의 부모보다 자녀 양육에 더 많은 시간을 투자하는 경향이 있다. 즉, 자극적이고 놀이적이며, 아동 중심적 상호작용으로 아동을 격려하고, 풍부한 언어 환경을 제공하며, 아동이 스스로 책을 읽을 수 있게 된 이후에도 읽어 주며, 메타인지적 사고와 독립적인 문제해결을 증진시키는 경향이 있다. 좀 더 형편이 좋은 가정환경은 문제해결과 추론 영역의 조기교육 프로그램으로 아동들의 능력을 향상시키는 데 도움을 제공한다(Bryant, Burchinal, Lau, & Sparling, 1994). 인종 집단에 따라 다소 다르긴 하지만 부모의 신념 또한 아동의 학업성취에 의미 있게 관련이 있다(Okagaki & Frensch, 1998).

하지만 이러한 가정 모습이 모든 영재아들의 분명한 특징은 아니다. 연방 연구 자원으로부터 기금을 지원받은 영재 인구에 대한 많은 프로젝트들은 빈곤하게 살거나 어려운 상황에 직면한 가정 출신의 영재아동들을 많이 확인해 왔다. 돈이 가장 중요한 변인이라고는 분명히 말할 수 없다. 훨씬 더 중요한 것은 가정의 조직이나 안정감 같은 자원이며, 많이 돌봐주고, 아동의 노력에 초점을 맞추어 지켜보고, 지지하는 사람의 존재다(VanTassel-Baska, 1989a).

하지만 고성취 아동과 그 가정에 대해 연구한 학자들은 유용한 연구대상이 일반화를 제한할 것 같은 방식으로 선발되어 왔다는 사실 때문에 한계가 있었다. 예를 들어, 대규모 집단의 영재아동들을 대상으로 종단 연구를 할 때, Terman(1925)은 규모가 크고 선발되지 않은 대상을 검사할 수가 없었고, 교사의 추천과 캘리포니아 주 도시 중학교에 초점을 맞추는 등의 편법에 의지해야 했다.

이런 절차들은 유색 인종, 빈곤 가정 출신의 아동, 인지적 강점들을 방해하는 문제행동이나 학습부진을 보이는 아동이 포함될 가능성을 감소시켰

사회적 · 정서적 문제, 미성취, 상담

드러난 고능력을 확인하고 키우는 것은 분명 우리 분야의 최우선 사항 중 하나다. 본 연구는 Head Start 프로젝트에 참가시킬 수 있는 경제적 수준을 갖춘 몇몇 가정이 그 자녀들에게 높은 학업적, 사회적 능력의 발달을 매우 효과적으로 지원할 수 있다는 것을 보여 준다. 이 아동 모두가 영재로 지목될 것인지는 논점에서 벗어나 있다. 이 아동들의 대부분이 학교에서 도전적일 정도로, 교육과정의 차별화가 필요할 정도로 학년 수준을 넘어 잘 성취하고 있다. 우리는 이 아동들을 확인하고 도와주는 것에 특별히 주의할 필요가 있는데, 교사는 그중 많은 아이들이 그렇게 잘하는 것은 아니라고 말했다. 이 매우 성공적인 아동들의 1/3이 '학교를 얼마만큼 좋아하는가'라는 질문에서 '다소 또는 전혀'라고 말하는 것이 조금은 걱정된다. 이 아동들이 학교에서 계속 성공하는 것이 그들의(또는 우리들의) 최대 장래 희망이다. 그러므로 그들은 우리의 관심을 필요로 하고 받아야 한다. 그들이 성공하려고 노력하는 좋은 상태임에도 불구하고 가정 또한 성공에 대해 장애를 경험한다. 고성취 아동 가정 5개 중 한 가정은 공적 지원을 받고 있다. 이 집단의 평균 가정은 빈곤 지표상 겨우 1.26배 수준으로 살고 있다. 아버지들의 1/3은 거의 가정에 무관심하고, 양육자들(대부분 어머니)의 1/4은 삶에서 적어도 2년은 낙담에 처해 있었다. 만일 보다 많은 자원을 가진 학교 공동체 구성원들이 이 가정에 다가가 그들을 인식하고 성공할 수 있도록 지원한다면, 유용한 도움이 될 수 있는가? 능력 있는 아동들에 대한 긍정적이고 장기적인 기대는 무엇인가? 시도할 가치가 분명히 있지 않을까?

다. 그의 표본에서 흑인 조부모를 가진 아동은 0.1%, 미국 원주민 조부모를 가진 아동은 0.1%, 멕시칸 조부모를 가진 아동은 0.1%였다(p. 55). 아버지에 관해서는, 전체 모집단의 비율과 비교해서 10배나 높은 비율의 응답자가 전문직이었고, 1920년 인구조사에서 15%로 조사되었던 노동직은 단 한 명뿐이었다고 보고되었다. Terman 시대 이후에도 매우 유능한 학생들을 연구하는 연구자들 거의 대부분이 특수학교 학급으로 이미 배정받은 학생이나 재능 탐색 혹은 여름 프로그램에 참여하는 학생들을 포함하는 편리한 표본들을 다루어 왔다.

영재 연구에 대한 좀 더 '역학적'인 접근을 취하려는 기회는 4세 아동이 Head Start 프로젝트에 참여했다는 사실만으로 선택된 전국적인 큰 규모의 아동 표본에 대해 광범위한 추적 연구에서 찾을 수 있었다. 이 4년 동안의 종단 연구는 양육자, 교사 그리고 아동 자신에 대한 반응을 나타내는 풍부한 자료를 제공했다. Head Start 참가자들은 영재성 영역에 특별한 관심을 지니는 집단을 형성한다. 왜냐하면, 이들이 관심을 받지 않으면 뛰어난 능력을 발휘하지 못할 아동의 재능을 발전시키려는 분명한 국가적인 관심이 있기 때문이다. 이는 또한 1988년 Jacob K. Javits의 영재교육법(Gifted and Talented Students Act) 기준에 따라서, 영재아동을 위한 교육 프로젝트에 지정된 연방 기금의 유일한 자원이 부당한 집단으로 가는 것을 통제하는 이유이기도 하다(Ross, 1994).

이 보고서는 아동들이 1학년이었을 때 수행했던 유사한 연구(Robinson, Weinberg, Redden, Ramey, & Ramey, 1998)의 3학년 후속 연구다. 이전의 연구는 최상의 성취를 보인 1학년 아동들이 학업뿐만 아니라 사회적으로도 성공적이었다는 것을 밝혀냈다. 이 아동들은 형제자매가 적은 경향이 있었고, 좀 더 교육적이고 경제적으로 여유가 있는 집안 출신이었으며, 부모는 표본의 나머지 97%의 부모들보다 좀 더 지지적인 자녀 교육을 실천하는 경향이 있었다. 그러나 이 가정들은 결코 부유하지 않았으며, 사실 많은 가정이 상당한 어려움을 겪고 있었다.

연구방법

'National Head Start/Public School Early Childhood Transition Demonstration Project'라는 다면 연구에서 사용되었던 전반적인 계획과 방법론은 다른 문헌에 자세히 소개되었다(Ramey & Ramey, 1992; Ramey, Ramey, & Philips, 1996; Ramey et al., 2000). 의회의 요구와 유아, 아동 및 가

사회적 · 정서적 문제, 미성취, 상담

정에 대한 행정 지원을 받아 1990년에 시작된 이 프로젝트는 Head Start 요원들과 지역 교육 요원들이 함께 노력해서 저소득층 아동들과 그 가족들로 하여금 Head Start에서 공립학교의 저학년으로 성공적으로 전환할 수 있도록 도움을 주고자 계획되었다. 지역 프로젝트들도 지역의 우선순위와 목표를 이루기 위한 프로그램을 계획할 때 자유롭게 활동할 수 있었지만, 모두 초등학교 저학년 시기에 아동과 가족을 위한 사회적 지원과 건강 지원 서비스를 계속하도록 요청되었다. 더욱이 저소득층 부모가 학교와 학급 활동에 참여하는 것을 환영하는 일, 문화적 언어적인 다양성을 이해하는 일, 아동의 교육에 부모의 적극적인 관여를 권장하는 일, 발달적으로 적절한 교육 실천을 활용함으로써 교실수업의 질을 향상시키는 일, 건강 및 사회적 지원 서비스를 향상시키고 강화하기 위해 강력한 지역사회 기반의 협동심을 생성시키는 일 등에 초점이 맞춰져 있었다. Transition Demonstration 프로젝트들은 30개 주의 31구역과 나바호 인디언 보호구역(Navajo Nation)에서 시행되었다. 약 85개 학군에 속한 450개 이상의 학교가 이 프로젝트에 참가했다. 무작위로 선정된 반 정도의 학교가 비교학교의 역할을 했고, 연구대상 학교는 위에서 언급한 활동들에 참여하였다. 그러나 비교학교의 역할을 한 학교에도 건강과 사회적, 교육적 지원 서비스는 다른 방식을 통해 제공되었다. 연구 집단과 비교집단 사이의 결과에서 전반적인 차이는 거의 없었다. 더욱 주목할 만한 점은 아동들에게 연례적으로 시행되는 5개 성취검사(〈표 8-1〉 참조) 중 4개에서 전체 집단의 아동 참가자들의 점수가 국가의 평균과 대략 일치했다는 점이다. Transition Demonstration 연구보고는 Ramey, Ramey 및 Philips(1996), Ramey와 동료들(2000)을 참고하면 된다.

Transition Demonstration 효과는 버밍햄에 있는 앨라배마 대학교(UAB)의 Civitan International Research Center, National Research Coordinating 팀과 협력 아래 31개 지역에서 일하던 조사관 협회가 평가하였다. 종단 연구는, 반 정도는 1992년 가을에 유치원에 입학하고, 나머지 반은 1993년에 유치원에 입학한 아동으로 이전에 Head Start에 참가한 약 8,400명의 아동들을 대상으로 한 연구였다. 이 아동들과 가족들은 3학년이 될 때까지 추적되었으며 매년 평가되었다. 자료 수집은 다음의 절차들을 포함했다. (1) 가족을 돌보는 사람들과의 면접, (2) 아동에 대한 직접적인 평가와 대화, (3) 개별 아동과 학교 환경에 대한 교사들의 표준화 평정, (4) 학교 풍토와 전환지원에 대한 교장의 보고, (5) 교실 직접 관찰, (6) 영구적인 학교 기록들에 대한 검토, (7) 가족 면접 시 수집된 개방적, 질적 정보의 내용 분석과 자료처리 등의 절차들이다. 현재 연구를 위해 활용된 자료들은 불가피하게 전체자료 중 일부분이며, 학생의 학업수행과 사회적 기술에 영향을 미칠 가족 변인을 대표하는 우선 사항(priori)이 선정되었다. 우리는 부모, 교사, 학생의 관점에서 학생들의 학업성취와 사회적 행동에 관한 자료뿐만 아니라, 선행연구에서 아동들의 학교 성취와 관련되는 것으로 발견된 가족 변인들을 보고한다.

평가 절차

여기서 보고하는 평가 절차는 1학년 말에 높은 성취를 보인 아동에 대한 연구에서 사용되었던 것과 유사하다(Robinson et al., 1998). 어린 학년에서 수집된 학업검사 점수를 제외하면, 현재의 자료 모두는 3학년 말에 수집되었다. 모든 평가자들은 철저히 교육과 관리를 받았으며, 모든 기록들은 지역구뿐만 아니라 UAB의 Civitan International Research Center에서도 검토되었다.

평가도구

개인 면접에 응한 양육자와 아동은 학교에서 개별적으로 검사받았다. 또한 아동의 행동과 능력을 묻는 질문지는 학급교사들이 완성하였다.

면 접 인구학적인 자료와 생활환경은 구조적인 면접을 하는 동안 아동의 일차 양육자가 기술하였다. 질문은 가족의 일상생활에 관한 것들로, 양육

사회적 · 정서적 문제, 미성취, 상담

자가 대화, 독서, TV 시청, 기타 등에서 아동과 얼마나 자주 상호작용을 했는지, 그리고 학교와의 의사소통이나 활동에서 참여도는 얼마나 되는지 등에 관한 것들이었다. 각 가정의 빈곤 상태는 보고된 규모나 소득 수준에 따라 계산되었다.

Woodcock-Johnson Tests of Achievement, Revised(WJ-R; Wookcock & Johnson, 1989) 이 검사는 너무나 널리 알려져 있어서 더 이상 자세히 설명하지 않겠다. 읽기와 수학 하위검사만 시행되었다.

Peabody Picture Vocabulary Test, Revised(PPVT-R; Dunn & Dunn, 1981) 널리 쓰이고 국가적으로 표준화된 이 측정은 4개의 사진 중 어느 것이 표현 단어(spoken word)와 일치하는지를 아동에게 질문함으로써 수용 어휘(receptive vocabulary)를 평가한다. 저자들은 1년 동안 표준점수의 재검사 신뢰도는 $r = .72$, 다른 어휘 검사와의 .71이라는 중간 정도의 상관관계를 보고하였다. 필요하면 PPVT-R은 스페인어로 시행되기도 하였다.

Parenting Dimensions Inventory(Slater & Power, 1987) 26문항으로 짧은 이 검사는 영양, 아동의 반응성, 비제한적 태도 및 부모 역할 실천의 일관성이라는 영역에서 부모 실천을 평가한다. 검사는 다양한 인종 집단의 유치원과 학령기 아동의 부모에게 적합한 것으로 알려져 왔다. 6~11세 아동의 부모 140명에 대한 복사연구(Slater & Power)는 각 척도가 단일, 독립적 차원을 대신한다는 것을 알려 주며, .97~.98의 적합도 지수(goodness-of-fit indices)를 보였다. Cronbach 알파계수는 .76(양육), .54(반응성), .70(비제한성), .79(일관성)로 척도의 합리적인 내적 일관성을 제시한다. 검사의 모든 척도 점수는 다른 표준화 도구로 측정된 아동의 심리사회적 적응을 예언하는 것으로 저자들이 보고하였다.

Parent Health and Depression Questionnaire 이 질문지의 문항은 RAND Health Insurance Survey(Brook et al., 1987)의 Mental

Health Battery로부터 추출되었다. 간략한 검사(screening tool)는 82%의 민감도(실제 우울로 탐지된 사람의 비율), 88%의 구체성(실제 비우울로 탐지된 사람의 비율), 61%의 정적 예언 값(확인된 사람이 실제 우울일 가능성)을 보인다 (Kemper & Babonis, 1992).

Social Skills Rating System, Elementary Level(Gresham & Elliott, 1990) 부모용 38문항과 교사용 30문항으로 구성된 이 질문지는 아동의 사회적 기능과 문제행동에 대한 성인의 지각을 평가한다. 교사를 위한 추가 부분은 아동의 학업능력을 학급 또래와 비교하는 9문항과, 학업적으로 성공하는 아동에 대한 부모 격려에 관한 1문항으로 구성되어 있다. 도구는 성인 반응에 대한 각 기술 또는 행동의 중요성에 대한 정보를 수집한다. 질문지는 전국적으로 4,170명의 아동 표집을 통해 개발되었고 각 학년 수준에 따라 남자와 여자의 다른 규준이 사용되었다. 사회적 기술에 대한 교사용의 신뢰도는 문제행동에 대해 .94와 .82로 보고되었다. 내적 일치도 알파계수는 사회적 기술에 대해 교사용과 부모용에서 .90을 초과했고, 문제행동에 대해 .72를 보였다. 교사 평정에 대한 표준점수는 원 표준화 표본에 근거해 검사 지침서로부터 추출되었다.

Your Child's Adjustment to School(Reid & Landesman, 1988b) 8문항의 이 면접지는 개방형 질문과 10점 평정척도로 구성되어 있다. 양육자와의 면접의 일부로 활용되며 아동의 학교 적응에 대한 부모 지각에 관한 정보, 즉 아동이 얼마나 공부를 잘하는지, 교사나 또래와 잘 어울리는지, 학교가 아동에게 얼마나 중요한지, 학교에서 열심히 잘하려고 어느 정도 노력하는지에 대해 부모가 알고 있는 내용과 아동의 전반적인 학교 적응 등을 수집하도록 고안되었다.

What I Think of School(Reid & Landesman, 1988a) 이 도구는 아동이 학교를 어느 정도 좋아하는지, 학교에서 얼마나 열심히 노력하는지,

사회적 · 정서적 문제, 미성취, 상담

교사나 또래와 얼마나 잘 어울리는지, 학교에서 잘하는 것이 부모나 자신에게 어느 정도 중요한지, 아동이 얼마나 잘 공부하는지, 새로운 것을 학습할 때 교사들이 어느 정도 도와주는지에 대한 정보를 얻기 위한 아동과의 대화로 구성되어 있다. 아동은 자신의 반응을 3점 척도 위에 표시한다. 저자들은 337명의 표본을 통해 재검사 신뢰도 .84와 내적 합치도 Cronbach 알파계수 .69를 보고했다.

표 본

본 연구를 위해 높은 성취 집단을 구성한 아동들은 3학년 말에 시행한 표준 학업 측정에서 가장 높은 수행을 가지고 양 코호트(cohort) 집단에 참여했다. 점수를 차치하더라도, 모든 항목의 자료가 본 연구에 참여한 각 아동에게 유용할 필요는 없다.

PPVT-R에서 획득한 표준화 점수와 WR-J의 표준화된 4개 읽기와 수학 척도(글자−단어 확인, 문장 이해, 계산, 응용문제)는 요인분석의 한 형태인 주요인분석(PCA)에 들어갔다. 1차 주 요인은 성취 지표로 취해졌고 이 측정치의 5개 모두가 의미 있게 부하되었다. 앞서 기술된 준거를 충족하는 5,400명의 아동 중에서 최상의 1차 주 요인 점수를 가진 3%의 아동 162명은 고성취 아동들로 지명되었다. 1차 주 요인의 고유값은 3.227로 변량의 64%를 대신했다. 〈표 8-1〉은 표준화 측정의 각각에 대하여 목표 집단과 나머지 표본으로 획득한 평균과 표준편차 및 차이의 효과크기를 보여 준다.

'영재성'을 나타낸다고 널리 받아들여지는 확정 점수는 없다(Gagné, 1996). 또 그 문제에 관해 높은 학업성취를 구성하는 것에 관한 일치된 견해도 없다. 3%의 확정 범위는 특별 프로그램의 적격성 여부를 정의하는 일반적인 지침(매우 유능한 청소년을 위한 다양한 재능 탐색 같은)을 구성하고, 해석 가능한 통계분석을 허용하는 충분한 집단을 만들어 주기 때문이라는 이유로 선택되었다.

표 8-1	표준화 검사점수 : 평균(표준편차)		
	최상위 3%	기 타	효과크기*
사례 수	162	5,238	
PPVT-R	118.3 (13.8)	87.4 (17.3)	1.79
Woodcock-Johnson-개정판			
글자-단어 확인	127.0 (13.0)	95.0 (15.6)	2.05
문장 이해	129.7 (7.8)	101.0 (16.4)	1.75
계산	124.6 (14.1)	99.6 (18.6)	1.34
응용문제	129.8 (9.5)	101.0 (15.2)	1.89

주: *효과크기 = 비교집단의 표준편차로 나눈 평균 차

고성취 아동들의 점수는 백분위 88%(PPVT-R)에서 백분위 98%(독해력과 문제 응용력)에 속하는 전국적 표준화 점수 평균을 가진 전체 집단보다 분명히 향상되었다. 수 추리 기술에서 이들보다 약간 낮은 계산 점수는 절차지식(procedural knowledge)이 구체적인 수업에 달려 있기 때문에 수학적 추론에서 향상된 아동들에게 기대되었다(Robinson, Abbott, Berninger, Busse, & Mukhopadhyay, 1997).

162명의 높은 성취 아동들 중 56%는 남학생으로 나머지 표본의 52%와 비교되었다($c^2(1) = 1.20, p = $ NS). 검사받을 때 높은 성취 아동들의 평균 연령은 8.75세로 다른 아동들의 연령(8.74세)과 실제로 거의 동일했다. 162명의 아동 중 52%는 연구 집단, 48%는 비교집단이었으며 유의미한 차이가 없었다. 모든 post-Head Start 아동들에 대한 집단 처치 효과를 포괄하는 보고는 Ramey와 동료들(2000)의 논문에 실려 있다.

성취를 바라보는 추가적인 방식으로, 〈표 8-2〉는 학업성취에 대한 부모, 교사, 아동의 평가를 말해 준다. 비록 비교집단의 부모 역시 자녀가 잘하는 것으로 보더라도, 교사와 부모의 반응은 두 집단에서 학업성취의 차이를 분명하게 반영했다. IEF's를 지닌 9명의 고성취 아동 중 2명은 말하기/언어 손상, 3명은 듣기 손상, 4명은 '기타'로 열거되었다. 고성취 아동들 또한 자신의 학업능력을 인지했다. 특히 빈약한 결과를 나타내 주는 것으로서, 다른

	최상위 3%	기 타	분 석*
사례 수	162	5,238	
교사 표준평정	106.8 (10.1)	89.4 (14.9)	$t(143) = 8.67$, $p < .001$, $d = 1.17$
독해(상위 10%)	58%	14%	
수학(상위 10%)	55%	14%	
지적기능(상위 10%)	65%	14%	
부모: 학교수행(0-10)	8.77 (1.2)	7.39 (2.0)	$t(177) = 3.26$, $p < .001$, $d = .69$
아동: How well I do in school(1-3)			
'매우'	64%	43%	
'양호'	36%	51%	
'보통'	0%	6%	$x^2(2) = 32.76$, $p < .001$
현행 개별 교육 계획(IEP)	6%	17%	

표 8-2 아동의 학업능력: 추가적 증거

주: *효과크기 = 비교집단의 표준편차로 나눈 평균 차

아동의 6%가 '잘하지 못함'으로 보고한 반면에 고성취 아동 집단에서는 어느 누구 하나도 자신을 '잘하지 못함'으로 보고하지 않았다(Ramey, Gaines, Phillips, & Ramey,1998). 교사들은 이 집단이 나머지 아이들에 비해 향상된 것으로 분명히 인식하는 반면, 교사 평정으로 도출된 표준점수는 전국 표준화 측정에서 아동들의 실제 성취만큼 높지 않다는 것이 흥미롭다.

연구결과

다음의 결과에서 구체적인 확률(probability)은 .10 또는 더 낮은 수준에서 보고되었다.

가정 변인들

〈표 8-3〉은 가정에 관한 인류학적 정보를 나타낸다. 고성취자들의 가족

은 다른 가족에 비해 자녀의 수가 적었고, 금전적 자원이 좀 더 많았으나, 64%는 월 수입이 1,500달러보다 적었다고 보고했다. 그리고 연구 집단의 몇몇 가정은 공공 지원에 의존했다. 이 아이들의 가정에 성인이 더 많은 것은 중요하지 않았고, 가정에 살고 있는 고성취자의 아버지에 대해 단지 더 많은 주변 경향이 있었다. 다른 한편으로는 부모의 교육 수준이 더 높았고, 가정의 주 언어로 영어가 좀 더 많았다. '위기(challenges)'(예, 수입 < 50% 빈곤 수준, 무주택, 돌보는 사람의 만성적인 건강 문제) 열두 가정과 '강점(strenths)'(예, 수입 = 150% 빈곤 수준, 대학 수준의 돌보는 사람, 매우 유기적인 가정 일과들) 여섯 가정에 대한 양육자와의 면접으로부터 도출된 요약 내용에는 고성취자의 가정들은 의미 있게 더 좋은 환경을 지니고 있음을 보여 주었다. 전반적으로 이 가정들이 부유하지는 않았으나, 다소 더 많은 자원을 요구할 수 있었고, 보다 적은 위기에 직면하였고, 유복하지는 않지만 그들의 재산으로 감당할 수 있는 적은 수의 자녀를 양육하고 있었다.

전체 표본에 대해 Ramey, Ramey 및 Lanzi(1988)가 수행한 2차 분석 중의 하나는 6개 가정 유형을 선정하기 위해 군집(cluster) 분석 형식을 사용했다. 6개 가정 유형은 최상의 자원이 많은 가정, 공적 지원에 의존한 편부·편모 가정, 무주택 가정, ESL 가정(영어가 제2언어인 가정), 매우 유동적(high-mobility)이고 양육자가 만성적 건강 문제를 지닌 가정 등이다. 군집 분석은 유사성의 측정으로 상관계수를 사용했고, 군집 기준(clustering criterion)으로 Ward 방법을 사용했다. 〈표 8-3〉에서 보는 것처럼, 나머지 참가자와 비교하여, 고성취자의 보다 많은 가정이 최상의 자원 가정(보다 높은 교육, 보다 높은 고용) 범주로 떨어졌고, 보다 적은 수가 무주택 또는 공공 지원에 의존하는 가정이었다. 고성취자 가정 중 높은 비율을 차지하는 인종은 백인/비히스패닉이었고 영어가 1차 언어인 가정이 보다 많았다.

돌보는 사람이 아동들과 얼마나 자주 상호작용—책을 읽어 주고, 놀아 주고, 학교에서 배운 것을 공부시키고, 아동이 본 텔레비전 프로그램에 대해 말하고, 지역사회 관심사에 대해 말하는—을 하는가에 대한 구조화된 면접 질

사회적·정서적 문제, 미성취, 상담

표 8-3 가정 지원

	최상위 3%	기 타	분석*
사례 수	162	5,238	
가정 빈곤 지표	1.26 (.81)	.95 (.69)	$t(2104) = 3.77, p < .001, d = .45$
아동 수	1.58(1.21)	2.96(1.47)	$t(4588) = 3.11, p = .002, d = .26$
성인 수	1.95 (.74)	1.89 (.88)	$t(4589) = .85, p = NS$
가정 위기	1.54(1.45)	2.53(1.77)	$t(151) = 8.01, p < .001, d = .56$
가정 감정	1.77(1.33)	1.19(1.04)	$t(157) = 5.14, p < .001, d = .58$
아버지 관여	69%	59%	$x^2(1) = 4.47, p = .035$
4년 이상 자기 소유의 집	62%	45%	$x^2(1) = 7.65, p = .006$
가정 유형			
매우 지원적임	64%	44%	
AFDC/SSI/Single	18%	32%	
무주택	0%	3%	$x^2(6) = 31.72, p < .001$
현재 AFDC 또는 SSI	21%	36%	$x^2(1) = 13.80, p < .001$
인종			
백인	66%	44%	
흑인	19%	34%	
멕시칸	8%	14%	
아시안	3%	4%	
인디언/알래스카 원주민	1%	3%	
기타	4%	2%	$x^2(3) = 28.69^b, p < .001$
제2언어 가정	4%	10%	$x^2(1) = 6.08, p = .014$
고교 · 대학졸업 또는 GED	87%	68%	$x^2(1) = 22.19, p < .001$
부모 우울 2년	25%	23%	$x^2(1) = .34, p = NS$
높은 우울 지표	23%	29%	$x^2(1) = 2.60, p = NS$

주: *효과크기 = 비교집단의 표준편차로 나눈 평균 차
　아시안, 인디언 및 기타는 한 범주 안에 넣어 둠
　1학년: 유의미, 3학년: 의미 없음

문의 반응에서, 고성취 아동의 양육자와 일반 집단의 양육자는 명료한 차이가 없었다. 사실, 권고된(suggestive) 카이스퀘어 비교가 나타났을 때, .05 수준에서 독해($x^2 = 13.24$ (5), $p = .02$)를 제외하고는 의미가 없었다. 차이점들은 활동을 '매일' 하는 것으로 보고된 고성취자들을 양육하는 사람의 방침에서 자주 나타나는 경향이 있다. 긍정적 반응의 분명한 사회적 바람직함은 우리

에게 이런 발견을 보수주의에 따라 해석하는 것을 경계하도록 한다.

몇 개의 질문을 통해 얻어진 우울 지표는 고성취자의 부모에게 좀 더 낮은 우울을 나타내는 약간의 경향 이상을 밝히지 못했다(Fisher의 사후검증(Exact Test), 양방향, $p = .12$). 흥미롭게도 이 3학년 면담에서, 최소 2년에 걸친 우울증을 경험한 것을 보고한 양육자의 비율에 있어서 어떤 의미 있는 차이가 없었으며, 또한 사전에 계산되지 않았던 다중항목의 지수상에서도 의미 있는 차이가 없었다. 3학년의 전체 집단 보고 수준이 목표 집단의 수준으로 현재 떨어져 있는 상태에서 그와 같은 차이는 사실상 아동들이 1학년에 있었을 때(목표 집단에서 23%, 전체 집단에서 34%) 보고되었던 것이다. 이 불일치가 시사하는 바는 전체 집단의 경우 우울의 지속기간에 대한 자신들의 기억이 감소하는 때에 긍정적 변화가 일어났던 반면에 매우 높은 성취 집단의 양육자에 대해서는 어떤 비교할 만한 변화가 일어나지 않았다.

〈표 8-4〉에서 보이는 것처럼, 부모 행동 차원 검사에 대한 부모 반응은

표 8-4 부모 행동과 관여

	상위 3%	기 타	분 석
사례 수	162	5,238	
부모 행동 차원 검사			
(Slater & Power, 1987)			
양 육	−31.63(4.09)	31.24(4.40)	$t(4571) = 1.06, p = ns$
반응성	23.61(4.49)	21.48(4.51)	$t(4570) = 5.70, p = .001, d = .47$
비제한성	28.26(6.82)	24.49(6.85)	$t(4571) = 6.64, p < .001, d = .55$
일관성	35.05(6.88)	34.83(7.24)	$t(4571) = .36, p = ns$
학교 관여 횟수에 대한 부모 보고			
자원봉사			$x^2(3) = 9.28, p = .026$
아동과 학교에 대한 토론			$x^2(3) = 3.41, p = ns$
부모 활동 참여			$x^2(3) = 2.47, p = ns$
교사와 접촉 유지			$x^2(3) = 2.13, p = ns$
부모의 성공 격려에 대한 교사 보고			$x^2(4) = 64.94, p = .001$
내가 잘한다는 것이			$x^2(2) = .59, p = ns$
부모에게 얼마나 중요한지에 대한 아동 보고*			

주: *1학년 때 유의미함. 3학년 때 두 집단의 92%가 매우 중요하다고 말함.

1학년의 반응성과 비제한성 태도에서 상당한 차이를 낳았다. 그러나 예전처럼 양육 또는 일관성 어느 곳에서도 유의미한 차이가 발견되지 않았다. 고성취자들의 부모는 자녀와 학교에 대해 토론하기, 교사와 접촉을 유지하기, 다른 집단보다 더 자주 계획된 학교 부모 활동에 참여하기를 보고하지 않았지만, 자녀의 학교에서 보다 많은 자원봉사를 한다고 보고했다. 부모들이 스스로를 그렇게 보고하지 않았다는 사실에도 불구하고, 교사들은 고성취자의 부모들이 다른 부모보다 학교에서 성공하도록 좀 더 강력하게 자녀를 격려하는 것으로 보았다.

아동의 지각

이 고성취 아동은 학업 면에서는 물론 사회적으로 성공하는 경향이 있다. 〈표 8-5〉에 나타난 것처럼, 교사들은 척도의 표준화된 규준을 사용해 높은 성취 아동들은 사회적으로 좀 더 능력 있고 학업적으로 성공하려고 더 동기화되어 있다고 유의미하게 평가했고, 나머지 아동들의 교사들보다 좀 더 긍정적인 학급 행동을 보인 것으로 평가했다. 부모 또한 자신의 고성취 아동들이 사회적으로 더 숙달된 것으로 보았다. 비록(1학년에서처럼) 나머지 아동들의 부모들이 했던 것보다 더 협조적이지는 않았으나, 스스로를 또래의 부모들이 했던 것보다 전반적 감각에서 학교에 보다 잘 적응하는 것으로 보았다.

'What I Think of School' 도구에 대한 아동들의 반응은 일반적으로, 매우 성공적인 아동이 학교 경험에 관해 늘 긍정적이지는 않았지만, 그중 소수는 표본의 나머지 아동들이 했던 것보다 사실상 부정적인 것으로 보았다. 〈표 8-2〉에서 보고된 어떻게 학교에서 잘하는가에 대한 지각에서 집단 간의 강한 차이를 제외한다면, 학교에서 잘하는 것이 그들과 부모에게 얼마나 중요한가(1학년과는 다르게, 양 집단의 거의 모든 아동들이 매우 중요하다고 보고했다.), 새로운 것을 학습하는 데 교사가 얼마나 많이 돕는가에 대해 집단 사이에 거의 차이가 없다. 아동이 얼마나 학교를 좋아하는가에 대한 보고에서

$x^2(2) = 7.52$, $p = .02$, 교사와 얼마나 잘 지내는지 $x^2(2) = 10.08$, $p = .006$, 그리고 동료와 얼마나 잘 어울리는지 $x^2 = 7.68$, $p = .02$에 대해 사소한(marginal) 발견이 부각되었다. 이들 마지막 세 가지 비교의 각각에서, 집단 사이에 본질적인 차이가 부적 대안의 감소에서 있었다. 예를 들어, 얼마나 학교를 좋아하는지에 관한 보고에서 양 집단의 거의 2/3는 학교를 많이 좋아한다, 고성취 아동의 35% 대 일반 집단 아동의 29%가 학교를 다소 좋아한다고 말한 반면, 고성취자의 2.5% 대 일반 아동 7.5%만이 학교를 좋아하지 않는다고

표 8-5 아동 성과

	상위 3%	기 타	분 석*
사례 수	162	5,238	
사회적 기술과 행동에 대한 교사 보고			
사회적 기술 평정 시스템			
(요인점수, Gresham & Elliott, 1990)			
협조성	15.8 (4.2)	13.5 (5.0)	$t(138) = 5.93$, $p < .001$, $d = .46$
주장성	13.8 (3.5)	12.0 (4.4)	$t(138) = 5.60$, $p < .001$, $d = .41$
자기통제성	14.4 (4.4)	13.4 (4.9)	$t(4071) = 2.39$, $p < .017$, $d = .20$
소계(표준점수)	104.5(15.2)	97.1(16.8)	$t(4143) = 4.93$, $p = .001$, $d = .44$
학업수행 평정			
성공 동기			$x^2(4) = 118.04$, $p < .001$
전반적 학급 행동			$x^2(4) = 32.14$, $p < .001$
사회적 기술과 적응에 대한 부모 보고			
사회적 기술 평정 시스템			
(요인점수, Gresham & Elliott, 1990)			
협조성	12.2 (3.5)	12.0 (3.6)	$t(4608) = .66$, $p = $ NS
주장성	17.0 (2.5)	16.0 (2.9)	$t(4597) = 4.07$, $p < .001$, $d = .34$
반응성	15.1 (2.7)	13.9 (3.0)	$t(4562) = 4.63$, $p = .040$, $d = .17$
자기통제성	12.6 (3.3)	12.0 (3.5)	$t(4603) = 2.06$, $p = .040$, $d = .17$
소계(표준점수)	100.6(14.5)	95.8(16.1)	$t(4620) = 3.55$, $p < .001$, $d = .30$
아동의 학교 적응도(0~10)			
학교 선호	8.31(1.7)	8.00(2.0)	$t(4620) = 1.85$, $p = .065$, $d = .15$
노력 정도	8.11(1.9)	7.83(2.0)	$t(4620) = 1.77$, $p = .076$, $d = .14$
전반적 적응	8.45(1.5)	8.03(1.9)	$t(4612) = 2.66$, $p = .008$, $d = .18$

사회적 · 정서적 문제, 미성취, 상담

말했다. 이와 비슷하게, 교사와 잘 어울리는가에 대해 더 많은 수의 고성취 아동들이 '다소'라고 했고, 적은 수가 '그렇지 않다(not much as)'라고 했다.

이전의 검사 수행

162명의 고성취 3학년 학생들에 대한 사전검사 수행 점수가 나중의 높은 성취 수행(〈표 8-6〉 참고)의 조기 지표를 제공하는지를 평가하기 위하여 검

표 8-6 162명의 고성취 3학년 학생에 대한 사전 표준화 검사점수

	사례 수	평 균	표준편차	학 년*
유치원				
PPVT-R	157	102	15.74	
WJ-R 글자-단어 확인	162	102	14.75	K.7
WJ-R 문장이해	162	106	14.94	K.9
WJ-R 계산	162	100	18.04	K.3
WJ-R 응용문제	162	111	13.85	1.1
1학년				
PPVT-R	144	112	14.79	
WJ-R 글자-단어 확인	144	119	15.30	2.6
WJ-R 문장이해	144	124	11.42	3.2
WJ-R 계산	144	114	12.17	2.1
WJ-R 응용문제	144	115	14.43	2.4
2학년				
PPVT-R	121	111	14.15	
WJ-R 글자-단어 확인	151	124	14.68	4.4
WJ-R 문장이해	151	126	11.68	5.1
WJ-R 계산	151	117	14.70	3.3
WJ-R 응용문제	151	125	13.11	4.0
3학년				
PPVT-R	162	118	13.81	
WJ-R 글자-단어 확인	162	127	12.96	7.1
WJ-R 문장이해	162	130	7.76	7.6
WJ-R 계산	162	125	14.10	5.0
WJ-R 응용문제	162	130	9.53	6.8

주: * 예, K.7은 유치원 7개월

토되었다. 어떤 자료는 모든 아동에게 유용하지 않았기 때문에 다양한 학년에서 아동의 숫자는 다르다. 유치원의 어린 아동, 3학년의 고성취 아동들은 이미 잘 수행했다. 수학적 추론(응용문제들)의 관점에서, 그들은 1학년 수준에서 수행했다. 1학년부터 3학년까지 일관성 있게, 평균 이상의 적어도 1~2 표준편차와 현 학년 수준보다 1~4학년 높은 수준을 수행했다. 수년에 걸쳐, 아동들의 학교 성취는 3학년에서 5~7학년 수준을 성취하는 지속적인 증가를 보였다.

1, 2, 3학년에서 유용한 검사점수에 대한 아동의 종단 분석

3학년 말에 검사받은 5,400명의 아동 중에, WJ-R과 PPVT-R 점수 또한 모든 학년 3,742명의 아동들에 대해 필요한 것이다. PCA 분석은 1, 2, 3학년에서 상위 3%($n = 113$)를 얻기 위해 3,742명 아동들의 점수를 조사했다. 이 분석에서 첫 번째 주 요인과 변인(variance)의 고유값은 1학년에서 3.05(61%), 2학년에서 3.06(61%), 3학년에서 3.20(64%)이었다.

[그림 8-1]은 3학년 수준 동안 상위 3% 구성원에서 겹침을 보여 준다. 유치원은 그 연령에서 점수가 충분히 신뢰할 수 있다고 생각하지 않기 때문에 이 분석에 포함하지 않았다. 1, 2, 3학년에서 완성된 검사점수를 가진 113명의 3학년 고성취자 중 61%는 적어도 두 학년에서 3%의 준거를 충족했다. 모두 3개 학년에서 유용한 검사점수를 가진 3,742명의 아동 중 217명(5.8%)은 1학년과 3학년 사이에 적어도 한 번은 상위 3%에 있었다. 이 집단 중 128명(3.4%)은 한 학년에서만, 52명(1.4%)은 두 학년에서, 그리고 단지 37명(1%)만이 전체 3개 학년에서 그렇게 했다.

적어도 두 학년에서 높은 점수를 가진 69명의 3학년 고성취자들에 대해 가장 초기의 검사점수와 3학년에서의 검사점수와의 상관이 계산되었다. 이 집단에 대해 1학년과 3학년 사이의 점수 상관은 PPVT-R에서 .48, 읽기 점수와 계산 모두에서 .53, 응용문제에 대해 .60이었다. 2학년과 3학년 사이의

사회적 · 정서적 문제, 미성취, 상담

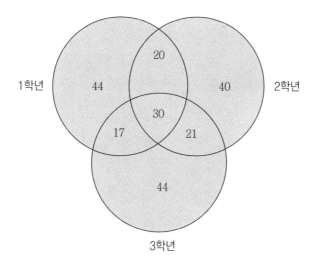

[그림 8-1] 각 학년 수준에서 WJ-R과 PPVT-R 상위 3% 점수를 얻은 아동 수에 대한 종단 분석

점수 상관은 PPVT-R에서 .55, 읽기 점수에서 .57, 계산에서 .52, 응용문제에 대해 .56이었다. 이들 상관은 희소화(attenuation)에 대해서는 수집되지 않았다.

아동이 상위 3%에 있었던 연수와 학업성취의 관계를 알아보기 위해 추가 분석이 실시되었다. 〈표 8-7〉은 아동의 각 학년에서의 PPVT-R과 WJ-R 점수를 보여 준다. 3학년쯤 3년 동안 상위 3%에 있던 아동과 상위 3%에 전혀 속하지 않던 아동 사이에 PPVT-R 점수에서 34점의 평균 차이가 있다. 유사한 경향이 WJ-R 점수에서도 입증되었다. 흥미롭게 적어도 1년 상위 3%에 있었던 아동들은 모두 4년 WJ-R 성취검사 동안 유치원 이후 매년 최소한 적어도 1 표준편차 평균 이상이었다.

〈표 8-8〉에 나타난 것처럼, 상위 3%에 있는 대다수의 학생은 백인/비히스패닉계의 사람들이었다. 그들을 양육하는 사람의 거의 대부분은 적어도 고등학교를 졸업했거나 GED였다. 1년이든 2년이든 상위 3%에 있던 아동의 15%는 양육자가 고졸이나 GED보다 덜하였다는 점을 주목하는 것이 모

표 8-7 상위 3%에 해당하는 연수에 따른 각 학년 아동이 자료

	유치원 상위 3%				1학년 상위 3%				2학년 상위 3%				3학년 상위 3%			
	전혀 없음	1년	2년	3년	전혀 없음	1년	2년	3년	전혀 없음	1년	2년	3년	전혀 없음	1년	2년	3년
PPVT-R	84.19 (14.92)	98.16 (12.88)	102.27 (15.55)	106.78 (19.78)	89.19 (15.41)	106.89 (13.19)	112.61 (13.39)	117.46 (14.27)	86.90 (16.69)	105.01 (12.93)	112.02 (9.20)	117.22 (15.08)	88.13 (16.62)	108.74 (14.03)	116.96 (11.59)	122.51 (15.82)
WJ-R																
글자·단어	85.67 (12.68)	97.60 (12.32)	100.67 (13.80)	107.92 (17.01)	96.63 (15.05)	115.26 (13.33)	121.00 (14.20)	129.38 (13.47)	97.66 (16.07)	122.09 (13.78)	125.23 (14.87)	132.86 (13.80)	95.01 (15.44)	117.09 (12.06)	122.38 (20.95)	126.71 (10.12)
문장 이해	100.21 (13.06)	103.42 (12.71)	104.48 (14.57)	110.89 (19.53)	98.66 (16.34)	119.98 (11.24)	126.29 (9.22)	131.76 (8.74)	101.41 (16.72)	122.96 (10.99)	126.98 (9.47)	133.81 (10.75)	101.61 (16.27)	122.87 (11.27)	126.54 (8.56)	130.51 (7.72)
계산	89.00 (11.26)	98.05 (17.69)	102.56 (16.90)	102.86 (18.31)	99.11 (15.04)	114.01 (11.28)	113.94 (13.29)	123.08 (12.44)	98.20 (16.51)	115.23 (15.24)	116.54 (14.22)	126.22 (14.99)	99.71 (18.31)	118.30 (14.67)	119.79 (12.30)	122.02 (15.93)
응용 문제	91.10 (15.96)	107.08 (13.12)	110.97 (14.62)	16.24 (11.87)	95.50 (14.57)	113.18 (14.05)	118.44 (15.13)	125.73 (13.45)	101.09 (15.75)	122.33 (12.88)	126.61 (11.12)	134.30 (11.50)	100.73 (14.70)	123.03 (11.85)	125.58 (9.26)	132.04 (11.45)

표 8-8 상위 3%에 있었던 연수에 따른 아동의 유치원 인구통계학적 자료

	연 수			
	전혀 없음	1	2	3
사례 수	3,525	128	52	37
인종				
백인	48	70	77	85
흑인	35	19	9	6
멕시칸	11	7	4	0
아시안	1	1	4	3
인디언/	2	2	2	0
알래스카 원주민				
기타	2	1	2	7
영어가 주 언어가 아닌 가정	9	6	2	13
양육자 교육 수준				
고등학교 이하	27	15	15	8
고등학교 이상	73	85	85	92
빈곤 지표 비율				
≤125%	83	69	60	78
≥125%	17	31	40	22

주: 인구통계학적 자료는 %로 표시

호하다 하더라도, 더 나아가 한때 상위 3%에 있던 아동의 가정은 더 많은 경제적 자원을 가진 경우가 많았다. 특히 혼란스러운 점은 3년 내내 상위 3%를 기록한 아동의 가정을 모든 다른 집단과 비교했을 때, 영어가 주 언어가 아닌 가정(13%)이 많은 점이었다.

논 의

백분위상 95~98%의 WJ-R 평균 표준점수를 나타낸 3학년 고성취자들은 표본의 나머지 아동들보다 가정의 어려움이 적었고, 가정의 강점과 자원이 풍부한 가정의 출신이었다. 결과는 영재아동의 가정에 관한 선행 문헌

(Rovinson, 1998; Simonton, 1994; VanTassel-Baska, 1989a)과 유사한 것이다. 그러나 영재의 가정에서조차, 특히 저명한 가정에서 종종 스트레스와 박탈 감이 있었다(Goertzel, Goertzel, & Goertzel, 1978; VanTassel-Baska, 1989b). 수입이 낮은 집단에서 고성취를 순조롭게 하는 조건은 일반적 사람에서 기술되는 것과 동일하다. 즉, 교육과 일을 가치 있게 여기는 지지적인 분위기의 가정들(VanTassel-Baska, 1989a), 비교적 좋은 교육 및 재정 자원과 좀 더 적합한 부모 역할 실천(Robinson et al., 1998; Steinberg, Lamborn, Dornbusch, & Sparling, 1994), 보다 높은 정도의 자극(Bryant, Burchinal, Lau, & Sparling, 1994)이었다.

현재의 연구와 1학년 때 선행연구(Robinson et al., 1998) 확인 절차에 따르면, 편파적이지 않은 대규모의 저소득 인구 집단을 받아들인 넓은 관점에서 볼 때 독특하다. 목표 집단의 아동들은 현저한 학업수행을 통해 확인되었으나, 그들에 관한 모든 유용한 정보는 학업적으로 성공적이지 않은 아동들에 관련해서 동등하게 유용한 것이다. 더 나아가 고성취 아동의 가정은 대체로 미국 인구와 비교했을 때 이점이 있는 것으로 간주되지는 않는다. 사실 그들의 평균 수입은 Head Start에 아동을 등록할 자격을 지닌 후 최소 4년이 지난 뒤 아동이 3학년을 마칠 때조차 빈곤 지표상 단지 1.26배였다. 사실상 그 사이에는 일반적으로 향상된 경제, 위로 이동할 기회가 상당히 있었다. 어떤 가정은 '그렇게 했지만' 많은 가정은 아직도 환경의 많은 장벽에 직면하고 있었다. 그들의 육아 실천, 아동의 학교 성취에 대한 지원, 그들 자신의 가정 자원의 관리 등이 대부분 아동의 고성취와 관련되는 것으로 나타났다. 비록 3학년에서 높은 점수를 보인 아동의 4%만이 영어가 주 언어가 아닌 가정의 출신이라 하더라도, 3년 내내 높은 점수를 보인 놀라운 13%는 그런 가정 출신이라는 점이 특히 흥미롭다. 아마 몇몇 이민 가정에서 학교 성취를 높은 가치로 여기는 효과를 여기서 보는 것 같다.

고성취 아동은 교사나 부모가 보는 것처럼 학업적 뿐만 아니라 동기적, 사회적으로도 자신감을 갖고 학교를 시작했다. 이런 점에서 또한 현재의 연

사회적 · 정서적 문제, 미성취, 상담

구결과는 다른 수단을 통해 확인된 영재아동 집단에 대한 연구(Janos & Robinson, 1985; Robinson & Noble, 1991)와 일치하며 고능력 아동들의 일반적으로 바람직한 사회적 적응을 입증한다(National Association for Gifted Children, 2000).

제한된 수단과 경계선상의 사회적 지위에 있는 가정 출신의 고능력 아동을 학교 교직원이 간과할 수 있다는 걱정이 많다. 이런 아동의 교사는 단지 아동의 반 정도만을 학업적으로 상위 10%에 있는 것으로, 약 2/3가 지적으로 상위 10%에 있는 것으로 확인했다. 이런 발견은 교사가 경제적으로 불리한 가정 아동의 고능력을 간과하는 경향이 있을 가능성을 제시하지만, Head Start에 참여하지 않고 또 연구에 참가하지 않은 같은 계층의 다른 학생들에 대한 평정이 없기 때문에 그렇게 해석하기는 어렵다. 더 나아가 이 학업적으로 성공적인 아동의 1/3 이상(35%)이 학교가 다소 좋고 그들 중 소수(2.5%)는 '전혀'라고 보고했다는 것은 중요하다.

궁극적으로 매우 잘하는 아동의 높은 수행 유형은 표본의 나머지와 비교했을 때 유치원 정도의 어린 시기에 볼 수 있다. 1학년 무렵에는 보다 강력하게 부각된다. 여러 학년에서 잘한 아동의 가정은 아동이 상위 3%에 있었던 가정 안에서 상대적으로 더 유리했다. 그러나 결코 우수 학생은 아니었다.

고성취 아동에 대한 자료에서 분명한 이야기는 고능력이 부각될 때마다 확인하고 격려하는 노력을 강화해야 한다는 것이다. 아동의 최적 발달을 이끄는 아동 양육 태도와 개인적 자원을 지닌 부모가 있음으로써, 동시에 아동 스스로가 지적 사회성 영역에서 모습을 형성할 자산을 지님으로써, 이 3학년 아동들은 분명히 성공 사례가 된다. 그들의 성취는 그만큼 그들의 향후 추진력을 유지하는 속진과 심화를 통해 정규 교육과정에의 적응이 필요할 것이다.

그들이 '다른 애들과 같아라' 하는 또래 압력이 더욱 강력해지는 시기에 들어섬에 따라 다른 아동들은 부모나 교사의 강력한 지원을 받아야 한다는 것, 성공하려는 동기와 발달의 속도를 유지하는 데 도움을 줄 수 있는 고성취 친구들과 접촉하는 것은 더욱 필수적이다. 아동의 반응은 이 연령에서조차 그들이 반드시 학교를 좋아하지 않는다는 것을 알려 준다. 국가적인 차원에서, 우리는 이 아동과 가정에게 가치 있는 재능의 보고를 발달시키고 유지하도록 격려와 기회를 제공하는 데 열정과 자원을 가지고 주목하고 참여할 필요가 있다.

🖎 참고문헌

Bloom, B. (Ed.) (1985). *Developing talent in young people*. New York: Ballantine.

Brook, R., Ware, J., Davies-Avery, A., Stewart, A., Donald, C., Rogers, W., & Johnston, S. (1987). *Conceptualization and measurement of health for adults in the Health Insurance Study. Vol. VII: Ovewiew* (8-HEW). Santa Monica, CA: Rand.

Bryant, D. M., Burchinal, M., Lau, L. B., & Sparling, J. J. (1994). Family and classroom correlates of Head Start children's developmental outcomes. *Early Childhood Research Quarterly, 9*, 289-309.

Dunn, L. M., & Dunn, L. M. (1981). *Peabody Picture Vocabulaly Test-Revised*. Circle Pines, MN: American Guidance Service.

Gagné, F. (1998). A proposal for subcategories within gifted or talented populations. *Gifted Child Qurtrterly, 42*, 87-95.

Goertzel, M. C., Goertzel, V., & Goertzel, T. G. (1978). *Three hundred eminent personalities*. San Francisco: Jossey-Bass.

Gresham, F. M., & Elliott, S. N. (1990). *Social skills rating system*. Circle Pines, MN: American Guidance Service.

Janos, P. M., & Robinson, N. M. (1985). Social and personality development. In F. D. Horowitz & M. O'Brien (Eds.), *The gifted and talented: A developmental perspective* (pp. 149-195). Washington, DC: American Psychological Association.

사회적 · 정서적 문제, 미성취, 상담

Karnes, M. B., Shwedel, A. M., & Steinberg, D. (1984). Styles of parenting among parents of young, gifted children. *Roeper Review, 6*, 232-235.

Kemper K., & Babonis, T. (1992). Screening for maternal depression in pediatric clinics. *American Journal of Diseases of Children, 146*, 876-878.

Kulieke, M. J., & Olszewski-Kubilius, P. (1989). The influence of family values and climate on the development of gifted children. In J. L. VanTassel-Baska & P. O1szewski-Kubilius (Eds.), *Patterns of infuence on gifed learners: The home, the self, and the school* (pp. 40-59). New York: Teachers College Press.

Moon, S. M., Jurich, J. A., & Feldhusen, J. F. (1998). Families of gifted children: Cradles of development. In R. C. Friedman & K. B. Rogers (Eds.), *Talent in context: Historical and social perspectives glftedness* (pp. 81-99). Washington, DC: American Psychologica1 Associalion.

Moss, E. (1992). Early interactions and metacognitive development of gifted preschoolers. In P. S. Klein & A. Tannenbaum (Eds.), *To be young and gifted* (pp. 278-318). Norwood, Nl: Ablex.

National Association for Gifted Children. (2000). *Task force report on social-emotional issues of gifted students.* Washington, DC: Author.

Okagaki, L., & Erensch, P. A. (1998). Parenting and children's school achievement: A multiethnic perspective. *American Educational Research Journal, 35*, 123-144.

Ramey, S. L., Gaines, R., Phillips, M., & Ramey, C. T. (1998). Perspectives of former Head Start children and their parents on the transition to school. *Elementary School Journal, 98*, 311-328.

Ramey, S. L., & Rameyr C. T. (1992). *The National Head Start/public School Early Childhood Transition Study: An overvietw.* Washington, DC: Administration on Children, Youth, and Families.

Ramey, C. T., Ramey, S. L., & Lanzi. R. G. (1998). Differentiating developmental risk levels for families in poverty: Creating a family typology. In M. Lewis & C. Feiring (Eds.), *Families, risks, and competene* (pp.187-205). Mahway, NJ: Erlbaum.

Ramey, S. L., Ramey, C. T., & Phillips, M. M. (1996). *Head Start childrent's entry into Public. School: An interim report on the National Head Start/Public School Early Childhood Transition Demonstration Study* (Research Report Number 1997-02). Washington, DC: U. S. Department of Health and Human Services.

Ramey, S. L., Ramey, C. T., Phillips, M. M., Lanzi, R. G., Brezausek, C., Katholi, C. R., Snyder, S., & Lawrence, F. (2000, November). *Head Start children's entry into public school: A report on the National Head Start/Public School Early Childhood Transition Demonstration Study (Executive Summary).* Available at http://www2.acf.dhhs.gov/programs/hsb/exesummary/summary.htm.

Reid, M., & Landesman, S. (1988a). *What I think of school.* Seattle: University of Washington.

Reid, M., & Landesman, S. (1988b). *Your child's adjustment to school.* Seattle: University Of Washington.

Robinson, N. M. (1998). Synergies in families of gifted children. In M. Lewis & C. Feiring (Eds.), *Families, risk, and competence* (pp. 309-324). Rahway, NJ: Erlbaum.

Robinson, N. M., Abbott, R. D., Berninger, V. W., Busse, J., & Mukhopadhyay, S. (1997). Developmental changes in mathematically precocious young children: Longitudinal and gender effects. *Gifted Child Quarterly, 41,* 13-27.

Robinson, N. M., & Noble, K. D. (1991). Social-emotional development and adjustment of gifted children. In M. G. Wang, M. C. Reynolds, & H. J. Walberg (Eds.), *Handbook of special edutation: Research end practice* (Vol. 4, pp. 23-36). New York: Pergamon.

Robinson, N. M., Weinberg, R. A., Redden, D., Ramey, S. L., & Ramey, C. T. (1998). Family factors associated with high academic competence among former Head Start children. *Gifted Child Quarterly, 42,* 148-156.

Ross, P. O. (1994). Introduction to descriptions of Javits grant projects. *Gifted Child Quarterly, 38,* 64.

Simonton, D. K. (1994). *Greatness: Who makes history and why.* New York: Guilford.

Slater, M. A., & Power, T. G. (1987). Multidimensional assessment of parenting in single-parent families. In J. P. Vincent (Ed.), *Advances in family intervention, assessment, and theory* (pp. 197-228). Greenwich, CT: JAI Press.

Steinberg, L., Lamborn, S. D., Dornbusch, S. M., & Darling, N. (1992). Impact of parenting practices on adolescent achievement: Authoritative parenting, school involvement, and encouragement to succeed. *Child Development, 63,* 1266-1281.

Terman, L. M. (1925). Mental and physical traits of a thousand gifted children. *Genetic Studies of Genius: Vol. I. Mental and physical traits of a thousand gifted children.* Stanford, CA. Stanford University Press.

VanTassel-Baska, J. L. (1989a). The role of the family in the success of disadvantaged gifted learners. In J. L. VanTassel-Baska & P. Olszewski-Kubilius (Eds.), *Patterns of infuence on glfted learners: The home, the self and the school* (pp. 60-80). New York: Teachers College Press.

VanTassel-Baska, J. L. (1989b). Characteristics of the developmental path of eminent and gifted adults, In J. L. VanTassel-Baska & P. Olszewski-Kubilius (Eds.), *Patterns of infuence on gifted learners: The home, the self and the school* (pp. 146-162). New York: Teachers College Press.

Woodcock, R. W., & Johnson, M. B. (1989). *Woodtock-Johnson Tests of Achievement: Standard Battery-Revised.* Allen, TX: DLM Teaching Resources.

제 2 부

미성취

09

학업 미성취 영재: 유형을 바꾸는 요인에 대한 학생의 지각[1]

Linda J. Emerick(University of St. Thomas)

영재들 사이에서 미성취는 35년이 넘도록 연구의 중심이 되어 왔다. 영재 미성취에 대한 중재 연구들의 대부분에서는 단지 제한된 성공을 밝히고 있다. 이 연구는 만성적 미성취에서 학업적 성공으로 옮겨 간 14~20세 영재 학생 10명을 통해 미성취 유형의 반전에 영향을 준 요인들을 탐색했다. 연구결과는 6개 요인들이 빈약한 학교 수행을 반전시키는 데 영향력이 있다고 제시했다. 몇 명의 영재 미성취자들은 개인적인 강점과 흥미에 초점을 둔 교육적 수정을 통합하는 중재에 잘 반응한다는 증거가 있다.

학업 미성취는 적어도 지난 35년 동안 교육자, 부모, 학생에게 지속적으로 관심을 받아 왔다. 그리고 미성취 영재는 '우리 문화의 가장 큰 사회적 낭비의 하나'(Gowan, 1955, p. 247)로 기술되어 왔다. 이러한 사회적 비용 외에도 학업 미성취 때문에 향상된 교육 경험과 개인 발달을 위한 기회가 좌절되는 개인적 낭비도 있다. 오늘날 총명한 아동이 자신의 지능에 상응한 학업 수준을 수행할 수 없거나 못하게 되는 상황보다 더 혼란스럽고 절망적인

---

1) 편저자 주: Emerick, L. J. (1992). Academic underachievement among the gifted: Students' perceptions of factors that reverse the pattern. *Gifted Child Quarterly, 36*(3), 140-146. © 2001 National Association for Gifted Children. 필자 승인 후 재인쇄.

문제는 없다.

학업 미성취 영재아동은 빈약한 성적과 부모나 교사의 비난보다 더한 고통을 받을지도 모른다. 불행하게도 학교에서의 수행이 부적절한 것으로 간주된다면, 아동은 또한 스스로를 다른 종류의 학업 경험에서도 부적절하다고 지각할 것이다. 이러한 유쾌하지 않은 경험이 계속되면서 학교, 자아 그리고 학습에 대한 부정적 태도가 전반적으로 나타날 것이며, 빈약한 동기 습관이 발달될 것이다(Covington, 1984). Bloom(1977)에 따르면, "학교 학습에서 자신의 부적절성에 대한 개인의 지각이 관련 흥미, 태도 및 학업 자아개념의 발달과 관련된다는 많은 경험적 지지가 있다."(p. 197). 미성취 영재들의 강점과 잠재력이 종종 무시되거나 미처 발휘되지 못한 채 사라지는 것이다.

결과적으로, 학생은 적절한 교육 기회를 거부하고 학습에 대한 호기심과 애착을 잃어버릴지도 모른다. 상당한 연구들이 미성취 영재를 이해하고 돕는 데 헌신해 왔다. 연구들은 이 집단의 독특한 특성을 확인하고, 인과 요인을 구별해 내며, 미성취 유형을 반전시키기 위한 효과적인 중재를 개발하는 데 주안점을 두었다. 이러한 영역에서 이루어진 수많은 연구에도 불구하고, 부각된 미성취자의 모습은 복잡하고 종종 모순적이며 확실하지 않다. 몇몇 예외를 빼고는, 연구자들이 보고한 중재들은 실패했거나 제한적인 성공을 거두고 있다(Dowdall & Colangelo, 1982). 영재 가운데 미성취 유형의 반전이 진전되지 못한 것은 연구자들이 그 개인을 충분히 이해하지 못했고, 문제의 모든 측면을 체계적으로 탐색하지 못했기 때문이라는 제안이 있어 왔다(Lowenstein, 1977).

이전에 탐색되지 않은 학업 미성취의 한 영역은 부모나 교사가 분명하게 중재하지 않아도 유형을 반전할 수 있었던 만성적 미성취의 기록을 가진 영재학생이다. Bricklin과 Bricklin(1967)과 같은 전문가는 그런 학생들의 존재를 확인했지만, 이 집단의 특성을 확인하고 학업성공을 낳은 요인들에 대한 이해에 특별히 주안점을 두는 연구는 없다.

미성취 유형의 반전 과정을 이해하기 위해서는 성취 지향적 행동이나 그런 행동에 기여하는 요소에 개인이 부여하는 의미에 대해 약간의 이해가 필요하다. 학교에서 평균 이상의 수행에 기여할 수도 있는 이들 요인의 발견은 미성취의 유형으로부터 학업성취로 이동한 총명한 아동 및 청소년의 탐구를 필연적으로 필요로 한다. 따라서 본 연구의 목적은 미성취 영재가 학업 미성취 유형의 반전에 기여하는 것으로 지각했던 요인들을 확인하는 것이다.

연구의 활용도

미성취 유형을 반전시키기 위해 노력하는 학생과 부모, 교사는 수많은 요인들을 고려하길 바랄 것이다. 이 연구로부터 얻은 결과는 미성취자의 강점과 재능 영역들을 확인하는 것이 중요하다는 점을 지적한다. 개인적 흥미는 학생에게 학습할 동기를 유발하고 학교 성공과 관련된 다양한 기술들을 익히는 방법을 제공할 수 있다. 미성취 기간 '동안' 적절히 도전적인 교육과정을 제공하는 것 또한 중요한 것으로 보인다. 학교 구성원은 미성취 영재들을 영재교육 서비스와 (또는) 우수반의 후보자로 고려해야만 한다. 본 연구에서 미성취자들 역시 높은 기대를 지니고, 침착하고 지속적인 안내를 제공하며, 학생에게 적극적이고 객관적인 관심을 유지했던 부모와 교사에게 잘 반응하는 것으로 보였다. 연구결과는 학업 미성취가 학생과 학교 모두를 수정한 결과로써 반전될 수 있다는 것을 나타내고 있다.

연구방법

연구대상

연구 참여자들은 의도적인 표집을 사용해 선발되었다. 주와 지역 영재교육 조언자들에게 안내장을 보내 다음의 기준에 부응하는 학생들을 추천하도록 요청했다.

1. 다음의 증거를 통해 지적 영재성이 입증된 학생: 표준화 성취검사 점수(90% 이상), 일반 태도 검사점수(IQ 125 이상), 또는 평균 이상의 좋은 학업수행을 위한 잠재성의 다른 객관적이며 주관적 지표들

2. 평균 또는 평균 아래 학업수행의 증거로 입증되는 상당한 기간(2년 또는 그 이상)의 일반적 학업 미성취를 보인 학생. 증거는 검사점수, 등급, 그리고 교육 전문가의 관찰 등을 포함

3. 평균 이상의 학업수행으로 입증되는 학업 미성취 유형의 지속적인 반전(1년 또는 그 이상)을 보이는 학생. 학업성취의 지표들은 검사점수, 등급, 학업 우수상, 교육 전문가의 관찰을 포함

연구에 추천된 학생들의 연령 범위는 (a) 학생들이 학업 미성취 기간과 미성취 유형의 잇따른 반전에 시간상 '근접'한 것을 보장하기 위해, (b) 발달적으로, 학생이 이들 사건의 다양한 측면에 대한 자신의 지각을 반영하고 명료하게 할 가능성을 높이기 위해 신중히 결정되었다(Harris & Liebert, 1987).

일단의 학생들이 지명된 후 10명의 개인이 선발되었다. 참여자들의 다양성은 수집된 자료의 설명력을 강화하는 데 도움이 되었다. 학생들은 14~20세의 청소년 10명으로 북 뉴잉글랜드, 미국의 북동, 남동 지역 출신이었다. 집단은 여학생 2명과 남학생 8명으로 구성되었고, 다양한 사회경제적 배경을 지닌 2명의 흑인과 8명의 백인을 포함했다. 피험자들은 도시, 도시 근교, 시골 등에서 왔다. 〈표 9-1〉에 참여자들에 대한 일반적인 인종 및 성취 배경이 요약되어 있다.

자료 수집

두 단계의 자료 수집이 있었다. 1단계는 개인사적 배경, 평균 이상의 지능에 대한 증거, 그리고 학업수행의 기록에 대해 각 피험자에 관한 정보 수집을 포함했다. 이 단계에서 부모, 추천 교사, 그리고 피험자들을 위한 질문

사회적 · 정서적 문제, 미성취, 상담

표 9-1	참여자 정보와 성취 유형						

피험자	성	인 종	연 령	거주지	미성취 기간	발전 기간
에밀리	여	백인	14	남동 교외 지역	5~8학년	9학년
마이클	남	흑인	19	북동 교외 지역	5~9학년	10학년~ 대학 1학년
스티븐	남	백인	20	뉴잉글랜드 교외 지역	5~9학년	10학년~ 대학 2학년
로라	여	백인	17	뉴잉글랜드 교외 지역	4~8학년	9~12학년
제임스	남	백인	19	도시 지역	4~7학년	8학년~ 대학 1학년
앨런	남	백인	15	북동 교외 지역	2~8학년	9~11학년
나단	남	백인	15	북동 교외 지역	2~3학년 7~8학년	4~6학년 9~10학년
제이슨	남	흑인	16	북동 교외 지역	1~3학년 6~7학년	4~5학년 8~11학년
데이비드	남	백인	18	북동 교외 지역	6~3학년	10~12학년
크리스	남	백인	19	북동 교외 지역	4~7학년 12학년~ 대학 1학년	8~11학년 대학 2학년

지 사용, 추가 작성과 전화 통화, 참여자 각각의 관련 학교 기록의 수집 등도 했다. 이 단계에서 수집된 자료는 연구 참여를 위한 기준에 부합되는지를 입증하기 위해, 그리고 2단계에서 사용된 질문지와 면접 지침서의 개발에 활용되었다.

2단계의 자료 수집은 10명의 피험자들로부터 직접 정보를 수집하는 것을 포함했다. 개방형 질문지에 대한 응답 작성과 각 피험자와의 심층면접 등 두 가지 방법이 사용되었다. 작성된 질문지는 면접 질문의 개발에 도움이 되는 정보를 제공했고, 면접 자료와 함께 사용될 때 주관적 지각의 분석방법

삼각망(between-method triangulation)을 마련해 주었다. 각 피험자와의 면접 수행은 면접 안내 접근(interview guide approach, Patton, 1987)이 활용되었다. 면접은 피험자마다 평균 2~3시간의 개별 모임을 가졌으며, 4달 이상이 소요되었다. 각 학생과는 1~3 모임을 수행하였다. 모임의 수는 자료 획득에 만족하는 정도에 따라 결정되었다.

자료 분석

분석의 목적은 참여자들의 서면과 구두 반응에서 공통 주제를 찾고, 이런 정보를 조직하고, 타당화할 수 있는 전집에 관한 결론을 도출하여 더 나은 행동에 이르고자 하는 것이었다. 질문지와 면접으로 얻은 자료는 3단계 자료 축소 과정(three-step data reduction process)을 활용해 지각을 부호화하고 부호 내용을 주제로 조직하고, 10명의 참여자가 유지하는 공통 주제를 확인하기 위해 분석되었다.

연구결과

질문지 반응과 면접 자료의 분석으로 학업적 미성취 유형의 반전과 관련해 모두 10명의 피험자가 일관성 있게 언급한 6개의 주제 또는 요인들이 밝혀졌다. 이들 요인은 (a) 학교 밖 관심이나 활동, (b) 부모, (c) 학급, (d) 성적과 연관된 목적, (e) 교사, (f) 자아 등으로 명명되었다. 전체 6개 요인이 10명의 피험자에게 중요한 것으로 지각되었으나, 요인 5, 6을 제외하면 중요성의 수준에 대해서는 다른 견해가 있었다. 이 두 요인은 모든 참여자가 중요성에서 주요한 것으로 확인하였다. 참여자들이 학업성공을 이루도록 돕는 6개의 요인과 각각의 지각된 역할이 다음에 기술되어 있다. 참여자의 이름은 익명성을 보장하기 위해 가명으로 나타냈다.

사회적 · 정서적 문제, 미성취, 상담

학교 밖 흥미와 활동

10명의 학생들은 모두 오랫동안 확실히 지적이거나 창의적으로 생산적인 기질의 학교 밖 흥미와 활동을 하고 있었다. 예를 들면, 앨런(Alan)은 8세 때 집 지하에 과학 실험실을 만들어 7년 동안 다방면으로 계속 사용해 왔다. 제이슨(Jason)은 고등학교 때 드라마 동아리에서 뮤지컬을 공연했는데, 이 뮤지컬은 5학년 때 작곡한 것이었다. 또한 전문적으로 공연했던 10대 댄스부를 조직했다. 데이비드(David)는 중학교 때 컴퓨터 사업을 시작하고 소프트웨어를 디자인해 첫해 순이익 3,000달러를 올렸다. 로라(Laura)는 넓은 범위의 관심을 갖고 학교 밖 다양한 주제에 대해 탐구활동을 수행했다. 학교에서 만성적으로 학업 미성취였던 기간과 그 이후에 모든 학생들은 이와 같거나 유사한 유형의 활동에 종사했다. 학생들은 그들의 관심과 취미가 네 가지 방식으로 학업성취를 이루도록 도왔다고 믿었다.

1. 학교 밖에서의 흥미는 학생들이 판단하기에 덜 재미있는 학교 상황으로부터 '탈출'하게 했다. 나단(Nathan)이 설명했듯이, "(흥미 영역은) 좌절 출구다…. 단지 학교에 집중할 수 없을 때, 내가 (사진, 컴퓨터) 속으로 빠져들면 학교보다 더 나은 생활이 있다. 나의 학교 (수행)에 도움이 되었다. 왜냐하면, 나에게 학교 외에 집중할 수 있는 것을 제공했기 때문이다.

2. 흥미 또는 활동의 영역은 피험자에게 학업 실패에 직면해서도 자아가치와 성공감을 제공했다. 크리스(Chris)에 따르면, 이것은 그에게 때때로 이런 믿음을 주었다. "내가 잘할 수 있는 방법을 아는 유일한 것이었다. 그것은 내가 존재하도록 했다." 그는 학교 밴드에서 연주하는 것과 재즈 그룹을 만든 것이 학교에서 학업 향상과 상응하는 것이었다고 믿었다. 왜냐하면, 건설적이고 창의적인 노력일 뿐만 아니라 자신의 생활에 대한 어느 정도의 통제를 부여해 주기 때문이다.

3. 학교 밖 흥미는 학습에 대한 애착을 유지하고 독립적인 학습자가 되는 데 불가피한 기술을 증진시키는 통로로 여겨진다. 스티븐(Steven)은 교육 프로그램이 교육과정과 학교 안에서의 어려움에 항상 도전을 제공하는 것이 아니라고 믿었다. 읽기, 수학 그리고 컴퓨터에서의 흥미는 그가 있다고 생각했던 간격, 즉 '나는 나의 강점을 찾을 수 있다. 학교는 지금 내가 특별히 풍성해지는 데 필요하지 않다.'는 것을 채워 주었다.

4. 학교 밖 흥미와 활동들은 피험자가 자신에게 의미 있는 학교 안 학습 경험들을 확인하도록 도왔다. 다른 말로 하면, 학교와 학업성취는 개인적 흥미 영역에서 그 유용성 때문에 타당해진 것이다. 예를 들어, 제이슨은 드라마에서, '감정의 여러 국면과 사람들'에 대한 강한 흥미와 독서가 그가 영어 수업에서 잘 해내고 학업성취를 경험하게 하는 것으로 보았다. 그는 늘 자신을 등장인물(people person)로 간주해 왔고 작품의 주인공과 행위를 동기화시키는 것, 자신의 극작 활동과 직접적으로 관련되는 주제들을 토론하기 즐겼기 때문에 이런 수업에 흥미를 느껴 왔다.

부 모

학생은 자신의 부모가 학업수행에 긍정적 영향을 주는 것으로 지각했다. 부모의 영향은 학생의 자기 가치감과 관련해 기본적으로는 심리적인 특성으로 존재하는 것으로 나타났다. 부모는 다음의 세 가지 방식으로 학업성취에 기여하는 것으로 지각되었다.

1. 부모는 직접적 또는 간접적으로 아동의 학교 밖 흥미를 인정하고 지원했다. 일반적으로 학생은 이런 지지를 자신의 부모가 학교에서의 성취보다 더 가치를 두는 표시로 간주했다. 그들은 또한 부모가 자신의 행동을 변화시키는 수단으로써 이러한 흥미들을 사용할 마음이 없다고

사회적·정서적 문제, 미성취, 상담

믿었다. 어떤 학생이 숙제를 따라잡기 위해서나 좀 더 공부하려고 자신의 학교 밖 흥미 영역에 시간을 덜 보내려고 했다고 해도, 흥미 영역을 학교에서 빈약한 수행에 대한 처벌의 형태로 결코 중단시키지 않았다.

2. 학생은 학업 실패에 놓여 있을 때도 부모가 자신에 대해 긍정적인 태도를 유지하고 있다고 표현했다. 나단은 학업에서 곤란을 겪고 있을 때 "사실, 의기소침했다. …부모님은 어려운 시기를 극복하고 올바르게 유지하도록 진심으로 도와주셨다."라고 했다. 나단과 다른 학생들은 자신들의 부모가 낙담하지 않았으며 미성취에서 벗어날 것으로 생각해 주었다고 믿었다.

3. 부모는 미성취 상황 동안 침착함, 행동의 일관성, 그리고 객관성을 견지해 온 것으로 지각되었다. 학생 또한 부모가 학교에서의 수행 책임을 자신에게 직접 맡겨 놓고 있다고 믿었다. 학생들은 침착하고도 객관적으로 남아 있으려는 부모의 시도에 처음에는 반감을 가졌다고 보고했다. 하지만 결국 그들은 책임의 이양이 학업수행에 대해 긍정적인 효과를 가져다 주었다고 믿었다.

학 급

본 연구에서 모든 참여자는 학급의 구체적인 특성이 학업 미성취의 반전에 기여한 것으로 확인했는데, 다음과 같은 세 가지 특성이 포함되었다.

1. 학생에게 긍정적 영향을 지닌 학급은 지적 도전과 심화 연구를 위한 기회를 제공했다. 이런 유형의 학급을 '재미있음'으로 종종 기술하였다. 많은 학생에게 '재미있는' 학급은 예전에 이미 습득했던 기본적 교육과정 내용을 배제한 좀 더 어려운 교육과정이었다. 그들은 그렇게 수행하지 않는 학급에서 보다 빠른 속도로 자료를 다루어 가도록 고무되었다. 앨런은 "기초과학을 생략하고 대학 준비 생물학을 이수하도

록 허락되었을 때 학업 면에서 마침내 성공적이었다고 기술했다. 고등학교의 그 부분이 진정으로 좋았다."라고 했다. 더욱이 이들 학급은 학업 면에서 학생의 두뇌를 점검하는 식의 지적이고 창의적인 도전을 제공하는 것으로 지각되었다. 학생 모두가 성공적인 학급은 좀 더 복잡한 것으로 기술했다. 미성취 영재학생들이 학업수행을 향상시키기 위해 분발한 것은 이 학급들에서였다.

2. 흥미 영역에서 개별연구를 위한 기회를 제공했던 학급은 학업 수월성을 증진하는 것으로 여겨진다. 학생은 과제가 자신이 선택한 프로젝트의 일부였을 때 그것을 '완성하기 더 쉬운 것으로' 지각했다. Laura는 고등학교 과학 수업에서 "학습에서 자신의 속도에 맞추어 가도록 요구되었기 때문에… 나는 그 방식으로 어떤 것을 하고 안 하고 하는 것을 좋아했다."라고 했다. 다른 학생은 많은 기술이 자신의 프로젝트나 학교 밖 흥미에 관련되어 있기 때문에 매우 값진 개별연구에 참여할 기회를 찾았다.

3. 이 학생들에게는 수업의 일부로 학생 토론을 하는 학급이 중요했다. 10명 모두 토론이 제공했던 개인적 의문을 위한 필요를 주장했고 토론은 내용을 더 흥미 있고 관련성 있게 하는 것으로 믿었다.

4. 학급 활동과 과제가 '실제적'이고 학생과 관련된 것일 때 학생들을 남보다 뛰어나도록 동기화시켰다. 참여자들은 그들이 학습한 기술과 내용을 적용할 기회를 가질 때 공부에 더욱 매진했다고 믿었다. 에밀리(Emily)는 직접 실험을 강조하는 학급에 등록하기 전에는 정규 과정의 과학 과목에서 실패했다. 그녀는 '단지 책에 있는 문제에 답하고 시험을 보는 것이 아닌, 진짜 과학자들이 하는 것을 했기 때문에' 보다 높은 수준에서 수행했다고 믿었다.

5. 학생이 학업 면에서 성공적이었던 학급은 성취에 대한 평가에서 학습

사회적 · 정서적 문제, 미성취, 상담

과정뿐만 아니라 최종 산물에 초점을 두었다. 피험자들은 전통적인 방식의 평정이 최소화되었던 학급을 특별히 좋아했다. 결국 그들은 피드백과 수정의 기회가 제공되었던 학급에서 좀 더 학습하고 보다 성공적이었다고 믿었다.

목 표

학생은 성적 및 학업성취의 유사한 지표들은 자신에게 거의 의미가 없거나 중요하지 않다는 점에 동의했다. 대부분은 학업적으로 성공하려는 초기의 노력을 부모를 기쁘게 하거나 일반적인 인정을 얻기 위한 소망에 따라 기본적으로 동기화되었던 것으로 기억했다. 학생들이 미성취 유형을 반전할 수 있는 것으로 자신을 지각한 한 가지 방식은 목표 개발하기를 통해서였는데, 그 목표의 획득은 개인적으로 동기화시키는 동시에 직접적으로 학업성취에 연결되었다.

학업성취와 짝지어지는 것으로 선택된 목표들은 학생마다 다양했다. 일부 학생들은 기술자 같은 특별한 학업 영역 또는 구체적인 학부나 대학 진입을 선택하였다. 다른 사람들은 광범위한 야망을 선택했다. 아프리카계 미국인인 어린 마이클(Michael)은 "좋은 성적을 받을 수 없다는 흑인 10대 남자 아이들의 고정관념을 깨는 것이 자신의 목표였기 때문에 학업적으로 성공하기를 선택했고 성공했다."라고 했다. 다른 학생들은 자신의 자아-이미지를 개선시켰다고 믿거나 학급 수행을 향상시킴으로써 다른 흥미를 위해 갖는 시간의 양을 늘릴 수 있었다고 믿었다. "너는 학교에 좀 더 시간을 투자해야 해. 알잖아. 그렇지 않으면 많은 갈등이 생기고 넌 긴장하게 되므로 생산적이지 않아. 이제 나는 더 이상 혼란스럽지 않아서 나 자신에 능동적으로 열중할 시간을 가질 거야."

교 사

이 연구에 참여한 학생들은 어떤 특별한 교사가 미성취 유형의 반전에 단 하나의 가장 중요한 요인이었다고 믿었다. 모든 피험자들은 이전의 네 가지 요인이 그들의 학업적 전환에 핵심적이었다 하더라도, 가장 큰 긍정적 영향을 주었던 것은 특별한 교사의 행위와 그에 대한 존경이었다고 생각했다. 그들에 따르면, 각각에게 학교에서 학습하고 뛰어난 성취를 거두도록 동기화시킨 교사는 다음과 같은 특성을 보여 주었다.

1. 그들은 한 개인으로 학생을 돌보고 진심으로 좋아했다. 흥미롭게도 '돌보는' 교사들은 학생에게 매우 다양한 성격을 보여 주는 것으로 기술되었다. 어떤 교사는 말씨가 상냥하며 학급에서 빈약하게 수행하는 학생에게 감정이입적일 수 있는 것으로 기술되었다. 다른 교사는 우락부락하고, 퉁명스럽고, 허튼소리를 하는 개인을 동등하게 돌보는 것으로 기술했다. 제임스(James)는 자신에게 영향을 준 교사에 대해 "사실 매우 무정했지만, 우리가 공부하도록 이끌어 주었다. 나는 그의 무정함은 단지 외면적일 뿐이라고 생각한다. 사실은 그가 우리를 좋아했다는 걸 안다."라고 했다. 모든 참여자들이 교사를 기술하면서 보인 공통 요인은 교사가 개인에 관해 관심을 갖고 있다는 믿음이었다.

2. 교사는 한 동료로서 학생과 자진해서 대화를 했다. 학생은 생각, 흥미 있는 주제, 개인적인 관심사에 관해 교사와 '실제로 말할 수 있었던' 예들을 기술했다. 교사는 학습을 위한 촉진자뿐만 아니라 동반자로 보였다.

3. 교사는 열정적이고 가르친 주제에 관해 식견이 있는 것으로 믿어졌으며, 좀 더 알고 싶은 개인적 갈망을 보여 주었다. 모든 학생이 어떤 과목에 대한 교사의 애착심으로 동기화되었고, 결과적으로 자신들이 좋

아하지 않았던 과목에서 평균 이상의 수준을 수행했던 예들을 보고했다. 한 학생은 다음과 같이 진술했다. "만일 선생님이 충분히 열정적이고 자신의 분야에 능통하다면, 그것은 전염되는 것이다."

4. 영향력 있는 교사는 교수법에서 '기계적이지' 않은 것으로 지각되었다. 학생은 학습과정 내내 교사와 직접적으로 관련된다고 보고했다. 학생 참여는 교사의 최우선권으로 보였다. 더욱이 교사들은 교과서나 강좌 밖 넓은 범주의 자료나 전략을 통합해 갔다. 어떤 교사는 아일랜드의 시 공부에 활력을 넣는 데 도움이 되도록 비디오를 사용했는데, 학생들에게 긍정적인 영향을 미친 것으로 기술되었다. 학생들은 시와 영화를 분석했다. 또 다른 교사는 과학 수업에서 개념을 설명하기 위해 가정과 여행으로부터 가져온 독특한 항목들 때문에 기억되었다. 학생은 이러한 행동이 교사의 융통성을 표시해 준다고 믿었다.

5. 교사는 학업 미성취인 학생에 대해 높지만 현실적인 기대를 하는 것으로 지각되었다. 학생들은 "영향력 있는 교사는 학생들이 학업적으로 자신의 능력을 넘어 보다 높은 수준을 향해 나아갈 수 있다는 것을 충분히 잘 알고 있다."라고 보고했다.

자 아

학생들이 선택하지는 않았지만 가장 영향력 있는 요인으로, 개개인에게 자아개념에서의 의미 있는 변화는 미성취 유형의 반전에 필수적임이 검토되었다. 특히 각 학생은 그와 같은 변화를 경험했다고 믿고 있었고, 이런 변화가 없다면 다른 요인은 거의 없거나 개인적인 영향을 매우 적게 주었을 것이라 믿었다. 자아를 향한 태도에서 지각된 변화는 다음과 같은 것을 포함했다.

1. 학생은 더 많은 자신뢰감과 미성취 상황에 대한 긍정적 태도를 개발했다고 믿었다. 어떤 학생은 자신의 자신감이 학교 안팎에서 경험한 일련의 작은 성공들로부터 생겨났다고 믿었다. 다른 학생은 성공하겠다는 자신감을 얻기 위해 완벽주의라는 달갑지 않은 영향을 극복했다고 믿었다.

2. 학생은 학교에서의 학업성공을 개인적 만족의 원천과 개인적 책임감의 문제로 지각하기 시작했다. 학생들은 본래 타인을 기쁘게 하는 한 방식으로 학업성취를 보았다는 생각을 표현했다. 학생들은 학교에서 학업 과정이 개인적인 문제가 되자 미성취 유형을 반전시킬 준비가 되었다고 믿게 되었다. 반대로 성공에서 얻는 개인적 자부심은 더 나아진 수행에 대한 책임감이 자신에게 달려 있다고 지각했다.

3. 학생들은 미성취 유형에 기여했을 수도 있는 요인들에 대해 숙고하거나 이해할 능력을 얻었다고 믿었다. 그들은 '전체를 보는' 능력이 생긴 것을 확신하는 것이 아니라 그것을 매우 중요한 것으로 보았다.

결론 및 논의

이 연구는 학업 미성취의 반전에 기여했던 요인에 대한 영재학생의 지각을 검토하였다. 학생들은 학교 밖 흥미, 부모, 학업성취와 연관된 목표들, 학급 수업과 교육과정, 교사, 자아의 변화 등 여섯 가지의 요인이 그들의 학업 수행에 긍정적 영향을 미친 것으로 확인하였다. 다른 연구에서 발견된 요인과는 어느 정도 다르나, 요인의 개수나 본질은 미성취와 그것의 반전이 복잡한 것이고 각 아동에게 독특한 것이라는 생각을 지지한다(Rimm, 1986; Whitmore, 1980).

이 연구에서 학업 미성취의 유형을 반전시켰던 미성취 영재아는 또한 매

사회적·정서적 문제, 미성취, 상담

우 창의적이며 영재적인 개인과 연관된 특성들, 즉 사고와 판단에서의 독립성, 위험 감수성, 인내심, 평균 이상의 지능, 창의성, 하는 일에 대한 집중력(Renzulli, 1978; Torrance, 1981)을 보여 주었다. 교실 밖에서 보여 주는 성취 수준은 학교가 종종 학업 및 창의적 성취가 일어나지 않은 유일한 장소였다는 점을 가르쳐 주었다. 학생들은 또한 자신의 교육을 이끌어 주는 사람과의 인격적 중재의 필요나 능력에 대한 존중감을 표현했다.

이 연구는 미성취 유형을 반전시키려면 미성취자의 교육과정과 학급 상황에 대해 장기간 면밀하게 주시해야 한다고 제안한다. 이 연구에서 학생의 반응과 행위는 적절한 교육 기회가 제공되었을 때, 영재 미성취자들이 긍정적으로 반응할 수 있다는 점을 알려 주고 있다.

이 연구는 학교의 '최소 제한된 환경'에서 영재아가 교육될 때 미성취가 가장 적었다는 Whitmore(1980)와 Butler-Por(1987)의 연구결과를 지지한다. 내용과 기술을 늘 새롭게 하고, 반복과 중복학습을 최소로 하며, 교정이 불가피하게 발생할 경우라도, 정규학급에서 교육적 도전을 제공하는 시도가 이루어져야 한다. 학생들이 잘 향상시키고 수행한 교육 경험은 학교 밖 흥미와 관련되어 있다. 영재에게 적절하다고 간주되는 학습 상황의 특성 몇 가지를 열거하면, 학습의 '실세계' 적용, 최소한의 반복 과제, 높은 수준의 비판적 사고 활용, 자기주도적 학습기회 등이다(Betts, 1991; Renzulli & Reis, 1985; Treffinger, 1986). 학생들이 학업적으로 향상되기 시작한 모든 학급이 '영재를 위한 학급'으로 분류된 것은 아니지만, 그들은 교육과정과 수업이 영재학생의 필요를 충족시키기 위해 차별화되어 온 학급의 특성을 싫어하였다.

미성취 유형의 반전에 기여하는 것으로 선행연구에서 밝혀지지 않은 요소들이 나타났다. 학생의 학교 밖 흥미와 특별한 교사의 역할은 학업수행의 개선과 학교에서의 학습에 대한 이해 증진에 주된 요인으로 간주되었다. 문헌에서 기술된 중재는 미성취자 가운데 학업성공의 원인을 다른 영역에서의 매우 강한 흥미 때문으로 돌리는 경우가 거의 없다. 미성취의 반전에 교사가 핵심적인 역할을 한다고 널리 가정되어 왔을지라도, 연구에서 교사의 구체적인 역할이나 성격 특성을 효과적인 중재를 위한 기초로서 검토하는 경우는 거의 없다. 본 연구는 미성취자의 흥미 영역을 학업 추구에 연결시키는 교사의 역할과 노력이 더욱 탐구될 필요가 있음을 제시한다. 교사의 효과적인 역할모델과 멘터에 대한 연구가 추후연구에 하나의 지표로 특히 도움이 될 것이다.

본 연구에서 학생의 학교 내 성취 유형은 미성취의 반전이 오래 걸리고 평탄치 않은 과정이란 특징이 있음을 제시한다. 학생들은 학업성공을 향해 나아갈 때 '뒤처짐'이 있다는 인식을 표현했고 학생 수행의 기록은 그러한 지각을 지지하였다.

시사점

여기에 보고된 연구 사실은 학업 실패 유형에서 학업성공으로 나아간 한 부류의 학생들의 지각을 반영하고 있다. 결과가 널리 일반화되지는 못하더라도, 본 연구는 높은 창의적 흥미와 집중력을 지닌 미성취 영재를 돕는 데 취할 수 있는 다음과 같은 단계들을 제시한다.

1. 미성취자의 강점과 흥미뿐만 아니라 개선이 필요한 영역을 확인하여야 한다. 영재성과 관련한 아동의 특성을 인식하고 강조함을 통해, 교사나 부모는 아동의 '교정'을 바라고 기다리는 문제 이상으로 볼 수 있어야 한다. 이러한 접근은 그런 아동의 긍정적 행동에 초점을 두고 학업 장면에서 행동에 관한 긍정적 기대를 전달한다. 미성취자의 강점과 흥미에 관한 지식은 학생의 검사점수나 학교 수행으로부터 입증되지 않는 세밀한 능력을 도울 수 있다. 본 연구에서 피험자들의 경험은 학교가 이런 잠재능력의 지표를 알아내는 데 실패하거나 이런 지표를 학습 동기나 능력의 잠재성으로서보다는 문제로 단지 인식할 수 있음을 보여 준다.

사회적 · 정서적 문제, 미성취, 상담

2. 아동의 강점과 흥미를 학교의 학업수행에 통합한다. 본 연구에서 학생들은 자신들의 흥미와 학급에서의 학습경험 사이의 관계성을 인식할 수 있을 때 그들이 잘 수행하도록 동기화되었다고 믿었다.

3. 영재 미성취자들이 영재교육의 특별교육 프로그램을 받을 수 있는 기회를 제공하도록 한다. 본 연구의 학생들은 독립된 학습자로서 능력의 계발에 혜택을 받았어야만 하는 영재 프로그램에 대한 접근이 종종 거부되었다. 그런 프로그램에 참가할 수 있었던 학생들은 학습 욕구를 지속하는 데 유용한 개별 연구를 위한 좋은 기회를 찾았다.

4. 아동의 교육적 필요를 결정하는 과정에 영재 미성취자의 부모를 포함시켜야 한다. 부모 지지의 중요성, 긍정적 행동과 태도의 필요는 부모가 특히 영재 행동과 관련한 아동의 독특한 욕구와 반전 과정에서 자신들이 수행할 역할에 대해 안내받도록 이끌고 있다.

5. 영재 미성취자들의 교사는 미성취자를 옹호하도록 격려되어야 한다. 학생들에 따르면, 사실상 모든 학년 수준에서 교사가 미성취를 반전시키는 데 주된 역할을 수행한다. 기꺼이 최선을 다해 도움을 주는 것으로 여겨지는 교사, 학습 상황에서 가장 효과적으로 인식되는 교사들은 피험자와 많은 동일한 특성, 즉 학습에 대한 애정, 과제집착력, 학습 과목과 학습에 대한 개인적 관여 등을 보여 준다.

6. 인내하여야 한다. 미성취 유형을 반전시키는 데 시간이 걸린다. 미성취 유형의 즉각적이고 지속적인 반전을 위한 중재 전략의 개발 전망은 비현실적이며 효과적인 조치의 탐색을 저해할 수도 있다.

미성취의 발생과 반전에 영향을 줄 수 있는 많은 요인 때문에 영재 미성취자를 돕는 과정에서 평탄치 않는 과정과 주기적인 좌절을 예상해야 한다. 하지만 본 연구에서 얻은 고무할 만한 결과는 어떤 형태의 학업 미성취가 정말로 반전될 수 있다는 증거가 있다는 점이다.

📖 참고문헌

Betts G. T. (1991). The autonomous learner model for the gifted and talented. In N. Colangelo & G. A. Davis (Eds.), *Handbook of gifted education* (pp. 142-153), Boston, MA: Allyn and Bacon.

Bloom, B. (1977). Affective outcomes of school learning. *Phi Delta Kappan, 32,* 193-198.

Bricklin, B., & Bricklin, P. (1967). *Bright child, poor grades.* New York: Delacorte.

Butler-Por, N. (1987). *Underachievers in schools: Issues and intervention.* New York: John Wiley and Sons.

Covington, M. V. (1984). The self-worth theory of achievement motivation: Findings and applications. *Elementary School Journal, 85,* 5-20.

Dowdall, C. B., & Colangelo, N. (1982). Underachieving gifted students: Review and implications. *Gifted Child Quarterly, 26,* 119-184.

Gowan, J. C. (1955). The underachieving child: A problem for everyone. *Exceptional Children, 21,* 247-249, 270-271.

Harris, J. R., & Liebert, R. M. (1987). *The child: Development from birth through adolescence.* Englewood Cliffs, NJ: Prentice Hall.

Lowenstein, L. F. (1977). *An empirical study concerning the incidence, diagnosis, treatments, and follow-up of academically underachieving children.* Khartoum, Sudan: University of Khartoum. (Eric Document Reproduction Service No. ED 166 922).

Patton, M. Q. (1987). *Qualitative evaluation methods.* Beverly Hills, CA: Sage.

Renzulli, J. S. (1978). *What makes giftedness? Re-examining a definition.* Ventura, CA: N/S-LTI G/T.

Renzulli, J. S., & Reis, S. M. (1985). *The Schoolwide enrichment model.*

Mansfield Center, CT: Creative Learning Press.

Rimm, S. (1986). *Underarhievement syndrome: Causes and cures.* Watertown, Wl: Apple Publishing.

Torrance, E. P. (1981). Emerging concepts of giftedness. In W. B. Barbe & J. S. Renzulli (Eds.), *Psychology and Education of the Gifted* (3rd ed.) (PP.47-54). New York: Irvington.

Treffinger, D. J. (1986). Fostering effective, independent learning through individualized programming. In J. S. Renzulli (Ed.), *Systems and models developing programs for the gifted and talented* (pp. 429-460), Mansfield Center, CT: Creative Learning Press.

Whitmore, J. R. (1980). *Giftedness, conflict, and underachievement.* Boston, MA: Allyn and Bacon.

10

미성취 영재와 고성취 영재의 비교[1]

Nicholas Colangelo(University of Iowa)
Barbara Kerr(Arizona State University)
Paula Christensen(Northwestern State University of Louisiana)
James Maxey(American College Testing Program)

이 연구의 목적은 전국 표본을 바탕으로 미성취 영재(gifted underachievers)와 고성취 영재(gifted high achievers)의 여러 가지 특성을 비교하는 것이다. 영재성의 측정은 ACT(American College Testing Program) 평균점수에서 상위 5% 이내에 해당되는 점수를 기준으로 하였다. 미성취는 고등학교 평점이 2.25(4.00 만점)인 경우로, 고성취는 평점이 3.75(4.00 만점)인 경우로 정의되었다. 이 연구의 참여자는 고등학교 2, 3학년 학생 30,604명이었다. 미성취 영재는 257명이었고, 고성취 영재는 30,347명이었다. 일반적으로 미성취 영재는 ACT 점수가 더 낮았으며, 수업 이외의 영역에서도 성과가 저조한 편이었다. 미성취 영재의 거의 90% 이상은 백인 남학생이었다. 이 연구에서는 미성취 영재와 고성취 영재를 다양한 비학문적 변인들을 기반으로 하여 비교하였다.

미성취 영재는 교육연구자에게는 논쟁의 원인을 제공하고, 학급교사에게는 좌절을 안겨 준 주요 원천이었다. 교육연구자들은 미성취 영재의 특성

1) 편저자 주: Colangelo, N., Kerr, B., Christensen, P., & Maxey, J. (1993). A comparison of gifted underachievers and gifted high achievers. *Gifted Child Quarterly, 37*(4), 155-160. ⓒ 1993 National Association for Gifted Children. 필자 승인 후 재인쇄.

에 대해 상이한 의견을 가지고 있고, 심지어 미성취 영재의 존재 자체에 이의를 제기하기도 한다(Behrens & Vernon, 1978 참조). Anastasi(1976)는 특히 지능검사 점수와 학력 검사점수 간의 불일치가 미성취를 결정하는 유일한 증거인 경우, 과연 미성취가 학문적 행위의 한 범주로서 정당성을 가지는가에 대해 의문을 제기했다. Anastasi에 따르면, 대부분의 미성취는 단순한 검사 오류, 즉 불완전한 측정방법에 따라 생겨난 통계적 가공물이다. 다른 연구자들은 미성취에 대한 정의가 지나치게 많다는 점에 우려를 나타낸다(Dowdall & Colangelo, 1982; Lukasic, Gorski, Lea, & Culross, 1992; Whitmore, 1980). Dowdall과 Colangelo(1982)는 문헌 연구결과 미성취 영재에 대해 적어도 세 가지 범주의 정의가 존재한다는 사실을 발견했다. 그 세 가지 범주는 다음과 같다. 첫째, 두 개의 표준화 검사점수 간의 차이다. 둘째, 표준화 검사점수와 몇몇 표준화되지 않은 검사에서 나타난 수행 간의 차이다. 셋째, 두 가지 표준화되지 않은 검사점수 간의 차이다. 이러한 범주 안에 있는 미성취에 대한 많은 정의들은 연구자로 하여금 미성취 영재의 개념에 대한 논의가 거의 무의미하다는 결론을 내리게 할 만큼 개념 정의의 범위가 상당히 크다고 볼 수 있다.

그러나 대부분의 학급교사들은 우수한 능력에 비해 학교에서의 수행이 매우 낮은 학생을 쉽게 떠올릴 수 있다. 미성취를 구성하는 구인에 대한 혼란과 개념 정의의 다양성에도 불구하고 임상학자와 연구자는 미성취 영재를 이해하고, 그들의 행동에 대한 결론을 도출하고, 학습 보강에 필요한 중재 방안을 개발하는 데 노력을 기울여 왔다(Bricklin & Bricklin, 1967; Fine & Pitts, 1980; Lukasic et al., 1992; Rimm, 1986; Whitmore, 1980). 미성취 영재의 특성에 대한 전문가의 관찰과 연구자의 연구결과 간에는 뚜렷한 공통점이 나타났다. 고성취 영재에 비해 미성취 영재는 사회적으로 좀 더 미성숙하고(Hecht, 1975), 정서적인 문제가 많으며(Pringle, 1970), 반사회적 행동을 더 많이 하며(Bricklin & Bricklin, 1967), 사회적 자아개념이 더 낮은 것처럼 보인다(Colangelo & Pfleger, 1979; Whitmore, 1980).

사회적 · 정서적 문제, 미성취, 상담

여러 가지 면에서 미성취 영재는 일반적으로 고성취 영재보다는 학습부진아와 좀 더 비슷하다(Dowdall & Colangelo, 1982 참조). Arceneaux (1990)는 한 가지 흥미 있는 차이를 발견했는데, 미성취 영재는 일반 지능의 측정을 의미하는 PRF(Personality Research Form)의 이해 부분에서 높은 점수를 받았다(Jackson, 1974).

가장 우리를 혼란스럽게 하는 미성취 영재 집단은 표준화된 학력 검사에

■ 연구의 활용도

이 연구결과는 미성취에 대한 몇 가지 새로운 관점을 제시한다. 첫째, 미성취 영재가 반드시 빈곤하거나 위험한 배경에서 나오는 것은 아니라는 점이다. 우리의 표집에는 중산층 출신의 학생들이 있다. 둘째, 이 연구에서 미성취 영재는 학교에 대해 적대적인 태도를 보이지 않는 듯했다. 학교 경험에 대한 그들의 평가는 상당히 긍정적이고 안정되어 있었다. 우리는 이러한 학생들이 행동이나 태도에서 문제를 나타내지 않을 경우 교사가 '간과하는' 경우가 있다는 것을 우려한다. 따라서 우리는 상담가가 점수가 높은 학생들에게 주의를 기울여야 한다고 조언한다. 만일 학급에서의 수행이 낮은데 표준화 검사 점수가 높다면, 관심을 기울여야 할 충분한 이유가 된다. 셋째, 이 연구에서 나타난 성별의 불균형은 주목할 만하다. 남학생 미성취 영재는 학급에서의 수행과 표준화 검사점수를 비교해 보면 쉽게 알 수 있다. 만일 어떤 학교에 이러한 정의에 부합되는 남학생들이 많다면, 상담자와 함께 집단 토론을 할 수 있는 좋은 기회가 될 것이다. 이러한 남학생들은 서로에게 배울 수 있고, 왜 학급에서의 수행이 그렇게 낮은지와 그러한 낮은 수행이 그들에게 어떤 영향을 미치는지에 대해 통찰할 수 있을 것이다. 반면 여학생인 경우는 주의가 필요하다. 이 연구에서 미성취 영재에 대한 기준은 상당히 극단적이다. 우리는 자신의 능력에 못 미치는 수행을 하지만, 결코 주목을 받을 만큼 지나치게 부족하지 않은 여학생 영재가 상당수 존재한다고 생각한다. 우리는 그러한 사실이 학교에서 눈에 띄지 않을 때, 여학생이 남학생보다 더 잘한다고 생각한다. 따라서 상담가는 학급에서 고능력에 비해 기대에 못 미치는 수행을 하는 여학생들을 점검하는 것이 중요한데, 왜냐하면 그들의 협동적 태도가 자신들에게 필요한 관심을 기울이도록 하는 것을 차단하는 경우가 있기 때문이다.

서는 점수가 높은데, 학급에서의 수행은 형편없는 학생들이다. 일반적으로 학력 검사는 지식을 측정하는 검사이며, 교육과정과 밀접한 관련이 있다. 따라서 학력 검사에서 높은 점수를 받은 학생들은 학급에서 필요로 하는 정확한 지식을 가지고 있을 가능성이 있다. 그러나 몇 가지 이유로, 학생은 자신의 지식을 보여 주지 않을 수가 있다. Kerr(1991)는 이러한 유형의 미성취를 설명하는 데 세 가지 가설을 제시한다. 첫 번째 가설은 Anastasi의 가설과 마찬가지로, 단순히 검사점수가 잘못되었고, 측정 오차가 문제라는 것이다. 두 번째 가설은 학생이 가정에서는 학습 의욕이 있는데, 학교 구조 내에서는 수행을 잘 못하는 '사적인 학습자(closet learner)'라는 것이다. 세 번째 가설은 학생들이 지루해한다는 것이다. 즉, 그들은 교실에서 다루는 반복적인 자료의 단조로움에 대해 극도로 화를 내며 낙담하곤 하지만, 자신의 지식 정도를 보여 주고 능력을 시험해 볼 수 있는 학력 검사의 기회를 갖는 것은 좋아한다는 것이다.

일반적으로 학력 검사에서의 높은 수행은 학생이 높은 수준의 학업수행을 위해 필요한 내용지식을 가졌다는 것을 의미하기 때문에, 이러한 미성취 영재의 유형을 보다 상세하게 탐구하는 일은 도움이 될 것이다. 게다가 학력 검사점수와 성적이 너무 차이가 나서 측정 오차만 가지고는 그 차이를 설명하기 힘든 극단적인 사례를 연구하는 것이 유용할 수 있다.

이 연구의 목적은 그러한 집단을 조사하는 것이다. 즉, 이 연구는 ACT 평균점수가 상위 5% 이내에 해당되면서, 고등학교 과정에서 2.25 이하(4.00 만점)의 평균학점을 받은 학생들에 대한 연구다. 고능력 학생(high ability students)에 대한 선행연구들의 경우, 상위 5%에 해당하는 점수를 받은 학생들을 **영재**(gifted)로 정의해 왔다(Colangelo & Kerr, 1990; Kerr & Colangelo, 1988). 이러한 미성취 영재들의 특성을 좀 더 잘 이해하기 위해서, ACT 평균점수가 상위 5% 이내에 해당되고, 3.75 이상(4.00 만점)의 평균학점을 받은 고성취 영재들과 비교하였다. 두 집단에 속한 학생들의 프로파일을 통해 고성취 영재와 미성취 영재의 특성을 통찰할 수 있었다.

연구방법

연구 참여자

이 연구의 참여자 집단은 1988년 봄에 실시한 ACT에서 상위 5%에 해당하는 평균점수 28점 이상을 받은 고등학교 2학년과 3학년 학생 58,180명이다(남학생 35,701명, 여학생 22,479명). ACT 평균점수의 범위는 1~35점이다. 이 연구를 위해 두 집단의 학생들이 참여자 집단에서 선정되었다. 미성취 영재 집단은 ACT 평균점수가 상위 5% 이내이면서 고등학교 평균학점 2.25(4.00만점)를 받은 학생들로 이루어졌다(257명). 고성취 영재 집단은 ACT 평균점수가 상위 5% 이내이면서 평균학점이 3.75인 학생들이었다 (30,347명).

연구 도구

ACT(American College Testing Program, ACT Technical Manual, 1988)는 미국의 대학 입학시험에서 두 번째로 많이 사용되는 검사로, 매년 백만 명이 넘는 학생들이 이 시험을 치른다. ACT는 영어, 수학, 사회, 자연의 네 가지 하위검사로 구성되어 있다. ACT의 평균점수(composite score)는 각 하위검사별로 얻은 점수의 평균으로 이루어지며, 점수 범위는 1~35점이다(ACT Technical Manual, 1988). 학력 검사 이외에도 모든 학생들에게 ACT의 SPS(Student Profile Section)와 ACT 흥미 검사의 UNI-ACT(Unisex Edition)를 실시했다. SPS는 인구통계학적 특성, 고등학교 교육과정과 활동, 학업 및 진로 계획, 서비스에 대한 요구, 학문적 태도와 관심사에 대한 질문을 포함한다. SPS에 대한 반응은 이 연구의 목적을 위해서만 사용되었다. SPS의 한 부분으로, 학생들은 고등학교 과정에서 받은 학점을 보고하도록 요청받았다. Valiga(1987)는 고등학교 학생들이 수강했던 과정과 취득한 학점의 정확성에 대해 연구했는데, 공인되지 않은 자기 보고에 따른 학점과 성적표에 나온 학점 간의 상관이 .93으로 나타났다. 각 학생의 평균학점은 학생들이 보고한 성적으로 계산되었다.

연구 절차

이 연구를 위한 자료 테이프에는 ACT 점수가 상위 5% 이내에 들면서 고등학교 평균학점이 2.25(4.00 만점)인 학생과, ACT 점수가 상위 5% 이내에 들면서 고등학교 평균학점이 3.75(4.00 만점)인 학생들의 SPS에 대한 반응이 포함되었다. 고성취 영재와 미성취 영재를 유용하게 설명하는 프로파일을 생성하는 데 적합한 문항들이 선택되었다. 분석에 포함된 문항은 인구통계학적 특성(성별, 인종, 소득 수준, 도시 유형, 고등학교 크기와 유형), 고등학교에 대한 학생의 태도(수업 평가, 생활지도, 고등학교 교육의 전반적 적절성), 교실 밖에서의 성취 정도, 학업 및 진로 계획(전공, 전공에 대한 확신, 직업 선택, 직업 선택에 대한 자신감, 앞으로 받고 싶은 최고 교육 수준, 선택한 기관의 유형), 서비스에 대한 요구(교육 및 진로 계획과 관련된 도움, 개인적 관심사, 공부 방법 및 기술, 개별연구, 우등 과정과 관련된 도움)이다.

ACT 점수와 교실 밖에서의 성취 정도에 대해서는 t검정을 실시하였다. 알파(α)가 부풀려지는 것을 통제하기 위해서, $p = .01$의 유의도 수준을 사용하였다. 다른 모든 문항들에 대한 차이는 카이스퀘어 분석으로 계산되었다. 미성취 영재의 백분위 점수는 고성취 영재와 비교되었고, 5% 이상 차이가 났을 때 실제적인 중요성과 논의할 가치가 있는 것으로 원칙을 정하였다(카이스퀘어 분석은 교차분석표에서 빈도분석에 따라 계산되었다. 카이스퀘어 결과는 관련 표들에 제시되어 있다.).

연구결과

ACT 점수

이 연구에 참여하고 있는 모든 학생이 ACT에서 평균점수 28점을 받았다 해도, 높은 평균점수를 얻은 고성취 학생의 하위검사 점수는 여전히 차이가 난다(〈표 10-1〉 참조). 세 가지 하위검사에서는 집단 간에 유의미한 차이가 있었다. 고성취 영재들은 영어와 수학에서 미성취 영재들에 비해 높은 점수를 받았다. 그러나 놀랍게도 미성취 영재들이 자연에서 더 높은 점수를 받았다. 사회 과목에서는 차이가 나지 않았다. 수학 과목 점수에서 두 집단 간에 가장 많은 격차가 나타났다. 이러한 연구결과를 고려해 볼 때, 아마도 능력 있는 학생 사이에 나타나는 수학 능력의 차이는 미성취와 고성취 간의 중요한 변인이 되는 것으로 보인다.

인구통계학적 변인

고성취 영재와 미성취 영재 간에 유의미한 성차가 있었다. 남학생 고성취 영재(16,539명)가 여학생 고성취 영재(13,808명)보다 많았다(54.5% 대 45.5%). 그러나 남학생 미성취 영재(232명)는 여학생 미성취 영재(25명)보다 훨씬 큰

표 10-1 미성취 영재와 고성취 영재의 ACT 평균 비교

ACT 검사	미성취 영재		고성취 영재		t
	평 균	표준편차	평 균	표준편차	
영어	25.837	2.501	26.611	2.579	4.74**
수학	26.949	3.244	29.874	3.354	13.80**
사회	28.961	2.342	28.723	2.389	1.58
자연	31.588	1.567	31.268	1.893	2.68**
평균점수	28.514	.839	29.276	1.349	8.96**

** $p \leq .01$

비율로 많았다(90.3% 대 9.7%). 인종과 관련해서 인종 집단의 비율로 보면, 고성취 영재와 미성취 영재 간의 차이가 약간 있었다. 그러나 백인 이외의 다른 인종 집단의 미성취 영재의 수가 너무 적었기 때문에 일반화하기에는 어려움이 있다. 미성취 영재들의 수 역시 우수한 성취를 보이는 학생 수(91%)와 마찬가지로 백인이 압도적으로 많았다(91.2%).

소득 수준에서도 유의미한 차이가 있긴 했으나, 미성취 영재와 고성취 영재 모두 부유한 가정 출신이었다. 미성취 영재(60.1%)와 고성취 영재(58.2%)의 가정 대부분이 연간 소득 36,000달러 이상이었고, 각 집단별로 1/3 이상의 가정이 연간 소득 50,000달러 이상이었다.

그리고 카이스퀘어 분석을 통해 도시 크기별로 두 성취 집단 간에 유의미한 차이가 있음을 밝혀냈다. 미성취 영재들은 대체로 도시에 사는 경향이 있었다. 그들은 인구 250,000명 이상의 도시에 사는 고성취 영재의 두 배였고, 2,000~9,999명의 인구가 사는 작은 도시나 교외에 사는 고성취 영재의 절반 정도였다. 또한 미성취 영재는 200명 이상이 재학 중인 고등학교에 다닐 가능성이 더 많았다(73.5% 대 63.1%). 학습 장소로 공립 고등학교에 재학 중인 비율은 미성취 영재의 84.1%, 고성취 영재의 87.4%로 차이가 없었다. 미성취 영재와 고성취 영재의 인구통계학적 특성은 〈표 10-2〉에 제시되어 있다.

표 10-2 미성취 영재와 고성취 영재의 인구통계학적 특성

인구통계학적 특성	미성취 영재(%)	고성취 영재(%)	카이스퀘어 합계
성 별			
남성	90.3	54.5	
여성	9.7	45.5	131.6500*
인종			
Black American	1.2	0.6	
American Indian	0.4	0.2	
Caucasian	91.2	91.0	
Mexican American	0.8	0.8	
Asian American	1.2	4.5	

사회적 · 정서적 문제, 미성취, 상담

표 10-2 (이어서)

인구통계학적 특성	미성취 영재(%)	고성취 영재(%)	카이스퀘어 합계
Hispanic American	0.8	0.6	
기타	1.2	0.7	
무응답	3.2	1.6	12.7778
소득 수준			
$0~11,999	8.0	14.2	
$12,000~23,999	10.5	13.8	
$24,000~35,999	21.4	23.8	
$36,000~49,999	23.1	24.8	
$50,000~ 59,999	14.3	12.4	
$60,000 이상	22.7	21.0	16.4890*
도시 크기			
인구밀도가 극도로 낮은 지역(Farm-open country)	7.6	10.7	
500명 이하	1.6	2.0	
500~1,999명	1.6	6.3	
2,000~9,999명	7.6	16.7	
10,000~49,999명	30.4	29.4	
50,000~249,000명	20.0	18.8	
250,000명 이상	31.2	16.2	59.3700*
고등학교 크기			
25명 이하	0.0	2.6	
25~99명	9.8	16.1	
100~199명	16.7	18.2	
200~399명	40.2	33.0	
400~599명	22.0	19.4	
600~899명	8.9	8.6	
900명 이상	2.4	2.1	11.4352
고등학교 유형			
공립	84.1	87.4	
가톨릭	10.7	7.8	
사립(독립형)	3.2	2.3	
사립(종교단체에서 운영)	1.2	2.2	
군대식 교육을 하는 사립고등학교	0.0	0.1	
기타	0.8	0.2	8.9180

*$p \leq .05$

학교에 대한 태도

카이스퀘어 분석결과, 고등학교 교육에 대한 태도에서 미성취 영재와 고성취 영재 간에 유의미한 차이가 나타났다. 미성취 영재는 고성취 영재에 비해 고등학교 수업에 덜 만족하는 것처럼 보였고(52% 대 68%), '만족스럽지도 불만족스럽지도 않은' 경우가 더 많았다(30% 대 20.3%). 그리고 불만족스러워하는 경우는 더 많았다(17.0% 대 11.5%). 두 집단 모두에서 절반 이상이 생활지도에 대해 덜 만족스러워하는 듯했으나, 미성취 영재들이 고성취 영재들에 비해 자신의 학교에서 이루어지는 전반적인 생활지도 서비스에 대해 덜 만족하는 것같이 보였다(44.4% 대 51.5%). 놀랍게도 많은 미성취 영재들이 자신의 고등학교 교육을 좋다(good)고 평가했고(44.5%), 미성취 영재의 두 배 이상의 고성취 영재들은 고등학교 교육을 훌륭하다(excellent)고

표 10-3 미성취 영재와 고성취 영재의 고등학교 교육에 대한 태도

평 가	미성취 영재(%)	고성취 영재(%)	카이스퀘어 합계
고등학교 수업 평가			
만족, 변화 없음	52.0	68.0	
만족스럽지도 불만족스럽지도 않음	30.0	20.3	
불만족, 향상될 필요가 있음	17.0	11.5	
관련 경험이 없음	1.0	0.3	37.9700*
전반적 생활지도 서비스 평가			
만족, 변화 없음	44.4	51.5	
만족스럽지도 불만족스럽지도 않음	25.8	23.7	
불만족, 향상될 필요가 있음	25.8	23.4	
관련 경험이 없음	4.0	1.4	16.9830*
고등학교 교육의 적절성 평가			
훌륭함	17.0	38.8	
좋음	44.5	42.2	
평균	25.1	9.6	
평균 이하	8.1	1.8	
매우 부적절	5.3	7.6	144.4300*

*$p \leq .05$

사회적 · 정서적 문제, 미성취, 상담

평가했다(38.8% 대 17.0%). 〈표 10-3〉에 미성취 영재와 고성취 영재의 고등학교 교육에 대한 태도가 제시되어 있다.

교실 밖에서의 성취

교실 밖에서의 성취는 교실 밖에서의 활동에 대해 1~7점까지 평정하도록 하였다. 이러한 활동은 〈표 10-4〉에 설명되어 있다. 점수는 참여 정도 및 활동과 관련된 성취 수준을 나타낸다. 1점이 가장 낮은 수준이고(예, 초보 수준에 참여), 7점이 가장 높은 수준이다(예, 인정받은 활동이나 주요 수상 경력). 평균에 대한 t검정을 한 결과, 고성취 영재는 여섯 가지 활동에서 더 높은 점수를 받았고, 세 가지 활동에서는 차이가 없는 것으로 나타났다. 고성취 영재는 교실 밖에서 좀 더 활동적이고 뛰어나다는 것을 알 수 있다.

학업 및 진로 계획

카이스퀘어 분석결과, 대학 전공과 직업 선택에서 미성취 영재와 고성취 영재 간에 유의미한 차이가 나타났다. 20개의 가능한 대학 전공 중 3개에서 약 5%의 차이가 나타났다. 이것은 〈표 10-5〉에 잘 나타나 있다('기타'는 카

표 10-4 미성취 영재와 고성취 영재의 교실 밖 성취 비교

활 동	미성취 영재		고성취 영재		t
	평 균	표준편차	평 균	표준편차	
지도력	.992	1.237	2.238	1.797	10.98**
음악	1.437	1.904	2.264	2.180	6.00**
발표	1.060	1.409	1.126	1.421	0.73
미술	.861	1.250	.854	1.389	0.08
작문	1.369	1.355	1.621	1.521	2.62**
과학	.655	1.162	1.179	1.504	5.52**
체육	2.142	1.853	3.118	1.987	7.77**
지역봉사활동	.857	1.225	1.435	1.499	6.05**
직업 체험활동	1.964	1.337	1.879	1.370	0.98

** $p \leq .01$

이스퀘어 분석을 위해 남은 14개의 선택지를 조합하여 만든 범주다.). 고성취 영재는 미성취 영재에 비해 건강과 관련된 전문직과 공학을 선택한 경우가 많았다. 반면 미성취 영재는 순수 및 응용 예술, 문학, 사회과학을 선택하거나 아예 결정하지 않은 경우가 많았다. 미성취 영재는 고성취 영재만큼 자신이 선택한 전공에 대해 확신을 가지고 있었다. 직업 선택의 유형도 학문적 전공과 비슷한 방식으로 나타났는데, 미성취 영재는 고성취 영재만큼 직업 선택에 자신감을 보였다.

교육열에서는 상당한 차이가 나타났다. 고성취 영재 중 거의 절반 가량의 학생이(49.4%) 전문 학위를 취득하려는 생각이 있는 반면, 미성취 영재는 전문 학위를 갈망하는 경우가 33.7%에 지나지 않았다. 그러나 석사학위를 취득하기 원하는 학생의 비율은 거의 비슷하게 나타났다(32.9% 대 32.2%). 고성취 영재에 비해 더 많은 미성취 영재가 학사학위를 받은 후에 추가적인 교육을 중단하겠다는 계획을 세웠다(30.9% 대 17.7%). 또한 미성취 영재는 고성취 영재에 비해 고등교육을 위해 공립학교를 선택하는 경우가 많았고, 고성취 영재는 미성취 영재에 비해 사립학교를 선택하는 경우가 많았다. 학업 및 진로 계획은 〈표 10-5〉에 제시되어 있다.

표 10-5 미성취 영재와 고성취 영재의 학업 및 진로 계획

반 응	미성취 영재(%)	고성취 영재(%)	카이스퀘어 합계
대학 전공			
공학	14.6	22.7	
순수 및 응용 예술	8.3	2.7	
건강 관련 전공	5.9	14.2	
문학	5.1	2.3	
사회과학	16.6	10.9	
결정하지 않음	9.1	6.8	
기타	40.4	40.4	67.2120*
직업 선택			
공학	12.7	21.3	
순수 및 응용 예술	10.0	2.8	

사회적 · 정서적 문제, 미성취, 상담

표 10-5 (이어서)

반 응	미성취 영재(%)	고성취 영재(%)	카이스퀘어 합계
건강 관련 직업	6.4	17.2	
문학	6.4	1.6	
사회과학	12.4	11.3	
결정하지 않음	10.4	7.7	
기타	41.7	38.1	108.2770*
전공에 대한 확신			
아주 확실함	29.6	26.7	
상당히 확실함	44.7	47.2	
확실하지 않음	25.7	26.1	1.1682
직업 선택에 대한 확신			
아주 확실함	25.1	21.0	
상당히 확실함	45.8	46.3	
확실하지 않음	29.1	32.7	2.9611
계획하고 있는 최고 교육 수준			
2년제 대학	1.2	0.3	
학사학위	30.9	17.7	
석사학위	32.9	32.2	
전문학위	33.7	49.4	
기타	1.2	0.4	48.0900*
기관 유형 선택			
4년제 공립	67.5	54.9	
4년제 사립	27.2	44.2	
2년제 공립	4.1	0.5	
2년제 사립	1.2	0.4	90.4610*

*$p \leq .05$

서비스에 대한 요구

〈표 10-6〉에 나타나 있듯이, 고성취 영재와 미성취 영재의 서비스에 대한 요구는 유의미하게 다르다. 미성취 영재는 고성취 영재에 비해 개인적인 근심거리에 대한 도움이 약간 더 필요하다고 주장했지만(12.3% 대 7.7%), 교육적 계획을 세울 때는 도움이 덜 필요하다고 했다(46.6% 대 54.1%). 공부 방

표 10-6 미성취 영재와 고성취 영재의 서비스에 대한 요구

반 응	미성취 영재(%)	고성취 영재(%)	카이스퀘어 합계
교육 계획에 대한 도움의 필요성			
필요함	46.6	54.1	
필요하지 않음	53.4	45.9	5.5960*
개인적 문제에 대한 도움의 필요성			
필요함	12.3	7.7	
필요하지 않음	87.7	92.3	7.5190*
공부 기술에 대한 도움의 필요성			
필요함	60.9	14.8	
필요하지 않음	39.1	85.2	414.8700*
신입생 우등 과정에 대한 관심			
관심 있음	36.2	80.7	
관심 없음	63.8	19.3	308.6040*
개별연구에 대한 관심			
관심 있음	51.2	69.3	
관심 없음	48.8	30.7	37.8240*

*$p \leq .05$

법에 대한 요구를 물었을 때는 차이가 극명하게 드러났다. 미성취 영재의 60.9%는 공부 기술에 대한 도움이 필요하다고 느꼈다. 반면 고성취 영재는 14.8%만이 공부 방법과 기술에 대한 도움이 필요하다고 응답했다. 미성취 영재보다 더 많은 고성취 영재들이 우등반에 있고 싶어 했고(80.7% 대 36.2%), 자율학습을 하기 원했다(69.3% 대 51.2%).

논 의

이 연구에 나타난 전형적인 미성취 영재의 모습은 부유한 가정 출신의 백인 남학생이다. 이 학생은 도시에 살고 대규모의 공립 고등학교에 다닌다. 점수가 꽤 높다 해도, 다른 많은 남학생 영재와는 다르게 가장 잘하는 영역

은 수학이 아니다. 전공과 직업 선택은 남학생 고성취 영재에 비해 다소 덜 전통적이다. 미성취 영재의 학교에 대한 태도는 일반화하기 어려운데, 왜냐하면 자료들이 상충하기 때문이다(아마도 미성취자들이기 때문인 듯하다.). 한편 많은 미성취 영재들은 자신의 학교가 좋다고 생각한다. 그러나 고성취 영재에 비해 자신이 받는 수업과 생활지도에 덜 만족하는 경향을 보인다. 미성취 영재들은 교육적 열망과 선택에서 상당한 정도로 현실주의적 태도를 나타낸다. 그들은 사립대학이 자신의 능력 밖에 있다는 것을 깨달은 듯하다. 박사학위도 자신의 낮은 수행으로는 달성할 수 없다는 것을 안다. 그러나 상당수는 어딘가에 있는 대학에 가고 싶어 하고, 많은 학생들이 석사학위를 받기 원한다.

또한 미성취 영재들은 자신에게 어떤 종류의 도움이 필요한지를 알고 있다. 그들은 놀랍게도, 자신의 교육 계획에 대해 꽤 자신 있어 하고, 도움을 받는다는 생각에 저항한다. 그들은 전공과 대학을 자신이 결정하거나 자신의 필요에 맞게 정한 것처럼 보인다. 또한 그들은 그것에 대해 토론하는 것을 원하지 않는다. 우등 과정이나 개별연구에 참여하는 것을 원하지 않는데, 이것은 영재아들에게는 이례적인 경우다. 그들은 공부 방법 및 기술 영역에서만 도움이 필요하다고 생각했다. 여학생 미성취 영재는 어떤 문항들에 대해서는 남학생 미성취 영재와 다소 다른 것처럼 보인다. 그러나 이 경우는 남성 지배적인 집단에 속한 여학생의 경우이기 때문에, 후속 연구에서는 여학생 집단만을 분리하여 연구할 필요가 있다.

이 연구는 여러 가지 면에서 당혹스러운 연구결과를 나타낸 독특한 연구다. 우리는 이 연구에서 극단적인 집단을 선택하였다. 즉, 교실에서의 수행이 표준화 학업성취도검사로 측정한 그들의 지식 정도 및 능력과 상당한 차이가 있는 학생 집단을 대상으로 연구를 수행하였다. 그러나 연구결과를 검토한 후에, 우리는 그들이 거의 모든 학급에 존재하고, 문헌에서 기술하는 미성취 영재와 공통점이 많다는 사실을 알게 되었다. 몇몇 문헌(예, Rimm, 1986; Whitmore, 1980)에서 기술하는 미성취자들처럼, 대부분의 경우 그들은 학교생활에 어느 정도 불만족하는 부분이 있으며, 자신의 행동에 대해 몇 가지 걱정거리가 있는 중산층 가정의 백인 남학생이었다. 미성취자를 반항적이고 반사회적인 모습으로 묘사하는 문헌들(예, Bricklin & Bricklin, 1967)과는 다르게, 이러한 학생들은 어떤 전형적인 방식으로 반항하는 것처럼 보이지 않는다. 그들은 체제를 비난하는 것같이 보이지 않고, 다른 중산층 가정의 청소년들처럼 대학과 직업 선택에 대한 일반적인 기준에 따라 교육 및 직업 계획을 세운다. 그들은 자신들의 수행이 여러 가지 기회를 차단한다는 사실을 깨닫지 못할지도 모른다.

미성취자 담당 상담가와 교사는 이 연구에서 몇 가지 시사점을 이끌어 낼 수 있다. 이 학생들이 개인 상담과 진로 계획을 필요로 하여도, 가장 절실히 필요한 것은 공부 방법 및 기술에 대한 도움일 것이다. 따라서 낮은 성적에 대해 구체적인 도움을 제공해야 한다. 개인 상담과 함께 구체적인 도움을 주면 더 좋을 것이다. 그들이 우등 과정과 개별연구를 꺼려 하여도, 보다 엄격한 학문적 도전은 미성취자에게 긍정적인 영향을 미친다는 임상 증거가 있다(Kerr, 1991; Whitmore, 1980). 그러므로 표준화된 학업성취도검사에서 높은 점수를 받는다면, 덜 어려운 과제보다 좀 더 어려운 과제를 충분히 해낼 수 있다고 학생을 설득해야 한다.

교육자와 상담가가 이러한 집단에 관심을 가지고 일하는 것은 어려울 수 있다. 왜냐하면, 기존에 위험에 처한 집단이라고 고려되어 왔던 범주 안에 중산층의 고능력 백인 남학생이 부합되지 않기 때문이다. 그럼에도 불구하고 우리 모두는 미성취 영재의 잠재력을 실현시키는 것을 볼 기회를 잃을지도 모른다. 따라서 후속 연구를 통해 미성취 영재의 특성과 요구를 이해하는 일이 필요하다.

📑 참고문헌

ACT *Technical Manual*. (1988). Iowa City, IA: American College Testing Program.

Anastasi, A. (1976). *Psychologicnl testing*. New York: Macmillan.

Arceneaux, C. (1990). *Personality characteristics, interests, and values of differentially achieving able college students*. Unpublished doctoral dissertation, The University of Iowa, Iowa City, IA.

Behrens, L. T., & Vernon, I. E. (1978). Personality correlates of overachievement and underachievement. *British Journal of Educaticnal Psychology, 48*, 290-297.

Bricklin, B., & Bricklin, P. (1967). *Bright child, poor grades*. New York: Delacorte.

Colangelo, N., & Kerr, B. A. (1990). Extreme academic talent: Profiles of perfect scorers. *Journal of Educational Psychology, 82*(3), 404-409.

Colangelo, N., & Pfleger, L. R. (1979). Academic self-concept of gifted high school students. In N. Colangelo & R. Zaffrann (Eds.), *New voices in counseling the gifted* (pp. 188-193). Dubuque, IA: Kendall-Hunt.

Dowdall, C. B., & Colangelo, N. (1982). Underachieving gifted students: Review and implications. *Gifted Child Quarterly, 26*, 179-184.

Fine, M., & Pitts, R. (1980). Intervention with underachieving gifted children: Rationale and strategies. *Gifted Child Quarterly, 24*, 51-55.

Hecht, K. A. (1975). Teacher ratings of potential dropouts and academically gifted children: Are they related? *Journal of Teacher Education, 26*, 172-175.

Jackson, D. (1974). *Personailtu Research Form manual*. Menlo Park, CA: Research Psychologists Press.

Kerr, B. A. (1991). *Handbook for counseling gifted and talented*. Alexandria, VA: American Association for Counseling and Development.

Kerr, B. A., & Colangelo, N. (1988). The college plans of academically talented students. *Journal of Counseling and Development, 67*(1), 42-48.

Lukasic, M., Gorski. V., Lea, M., & Culross, R. (1992). *Underachievement among gifted/talented sudents: What we really know.* Unpublished manuscript.

Pringle, M. L. (1970). *Able misfits.* London: tongman Group.

Rimm, S. (1986). *The underachievement syndrome.* Watertown, WI: Apple.

Valiga, M. J. (1987). The accuracy of self-reported high school courses and grade information. *Educational and Psychological Measurement, 42,* 575-583.

Whitmore. J. R. (1980). *Giftedness, conflict, and underachievement.* Boston: Allyn and Bacon.

사회적 · 정서적 문제, 미성취, 상담

미성취에서 벗어나기: 체계적 중재로써의 창의적-생산적 탐구활동[1]

Susan M. Baum(College of New Rochelle)
Joseph S. Renzulli(The University of Connecticut)
Thomas P. Hébert(The University of Alabama)

이 연구는 미성취 현상과 미성취 유형을 바꾸기 위한 체계적 중재 방안으로 삼부심화학습모형 중 3단계 심화활동인 창의적 생산성(Type III) 심화 프로그램의 사용 효과를 살펴보기 위해 다양한 사례를 양적·질적 방법을 통해 탐색하고 있다. 삼부심화학습모형에 따라 훈련을 받은 12명의 교사는 학교 수행에서 미성취를 보이는 영재 17명을 선정했다. 선정된 학생의 연령대는 8~13세로 여학생 5명, 남학생 12명이었다. 17명의 학생들을 담당한 교사들은 1년 동안 3단계 탐구활동을 통해 그들을 지도했다. 3단계 탐구활동을 하는 동안 개별 학생에 대한 정보는 질문지, 흥미 조사, 면접, 산출물 평가, 참여 관찰 등을 통해 수집되었다.

미성취 현상에 대한 창의적-생산적 심화과정의 사용 효과는 상당한 것으로 나타났다. 그리고 다양한 요인이 높은 학문적 잠재력을 가진 학생의 미성취에 영향을 미쳤음이 드러났다. 예를 들어, 정서적 문제(문제가 있는 가정), 사회적, 행동적 문제(부적절한 또래 집단의 영향), 적절한 교육과정의 결여(정규 교육과정에 따라 학생이 동기화되지 않은 경우), 학습장애가 의심되거나 자기조절을 잘 못하는 경우 등을 들 수 있다.

---

1) 편저자 주: Baum, S. M., Renzulli, J. S., & Hébert, T. P. (1995). Reversing underachievement: Creative productivity as a systematic intervention. *Gifted Child Quarterly, 39*(4), 224-235. ⓒ 1995 National Association for Gifted Children. 필자 승인 후 재인쇄.

이 연구의 가장 중요한 연구결과는 학생들이 3단계 탐구활동에 참여함으로써 긍정적인 효과를 얻었다는 점이다. 학생의 82%가 탐구과정이 진행된 해와 그 다음 해에 긍정적인 효과를 나타냈다. 대부분의 학생은 중재의 마지막 단계에서 더 이상 미성취를 보이지 않았다. 이 과정의 다섯 가지 측면이 다양한 학생 집단을 위한 중요한 핵심 측면으로 발전하였다. 그것은 첫째, 교사와의 관계, 둘째, 자기조절 전략의 제시, 셋째, 자신의 미성취 이유를 스스로 조사할 수 있는 기회, 넷째, 자신들이 선호하는 학습 유형으로 관심 영역을 탐구할 수 있는 기회, 다섯째, 적절한 또래 집단과 상호작용할 수 있는 기회다.

교육자나 부모에게 똑똑한 젊은이와 자녀의 재능이 낭비되는 것을 보는 것만큼 좌절스러운 일은 없다. 실제로 최근 잠재적으로 높은 학업성취를 할 수 있는 학생에게 나타나는 미성취 문제에 대한 관심이 상당히 증가하고 있다(Reid, 1991). 지난 수십 년 동안 전문가들은 미성취 현상이 복잡하고, 다루기 힘들고, 어려운 문제라는 점에 동의해 왔다(Passow & Goldberg, 1958; Rimm, 1986; Whitmore, 1980). 높은 학문적 가능성(High Academic Potential: HAP)에 비해 미성취를 보이는 학생들에 관한 많은 연구가 있었으나, 현재까지 연구자들의 유일한 합의는 그 문제에 영향을 미치는 요인과 관련된 것이다. 아직까지 효과적 중재 전략의 증거는 결론에 이르지 못했으며, 일관적이지도 않다.

미성취 현상에 대한 두 가지 중요한 접근, 즉 교육과 상담 분야에서는 미성취 현상을 바꾸기 위한 중재와 관련된 여러 가지 노력들을 해 왔다. 가족 상담을 사용해서 긍정적인 효과를 얻었다는 몇몇 연구결과(Colangelo, 1984; Rim, 1986)가 있는 반면, 심리학적 중재는 흔히 가족의 장기간의 노력, 적절한 심리적 서비스, 미성취의 근본 이유가 학생이나 가정 내에 있다는 가설에 의존하고 있다. 상담 접근에서는 문제를 일으킨 원인과 가능한 해결책에 영향을 미치는 교육자의 역할이 종종 무시되곤 한다. 마찬가지로 교육적 중재 전략도 미성취에서 벗어나는 데 폭넓은 성공을 이루지 못했다(Emerick, 1992). 미성취 유형에서 성공적으로 벗어나지 못하는 이유에 대해서는 여러 가지 설명이 있다. 예를 들어, Passow 및 Goldberg(1958)는 미성취를 일으키는 하나의 일반적인 이유가 없기 때문에 **하나의** 일반적 중재를 상정하는 것은 비현실적이라고 주장했다. 중재는 미성취자의 독특한 상황에 맞게 개별적으로 고안되어야 한다는 것이다. 또 다른 주장은 미성취 증후군에 대해 전체적으로 이해하기 전까지는 적절한 전략을 파악하기 어렵다는 것이다 (Lowenstein, 1977). 이러한 우려를 보완하는 것은 일반적으로 사용되는 대부분의 접근이 미성취 학생의 부정적 행동에 초점을 맞춘다는 가정이다. 이러한 노력은 공부하는 방법 및 기술을 가르쳐 주는 과정에 미성취 학생을 참여시키거나(Crittenden, Kaplan, & Helm, 1984; Hastings, 1982; Scruggs & Cohn, 1983), 전일제 특별학급을 제공하거나(Whitmore, 1980; Butler-Por, 1987), 행동수정기술을 사용하는 것을 포함한다(Rimm, 1986). '어떻게 조직해야 하는지를 배우면 성취하게 될 것이다.' 또는 '열심히 노력하면 보상을 받을 것이다.'라는 철학은 미성취 학생이 의식적으로 향상되기를 원하여 기꺼이 열심히 노력할 것이며, 자신의 미성취 유형을 바꾸기 위해 스스로를 단련시킬 수 있게(self-disciplined) 될 것이라는 사실을 내포하고 있다. 그러나 Kaufman(1991)에 따르면, 이것은 일반적인 경우가 아니다. 그녀는 이러한 학습자를 낙담한 학습자로 정의하면서, 그들에게 필요한 것은 격려이며 실패를 극복하게 하기 위해 과제 시간을 더 많이 제공하거나 훈육을 실시하는 것은 아니라고 주장했다.

미성취를 보이는 HAP 학생에 대한 다양한 교육과정 접근의 효과성을 검증한 몇몇 연구들은 공통적으로 몇 가지 중요한 점을 지적하고 있다. 이 연구들은 위에서 언급한 교정적(remedial) 접근과는 다르게, 성공적 접근법은 아동 중심적이며, 학생의 강점을 강조하고, 학생의 관심을 가치 있게 생각하는 경향이 있다고 지적한다. 이러한 접근은 최종 산출물뿐만 아니라 학습과

높은 능력을 가진 학생의 미성취 문제는 교육자와 부모에게 큰 도전이 되어
왔다. 어떤 요인들이 미성취 문제에 영향을 미치는가를 이해하고, 미성취 유
형을 바꾸는 데 폭넓은 성공을 누려 온 특정한 접근을 발견하는 것은 쉬운 일
이 아니다. 이 연구결과는 미성취 문제의 가능한 원인에 대한 설명을 제공하
고, 전문가들로 하여금 그동안 진단되지 않은 학습장애나 정서적 문제 등의
요인을 나타내는 증상에 주의를 기울이게 한다. 그리고 학생이 개별적으로
경험한 기본적인 문제와 상관없이 미성취를 바꾸는 데 상당히 효과적인 것으
로 알려진 전략들을 제시한다. 이 전략은 교사가 학생을 격려함으로써 학생
이 실제 문제를 탐구하도록 하는 것(Renzulli의 3단계 심화과정)을 포함한다.
그 과정을 분석함으로써 성공적 중재에 필수적인 것으로 여겨지는 특정 교사
의 행동을 보여 준다. 이러한 전략은 전문가가 학생이 성공하도록 돕는 데 관
심을 갖게 하는 지침으로 사용될 수 있다. 가장 중요한 것은 이 연구가 학생
의 부적절한 행동을 제거하고 약점을 보완하려고 노력하는 것보다, 학생 개
개인의 영재성, 재능, 흥미를 계발시키고 존중하는 것을 통해 더 많은 것을
얻을 수 있다는 사실을 지지한다는 것이다.

정을 강조한다. 학습은 수동적인 자세로 필기를 하거나 시험을 치르는 것이
라기보다는 스스로 학습하는 것을 선택하는 적극적 과정으로 여겨진다. 이
러한 연구 중 일부는 미성취 학생이 의미 있는 프로젝트를 완성할 때, 자아존
중감, 학문적 자기효능감, 전반적 동기화에서 긍정적 변화가 나타난다는 사
실을 보고하고 있다(Baum & Owen, 1988; Baum, Emerick, Herman, & Dixon,
1989; Emerick, 1992; Whitmore, 1980). 마찬가지로 일반적으로 고능력 학생에
대한 연구결과들도 학생 자신이 선택한 탐구과정에 참여할 때 가장 높은 수
준의 생산성을 나타낸다는 사실을 보여 주고 있다. 다시 말하면, 학생이 흥
미를 강하게 보이는 주제, 더 나아가 때로는 열정적인 관심을 보인 주제를 추
구하도록 하는 것이 높은 수준의 학업성취를 이루도록 한다는 것이다
(Delcourt, 1993; Reis & Hébert, 1985; Reis & Cellerino, 1983).

본질적으로 학교에서 필요한 것은, 학교 미성취에 영향을 미치는 요인에

관계없이 상당수의 미성취자들이 성공하도록 그 문제의 복합성을 보다 잘 이해하고 교육자가 전략에 관한 지식을 사용할 수 있도록 하는 것이다. 선택된 HAP 미성취자들이 자신의 관심 영역에 전념할 때의 모습을 관찰해 본다면 성공에 도움을 주는 환경적, 심리적, 인지적 요인과 그것을 방해하는 요인을 밝혀낼 수 있을 것이다.

똑똑한 젊은이들에게 이러한 유형의 학습경험을 적용하고, 심화된 수준의 프로젝트를 수행하는 데 필요한 지침을 제공하기 위한 절차들이 많이 알려져 왔다. 이러한 기술은 삼부심화학습모형(Renzulli, 1977a; Renzulli & Reis, 1985)의 주요 차원인 3단계 심화학습 활동에 통합되어 왔다. 3단계 심화학습 활동의 목적은 학생이 탐구의 적절한 수단을 통해 실제 문제에 대한 실제적 탐구자가 되어 보게 하고, 그 결과를 실제 청중에게 보일 기회를 제공하는 것이다. 학생은 3단계 심화학습 활동에서 원자료의 수집, 심화된 수준의 문제해결 기술, 다양한 연구 분야의 연구자가 직접 사용한 기술적 절차나 연구 전략의 적용을 통해 창의적 산물의 생산자가 되어 간다. 3단계 심화학습 활동의 지침서에서는 교사용 절차와 자원이 수년간 개발되었고 광범위한 분야에서 검증되어 왔다(Reis, 1981; Delisle, 1981; Gubbins, 1982; Burns, 1987; Karafellis, 1986). 이러한 절차와 자료들은 3단계 탐구과정을 통해 학생을 지도하는 데 필요한 일련의 체계적 전략을 제공했다.

연구 목적

이 연구의 첫 번째 목적은 3단계 탐구활동을 사용한 체계적인 중재 프로그램을 통해 미성취의 역학 관계를 탐구하는 것이다. 두 번째 목적은 참여 학생에 대한 중재의 효과를 기술하고 분석하는 것이다. 마지막으로 이 연구는 HAP 미성취자들을 위해 필요한 성공적인 교사 및 촉진자 전략을 탐색하는 것이다. 구체적인 연구문제는 다음과 같다.

1. 미성취에 영향을 미치는 요인은 무엇인가?
2. 3단계 탐구과정을 추구하는 것은 특정한 미성취 유형에 어떤 영향을 미치는가?
3. 3단계 탐구과정으로부터 초래되는 긍정적 결과를 확대하기 위한 구체적 전략은 무엇인가?

연구방법

연구대상

미국 전역에 있는 11명의 교사와 싱가포르의 교사 1명이 이 연구에 자발적으로 참가했다. 모든 교사는 코네티컷 대학교 석사과정에 재학 중이었으며 초보 수준부터 심화 수준까지 다양한 수준의 **삼부심화학습모형** 훈련을 받았다. 어떤 교사는 이미 3단계 탐구과정을 통해 고능력 학생들을 지도한 경험을 가지고 있었다. 교사들은 각각 자신의 학군에서 영재 프로그램 참가 자격이 있는 학생 중 특별 프로그램 교사와 정규학급 교사가 미성취 학생으로 판단한 학생을 선택했다. 몇 명의 경우는 자격이 되지만 당시 미성취였기 때문에 영재 프로그램으로부터 제외된 아이들도 있었다.

미국과 싱가포르의 12개 학군에서 총 17명의 HAP 미성취자들이 이 연구에 참여하였다. 그중 이전에 3단계 탐구과정에 참여했던 학생은 한 명도 없었다. 8~12세의 연령에 해당되는 여학생 5명과 남학생 12명이 지도교사와 함께 3단계 탐구과정에 참여했다. 〈표 11-1〉의 마지막 세로 칸에 프로젝트의 결과가 요약되어 있다.

표 11-1 연구 참여자의 특징

학생	연령	학년	IQ	관심	기본 원인	중재의 초점	산출물	결 과
A	9	4	135	과학(동물)	정서적 문제	교사와의 관계	공간에 새집 만들기	성적 향상
B	9	3	144	과학(동물)	정서적 문제	교사와의 관계	수학 게임	성적과 학습활동 습관
C	8	3	120	과학/ 테크놀로지	교육과정	학생이 관심 있는 프로젝트	로켓 발사	아주 적은 변화
D	8	3	117	과학/ 테크놀로지	학습 자기조절	구조가 주어지지 않음	(완성되지 않은) 전기 자동차	변화 없음
E	9	3	128	과학/ 테크놀로지	정서적, 사회적 문제	또래 집단의 필요를 느낌	드라마/비디오 제작	평균 B로 성적 향상
F	9	4	121	과학/ 테크놀로지	자기조절	자신의 학습부진을 탐색함	뇌 모델 -어떻게 뇌가 운동을 통제하는가?	성적 향상
G	9	4	123	과학/ 테크놀로지	교육과정/ 학습 유형	프로젝트를 수행 하도록 함	지형도	성적 향상 그 달의 학생상 수상
H	11	7	140	순수예술	교육과정/ 학습 유형	교사가 일정한 거리를 두고 프로젝트를 감독함	태양계에 관한 모둠 프로젝트	효과 없음
I	14	8	NA	공연예술	학습장애/ 자기조절	교사가 전략 제공	사회과에서의 모의 법정 역할극	성적, 태도, 자아 존중감 향상, 좀 더 적절한 또래 집단
J	15	9	백분위점수 99	NA	사회적 문제	자신의 문제 탐색	자신의 모험을 위해 미성취와 과성취에 관한 책, 잉크, 펜을 고름	성적 향상과 동기화
K	9	4	120	공연예술	정서적 문제가 있는 가정	교사와의 관계	링컨과 관련된 소문 조사	성적 향상, 약간의 행동 향상

표 11-1 (이어서)

학생	연령	학년	IQ	관심	기본 원인	중재의 초점	산출물	결과
L	13	8	백분위점수 97	과학/ 테크놀로지	정서적인 문제가 있고, 부끄러움이 많고, 자신감 결여	교사와의 관계	태양열 자동차 설계	성적 향상, 사회적 기술 향상
M	10	5	백분위점수 98	순수예술/ 공연예술	낮은 자기조절	교사가 조직 전략을 제공	연재 만화	보다 나은 활동 습관에 대한 자신감 향상
N	10	5	NA	공연예술	정서적 문제	교사와의 관계	발레에 대한 책	성적 향상, 더 행복해하고 사교적이 됨, 식목일(Arbor Day) 포스터 대회에서 우승
O	12	8	백분위점수 99	공연예술/ 심리학	사회적 행동 문제	새로운 또래 집단 과의 상호작용 및 존중	학급 친구에 대한 느낌에 관련된 사진 에세이	성적 향상, 보다 적절한 또래 집단, 보다 긍정적인 태도
P	9	4	142	과학/ 테크놀로지	사회적 행동	교사와의 관계	햄스터 행동에 대한 실험연구	행동의 향상
Q	9	4	131	공연예술/ 역사	교육과정	수학 집단의 변화 및 실생활 문제의 사용을 허용	점심 식사 문제를 변화시키기 위한 캠페인	성적 및 태도 향상

연구 설계

이 연구는 다중 사례연구 설계를 사용하고 있다. 다중 사례연구 설계는 표집 방법을 사용하기 어렵거나 불가능할 때, 이론을 개발하거나 검증하는 데 효과적이라고 여겨진다. 사례연구 설계는 연구의 초점이 현상을 야기시키는 어떤 체계의 복잡한 역동성을 탐구하려는 전체적인 것에 맞춰져 있을 때 사용하는 것이 좋다(Moon, 1991). 따라서 연구자들은 사례연구 접근을 사용하여 문제의 여러 측면을 확인할 수 있고 시간의 경과에 따른 중재의 효과를 연구할 수 있다는 맥락에서 HAP 미성취 학생들에 대해 풍부하게 묘사할 수 있을 것이라고 가정할 수 있다.

자료 수집 방법과 자료원에 대한 삼각검증법(Jick, 1979; Mitchell, 1986)이 단일 방법 설계의 약점과 편견을 극복하기 위해 사용되었다. 이 방법은 신뢰도와 타당도를 점검하기 위해 두 가지 이상의 자료원이나 자료 수집 방법을 요구한다(Smith, 1975). 학생, 촉진자 역할을 하는 교사, 산출물이 정보의 원천으로 사용되었다.

중 재

이 연구는 1년 동안 진행되었으며 네 가지 국면을 통해 이루어졌다. 첫 번째 국면은 높은 지적 잠재력과 평균 이하의 학업성취를 나타내는 증거 자료에 근거하여 HAP 미성취 학생을 확인하는 것이다. 그 증거 자료는 능력과 학업성취도 검사점수, 수업활동 기록, 활동 자료의 예, 영구 기록과 교사가 제공한 일화적 정보를 포함한다. 두 번째 국면에서는 학생의 학업 관련 기록과 개인생활을 잘 드러내 주는 문헌의 검토와 흥미 검사, 그리고 교사와 학생이 완성한 질문지를 통해 정보를 얻었다.

세 번째 국면에서 교사는 학생과 함께 3단계 탐구과정에서 긴밀한 활동을 하였다. 예를 들어, 탐구해야 할 문제에 초점 맞추기, 학생 관리 계획 세우기, 학생에게 필요한 자원과 전략 제공하기, 학생이 완성된 탐구활동의 결과를 관심 있는 사람들과 공유하도록 도와주기 등을 포함한다. 이 국면에서의 활동들은 학생들이 탐구활동을 통해 무엇을 느꼈는지, 그들이 사용한 개별적인 학습 전략들에 대해 그들이 어떤 생각을 하고 있는지에 대해 교사가 면접을 하는 것으로 마무리되었다.

네 번째 국면에서는 연구자들이 처치에 대한 교사의 반응, 처치가 학생들에게 미친 영향, 전반적 경험에 대한 일반적 인식에 대해 교사를 대상으로 심층면접을 실시했다. 연구자들은 교사들이 다음 학년 동안 학생들과 상호작용하는 것을 어떻게 계획하고 있는지 논의 및 제안을 하고, 통찰과 경험을 공유하는 동안 면접을 실시했다. 주 연구자의 방문 면접과 학생 개개인을 대상으로 한 면접이 실시되었고, 방문이 어려울 때는 전화 면접이 실시되었다.

자료 수집

학습부진 현상과 관련된 복잡한 문제들을 이해하기 위해 아래에 제시되어 있는 양적, 질적 방법이 사용되었다.

양적인 설문조사 및 질문지 흥미, 학문적 자기효능감, 창의적 특성 등에 대한 정보를 수집하기 위해 학생에 대해 여러 가지 설문조사를 하고 질문지를 이용하였다. 또한 교사는 학생의 창의적 특성에 대한 교사의 지각을 알아보기 위한 질문지를 완성하였다. 학생의 현재 또는 잠재적인 흥미 영역에 대한 정보는 학생들에게 'Interest-a-Lyzer'(Renzulli, 1977b)를 실시하여 구하였다. 학생들을 대상으로 한 자기 보고식 설문조사를 통해 순수예술, 과학 및 테크놀로지, 문학, 수학, 체육, 정치, 경영, 공연예술, 역사를 포함해서 학생들의 흥미 유형을 밝혀냈다.

또한 학생들의 학문적 자기효능감을 측정하기 위해서, 교사들은 학생들에게 '학문적 과제에 대한 자기효능감'(Self-Efficacy for Academic Tasks: SEAT, Owen & Baum, 1991) 검사를 실시하였다. 그리고 총 34문항으로 구성된 자기 보고 질문지를 통해 학교에서 전형적인 행동을 수행하고 조직할 수 있는 능력에 대한 학생의 자신감을 측정하였다(SEAT에 대한 설명은 Baum의 연구(1985) 참조).

창의적 생산성(Creative Productivity)의 특성(Renzulli & Baum, 1989)은 학생의 창의적이고 생산적인 특성에 대한 정보를 제공한다. 이 척도는 '우수

사회적 · 정서적 문제, 미성취, 상담

한 학생의 행동특성 평정척도'(Sales for Rating the Behavioral Characteristics of Superior Students, Renzulli et al., 1977)에서 추출한 27개의 문항으로 구성되어 있다. 원 척도의 문항들은 10개 영역에서의 영재성과 재능을 기술하고 있는 특성에 대한 광범위한 검토를 거쳐 만들어졌다. 이 버전에서 사용된 문항들은 학습, 지도력, 동기, 창의성 척도에서 선택된 것으로 창의적 산출물을 위해 필요한 행동을 예시하는 것이라고 여겨지는 문항들이었다. 두 가지 평행형 검사인 학생용 자기평가 형식과 성인의 학생평가 형식이 고안되었고, 영재교육 지도자들과 영재를 지도한 경험이 많은 교사의 검토 과정을 통해 내용타당도를 확보하였다. 내적 합치도의 알파계수는 .91이었고, 검사 재검사 안정성 계수는 .88로 나타났다.

질적 연구방법의 절차 중재 과정과 중재의 효과에 대해 어떠한 인식을 하고 있는가에 대한 정보를 수집하는 데 학생 에세이, 교사 관찰, 면접과 산출물 평가 등이 사용되었다. 교사는 학생의 인지적, 정의적 특성에 대한 정보와 과정을 일지에 기록하였다. [그림 11-1]은 교사 일지의 한 사례다.

자료 분석

이 연구에서는 양적 분석과 질적 분석을 모두 사용하였다. 중재가 이루어지기 전에 학생들이 완성한 다양한 체크리스트와 설문조사 결과가 표로 만들어졌다. 질적 방법으로 중재를 통해 이끌어 낼 수 있는 결론, 즉 교사 일지와 면접 내용, 학생이 만든 산출물로부터 공통의 범주(Strauss, 1987)를 밝혀냈다. 면접, 교사 일지, 학생 에세이, 학생 활동 산출물로부터 얻은 정보를 코딩하여 기본 범주를 확인하기 위해 분석하였다. 연구자들은 코딩 과정의 신뢰도와 결과로부터 얻은 범주를 확실히 하기 위해서 자료들을 독립적으로 평정하였다.

이 연구에서는 세 가지 코딩 유형을 포함하는 Strauss(1987)의 코딩 패러다임이 사용되었다. 개방형 코딩이라고 알려진 초기 코딩 유형은 전사된 면

2월 6일
어떤 주제를 추구하는 것에 관심이 있는지를 논의하기 위해 에릭(Erik)을 만났다. 그는 원예의 가능성을 탐구하는 것에 대해 열심이었다. 그는 자신이 선택한 주제를 학습할 수 있다는 사실에 놀라는 듯했다. 우리는 다른 길을 개발하기 위해 웹을 만들었고, 바로 이국적인 식물과 온실을 만드는 것으로 범위를 좁혔다. 다음 만남까지 그는 온실에 대한 정보를 수집할 것이고, 에세이를 완성할 것이다.

2월 27일
우리는 관리 계획에 대해 논의했고, 에릭은 그것을 완성했다. 그는 그러한 활동이 자신이 무엇을 할지에 대해 '좀 더 큰 그림'을 볼 수 있도록 도움을 주기 때문에 좋다고 했다. 우리는 장, 단기 계획에 대해 논의했다. 다음 만남을 위해 그는 다음과 같은 목표를 세웠다.

1. 온실에 대한 정보를 발견하기 위해 여러 도서관 가기
2. 자료 수집을 위해 지역사회와 협력 관계 구축하기
3. 정보 수집을 위해 정원 관리 물품을 파는 상점 방문하기
4. 학교에서의 목적: 미술시간에 연필 스케치 끝내기

만남은 긍정적이었다. 에릭은 자신의 생각을 공유하는 것에 대해 더욱 자신감이 넘쳤으며, 프로젝트를 보다 재미있어 하는 것처럼 보였다.

[그림 11-1] 교사 일지

접 내용, 교사 일지, 학생 활동의 산출물, 기타 다른 적절한 문서를 면밀히 검토함으로써 모든 자료를 제약 없이 코딩하는 것이다. 개방형 코딩에서는 연구자들이 자료에 적합해 보이는 개념을 확인하고 탐구를 '시작하려고' 한다(Strauss, 1987, p. 29). 개방형 코딩을 하는 동안 연구자들은 자료가 적절한지와 다양한 사건들이 어떤 범주에 해당되는지를 일관되게 분석한다. 개방형 코딩에서 자료는 끊임없이 분석되고, 새로이 나타난 이론을 확인하고 검증하기 위해 코딩된다.

초기 범주가 결정된 후에 이루어지는 축 코딩에서는 연구자들로 하여금 한 번에 하나의 범주를 집중적으로 분석하도록 한다. 축 코딩은 연구자들에게 개방형 코딩에서 나타난 범주들 간의 관계를 구체화시키고 궁극적으로 '핵심'이 되는 하나 이상의 범주를 개념화하도록 한다.

세 번째 코딩 단계인 선택적 코딩 단계에서는 연구자들이 핵심 범주에 대

해 체계적이고 의도적으로 코딩을 한다. 이론을 개발해 가는 과정에서, 행동을 이해하기 위한 하나의 설명 방식을 생성하는 것이 목적이 된다. 핵심 범주는 특정 행동유형 안에서 나타나는 대부분의 다양성을 설명한다. 이러한 자료 분석방법을 사용하는 연구자들은 "핵심 범주를 중심으로 하는… 이론의 생성"(Strauss, 1988, p. 34)을 위해 자료를 코딩하면서, 의식적으로 핵심 범주를 확인하려고 노력한다.

연구결과

중재 이전 결과

본 연구의 제1국면과 제2국면 동안에 수집된 정보는 표로 제시되었고, 학생의 특성을 보고하기 위해 기술 통계 및 추론 통계를 이용한 양적 연구방법이 사용되었다. 이러한 초기 분석은 학생의 흥미, 학문적 자기효능감, 자신의 창의적 특성에 대한 학생의 지각, 학생의 창의적 특성에 대한 성인의 지각, 학교에 대한 학생의 느낌에 대한 정보를 제공하였다. 'Interest-a-Lyzer'에 대한 반응 빈도를 분석한 결과, 대부분의 학생이 과학과 테크놀로지(총점 99점), 공연예술(총점 77점), 순수예술(총점 64점)에 흥미를 갖는 것으로 나타났다. 학교에 대한 학생들의 에세이 또한 학생들이 학습의 방식으로 예술과 관련된 활동과 프로젝트를 선호한다는 것을 나타내고 있다.

창의성 특성 척도(Characteristics of Creativity Scale)에 대한 학생의 평정과 학생에 대한 교사 평정을 분석한 결과(〈표 11-2〉 참조), 학생은 교사에 비해 자신의 창의적 능력에 대해 유의미하게 더 높게 인식하고 있는 것으로 나타났다($t = 3.93, p < .001$).

이렇듯 학생은 스스로를 창의적인 사람으로 여기고 있지만, SEAT 결과에서 알 수 있듯이 학문적인 과제를 수행하는 자신의 능력에 대해서는 자신

표 11-2	학생의 창의성에 대한 성인과 학생의 지각 차이에 대한 t검정 분석결과		
집 단	평 균	표준편차	t
학생	79.12	13.29	
성인	56.29	19.89	3.93*

* $p = 0.001$

감이 적은 것으로 나타났다. SEAT에 대한 한 타당도 연구에 따르면, 이들의 평균점수(75.2)는 고능력 학생의 평균점수(91.2)에 비해 학습장애아의 평균점수(78)와 더 비슷했다(Owen & Baum, 1991).

중재 이후 결과

3단계 탐구과정에서 학생과 함께 학습하는 동안, 교사는 학생 각각의 가정, 학교, 동기화 유형 등을 알게 되었다. 세부 사항은 학생에 따라 특이한 경우도 있었지만, 교사 일지, 학생 면접, 학생 활동의 산출물로부터 수집된 정보를 질적으로 분석한 결과는 특정한 유형의 미성취 형태가 있다는 것을 보여 준다. 이러한 유형은 앞서 제시하였던 세 가지 연구문제에 대한 잠정적인 대답을 제공한다. 자료에서 얻은 각 질문에 대한 결론 및 이를 지지하는 증거들은 다음에 기술되어 있다.

미성취에 영향을 미치는 요인

이 연구의 첫 번째 연구문제는 학생의 미성취에 영향을 미칠 수 있는 요인들 간의 조합을 탐색하는 것이었다. 연구결과로 나타난 범주들에 대한 분석에 따르면, 학생의 미성취에 영향을 미치는 네 가지 요인이 점차 분명해졌다. 이 네 가지는 정서적 문제, 사회적 · 행동적 문제, 교육과정 문제, 그리고 학습장애 및 낮은 자기조절 능력이다. 학생이 하나 이상의 요인에서 문제행동을 보였더라도, 개별 학생에게서는 기본 요인과 여러 개의 지지 요인이 일반적으로 나타났다. 개별 학생의 미성취에 영향을 미치는 요인들의 프로파

사회적 · 정서적 문제, 미성취, 상담

표 11-3 미성취에 영향을 미치는 학생의 프로파일

요인	학생																	기본 요인	부차적 요인	종합
	A	B	C	D	E	F	G	H	I	J	K	L	M	N	O	P	Q			
교육과정/ 학습 유형			P	s	s		P	P	s			s				s	P	4	5	9
사회적/ 행동적 문제				s				s		P	s			s	P	P	s	3	5	8
정서적 문제	P	P	s		P	s				P	P			P				6	2	8
학습장애/ 낮은 자기조절				P	s	P	s		P	s	s		P	s			s	4	6	10

P—기본 요인(Primary Contributor) , s—부차적 요인(Secondary Contributor)

일이 〈표 11-3〉에 제시되어 있다. 〈표 11-3〉은 학생의 미성취에 영향을 미치는 기본 요인 및 부차적인 요인의 빈도를 요약한 것이다. 정서적 문제가 가장 빈번하게 나타나는 기본 요인이었고, 그 다음이 교육과정 문제 및 학습장애와 낮은 자기조절 능력순이었고, 사회적 · 행동적 문제가 가장 적게 나타났다.

정서적 문제 정서적 문제는 여섯 명의 학생에게 기본적인 요인으로 나타났다. 이 요인은 제대로 기능하지 못하는 가정, 특별히 주의를 받고 싶어 하는 학생의 요구, 완벽주의, 우울증 등을 포함한다. 예를 들어, 4학년에 재학 중인 K 학생은 이혼, 알코올 문제, 아동 학대에 따른 고발 등의 문제가 있는 가정 출신이다. 교사는 그가 가정에서 방임되어 왔다고 주장했다. "그는 머리를 빗거나 자른 적이 없고, 이를 닦은 적이 없어요. 혼자 있는 경우가 많았고, 어른의 보호 없이 자전거를 타고 온 마을을 다니는 것도 보았어요." 심지어 그의 엄마도 "학교는 우리의 냉혹한 가정생활로부터 아이의 도피처였어요. …고등학교를 중퇴한 그의 형은 지금 법을 어겨 문제가 생겼어요."라고 했다.

남자 고등학교 신입생인 E 학생 또한 문제가 있는 가정 출신이다. 네 명의 형제들이 모두 HAP 미성취자들이다. 부모는 자녀들을 다루는 데 필요한 효과적인 전략을 별로 가지고 있지 않아 보였다. 학교 심리학자들은 그의 미성취가 가정생활 때문이라고 지적했다. 학생 스스로 그가 그 자신이 될 수 있는 숲속의 은신처를 발견했다고 말했다. 그는 교사와 부모가 자신에게 실망할까 봐 실패하는 것이 걱정된다고 주장했다. 반면에 그는 "나는 잘하는 게 별로 없어요. 내가 잘했다고 해도 생활이 크게 변할 것이라고 생각하지 않아요."라고 단언했다.

완벽주의와 우울증 또한 몇몇 학생의 미성취를 설명하고 있다. 4학년 학생 A는 학교에서 편두통을 호소하며 불평했다. "난 너무 걱정했어요. 특히 작문과 주에서 주관하는 시험을 보는 게 많이 걱정되었어요. 우리 엄마는 내가 전 과목에서 A를 맞아야 한다고 말했어요. 엄마는 내가 스스로 내 프로젝트를 하도록 내버려 두지 않았어요." 언제 두통이 있었느냐고 묻자, 그녀는 읽기나 작문을 해야 할 때라고 말했다. 집에서의 취미 활동이 무엇이냐는 질문에 대해서는 놀랍게도 다음과 같이 대답했다. "나는 소설이나 운율이 없는 시를 쓰는 것을 좋아해요. 집에서 컴퓨터로 글을 쓸 때는 머리가 아프지 않아요." A의 엄마는 딸에 대해 "자신은 별다른 노력을 하지 않아도 할 수 있는 일을 다른 사람들은 힘들게 성취한다는 사실을 분명하게 알고 있어요. 그래서 난 딸을 계속 격려할 필요가 있고, 그렇지 않으면 그 아인 절대 열심히 하지 않을 거예요."라고 했다.

5학년 학생 N은 부모의 높은 기대 때문에 압력을 받고 있었다. 그녀는 자신이 실수하거나 모르는 것이 있을 때, 아빠가 아무에게도 말하지 말라고 했다는 사실을 밝혔다. 그녀는 삶을 진지하게 다루는 법을 배웠다. 3단계 탐구 과정을 끝냈을 때, 그녀는 발레에 관한 책을 무척 좋아하고, 다른 사람들도 그러기를 바란다고 했다. 그러나 그녀는 "그들의 학업만큼 중요하지 않을지도 몰라요…. 난 사람들이 내가 하는 일을 중요하게 평가해 주었으면 좋겠어요."라고 덧붙였다. 두 가지 경우 모두 부모의 기대가 학습의 재미를 빼앗아 간 것처럼 보였고, 자녀의 학업성취를 크게 저해하는 것처럼 보였다.

사회적, 행동적 문제 미성취에 영향을 미치는 요인으로써 사회적, 행동적 문제와 관련된 문제가 3명의 학생에게는 기본 요인으로, 5명의 학생에게는 부차적 요인으로 나타났다. 이 범주에 속하는 구체적인 문제는 부적절한 또래 집단의 영향, 사회적 가치에 대한 의문, 행동 통제와 사회적 기술의 결여 등을 포함한다. 7학년 학생 Q는 매일 학교에 검은 옷을 입고 왔는데, 마약에 연루되어 있다고 보고된 집단의 학생들에게 인정받기 위해 흰색 화장을 하고 찢어진 청바지를 입고 왔다. 이 집단의 구성원들은 학교에 대한 자신들의 부정적인 태도를 자랑스럽게 생각했다. 연구에 참여하기 시작하고 나서 그녀는 영재 담당교사와 만나 합창단 연습에 참석하지 못했다. 합창단 교사는 그녀의 부정적인 태도와 경박한 말투 때문에 연습에 참석하지 못하는 것을 선뜻 허락하기가 어려웠다고 말했다. 특별 프로그램 교사는 다음과 같이 말했다. "합창단 담당교사가 내게 전화를 걸어 그 학생이 복도를 지나면서 신난 표정으로 '나 갈게요.'라고 말했다고 해요."

앞서 설명했던 문제 가정에서 온 학생 E는 또래들에게 잘 보이기 위한 이미지 때문에 학교에서 문제가 생겼다는 사실을 인정했다. 그는 친구들이 있을 때는 학습에 대한 자신의 흥미를 숨기려고 했다. 예를 들어, 그는 수학 시간에 교사가 질문 있는 사람 없느냐고 물었을 때 대답하는 법이 없었다. 그런데 이 학생이 수학 개인 지도가 필요하다고 사적으로 요구하자 교사는 화를 냈다. 영재 담당교사는 그가 친구들이 있을 때 하는 행동과 혼자 있을 때 하는 행동이 상당히 다르다고 보고했다. "그 학생은 자신의 관심 분야에 대해 이야기할 때 친구들이 있으면 수줍어하는 것처럼 보여요. 사실 난 그 학생이 컴퓨터 프로그램을 평가하기를 원했는데 친구들이 있을 때는 하지 않았어요."

특히 청소년 시기의 어떤 학생들은 만연한 사회적 이상에 대해 의문을 갖는다. 싱가포르에 사는 16세의 말레이시아 출신 여학생 J는 빠른 속도로 성취하고 경쟁해야 하는 학습에 대해 회의를 가졌다. 그녀의 교사는 다음과 같이 설명했다. "그녀는 대다수의 학생과 접촉이 없다고 느끼고 있어요. 학급 친구들은 중국 친구들이에요. 그녀는 학급에서 유일한 말레이시아 사람이요. 말레이시아 사람들의 문화는 아주 느긋해서 그녀가 극심한 경쟁 체계의 한 부분이 되는 것과 갈등을 일으키는 것 같아요." 이러한 갈등에 직면할 때 그 학생은 자신의 공부에 최소한의 노력을 기울이는 것 같았고 의욕이 없어 보이고 피곤해했다.

다른 학생들에게는 학교의 규칙을 지키는 것이 문제가 되었다. 4학년 학생 P에 대해 담당교사가 다음과 같이 말했다. "그는 아주 총명하지만 심각한 행동문제 때문에 학급 수업시간에는 어려움을 겪고 있어요." 시간이 지날수록 그 학생의 문제는 점점 더 심각해졌고, 2월에는 심리-교육평가를 완성하기 위해 특수교육 담당교사에게 위탁되었다. 그 결과, 그는 적절한 사회적 기술과 행동 통제가 결여된 행동장애로 진단되었다.

적절한 교육과정의 결여 많은 학생이 정규 교육과정에 따라 단순히 동기화되지 않았다. 어떤 학생은 다른 유형의 학습을 선호하는 반면, 몇몇 학생은 정규 교육과정에서는 도전감을 느낄 만한 내용이 없다고 믿었다. 예를 들어, 학생 I는 이 연구에 참여하는 것을 자신이 싫어하는 사회 과목을 면제받을 수 있는 수단으로 생각했다. 그는 만일 자신이 교실 밖에서 검사에 응할 수 있다면, 8학년 대상의 법정 드라마를 위한 새로운 법정 사례를 쓸 수 있다고 주장했다. "난 오래된 것은 좋아하지 않아요. Candy Cane(크리스마스용 캔디)과 같은 멍청한 인물은 싫어요. 난 우리가 더 나은 일을 할 수 있다고 생각해요."

학생 J 또한 상당히 많은 과목이 '너무 내용 위주'로 되어 있다고 불평했다. 그는 '화학은 기술의 응용이 필요하고 서로 밀접한 관련이 있기 때문에' 좋다고 했다. 또한 그는 "난 학생들이 좋아하고 관심이 있는 것을 공부하도록 해야 한다고 생각해요."라고 말했다.

학교에 대해 어떻게 생각하느냐에 관한 에세이에서 많은 학생들이 프로젝트를 완성하는 데 좀 더 많은 시간이 필요하다고 했다. 실제로 4학년 학생

G는 자신이 무엇인가 만들 수 있을 때 더 많은 것을 학습할 수 있다고 말했다. "나는 프로젝트를 잘했기 때문에 프로젝트가 좋았어요. 난 하루 종일 내가 학습할 수 있도록 도와주는 프로젝트를 하는 게 좋았어요." 7학년 학생 H도 이에 동의했다. "난 좀 더 많은 프로젝트와 구술에 관한 숙제가 있어야 한다고 생각해요. 작문이나 읽기 대신 학습 테이프가 있어야 해요. 많은 영화를 보여 주어야 하고 여행도 더 많이 해야 되요. 난 정말로 집단 안에서 함께 작업하는 게 좋아요. 특히 아주 우수한 친구들과 함께요." 그는 자신이 학급에서 최우수 집단에 속하지 않았다는 점에 대해 화가 나 있었다. "내 경우에, 성가신 학생들로 가득한 상황 때문에 내가 있어야 하는 집단 수준으로 올라갈 수 없는 상황이에요."

학습장애와 낮은 자기조절 미성취 현상에 영향을 미치는 마지막 요인이면서, 가장 흔히 나타나는 요인은 학습장애 또는 학생의 낮은 자기조절 능력(적절한 학습 전략의 수행 및 적용)이다(Baum, Owen, & Dixon, 1991). 두 가지 영역은 상당히 중복되는 면이 있다. 실제로 미성취 아동과 학습장애아의 중요한 차이점은 단순히 한쪽은 법적으로 특수교육을 받을 수 있고, 다른 한쪽은 그렇지 않다는 것이다. 학생들은 학습장애로 진단될 수 있고, 또는 읽기, 쓰기, 철자법 등을 잘 몰라 관련 교사에게 넘겨질 수 있다. 다른 전형적인 행동으로는 무질서, 과제 완성 실패, 부주의, 시간 관리 기술 및 출석 기술의 결여 등이 포함되었다. 학생 I에게서 이 범주 안에 속하는 행동들을 쉽게 발견할 수 있었다. 그 학생의 담당교사에 따르면,

> 6학년인 이 학생은 정상적인 생활이 불가능한 학생이었다. 운동장에서 항상 문제가 될 만한 행동을 했다. ADD(attention deficit disorder; 주의력 결핍장애)가 의심되었으나 결국 아닌 것으로 판명되었다. 당시 그 학생은 학습장애와 행동장애가 있는 것으로 평가되었다. 그러나 이 학생에게 가장 어려운 부분은 자신이 하는 일에 주의를 기울이고, 조직화하고, 고쳐 나가는 법을 배우는 것이라고 생각한다.

또 다른 피험자인 5학년 학생 M은 교사로부터 예민하다는 평가를 받았다. "모든 사람이 그 학생을 이해할 때까지 가르치고 싶어 해요. 그는 다른 사람들을 미치게 해요. 그 학생은 어떤 것에도 주의를 기울일 수 없어요. 그는 멍청하기로 유명해요. 아주 똑똑하지만, 너무 조직화가 되어 있지 않아요. 그의 성적은 꽤 좋은 편이었어요. 그의 교육을 담당했던 교사들은 그 학생에게 그런 성적을 준 것이나 어떻게 그 학생이 그런 성적을 받을 수 있었는가에 대해 알지 못했어요!" 교사들은 만일 그 학생의 한심한 활동 습관이 향상되지 않는다면, 그의 성적은 결국 형편없어질 것이라고 예측했다.

미성취 영재아에 대한 중재의 효과

이 연구의 두 번째 연구과제는 학생 각각에 대한 3단계 탐구과정의 효과를 검증하는 것이었다. 82%의 학생들이 3단계 탐구과정이 실행된 해와 그 다음해에 긍정적인 반응을 보였다. 이러한 변화는 기록 카드(점수와 교사 의견), 성취도검사 점수, 교사 및 학부모와 심화과정 담당교사 간의 비공식 면접, 학생 면접, 심화과정 교사들과의 집단 면접에서 나타났다. 성취도, 노력, 학교에 대한 태도, 자기조절 행동, 교실에서의 행동 등이 향상되었다. 각 학생의 미성취 원인은 아주 다양했지만, 대부분의 학생들은 탐구과정을 잘 마쳤으며 자존감과 학업성취에 긍정적인 효과를 얻었다. 〈표 11-1〉의 6열에서 9열까지에서는 학생들의 미성취 유형을 개관하고 있고, 3단계 탐구과정과 행동의 변화를 보여 주고 있다. 교사 일지와 학생 및 심화과정 담당교사와의 면접 내용을 토대로 중재가 이루어지는 동안 일어났던 일을 분석한 결과, 다양한 문제와 행동방식을 나타낸 학생들에게 이러한 중재가 성공적으로 사용될 수 있다는 사실이 밝혀졌다. 3단계 탐구과정은 인증된 문제기반 교육과정을 제공하고, 학생이 관심을 보이고 강점을 나타내는 분야에서 공부하도록 하고, 같이 일하며 보살펴 줄 성인을 공급한다. 관리 계획은 그 프로젝트를 다루기 쉽게 조직하도록 도와주고, 학생들에게 비슷한 관심사나 재능을 가진 다른 학생들과 상호작용할 수 있는 기회를 제공한다. 교차 사례 분석결과, 중재가 각 학생의 미성취 유형에 영향을 주는 요인에 기반하여 서로 다른 목적이나 욕구를 충족시키는 것으로 나타났다.

서로 다른 집단의 학생들에게 3단계 탐구과정의 또 다른 특징은 설득력이 있다. 예를 들면, 학생이 어른의 주의를 끌기 위해 미성취를 보이는 경우, 교사와 멘터와의 관계가 중재 절차에서 가장 중요한 특징이 된다. 반면, 학생이 정규 교육과정에 싫증을 낸다면 자신이 선택한 프로젝트를 가지고 일할 수 있는 기회를 주는 것이 그 학생의 학업성취를 자극할 수 있다. 3단계 탐구과정에 내포된 다섯 가지 특징들은 서로 다른 학생 집단을 위한 중재의 중요한 초점이 된다.

1. 교사와의 관계
2. 자기조절 전략의 제시
3. 미성취와 관련된 사안들을 조사할 기회
4. 선호하는 학습방식으로 관심 있는 분야에 대해 일할 수 있는 기회
5. 적절한 또래 집단과 상호작용할 수 있는 기회

교사와의 관계 학생이 성인의 긍정적인 주의를 필요로 할 경우, 교사와의 관계가 3단계 탐구과정의 가장 중요한 부분이 된다. 예를 들면, 앞서 가정생활을 기술한 학생 K를 들 수 있다. 해를 거듭할수록 이 학생은 3단계 심화학습 활동을 진행했던 영재 담당교사와 친밀해졌다. 그는 교사를 위해 추가적인 활동도 기꺼이 했으며 함께 있는 정규 수업시간에도 착실하게 행동했다. 심지어 어떤 경우엔 교사를 '엄마'라고 부르기까지 했다. 교사 일지의 다음 발췌문은 이렇게 해서 생겨난 결속력을 보여 준다.

지난 며칠 동안, 그는 매일같이 자신이 나를 좋아한다는 것을 알리기 위해 또

는 내가 자신을 좋아한다는 것을 재차 확인하기 위해 얘기하거나 무엇인가를 했다. 그는 우리가 같이했던 컴퓨터 게임에서 나에게 엄마라는 이름을 주었다. 그가 나의 족보 책자에서 직계 가족을 발견했을 때, "이런, 저는 제 이름이 거기에 있기를 바랐어요."라고 말하였다. 나는 웃었고 시간제로 입양된 아들로 그의 이름을 적겠다고 답했다. 오늘 방과 후 그는 나를 위해 선물을 만들었는데, "Mrs. M은 좋은 선생님입니다."라고 새겨 넣은 하트 모양이었다.

때때로 교사는 그들의 관계 때문에 감정적으로 고갈됨을 느끼며 집에 귀가한다. "나는 무감각해지고 싶지 않았지만, 감정적으로 너무 소모된 나머지, 연말에 출퇴근을 하지 않는다는 것에 거의 안도감을 느낄 정도였습니다." 완료해야 할 학기를 넘어설 정도로 시간이 소요되었던 프로젝트 마지막 단계에 그의 교사는 다음과 같이 언급했다.

이 어린이는 너무 많은 마찰을 빚곤 해서 나는 그가 그의 형처럼 중퇴를 하게 될지 학교를 계속 다니게 될지 예측할 수가 없었습니다. 그러나 지금 나는 그의 프로젝트가 그에게 중요했음을 알게 되었습니다. 그는 마침내 끝까지 완수했습니다. 그러나 가장 중요한 점은, 그와 내가 바라건대 그에게 지원과 격려를 해 줄 수 있는 유대감을 형성하게 되었다는 것입니다. 그는 또 다른 3단계 탐구 과정이 시작되는 것을 기다릴 수 없습니다.

학습 전략 또는 보충 기술의 제시   학습이나 조직화하는 기술이 떨어져 보이는 학생들의 경우는 3단계 탐구과정을 완료하는 것이 학습을 용이하게 하는 전략을 깨닫는 데 도움이 된다. 학생들이 3단계 탐구과정을 수행하는 동안 교사는 서투른 시간 관리, 소지품 관리 능력 부족, 집중력 저하 등의 학습장애물을 발견해 낸다. 이러한 문제점들이 표면화되었을 때, 교사가 전략을 제안하거나 학생이 그 문제를 해결하기 위한 자신의 고유한 방식을 개발해 낸다.

학생 I는 조직화하는 일에 어려움을 겪었다. 교사는 그에게 'I의 소지품'이라고 표시된 상자를 주고 비품실에 보관하도록 하였고, 현재 진행 중인 작업을 보관하기 위해 컴퓨터 옆에 서류철을 두도록 하였다. 그가 프로젝트를

사회적 · 정서적 문제, 미성취, 상담

완성하는 데 필요한 단계들을 조직화하는 것을 돕기 위해, 교사와 학생은 일정표와 관리 계획을 준비하였다. 그녀는 또한 그의 작업을 수정할 수 있는 전략을 알려 주었다. "그가 나에게 모의실험에 대한 일정표를 보여 주었을 때, 나는 그것이 어떻게 진행되는지에 대해 여러 가지 질문을 했습니다. 그 학생은 수정이 필요한 부분을 발견할 수 있었습니다." 연구를 하는 동안에 그는 '음악에 접속하며' 컴퓨터에 글을 쓸 때 가장 집중할 수 있다는 것을 발견하였다. 이 방법을 알게 되자 그는 다른 방면에도 이것을 적용하였다. 그의 교사는 일지에서 다음과 같이 설명하였다. "그는 영어교사에게 다른 학생들이 자기 주변에서 논의하고 있을 때 작문에 집중하기가 가장 힘들다고 설명하였으며, 반면 컴퓨터로 할 때 훨씬 잘할 수 있다고 하였습니다. 그는 이러한 '보완 전략'을 생각해 낸 것입니다. 세상에나! 그는 자신의 학습의 필요를 충족시켜 주는 법을 학습했던 것입니다."

그의 탐구활동이 종료된 후, 수업시간에 사용했던 어떤 학습 기술이 유용했었냐는 질문에 그는 다음과 같이 답변하였다. "아마도 이러한 모의실험에서 배운 가장 좋은 점은 그저 계속 진행해야 한다는 것이에요. 교착상태에 빠지더라도 끝까지 충실해야 돼요. 그러면 결국 그것은 완성될 것이고, 당신은 또 다른 것을 진행할 수 있을 거예요. 오직 앞을 보고 전진하세요. 그러면 그것이 '하나님 감사합니다.'식으로 끝나는 것이 아니라 나의 시뮬레이션이 실제로 상당한 부담이 되었다는 것을 알게 될 거예요."

자신의 미성취와 연관된 사안을 조사할 기회 학생들은 종종 그들의 미성취와 관련된 분야를 조사하기 위해 3단계 탐구과정을 사용한다. 예를 들어, 학생 F는 인간과 토끼의 뇌 기능에 관한 비교연구를 수행하였다. 그는 각 뇌의 모형을 설정하고, 어떻게 물리적인 뇌가 인간 활동에서 우위성을 허용하는지 기술하였다. 그의 본래 연구과제는 '뇌는 근육에게 무엇을 하라고 어떻게 요구하는가?'였다. 그해 말에 있었던 면접에서 그는 여전히 미성취 상태에 있는지 질문을 받았다. 그는 "아니요."라고 말했다. 그가 왜 미성취 상태에 있었고, 어떤 계기로 변화하게 되었는지 설명해 보라고 했을 때, 그는 다음과 같이 말했다.

> 나는 한 번도 일을 완수했던 적이 없었던 것 같아요. 선생님은 제가 무슨 일을 시작하는 데 너무 시간이 많이 걸린다고 지적하셨고, 저는 생각할 시간이 많이 필요하다고 말씀드렸어요. 선생님은 제가 실제로 생각하는 것과 동시에 작문을 할 수 있다고 말씀하셨지만, 저는 과연 그것이 가능한 일인가 의구심을 가졌지요. 약 한 달 전쯤 저는 무엇인가에 대해 생각하고 있었는데 그때 제 손을 바라보니 글쎄 무언가 쓰고 있는 것이 아니겠어요!'

그의 뇌에 관한 연구는 생각하는 것과 동시에 쓰는 것을 할 수 있는가의 문제들을 탐구하는 것이었다. 또 다른 학생은 과성취와 미성취의 개념을 조사하는 데 3단계 탐구과정을 사용하였다. 학생 J는 싱가포르의 동급생들에게서 보았던 성취를 위한 광대한 추진력과 자신이 느꼈던 부담 사이에서 의문을 제기하였다. 양쪽의 견해를 이해하기 위해 그녀는 '당신 자신의 모험책을 선택하시오.'라는 과성취 학생과 미성취 학생의 처지를 형상화한 형식을 디자인하였다. 이 형식은 독자로 하여금 그들이 선택하는 행동양식에 의거하여 전자 또는 후자의 길을 따르게 하고 있다. 이러한 두 집단의 젊은이들에 대한 3단계 탐구과정의 산출물은 미성취에 대한 그들의 감정을 직시하고 그 갈등을 해결하는 배출구가 되었다.

선호하는 학습방식으로 관심 있는 분야에서 일할 수 있는 기회 본 연구의 많은 참여자들에게, 3단계 탐구과정은 선호하는 학습방식으로 새로운 지식을 창출하거나 관심 있는 분야를 선택할 수 있는 기회를 제공하였다. 앞서 언급하였듯이, 과학과 기술은 관심 있는 인기 분야였고, 프로젝트와 체험학습은 표본학생군의 대다수가 선호하는 학습방식이었다.

학생 G는 프로젝트 학습에 대해서는 열정을 표시하였지만 과학 실험에 대해서는 몸서리를 쳤다. 그는 그해 사회 과목에서 지리학과 지도에 관심을 갖게 되었다. 그는 지도와 지질학에 대한 관심을 결합하고 싶어 했다. 교사가 그에게 주제와 관련된 자료를 좀 더 읽어 보라고 했을 때 그 학생은 무척 싫은 내색을 하였다. "그는 지도에 대해 관심이 있었지만 그에 관한 어떤 식의 연구도 하려고 하지 않았어요. 그는 곧 바로 지구 내부의 지층과 대륙을 보여 주는 지구본을 만들고 싶어 했어요!! 그러나 그는 연구의 한 부분으로서 지역에 있는 대학의 광대한 지도 도서관을 방문하여 지도 제작법 분야의 전문가와 만남을 갖는 것에는 동의하였다. 이러한 종류의 연구와 산출물은 그가 선호하는 학습방식을 반영하는 것이었다. 이 학생이 자신의 강점과 관심사를 추구하며 성공적인 경험을 한 것을 고려하여, 그의 5학년 담임은 다음해 수업시간에 더 많은 프로젝트를 수행하고 컴퓨터를 사용하는 것을 허용하였다. 그 결과, 그의 성적은 향상되었고 '이 달의 학생'으로 선정되었다. 마지막 성적표를 받은 후 그는 선생님에게 말하였다. "제가 저의 성적과 학교에 대해 좋은 감정을 갖게 된 것은 이번이 처음이에요."

적절한 또래 집단과 상호작용할 수 있는 기회 3단계 탐구과정에서 마지막으로 중점을 둔 것은 학생들이 또래 집단 학생들과 심화된 학습활동을 하도록 하는 것이었다. 성취를 중요시하는 학생들에 의해 수용되는 것이 미성취 유형을 바꾸는 데 강력하게 작용했다. 바람직하지 못한 또래 집단의 학생들과 어울리던 학생 O는 3단계 탐구과정을 시작하면서 환경 문제에 대해 공부하던 영재 프로그램의 학생들과 좀 더 가까워졌다. 그녀는 지구의 날 프로젝트에 참여한 여학생들과 교제하며 많은 시간을 보냈다. 그리고 학생의 감정에 대한 사진학적 해석에 초점을 둔 자신의 3단계 탐구과정을 중학교에서 공식적으로 소개하기도 했다. 그녀의 사진술 프로젝트가 전개됨에 따라, 이 창의적인 젊은 여성은 그녀의 새로운 또래 집단과 그녀 사진의 대상들로부터 괄목할 만한 주목을 받았다. 그녀가 학년말에 자신의 작품을 전시할 준비가 되었을 때, 검은 옷을 입고 하얗게 화장하던 그녀의 취향은 어느새 바뀌어 있었다. 그녀의 선생님은 다음과 같이 기록하였다.

그녀는 3단계 탐구과정의 마지막 단계에서 매우 다정다감한 성격이 되었고 또 많이 수다스러워졌습니다. 그녀의 콜라주는 8학년 친구들에게 전시되었습니다. G/T 스태프 중 한 명은 그녀가 올해 얼마나 예뻐졌는지에 대해 말했습니다. 그녀의 머리는 청결하고 윤기가 흘렀으며, 연한 화장과 파스텔 색조의 의상은 멋지고 말끔했습니다.

이러한 사례들을 통해 알 수 있듯이, 3단계 탐구과정은 미성취 유형에 영향을 주는 요인에 따라 학생들에게 다른 효과를 나타내었다. 이것은 또한 어떤 학생에게는 다른 학생보다 훨씬 더 큰 영향을 미쳤다.

성공적인 교사 전략

이 연구의 세 번째 연구과제는 학생에게 긍정적인 변화를 일으키도록 영향을 줄 수 있는 교사의 전략에 중점을 두었다. 어떤 학생에게는 중재가 다른 학생보다 훨씬 강한 영향을 줄 수 있기 때문에 특정한 교사의 행동이 결과에 영향을 미치는지 그렇지 않은지에 대한 질문이 도출되었다. 자신이 담당했던 학생들이 가장 많이 성취를 한 심화과정 담당교사와 가장 적게 성취를 한 심화과정 담당교사의 방법을 비교, 분석함으로써, 그들이 서로 다른 전략을 사용하는지를 밝혀 보고자 했다. 교사 일지, 연구 팀과의 전화 대화 내용, 그리고 포커스 그룹 회의 등을 통해 관련 정보를 수집하였다. 미성취 학생을 변화시켜 가장 많은 성과를 이루어 낸 교사들에게서 다음과 같은 특징이 발견되었다.

1. 3단계 탐구과정을 시작하기에 앞서 학생을 알기 위한 시간을 가졌다. 교사가 학생의 관심사를 너무 빨리 규명하고자 노력하고 즉각적인 생산성(산출물)을 강요할 경우, 학생은 탐구과정에 적극적으로 관여하지 못하는 듯했다. 어떤 경우는 진정한 열정을 발견하고 중재가 의미가 있을 때까지 2년이나 걸리기도 했다.

사회적·정서적 문제, 미성취, 상담

2. 학생을 받아들였다. 교사는 종종 학생이 미성취자였다는 사실을 간과하고, 3단계 탐구과정의 전개에만 관심을 가졌다. 교사가 수업시간에 학업성취를 위해 학생을 설득하고자 노력하느라 시간을 소요하는 경우, 학생은 그러한 중재에 저항하였다.

3. 자신의 역할을 탐구과정을 촉진하고 자원을 제공하며 일주일에 학생과 여러 차례 만남을 갖는 것으로 간주했다. 어떤 교사는 학생을 매일 만나기도 하였다. 그들은 독립성을 기대하거나 프로젝트의 상당 부분을 집에서 완수하라고 요구하지 않았다. 프로젝트가 답보 상태에 빠질 경우 조언을 했으나 통제하지는 않았다.

4. 3단계 탐구과정을 이해했다. 교사는 학생이 노련한 전문가처럼 탐구방법과 학문의 연구방법을 사용한다는 것을 인식했다. 그들은 그 탐구과정이 단순히 성적을 매기고 집으로 가져가는 하나의 프로젝트로 간주되기보다는 실질적인 목적과 청중을 가져야 한다는 것을 알았다. 그들은 도서관연구나 개별연구를 창의적 생산성과 체험학습 개념과 혼동하지 않았다.

5. 미성취 문제의 역동적인 속성을 파악하고 필요한 방안을 제공할 수 있었다. 그들은 해석과 좌절에 대해 연구자들과 논의하는 것을 두려워하지 않았다. 그리고 조언과 그 문제점을 검토하는 다른 방식들에 귀를 기울였다.

6. 학생을 지속적으로 신뢰했다. 힘들어하거나 학생이 후퇴하는 것처럼 보인 경우도, 성공적인 교사는 학생에 대한 자신의 믿음을 꾸준히 나타냈으며 학생이 계속 과정을 진행하도록 인내심을 발휘했다.

결론 및 논의: 미성취를 역전시키는 프리즘의 비유

본 연구의 결과는 미성취의 다양한 원인, 3단계 중재 과정의 역동적이고

도 특유한 효과에 대한 통찰뿐만 아니라, 학생의 학습 의욕, 자기효능감, 자존감 그리고 성취감을 유발시키는 데 긍정적인 영향을 끼치는 특정한 교사의 행동에 대한 통찰을 제공한다.

이러한 연구결과들은 또한 미성취 증후군의 복잡한 역학 관계를 다루는 새로운 비유법을 제안한다. 미성취 문제를 개선시키고자 했던 과거의 노력들은 문제의 초점을 맞추는 데 잘못된 관점을 사용하였다. 바로 전형적인 망원경 보기식의 관점으로, 이러한 접근방식은 성취를 위한 전형적인 단계들을 목표로 했다. 즉, 공부를 열심히 해라, 숙제를 해라, 좋은 성적을 얻어 교사를 기쁘게 해라 등이었다. 여기에서는 이러한 망원경적인 접근방식보다 초점을 바꾸기 위해 프리즘의 비유를 사용했다. 마치 프리즘이 정체 불명의 빛을 받아들여 색으로 변환시키듯이, 3단계 탐구과정은 높은 학습능력을 지닌 미성취 학생의 숨겨진 잠재성을 일깨워 냈다. 3단계 심화학습 활동의 경험은 학생 능력, 관심사, 학습방식, 그리고 협력적인 학생과 교사 관계 간에 긍정적인 상호작용의 잠재성을 활용함으로써 이것을 달성하였다. [그림 11-2]에서 보여 주는 비유는 미성취에서 성취로의 변환을 설명한다. 그림에서 알 수 있듯이, 미성취는 다양한 요소들의 관련성에 기반을 두고 있다. 기존 문헌과 본 연구에서 확인된 내용에 따르면, 이러한 요소들은 정서적인 문제, 사회적 그리고 행동적 문제, 적절하지 못한 교육과정과 학습 부족을 포함한다. 흥미 있는 사실은 본 연구의 몇몇 미성취 학생의 경우, 그것을 촉진하는 요소들이 학생이 중재 과정에 접어들 때까지 나타나지 않았다는 것이다.

이 비유에서 교사들의 시간, 열정 그리고 자원은 대부분 학생을 그렇게 하도록 훈계하는 것보다는 미성취 학생이 성공을 경험할 수 있도록 하는 데 할애되었다. 본 연구에서는 3단계 탐구과정을 수행하는 데 필요한 성공 요소들이 검증되었다. 다섯 요소의 상호작용이 학습성취 환경을 형성한 것이다. 이 다섯 요소는 성인과의 긍정적 관계, 자기조절 행동, 자신에 대한 이해, 흥미 기반 교육과정, 긍정적 또래 집단의 영향이다. 인과관계를 가정하

사회적 · 정서적 문제, 미성취, 상담

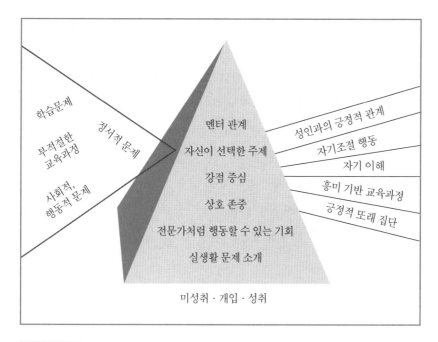

학습문제

부적절한
교육과정

청서적 문제

사회적,
행동적 문제

멘터 관계

자신이 선택한 주제

강점 중심

상호 존중

전문가처럼 행동할 수 있는 기회

실생활 문제 소개

성인과의 긍정적 관계

자기조절 행동

자기 이해

흥미 기반 교육과정

긍정적 또래 집단

미성취 · 개입 · 성취

[그림 11-2] 미성취를 벗어나게 하는 프리즘 비유

기에는 다소 이른 감이 있지만, 이 학생들이 그 이전에 나타내지 않았던 바람직한 행동들을 나타낸 것은 3단계 탐구과정에 참가한 직접적인 결과라고 할 수 있다. 이러한 자료에 의거해 볼 때, 중재는 개인적인 원인을 막론하고 HAP 미성취 학생들의 다양한 요구를 충족시키는 실질적인 교육 방안을 제공한다.

프리즘 비유는 3단계 심화학습 활동을 하는 동안 발생하는 복합적 영향에 따른 미성취자들의 변화 과정을 설명하는 것을 돕기 위해 선택되었다. 광선이 거울에 반사될 때 실제 상이 형성되는 반면, 광선이 프리즘을 관통할 때는 매우 다른 일들이 발생한다. 본 연구의 미성취 학생은 목표를 바꾸는 방향의 변경뿐 아니라, 이러한 특별한 환경에서 통상 나타나는 빛 에너지와는 결정적으로 다른 색의 스펙트럼(분광)을 초래하는 질적인 차이를 일으키는 것이다. 과학자들은 프리즘 내에서 발생한 일들에 대해 단지 일정 범위

내에서 이해하고 설명할 수 있다. 그것은 또한 쉽게 관찰할 수 있는 (색의 스펙트럼으로 백광선의 분산) 특별한 프리즘 환경 내에서 발생하는 '불가사의한 현상'이다. 3단계 탐구과정을 수행했던 학생들에게서 비슷한 현상이 관찰되었다. 우리는 3단계 탐구과정 환경 내에서 전향을 발생시켰던 요소들의 융합에 관해 단지 추정할 수 있을 뿐이다. 각 학생의 특성, 그리고 교사와 학생 간의 동등한 상호작용 때문에, 이러한 반전들은 불가사의한 일로 남을 뿐이다. 모든 미성취 학생들에게 적절하게 쓰일 수 있는 어떠한 처방이나 공식은 없다. 그러나 우리는 프리즘 비유법이 미성취의 역학 관계에 관한 근거 있는 방법론의 초석과 미성취 형태를 전향시키는 특정 절차와 지침을 제공할 것이라 생각한다.

참고문헌

Baum, S. M. (1985). *Learning disabled students with superior cognitive abilities: A validation study of descriptive behaviors.* Unpublished doctoral dissertation. University of Connecticut, Storrs.

Baum, S. M., Owen, S. V., & Dixon, J. (1991). *To be gifted and learning disabled: From identification to practical intervention strategies.* Mansfield Center, Connecticut: Creative Learning Press.

Baum, S. M., Emerick, L. J., Herman, G. N. & Dixon, J. (1989). Identification, programs and enrichment strategies for gifted learning disabled youth. *Roeper Review, 12,* 48-53.

Baum, S. M., & Owen, S. V. (1988). High ability learning disabled students: How are they different? *Gifted Child Quarterly, 52,* 321-326.

Burns, D. E. (1990). *Pathways to investigative skills: Instructional lessons for guiding students from problem finding to final product.* Mansfield Center, Connecticut: Creative Learning Press.

Burns, D. E. (1987). *The effects of group training activities on studfnts'*

사회적 · 정서적 문제, 미성취, 상담

creative productivity. Unpublished doctoral dissertation. University of Connecticut.

Bulter-Por, N. (1987). *Underachievers in school: Issues and intervention.* New York: JohnWiley and Sons.

Colangelo, N. (1984). Counseling the gifted underachiever. Keynote address at the third Annual AEGUS (Association for the Education of Gifted Underachieving Students) Conference. St. Paul, Minnesota: College of St. Thomas.

Cray-Andrews, M., Baum, S. M., & Cubbins, E. J. (1987). Gifted students as creative producers. *The Gifted Child Today, 10*(1), 22-24.

Crittenden, M. R., Kaplan, M. H., & Heim, J. K. (1984). Developing effective study skills and self-confidence in academically able young adolescents. *Gifted Child Quarterly, 28*(1), 25-30.

Delcourt, M. (1993). Creative productivity among secondary school students: combining energy, interest and imagination. *Gifted Child Quarterly, 37*(1), 23-31.

Delisle, J. R. (1981). *The revolving door model of identification and programming for the academically gifted: The correlates of creative production.* Unpublished doctorat dissertation. University of Connecticut.

Emerick, L. J. (1992). Academic underachievement among the gifted: Students' perceptions of factors that reverse the pattern. *Gifted Child Quarterly, 36*(3), 140-146.

Gubbins, E. J. (1982). *Revolving Door Identification Model: Characteristics of talent pool students.* Unpublished doctoral dissertation. University of Connecticut.

Hastings, J. M. (1982). A program for gifted underachievers. *Roeper Review, 4*(4), 42.

Jick, T. D. (1979). Mixing qualitative and quantitative methods: Triangulation in action. *Administrative Science Quarterly, 24*(4), 602-611.

Karafellis, P. (1986). *The effects of the tri-art drama curritulum on the reading comprehension of students with varying levels of cognitive ability.*

Unpublished doctoral dissertation. University of Connecticut.

Kaufman, F. (1991). The courage to succeed: A new look at underachievement. Keynote address at fourth Annual AEGUS (Association for the Education of Gifted Underachieving Students) Conference. Tuscaloosa, AL: University of Alabama.

An empirical study concerning the incidence, diagnosis, treatments, and follow-up of academically underachieving children. Khartoum, Sudan: University of Khartoum. (ERIC Document Reproduction Service No. ED 166 922)

Mitchell, E. S. (1986). Multiple triangulation: A methodology for nursing science. *Advances in Nursing Science, 8*(3), 18-26.

Moon, S. M. (1991). Case study research in gifted education. In N. Buchanan & J. Feldhusen (Eds.), *Conducting research and evaluation in gifted education.* (pp. 157-178). New York: Teachers College Press.

Owen, S. V., & Baum, S. M. (1991). SEAT: Self-efficacy for academic tasks. In Baum, S. M., Owen, S. V., & Dixon, J. *To be gifted and learning disabled: From identifcation to practical intervention strategies.* Mansfield Center, CT: Creative Learning Press.

Passow, A. H., & Goldberg, M. L. (1958). Study of underachieving gifted. *Educational Leadership, 16,* 121-125.

Reid, B. D. (1991). *Research needs in gifted education: A study of practitioners'* perceptions. Unpublished doctoral dissertation. University of Connecticut.

Reis, S. M. (1981). *An analysis of the productivity of gifted students participating in programs using the revolving door identifcation model.* Unpublished doctoral dissertation. University of Connecticut.

Reis, S. M., & Cellerino, M. B. (1983). Guiding gifted students through independent study. *Teaching Exceptional Chlildren, 15*(3), 136-139.

Reis, S. M., & Hébert, T. P. (1985). Creating practicing professionals in gifted programs: Encouraging students to become young historians. *Roeper Reiview, 8*(2), 101-104.

Renzulli, J. S., & Baum, S. M. (1989). *Development of characteristics of creative productivity.* Storrs, CT: University of Connecticut. Unpublished manuscript.

Renzulli, J. S., & Reis, S. M. (1985). *The schoolwide enrichment model: A comprehensive plan for educational excellence.* Mansfield Center, CT: Creative Learning Press.

Renzulli, J. S. (1977a). *The enrichment triad model: A guide for developing defensible programs for the gifted.* Mansfield Center, Connecticut: Creative Learning Press.

Renzulli, J. S. (1977b). *The interest-a-lyzer.* Mansfield Center, Connecticut: Creative Learning Press.

Renzulli, J., Smith, L., White, A., Callahan, C. M., & Hartman, R. K. (1977). *Scales for rating the behavioral characteristics of superior students.* Mansfield Center, CT: Creative Learning Press.

Rimm, S. B. (1986). *Underachievement syndrome: Causes and cures.* Watertown, Wisconsin: Apple Publishing.

Scruggs, T. E., & Cohn, S. J. (1983). A university-based summer program for a highly able but poorly achieving Indiana child. *Gifted Child Quarterly,* *27*(2), 90-93.

Smith, H. W. (1975). Triangulation: The necessity for multi-method approaches. In W. H. Smith (Ed.), *Strategies of social research: The methodological imagination.*(pp. 271-292) Englewood Cliffs, NJ: Prentice-Hall.

Strauss, A. L. (1987). *Qualitative analysis for social scientists.* New York: Cambridge University Press.

Whihmore, J. R. (1980). *Giftedness, confict and underachievement.* Boston: Allyn & Bacon.

12

남학생 미성취 영재를 위한 멘터:
잠재력의 계발과 가능성의 실현[1]

Thomas P. Hébert(The University of Georgia)

F. Richard Olenchak(The University of Houston)

현재 멘터십과 남학생 미성취 영재에 초점을 맞춘 문헌은 거의 없는 실정이다. 따라서 이러한 분야에 대한 연구의 필요성을 제기하기 위해, 본 연구의 연구자들은 다양한 측면에서 영재성을 보이지만 미성취를 보이는 세명의 남학생들의 멘터십 경험을 조사하였다. 본 연구의 결과를 통해 세 개의 부수적인 하위 범주를 포괄하는 하나의 핵심 범주를 발견했다. 즉, 어린 학생에 대해 의미 있는 성인의 영향이 우세한 범주로 나타났다. 여러 가지 관련된 하위 범주들이 멘터의 중요성을 강화했다. 즉, 멘터의 개방적이고 비판단적 특성, 일관되고 개인적인 방식의 사회적·정서적 지원과 격려, 미성취를 바꾸는 중재에 필요한 강점 및 흥미 기반 전략 등이 그것이다. 이런 결과들은 연령, 환경, 사회경제적 배경과 상관없이 미성취에 멘터십의 효과가 결정적이라는 점을 강조한다. 이러한 결과의 시사점은 멘터와 멘티[2] 관계의 성공적 특징을 강조하는 것으로 제시된다.

---

1) 편저자 주: Hébert, T. P., & Olenchak, F. R. (2000). Mentors for gifted underachieving males: Developing potential and realizing promise. *Gifted Child Quarterly, 44*(3), 196-207. ⓒ 2000 National Association for Gifted Children. 필자 승인 후 재인쇄.

2) 역자 주: 이 글에서는 멘터의 상대자를 protégé로 표기하였으나, 멘티라는 용어가 멘터의 상대자로 더 보편적으로 사용되는 점을 고려하여 본문에서는 protégé를 멘티로 번역하여 사용하였다.

역사적으로 멘터십은 어린 천재들이 기술을 완벽하게 습득하고, 지식을 획득하는 하나의 수단으로 여겨져 왔다. 자발적인 멘터십은 성인 전문가가 그들과 공통의 관심사를 공유하고 있는 사람들이 가지고 있는 강력한 잠재력과 동기를 인식할 때 자연스럽게 일어난다. 어린 천재들이 자신의 잠재력을 실현하기 위해 노력하는 동안 전문가는 보호, 양육, 지도를 하면서 그들의 감독하에 멘티로 받아들인다. 영재교육 분야에서 중요한 연구들은 아주 성공적이고 뛰어난 사람들의 삶에는 종종 멘터가 있었던 사실에 주목해 왔고(Torrance, 1984; Kaufman, Harrel, Milam, Woolverton, & Miller, 1986), 특별한 학생 집단의 재능을 계발시키는 데 효과적인 전략을 탐색하는 교육자들의 이목을 끌어 왔다.

심각한 학문적, 행동적 문제, 자아정체성과 자아존중감의 문제, 심지어 자신의 재능에 대한 부정까지 포함하여 학문적으로나 사회적으로 문제를 나타내는 특별한 위험에 처한 남자 영재아들이 존재한다는 증거들이 점점 더 증가하고 있다(Alvino, 1991; Ford, 1996; Hébert, 1997; Olenchak, 1995; Seeley, 1993). 수많은 연구 덕분에 전문가들은 영재아에게서 나타나는 미성취의 원인이 되는 몇 가지 요인들을 밝혀낼 수 있었다(Baum, Renzulli, & Hébert, 1995; Ford, 1993; Frasier, Passow, & Goldberg, 1958; Rimm, 1986; Whitmore, 1980). 그러나 미성취를 뒤집을 만한 효과적인 전략에 대한 연구는 여전히 제한적이며, 아직까지 제대로 된 결론이 내려지지 않은 상태다.

선행연구들은 가족 상담(Colangelo & Peterson, 1993; Silverman, 1993), 교육적 중재(Emerick, 1992; Lemley, 1994; Rimm & Olenchak, 1991; Scruggs & Cohn, 1983; Whitmore, 1980), 행동 관리 기술(Rimm, 1986)의 사용 효과를 연구해 왔다. 또한 학습, 행동, 발달적 측면에서 차이가 있는 학생들 간에 미성취 중재에 대한 연구가 이루어져 왔다(Baum, Olenchak, & Owen, 1998; Olenchak, 1995).

그러나 미성취 유형을 바꾸는 데서의 멘터 관계의 역할을 조사하는 연구는 상대적으로 적었다(Clasen, 1993). 영재가 집단적으로는 스스로 멘터를

사회적 · 정서적 문제, 미성취, 상담

만일 학교에서 미성취 남학생을 위한 멘터로 적합한 사람을 파악하고 연결시켜 주기 위해 노력한다면, 사회적 · 정서적 발달뿐만 아니라 학문적 · 비학문적 수행 또한 증가될 것이다. 세 가지 사례연구에서 각각의 젊은 남학생을 위해 일하는 멘터의 영향력은 생산성의 모형이 되고 스스로를 이해하는 남성이 그들이 보호하는 미성취 멘티들의 긍정적 변화를 촉진하는 데 도움이 된다는 폭넓은 개념을 강화하고 있다. 각 멘터십은 젊은이의 강점과 흥미에 맞게 배치되는 것이 무엇보다 중요하다. 성취하는 법에 대한 학습은 적어도 젊은이의 관심사를 어느 정도 공유하고 아동의 미성취 역사를 멘터-멘티 관계와 관련 없는 것으로 여기고 너그럽게 이해하려는 성인과 함께 일할 때 가장 잘 이루어질 수 있다. 더구나 그 관계의 중요한 부분으로써 멘터는 그가 보호하는 젊은이의 옹호자, 대변인, 믿을 만한 절친한 친구가 되어야 한다.

학교 및 다른 교육 관련 기관들은 젊은이의 삶에서 중요한 부모의 역할을 대신하려고 해서는 안 된다. 그보다 교육 지도자가 미성취 학생에게서 영재다운 행동을 이끌어 내기 위해서는, 그 학생에게 가족 이외의 성인 남성을 자주 소개시켜야 한다는 사실을 인식해야 한다. 잠재력이 있는 멘터는 미성취에 익숙해진 채 자란 학생들과 장기간에 걸쳐 개인적 관계를 꾸준히 발전시키고, 열린 마음을 가지고 있어야 한다. 그리고 자신의 멘티와 함께 스스로의 관심사와 강점을 공유하는 것에 열정이 있어야 한다. 학교는 그러한 멘터-멘티의 관계를 개발하기 위한 기회를 만들고, 멘터십으로부터 파생된 긍정적인 결과가 학교에 확대됨으로써 멘터십의 중개인이 될 수 있다.

끌어당기는 힘이 있을지 몰라도, 미성취자를 포함한 영재아들의 여러 소집단은 이러한 경험을 하지 못할 수 있다. Arnold와 Subotnik(1995)는 젊은 영재의 재능과 동기만으로는 유망한 멘터의 관심을 끌기가 충분하지 않다고 주장했다. 그들은 멘티의 성별, 사회 계급, 인종, 경험적 배경, 가치, 태도가 멘터와 엇비슷할 때, 아동은 좀 더 매력적인 지위와 직업의 생활방식을 발견할 것이고, 멘터는 젊은이에게 관심을 가질 것이라는 점을 지적했다. 이러한 시나리오는 잠재적 멘터와 유사한 사회경제적 특성을 반영하지 못할 가능성이 많은 어려운 조건에 있는 소수 민족의 학생이거나 미성취 영재의 경우에 문제가 된다(White-Hood, 1993; Wright & Borland, 1992). 결국 그들은 간과되는 경우가 많다.

멘터와 멘티의 이분법적인 개인적, 사회경제적 특성과는 별도로, 형식적 멘터십에 대한 여러 연구들은 멘티의 선택에서 가장 중요한 기준의 하나로 과제에 대한 헌신을 들고 있다(Edlind & Haensly, 1985; Goh & Goh, 1996; Reilly, 1992). 대부분의 멘터십 프로그램이 지역사회의 전문가를 멘터로 활용한다는 사실을 고려할 때, 이러한 기준의 중요성은 이해할 만하다. 그러한 전문가들은 바쁜 삶을 살아가기 쉽고, 멘티를 위해 시간 내기가 쉽지 않을 것이다. 멘터 프로그램 책임자는 이러한 멘터의 희생을 알기 때문에 멘터의 귀한 시간이 낭비되지 않도록 하기 위해 과제에 대한 헌신 정도가 높은 젊은 이를 선택하는 경우가 흔히 있다.

멘터-멘티 관계를 탐구하는 연구들은 많지만, 고능력 학생에게 나타나는 미성취에 대한 중재으로써의 멘터십을 명확하게 탐색한 연구들은 한정되어 있다(Noller & Frey, 1994). 특히 고능력을 가진 남학생을 대상으로 이러한 문제를 탐색한 연구들은 실질적으로 없는 형편이다(Clasen & Clasen, 1997). 멘터십은 성별과 관계없이 폭넓게 연구되어 왔지만(Flaxman, Ascher, & Harrington, 1988; Reilly, 1992; Torrance, 1984), Levinson과 동료들(1978)은 특별히 남학생 간의 멘터십에 대해 연구했다. 그들은 남학생 40명을 면접했는데, 멘터십에 대한 연구 참여자들의 느낌은 교사, 지지자, 조언자, 기술의 양육자, 지적 존재, 지도자, 모델이 되는 것을 포함했다. 게다가 '멘터는 발달적으로 가장 중요한 또 다른 기능을 가지고 있다. 그것은 꿈의 실현을 촉진하고 지원하는 것이다'(p.98). 또는 멘터는 젊은이들이 자신의 성인기에 대해 가지는 이미지를 실현하도록 도와주고 지원해 준다.

Flaxman, Ascher 및 Harrington(1988)은 젊은이와 관련된 멘터십에 대해 보다 더 적절한 관점을 제공했다. 그것은 어려운 시기를 통과하고, 새로운 영역의 경험을 하고, 중요한 과제에 착수하거나 초기의 문제를 수정해 나가는 젊은이와 그 젊은이에게 지지, 안내, 구체적 조언을 제공하는 연륜과

사회적 · 정서적 문제, 미성취, 상담

경험이 많은 사람 간의 지원 관계를 의미한다. 일반적으로 멘토링 기간에는 멘티가 자신의 멘토에 대해 강력한 대인 간 애착을 형성하고 확인한다. 결국 그들은 멘토가 자신을 위해 해 주었던 것들을 스스로 할 수 있게 된다.

멘토 관계에 대한 Torrance(1980, 1984)의 중요한 연구들은 멘토십이 영재의 창의적인 성취에 중요한 영향을 미친다는 결정적인 증거를 제시했다. Torrance는 22년에 걸쳐 수행된 자신의 종단 연구에서 남성과 여성 성인의 창의적 성취도에서 멘토를 갖는 것이 통계적으로 유의미한 요인이라고 보고하면서, 경제적인 혜택을 받지 못하는 젊은이들의 성취를 촉진시키는 결정적인 요인은 멘토라고 강력하게 제안했다(Torrance, Goff, & Satterfield, 1998).

또 다른 중요한 연구에서, Kaufman과 동료들(1986)은 자발적인 멘토의 특성과 그들이 영재의 삶에 학문적으로 어떠한 영향을 주었는지를 결정하기 위해 1964~1968년에 대통령 장학생으로 선발된 139명의 학생의 삶을 연구하였다. 대체로 이 연구의 참여자들은 멘토와의 전문적 대화보다는 멘토의 격려, 지원, 역할모델을 훨씬 더 중요시하였다. 59%의 학생이 일에 대한 태도, 개인적 습관, 인생관 등을 포함해서 그들의 멘토의 특성을 체득하였다고 보고하였다.

또 다른 연구에서 Shaughnessy와 Neely(1991)도 효과적인 멘토의 특성을 조사했다. 학문적인 영재들이 가장 자주 인용한 멘토의 특성은 심리적 안정감, 신뢰 형성, 열정과 끈기 등이었다. Ambrose, Allen 및 Huntley(1994)는 특성과 행동 간의 관계를 강조하면서, 영재의 성공적인 멘토는 영재들이 개인적으로 어려운 시기에 그들을 지도했고, 그들이 자신의 가능성에 도달할 수 있는 확률을 높이고 발달을 촉진시킬 수 있다는 사실을 발견했다.

멘토십은 학교 상황에서 생기는 것뿐만 아니라 학문적 상황을 벗어나서도 확대될 수 있는 경험들을 결합한다. Heath와 McLaughlin(1993)은 학교 이외의 조직에 참여하는 것이 젊은 영재에게 자기효능감을 형성시키고 다른 사건에서 성공할 수 있는 기회를 제공한다고 지적했다. 이러한 경험은 젊은이들로 하여금 자신에 대해 긍정적인 생각을 갖게 하고, 미래에 대한 포부를 크게 가질 수 있도록 했다. Halpern(1992)은 젊은이들이 방과 후 프로그램에 참여함으로써 삶에서 놓칠 법한 예측 가능성과 조직, 그리고 학교 밖의 상황에서 필요한 행동의 특징에 대해 배울 수 있는 기회를 제공받는다고 지적했다. 또한 그러한 과외 활동 경험은 젊은이들이 학문적 기대로 복잡한 관계가 될 가능성이 적은 성인들과 돈독한 관계를 발전시킬 수 있는 장의 역할을 할 수도 있다. 결국 과외 활동은 사실상 학교에 대한 어떠한 부정적인 태도도 형성하지 않으면서 젊은 영재의 개인적 성장을 가능하게 하는 방식으로 친밀한 멘터십을 발달시키기 위한 기회를 제공했다.

Heath와 McLaughlin(1993)은 젊은이들이 눈에 보이는 산출물의 제작이나 수행에 초점을 맞추는 활동에 참여함으로써 성공과 성취감을 경험하면서 긍정적 자아개념을 강화했다는 점에 주목했다. 그러한 활동들은 젊은이들에게 노력하면 무엇인가를 얻을 수 있다는 구체적인 증거를 보여 주었고, 성공을 위한 기회를 제공했다. 또한 이러한 경험들은 젊은이들에게 선택과 노력이 중요하고, 어떤 성인들은 자신의 재능을 살려서 무엇인가를 하는 것이 중요하다고 믿고 있다는 사실을 가르쳐 주었다.

또한 200명의 10대 영재들을 대상으로 한 종단 연구에서는 정규 교육과정과 병행해서 이루어지는 활동(정규 학교 프로그램에 기본 교육과정 이외의 관련 학습 영역을 포함시켜 이루어지는 활동)이 가치있다는 사실을 강조했다. 이 연구에서 Csikszentmihalyi, Rathunde 및 Whalen(1997)은 이러한 경험이 아마 젊은이들을 전적으로 학습에 참여하도록 하는 (흥미와 결정 경험의 가장 일관된 원천인) 학교 활동일 가능성이 가장 많다고 보고했다(Csikszentmihalyi, 1990). 그러한 활동은 젊은이들로 하여금 중요한 일은 항상 혐오스럽거나 동떨어진 일이 아니라는 사실을 깨닫게 하는 데 중요한 역할을 했다. 연구자들은 정규 교육과정과 병행해서 이루어지는 활동이 자발적으로 참여하려는 의욕과 어려운 도전과제에 상응하는 고도의 기술 인식, 그리고 중요한 목적에 대해 초점을 맞추는 것을 병행하게 했다고 제안했다.

이 연구에서는 남학생 미성취 영재의 미성취를 바꾸는 과정에서의 멘터십의 중요성을 더 잘 이해하기 위해, 우수한 능력을 가진 학생과 그의 삶에 중요한 영향을 미친 멘터에 대한 세 가지 사례연구를 기술하고 있다. 연구 방법을 기술한 후 사례 연구결과를 제시하였고, 마지막으로 연구의 시사점을 논의하였다.

연구방법

이 연구에서 기술된 남학생들의 경험을 이해하기 위해, 연구자들은 연구 대상자와 관련된 활동과 그들의 총체적인 관계를 질적으로 탐구하기 위해 비교 사례연구 설계 방법을 채택하였다(Merriam, 1998). 이 연구의 목적은 세 명의 남자 영재아들의 삶을 조사하고, 그들이 중요한 성인과의 관계를 통해 어떻게 궁극적으로 미성취를 바꾸는 관계를 맺을 수 있었는지를 이해하는 것이다. 이 연구에서처럼 사례연구는 흔히 '어떻게'와 '왜'라는 질문에 대답하려고 할 때 사용된다(Yin, 1989). 예를 들어, 어떻게 멘터-멘티의 관계가 발달되는가, 그리고 왜 그 관계가 미성취를 바꾸는 데 도움이 많이 되는가에 대한 대답을 하려 할 때 사례연구를 사용할 수 있다. 사례연구는 실생활의 맥락에서 일련의 복잡한 개인적 변수들 간의 상호관련성을 탐구하고자 할 때 사용된다(Yin, 1989). 탐구를 위한 하나의 도구로써의 사례연구는 일상생활에서 일어나는 사건의 총체적이고 의미 있는 특성들을 유지하면서, 연구자들이 복잡한 사회 현상을 이해할 수 있도록 한다(Yin, 1993). 특히 연구자들이 특정 집단의 사람들, 특정 문제, 특이한 상황을 깊이 이해하려고 할 때 유용하다. 연구자가 이러한 집단, 문제, 상황 안에서의 사례들을 확인할 수 있을 때, 사례연구는 가치 있는 정보를 제공할 것이다(Patton, 1990; Stake, 1995).

설령 문화기술지 연구가 실생활의 불안정성 속에서 존재하는 사람, 장소, 사건을 묘사한다 해도, 연구자들은 Denzin(1997)이 양적 연구자들의 목표라고 했던 '현실에 대한 안정된 그림'(p. 45)을 그려 보려고 노력했다. 한 명의 피험자를 대상으로 한 문화기술지 사례연구를 좀 더 풍부하게 해석하기 위한 한 가지 방법은 사례 간 연구 비교를 가능하도록 하기 위해 피험자의 수와 다양성을 증가시키는 것이다. 그러나 실험연구에서의 이러한 노력에도 불구하고, 그러한 비교는 통계적 비교라기보다는 일련의 그림 에세이에서 그림을 짝짓는 것과 유사하다(Denzin, 1997). 질적 연구자들이 유사하거나 대비되는 사례들을 연구할 때, 여러 가지 실례를 포함하는 것은 연구결과의 타당도와 일반화 정도를 증가시킨다(Merriam, 1998; Miles & Huberman, 1994). 결국 연구자들은 다중 사례 접근에 대해 단일 사례 문화기술지 방법을 적용하는 것을 선택했고, 그것은 곧 자료로부터 좀 더 일반적인 결론을 도출할 가능성을 증가시켰다. 이 연구는 세 명의 남자 미성취 영재들에 관한 것이다. 연구 참여자의 실명, 장소, 기관명 등은 신원을 보호하기 위해 변경하였다.

연구 참여자 선정

본 연구의 대상이 된 남자 청소년들은 초등학생부터 청소년 후기 연령에 해당되는 학생들로, 영재학생을 위한 특별 프로그램의 대상자로 공식적인 인정을 받았거나 그러한 프로그램 참가 대상자로 고려 중인 학생이다. 초등학교 초기, 중학교 초기, 대학교 초기 등 여러 발달 시점에 놓여 있는 남학생 영재를 이해하기 위해, 이 연구에 참여한 세 명의 학생은 유목적 표집법(purposeful sampling)을 통해 선택되었다. 유목적 표집법의 목적은 정보가 풍부한 사례를 선택하여 탐구하려는 연구문제를 명백히 밝히는 것이다. "정보가 풍부한 사례란 연구 목적과 관련하여 매우 중요한 주제에 대해 많은 함의를 가지는 사례들이고, 따라서 유목적 표집을 하게 된다."(Patton, 1990, p. 169) 보다 구체적으로 말하면, 준거 표집(criterion sampling)이 사용되었다고 할 수 있는데, 준거 표집에서는 모든 사례가 미리 정해진 중요한 기준들을

사회적 · 정서적 문제, 미성취, 상담

충족시켜야만 한다. 세 명의 대상자를 선정하기 위한 기준은 첫째, 남성이어야 하고, 둘째, 공립학교에서 영재의 특성을 가졌다고 인정받거나 의뢰되었어야 하며(Davis & Rimm, 1994), 셋째, 현재 C 이하의 학점이 대다수를 차지하여 미성취를 보이고 있어야 한다는 것이었다. 연구 참여자 선정시, 학교 현장을 직접 방문하여 연구 참여자를 선정하였다. 또한 본 연구에 이러한 연구 참여자들을 포함시키는 것의 타당성을 확보하기 위해 학업 포트폴리오에서 얻은 정보를 사용하였다.

자료 수집

본 연구는 질적 연구로서 반구조화된 면접과 문서 검토를 통해 자료를 수집하였다. 전사된 면접 자료와 함께 학생의 성적 기록, 과제물 견본 등과 같이 학교생활 경험을 분명하게 보여 주는 공식적 문서와 비공식적 문서들을 검토하였다. 본 논문에서 다루는 남학생 영재들을 대상으로 각각 6회 이상의 심층면접이 수행되었다. 수집된 자료에는 연구 참여자의 교사, 학교 상담자, 지도자 및 그들의 교육적 배치에 중요한 역할을 담당한 전문가와의 개별 면접도 포함되었다. 이러한 반구조화된 면접은 연구 참여자로부터 직접 정보를 획득함은 물론 연구 참여자들이 자신의 학교 경험을 어떻게 해석하는지 이해하기 위하여 몇 가지 일반적인 주제를 탐색하도록 설계된 개방형 질문들로 구성하였다. 연구 참여자와의 면접에서 그들에게 자신의 이야기를 하도록 함으로써 그들이 스스로 어떤 일이 벌어지고 있다고 생각하는지를 알 수 있었다. 다음의 연구문제가 질적 사례연구의 중심축이 되었다.

1. 각 연구 참여자와 멘터의 관계는 어떻게 발전하고 지속되었는가?
2. 어떠한 환경이 세 명의 영재에게 나타나는 미성취 유형에 영향을 미쳤는가?

자료 코딩 및 분석

전사한 면접 내용을 코딩하고, Strauss와 Corbin(1990)의 3단계 과정에 따라 분석하였다. 1단계에서는 초기 범주를 생성하기 위해 모든 전사된 면접 내용을 한 줄씩 읽고 분석하는 개방형 코딩을 하였다. 2단계에서는 학생 면접, 다른 참여자들과의 면접, 문서 검토 등 세 가지 종류의 자료 간의 관련성과 여러 자료에서 일관되게 나타나는 주제를 확인하였다. 이러한 일반적인 범주가 나타난 후에 각각의 자료에서 추가적인 증거가 있는지를 살펴 보기 위해 자료들을 한 번 더 검토하였다. Strauss와 Corbin은 이러한 과정을 축 코딩이라고 하였는데, 왜냐하면 각 범주의 축을 중심으로 개별적으로 초점을 맞춘 분석이기 때문이다. 3단계는 선택적 코딩인데, 보다 광범위하고 일관적인 주제를 확인하면서 모든 종류의 자료에서 나타나는 일반적 주제를 비교하였다.

연구 참여자에 대해 기술한 후 결과를 제시하고, 시사점을 논의하고자 한다.

연구결과

잭슨(Jackson)의 사례

밝은 피부색의 흑인인 잭슨(Jackson)은 올해 12세이며, 남부의 한 대도시의 산업화된 교외에 살고 있고, 초등학교 5학년이다. 학교의 교장은 잭슨의 학업뿐만 아니라 사회성에 대해서도 관심을 보이며, 연구자들에게 잭슨의 사례를 의뢰하였다. 잭슨은 처음에는 뚱한 표정으로 직접 질문을 하지 않으면 말을 하지 않는데, 연구자가 제자리에서 뛰어 오르면서 큰 소리로 "자, 넌 나 같은 백인(역자 주; Honky라는 흑인 속어를 사용함)이 너에게 무엇을 제공해야 한다고 생각하니?"라고 물었을 때, 잭슨은 아이처럼 낄낄거리더니

사회적 · 정서적 문제, 미성취, 상담

곧 얼굴에 미소가 번졌다. 그때부터 연구자들과 잭슨의 대화는 좀 더 솔직하게 이루어졌다.

보조금을 받는 가정의 다섯 아이 중 맏이인 잭슨은 매일 자신의 생활을 유지시켜 나가는 것 자체가 큰 문제였다. 잭슨이 겨우 10세였을 때, 잭슨의 어머니는 상습적으로 물건을 훔치고 강도짓을 한 혐의로 감옥에 갔다. 그와 그의 형제 중 아버지를 아는 사람은 아무도 없었다. 결국 잭슨과 그의 형제들은 나이가 들어 관절염으로 고생하고 있는 80세의 할머니와 법적으로 살게 되었다. 원래는 할머니가 많은 의무를 수행해야 했으나, 잭슨이 맏이 이상의 대리 부모 역할까지 담당하게 되었다. 그중에서 가장 중요한 의무는 형제자매들을 '감시(hawking)'하거나 문제를 일으키지 않도록 하는 것이었다. 그가 사는 주거 지역은 나이든 사람들과 독신자들이 많았고, 어린이에게 미처 신경을 쓰지 못해 버려지거나 음식을 얻어 먹는 경우가 많았다. 어린 잭슨은 근처에 있는 다른 남자 아이들과 어울려 지내는 듯했지만 어린 아이로서 잭슨이 감당해야 할 역할이 너무 많은 것처럼 보였다. 교장이 가장 염려했던 부분도 바로 이러한 관계들이었다.

잭슨은 연구 팀과 만나기 몇 주 전에 할머니 집에서 몇 블록 떨어진 아무도 살지 않는 창고에 불법 침입을 하다 잡혔다. 그 창고는 이전에 여러 청소년 갱 집단들이 회합 장소로 사용하였고, 1년 전에는 갱 집단이 관련된 살인 사건의 현장이었다. 확실하지는 않지만 또래들로부터 잭슨이 받는 인기를 감안할 때, 교장은 잭슨이 최소한 하나 이상의 갱 집단으로부터 가입 제안을 받았을 것이라고 추측하였다. 게다가 잭슨은 상급 학년으로 올라가는 데 필요한 자격이 부족하여 1학년에 유급되었고, 모든 영역에서 학업과 관련된 문제를 겪었다. 4학년 때 그를 담당하였던 교사는 잭슨이 행동장애가 있을까 우려되어 검사받도록 하였는데, 어른들과의 관계에서 내향적인 경향을 보여 주었음에도 불구하고, 부적절한 행동을 하는 것으로 나타났다. 대신 검사결과에 의하면 잭슨은 실제 비언어 능력이 우수한 범주에 속하는 것으로 나타났다. 가끔 잭슨이 학교 과제 수행을 거부해도, 교사는 그가 기진맥진한 상태로 너무 피곤했기 때문이라고 느끼고 있었다. 사실 교장도 잭슨이 지각하거나 무단결석을 계속 해 온 것은 자신의 형제자매를 비롯하여 할머니에 대한 책임감이 크기 때문이라고 생각하였다. 사회복지기관 담당자들은 잭슨의 집을 방문하였을 때, 할머니의 건강이 그다지 좋지 않고 고령이지만, 가족이 상당히 잘 지내고 있는 것을 알 수 있었다. 이것은 '가장 맏이인 잭슨이 또래 아이들이 해야 하는 집안일보다 훨씬 많은 일을 한다.'는 것을 보여 주는 것이다.

중재 학교의 지원을 받아 잭슨과 그와 비슷한 처지(경제적으로 열악한 환경, 학업과 관련된 문제를 보임, 이미 갱 집단에 연루되어 있거나 연루될 가능성이 많은 상황)에 있는 다섯 명의 남학생들을 대상으로 하는 45분짜리 지원 모임이 매주 실시되었다. 그 모임은 문제해결 전략에 관한 수업뿐만 아니라 각 참석자들이 관심 있는 주제에 대해 토론할 수 있는 장을 제공하는 것을 목적으로, 지난주에 자신이 겪었던 한두 개의 긍정적 또는 부정적 사건을 공유하는 것으로 시작하였다. 모임 초기에 참석자들은 지역에서 개발된 흥미 검사를 수행하였다. 잭슨은 과학, 수학, 공간적 활동(건축, 디자인하기, 물건 조작하기 등) 등에 흥미가 있는 것으로 나타났다. 흥미 검사를 한 후, 집단의 모든 구성원들은 자신이 흥미를 가지고 있는 영역에서 전문성을 지닌 한 명 이상의 멘터와 짝을 이루었고, 연구자 중 한 명과 멘터 및 각 집단 구성원들이 함께 관심 있는 주제와 관련된 야외 활동을 하면서 친숙해지려고 노력하였다. 잭슨은 주말에 하루 종일 NASA 박물관을 방문하였다. 오후에는 한 대학의 과학 실험실과, 진로와 관련된 기회들을 알려 주고 멘터와의 관계를 견고히 하려고 마련된 상업적인 디자인 회사에 있는 실습 장소를 방문하였다.

그 사이에 잭슨의 학교 프로그램을 변경하기 위해 특별한 교육과정이 마련되었다. 해당 학군에서는 보충 교육을 위한 재정을 사용해서 학교 교사 중 50명을 제공하였다. 그 교사들은 잭슨을 포함해서 특별히 학교에서 실패한 학생들을 가르쳤던 경험이 있는 교사들로, 재능계발법과 문제해결 접근

사회적 · 정서적 문제, 미성취, 상담

을 훈련받은 교사들이었다. 특별히 교사들은 좀 더 적은 연습과 반복을 통해 기본 기술이 숙달될 수 있도록 소요 시간을 줄일 수 있는 방법을 배웠다. 그들은 학생의 약점을 강조하지 않으면서 학생의 장점을 강조하기 위한 전략과 교육과정을 차별화하는 방법을 배웠다. 또한 교사들은 CoRT 사고기술 프로그램(deBono, 1986)의 1 수준에 해당하는 문제해결과 의사결정 발견법만 훈련받은 것이 아니라, 매일 매일 학문적 내용을 가지고 어떻게 학생과 상호작용하는지에 대해서도 배웠다. 6명으로 이루어진 특수 집단 사례에서 교사들은 자신들이 심화학습과 문제해결 전략을 수행하는 것을 감독해도 좋다고 동의하였다. 감독하는 내용에는 교사가 만든 수업 계획, 고지되지 않은 연구 팀의 관찰, 교육과정 변경 절차를 훈련받은 교장의 평가 관련 활동 등이 포함되었다.

잭슨의 담당교사는 잭슨의 교육과정을 개별화하기 위한 여러 가지 시도를 점검하고 조정하기 위해 6주에 한 번씩 모임을 갖고, 필요한 경우에 멘터와 함께하는 추가 모임을 계획하였다. 또한 잭슨의 담당교사는 잭슨이 참석한 여러 활동에 대한 자신의 생각, 잭슨의 반응, 교사, 또래, 가족과의 관계를 자세하게 기술하기 위해 매일 저널을 썼다. 모일 때마다 각각의 주요 내용 영역에서 잭슨이 숙달해야 할 자료와 기술에 대해, 그리고 일단 숙달되었다는 것을 보여 주고 나서 그가 할 수 있는 흥미 기반 활동에 대해 계약서를 작성했다. 첫 번째 계약서를 쓰기 전에 잭슨의 멘터는 잭슨에게 계약의 성격, 즉 계약이 무엇을 의미하는지, 어떻게 조정할 수 있는지, 위반 시 불이익은 어떤 것들이 있는지를 설명해 줄 흑인 변호사를 소개시켜 주기 위해 점심식사 자리를 마련했다. 그 이후에 잭슨은 앞으로 협력자가 되어 줄 계약사항들의 중대성을 제대로 잘 이해했는지 확인하기 위해 담당교사를 다시 만났다.

결과 첫 번째 6주가 지난 후, 잭슨은 자신에게 맞게 제작된 프로그램의 가능성에 대한 자신의 느낌을 담당교사와 멘터와 함께 토론하는 시간을 가졌다.

나는 당신들이 이런 일을 했다는 것을 믿을 수가 없어요. 당신들도 알다시피 난 단지 갱 집단에서 온 한 남자아이이고, 그게 멋지다고 생각해요. 실험을 할 수 있게 되었으니 나는 운이 좋은 거죠. 그러나 그건 마치 법 집행관이 만일 내가 그것을 위반하면 감옥에 갈 수 있다고 하는 것을 계약이라고 부르는 것하고 같아요. 차이점이 있다면 난 사인할 필요가 없다는 것이죠. 그런데 만일 내가 사인을 하지 않으면 실험에 참가하지 않아요…. 그 계약들은 내가 원한다면 나를 학교로부터 벗어나게 해요.

첫 6주 동안 담당교사는 잭슨이 사인한 계약을 수행하고 흥미를 유지하도록 하기 위해 잭슨과 거의 매일 모임을 가졌다. 그는 필수 과제를 성공적으로 수행했을 뿐만 아니라, 우주에 대한 연구를 수행할 수 있을 만큼 수학과 과학 관련 교육과정이 충분히 압축되어 있다는 것을 발견하였다. 멘터가 우주 전문가는 아니었지만, NASA 우주 캠프 강사로 일한 적이 있는 근처 고등학교의 교사와의 만남을 주선하였다. 멘터와 예전에 NASA 강사와의 세 번째 만남 후에 교사가 쓴 저널 도입부를 보면, 큰 변화의 본질을 알 수 있다.

난 이것이 이렇게 빨리 일어났다는 걸 믿을 수 없다! 오늘 아침 잭슨은 교실로 들어오더니 그가 가진 책을 내놓았다. 그 책은 NASA가 보내 준 우주에 관한 책이었다. 그는 자기 집에는 마땅한 장소가 없기 때문에 우주 관련 자료들을 잃어버리지 않고 보관할 수 있는 안전한 장소를 만들어 줄 수 있는지 물었다. 이것은 잭슨이 Head Start에 들어온 이래 다른 어떤 교사들이 그에게서 보았던 것보다 더 흥미로운 사실이다. 난 너무 놀랐다!

며칠이 지난 후 잭슨은 본인이 그것에 충실할 수 있다고 느끼지 않으면 계약서에 사인을 하지 않았다. 그해에 잭슨은 제안된 계약서에 대해 "현재 일이 너무 많아요. 너무 많지 않도록 좀 바꾸어 주세요."라고 말했으며, 그는 세 번째 6주 동안 단 한 번 사인을 거절하였다. 만일 기본 필수 과제를 완성하는 데 더 많은 시간을 사용한다면 우주 공부를 할 시간이 줄어들지 모른다는 사실을 생각해 냈을 때, 그는 자신의 교육 프로그램에 자신이 보조를

사회적 · 정서적 문제, 미성취, 상담

맞추고 있다는 사실에 감사했다. "난 지금 나의 학교교육에 책임이 있다는 사실을 잊었어요." 그 이후 잭슨은 각 계약이 이루어지는 가장 초기 단계에서도 좀 더 부지런한 모습을 보였다. 이러한 사실은 어린 남학생이 어떤 기본 기술과 내용에 관한 자료가 필요하고, 자신이 숙달했다는 사실을 보이기 위해 어떤 과제가 필요한지를 정확히 알 수 있도록 해 준다.

종종 교사의 저널뿐만 아니라, 잭슨 자신의 말에서도 예측했던 대로, 열심의 정도가 왔다 갔다 한다는 것을 볼 수 있었다. 첫 번째 학기가 끝나기 직전에, 잭슨은 자신의 멘터에게 다음과 같이 말하였다.

> 난 이것을 거의 다 했어요. 일, 일, 일, 너무 많은 일이에요. 나는 늦게까지 읽었고, 할머니는 나에게 자라고 했어요. 그래서 나는 이불 속에 숨었고, 할머니는 내가 잔다고 생각했어요. 그건 일종의 게임이죠. 난 쫓겨 났고, 이것이 재미있다고는 생각하지 않아요.… 그 일은 내가 우주 프로젝트를 위한 시간을 가질 수 있도록 하는 일이어야 해요.

그러나 멘터와 교사는 한 해 동안 계속해서 지원하였다. 잭슨이 좌절을 표현했던 날과 같은 날에 쓰인 교사의 저널을 보면, 그녀 자신의 마음도 흔들리는 것을 알 수 있다. 그러나 동시에 끝까지 계속하려는 마음을 드러내고 있다.

> 잭슨은 자신의 능력을 사용한다는 것의 의미에 대해 압박감을 느끼고 있다. 그는 학교가 전적으로 자신의 방식으로 되지 않는 것에 대해, 즉 우주에 대한 관심에 더하여 부가적으로 요구되는 일에 대해 지치고 화가 났다. 그의 멘터인 보브(Bob)와 이것에 대해 이야기를 나눈 후, 난 점심시간 동안 잭슨과 함께 앉아 더 나아지기 위해 우리가 무엇을 할 수 있는지에 대해 의논했다. 우리는 그의 우주에 관한 활동이 점심시간과 휴식시간에도 이루어질 수 있으나, 교실에서 스스로 책임을 져야 한다는 점에 동의했다. 루이스(Lewis) 교장은 그가 이 시간을 사용할 때 단 하나의 실수라도 범한다면, 그가 영원히 시간을 잃을 것이라고 했다. 잭슨은 그녀에게 그것이 법이 되기 위해서는 계약서

안에 명시되어야 한다고 말했다. 그래서 우리는 계약서에 대해 재협상을 해서 이것을 그 안에 포함시켰다. 그는 똑똑하다!

겨울방학 후 학기가 다시 시작될 때, 잭슨과 보브는 도구 상자의 한 부분을 가지고 망원경을 만들기로 계획을 세웠다. 전 NASA 강사는 통상적으로는 감독을 했으나 종종 잭슨과 일대일 미팅을 갖기도 하였다. 잭슨은 기본 교육과정으로부터 자유로운 시간을 이용해서 자신의 망원경의 중요한 머리 부분을 만들었고, 광학 전문가와 함께 부속 렌즈를 다듬기도 하였다.

또한 중재 계획의 다른 측면들이 잭슨의 삶에 의미 있는 영향을 미쳤다는 증거가 있다. 봄방학 바로 직전 완성된 망원경을 처음 공개할 즈음, 어느 날 방과 후 집에 오는 길에 일군의 아이들이 잭슨에게 다가왔다. 잭슨은 그들을 위협하면서 자신만의 갱 조직을 만들 것이고, 그 집단은 다른 갱 조직과는 질적으로 다르다고 말했다. 자신의 갱 조직에서는 우주에 대한 모든 것을 학습할 것이며, 모든 구성원들이 다른 별에 여행할 날이 있을 것이라고 했다. 그들은 웃었고 잭슨을 조롱했지만 결국 떠났다. 잭슨은 교사들이 중재과정에서 집중적으로 사용했던 문제해결 기술 중 하나를 참조했다고 하면서 그의 멘터를 만났을 때 이것에 대해 언급했다.

> 아시다시피, 난 그들이 나를 따라올까 봐 무서웠어요. 그러나 난 학교에서 배운 대로 CoRT를 사용했어요. CAF(Consider All Factors; 모든 요인을 고려하라)와 OPV(Other Points of View; 다른 관점)을 사용했고, 만일 내가 우주인 같은 소리를 한다면 그들이 웃을 거라고 생각했어요. … 그들은 나를 미쳤다고 생각했어요. 그건 좋아요. 그 아이들은 미친 사람을 혼자 두고 떠났어요.

잭슨은 학년 말에 다양한 별과 행성을 추적하기 시작하였는데, 자신의 망원경을 사용하였을 뿐만 아니라 보브와 교사의 도움을 받아 학교 안의 다른 학생들을 위한 우주 클럽을 만들었다. 거의 12명의 학생들이 매주 수요일 점심시간에 모임을 가졌고, 잭슨의 담당교사, 우주 캠프 강사였던 고등학교

사회적 · 정서적 문제, 미성취, 상담

교사, 그리고 멘터의 빈틈없는 감독하에 3일 밤을 만났다. 담당교사의 마지막 저널은 후기 중재 단계와 관련된 것이었다.

> 잭슨은 내년에 중학교(Carver)에 간다. 그는 내가 그를 실패하도록 만들 수 없을 만큼 크게 성장하였다. 보브, 루이스 교장 그리고 나는 이미 그곳에 잭슨과 함께 일할 새로운 심화학습 교사와 상담가를 배정하였고, 우리와 같은 방식의 새로운 멘터십을 형성하였다. …그들은 그가 계속 앞으로 나갈 수 있도록 해 줘야 한다. 그곳의 교장은 학교 계획 안에 중학교 소과정의 하나로 잭슨의 우주 클럽을 이미 포함시켰고, 나는 그것이 진정한 후속 조치라고 생각한다. 잭슨은 이제 거리를 방황하기에는 너무 똑똑하다.

나단(Nathan)의 사례

표정이 풍부한 검은 눈, 다부진 체격, 유행을 따른 복장은 나단의 환경을 상징한다. 그는 동해안의 대도시 교외에 사는 별 문제가 없는 가정 출신이다. 두 자녀 중 막내였던 나단은 8세 때 누나 캐럴(Carol)과 부모와 함께 벽돌로 작게 지은 깨끗한 방갈로에서 살았다. 간호사인 어머니는 여러 의료기관을 돌아다녔고, 아버지는 무역 선원으로 다른 나라에 선적하는 임무를 수행하기 위해 자주 멀리 가곤 했다.

나단은 생의 초기부터 캐럴의 그늘에서 살아야 하는 운명인 것처럼 보였다. 캐럴은 어렸을 때 해당 학군의 영재 프로그램에 참여할 수 있다는 것이 확인되었고, 학교 다니는 내내 학업과 행동 면에서 뛰어난 수행능력을 보여주었으며, 3학년을 마친 후에는 한 학년을 월반하였다. 결국 캐럴은 13세 때 인근 고등학교 신입생으로 입학했으며, 엄격한 예비대학 교육과정에 특별히 참가하게 되었고, 교외의 교향곡 오케스트라와 피아노 협연을 하는 첫 무대를 가졌는데 비평가들의 호평을 받았다. 이와 대조적으로 나단의 어머니는 아들에 대해 다음과 같이 말했다. "직장에서 전화받으라고 내 이름을 부르면, 놀라서 숨을 죽이곤 해요. 난 나단이 무슨 일을 저질렀다는 것을 알지요."

나단은 연구자들과의 모임에서 앉는 것은 거부했지만 이야기하는 것은 좋아했다. 나단은 "내가 여기에 앉는다면 그것은 내가 여기에 있는 것을 선택한 것처럼 보일 것이고, 난 그래서 앉지 않아요. 이것은 또 다른 심문 같은 것이 될 거예요."라고 설명했다. 그에 대한 학교 기록에 따르면, 문제행동이 많았다는 것을 알 수 있다. 실제로 이러한 위반 행동은 소리 지르기, 심각하게 떠들기, 자신도 모르는 사이에 나타내는 행동들과 관련되어 있다. 다른 기관에 넘겨진 기록과 검사 관련 자료들을 통해, 나단이 학습장애와 행동장애를 가진 학생들을 위한 특수 서비스 기관에 이관된 경우가 두 번 있다는 사실을 알 수 있었다. 그 결과, 시간과 능력과 관련하여 특수교육 서비스를 위한 자격 조건이 충족되지 않는다는 것을 보여 주었고, 적성검사 결과 나단의 사례는 비전형적이라고 믿어질 만큼 비협조적인 것으로 나타났다. 게다가 나단의 언어적 기술은 일관되게 뛰어난 편이었지만, 일화를 통해서는 평균보다 약간 높은 쪽에 속하는 것을 알 수 있었다. 나단의 학교 기록 또한 그가 행동문제뿐만 아니라 학업 면에서도 항상 유급을 피할 수 있을 정도로 만해 왔다는 것을 보여 주었다.

중재 학년 초에 연구자들은 나단의 3학년 때 담당교사였던 수(Sue)와 함께 일하면서, 무분별하게 경솔하게 말하고 충동적으로 행동하는 나단의 경향성을 강조하기보다는, 분명하게 나타나는 언어적 강점을 강조하는 계획을 세웠다. 그 교사는 나단의 문제가 어느 정도 스타 같은 누나와 관련이 있다고 믿으면서, 나단의 능력을 계발시킬 잘 조율된 프로그램을 설계하는 데 나단 부모와 함께 일할 마음을 가지고 있었다. 재능을 계발하는 데 중요한 것이 학생의 흥미임을 지적한 연구(Emerick, 1992)에 기반하여 계획을 세웠는데, 나단이 좋아하는 영역이 무엇인지를 확인한 후에 나단의 교육과정에 그것을 포함하는 것을 목적으로 삼았다. 최종적으로는 그가 높은 수준의 프로젝트를 생산할 수 있을 만큼의 열정을 계발할 수 있기를 기대했다.

수는 흥미 검사를 이용해서 나단이 학교와 그의 가족이 간과해 왔던 다양

사회적 · 정서적 문제, 미성취, 상담

한 주제에 대해 흥미가 있다는 사실을 발견했다. 나단은 "네가 방문했던 장소 중 가장 흥미를 느꼈던 장소는 어디니?"라는 질문에 대해 정교한 문법을 사용하여 즉시 대답했다.

그건 쉬운 질문이에요. 우선 우리가 스미스소니언(Smithsonian)에 가려고 시내 중심가에 갔을 때, 난 다섯 살이었고 그곳에 있는 모든 것을 좋아했어요. 특히 미국역사박물관(Museum of American History: MAH)에 있는 전시물들을 보고 놀랐어요. 그때부터 난 MAH에 여러 번 다시 갔었어요. 지금 난 그곳을 MAH라고 부르는데 그건 그 박물관과 내가 가장 친한 친구처럼 느껴지기 때문이에요. 두 번째는 작년에 게티스버그 남북전쟁터(Gettysburg Battlefield)에 갔을 때 재미있었어요. 두 군데 모두 내게 미국 역사에 대한 책과 테이프를 수집하도록 했고, 난 미국에 대한 모든 정보를 읽고 살펴볼 수 있는 방 안에 혼자 앉아 있는 것이 좋아요. 혹시 배네커(Benjamin Banneker)가 미국에서 최초로 시계를 만들었고, 랑팡(L' Enfant)이 해고된 후에 워싱턴의 설계를 맡았다는 사실을 알고 계세요? 그 사람은 흑인이었어요!

나단이 역사에 깊이 빠져 있다는 것을 확인한 수는 흥미 검사를 중단하기로 결정했다. 나단의 부모와 교장의 지원을 받으면서, 그녀는 다른 학생의 수업에 방해가 되지 않는 곳에서 나단과 함께 그에게 활용 가능한 기회들에 대해 솔직하게 의논하였다. 토론의 세부 내용은 수의 저널에 상세히 요약되어 있다. 수는 나단과 그가 생각해 낸 프로그램에 대해 다음과 같이 적었다.

우리는 모두 나단이 역사, 특히 미국의 흑인 역사에 흥미가 있다는 사실에 동의했다. 나단은 의지가 있었고, 만일 학교에서 기본 과목에만 시간을 쓰도록 하는 대신에 그가 흥미를 가지고 있는 부분에 대해 시간을 쓸 수 있도록 허락한다면 그는 자신을 통제할 수 있을 것이다. 그의 어머니, 아버지를 비롯하여 나에게 약간의 회의적인 생각이 남아 있긴 하지만 나는 역사 부분이 좀 더 많이 포함될 수 있게 교육과정을 조정해야 한다고 결정했다. 나단은 "잘할 수 있다."며 우리에게 확신을 주었다.

초기 모임 이후의 몇 주 동안에 수는 나단에게 종종 협의사항을 상기시켰다. 그는 매번 빨리 서로 합의한 부분을 따르겠다고 했지만, 수는 과연 중재 프로그램이 효과가 있을지에 대해 의심했다.

어휴! 암염 산지를 다룬 어느 날이에요! 나단은 나와 자신을 미치게 했어요! 나는 오늘 그에게 17번이나 조용히 하라고 했고, 무엇이든 그가 하기로 했던 것을 하라고 상기시켰어요. 예전에 그가 남북전쟁과 노예제도에 대한 노래를 만들어서 불렀는데, 거의 장송곡 같아서 너무 슬펐어요. 주변 사람들이 그에게 조용히 하라고 말했고, 결국 나는 그를 몇 분 동안 개인용 열람석에 가 있게 해야만 했어요. 난 그에게 계속해서 합의사항을 상기시켰고, 그는 나에게 우리가 자신의 역사공부 시간을 더 많이 확보해야 할 필요가 있다는 사실을 상기시켰지요.

몇 주 후 촉진자로서 연구 팀과 일을 하던 수는 인근 대학에서 미국의 흑인 역사를 전공한 교수를 만났다. 그 교수는 수에게 암만(Amman)이라는 학부 학생을 소개시켜 주었다. 암만은 나단과 일주일에 한 번씩 서로 편한 시간에 정기적으로 만나서 공부하는 데 동의했다. 그리고 나단의 부모는 나단과 암만을 위해 학교 시간 이외에 매주 적어도 한 번씩 만남을 갖기로 결정했다. 그때부터 수와 암만은 교육과정의 모든 부분에 미국의 흑인 역사의 측면을 통합시키기 위해 함께 노력했다. 이것은 나단으로 하여금 수업 프로그램의 많은 측면에서 미국의 흑인 역사에 대한 자신의 관심을 확인하도록 하였다. 그리고 연구자들의 도움으로, 수는 나단의 흥미가 안내된 학습을 개발시킬 수 있을 만큼인지를 결정하기 위해 학교의 영재교사와 함께 면접 일정을 잡아 놓았다. 나단은 빠르고 정확하게 자신의 프로젝트의 방향을 알았다.

그러니까 당신은 내가 내 또래의 아이들을 위한 영화를 만들 수 있다는 말이지요? 난 미국 사회에서 유명한 흑인과 어떻게 그들이 우리 역사에 주요한 영향을 미치게 되었는지에 대해 극본을 쓰고, 설계하고, 제작하고 싶어요. 시나

사회적 · 정서적 문제, 미성취, 상담

리오를 쓴 후에 필요한 일은 어떻게 그 영화에서 주연을 맡을 아이들을 확보할 수 있는가에요. 당신은 우리가 그것을 홍보할 수 있고, 또 어른들에게도 상연할 수 있다고 생각하나요?

결과　비록 나단의 전반적인 행동과 학문적 성공이 안정적이지 못하고 흔들렸지만 그는 대체로 자신의 프로젝트와 행동을 통제하는 과정에서 협의사항을 지키려고 노력했다. 학교의 교장은 이따금씩 상담을 위해 나단을 만났으나, 그가 성공한 이유는 대체로 교육과정의 변경과 암만과의 공부 때문이라고 할 수 있다. 나단은 자신의 향상된 상황을 다음과 같이 설명했다.

> 내가 협의한 내용을 끝까지 지키는 일은 어려웠어요. 다른 사람들에게 내 생각과 내 느낌을 말할 필요가 있기 때문에 난 교실에서 혀를 깨물며 침묵하려고 했어요. 나를 담당한 선생님은 내게 학교를 정말 흥미로운 곳으로 느끼게 만들어 주셨어요. 그것은 마치 우리 교실에서 암만과 내가 영화에 대해 무슨 일이건 끝냈을 때, 모든 아이들이 내가 극본에 삽입하려고 공부하는 주제에 대해 이야기를 멈추는 것과 같은 거예요. 이것은 정말 나에게 도움이 되었어요. 아, 그렇지만 난 완벽하지 않아요. 누나는 나의 성공을 축하해 주었어요. 누나는 심지어 내 영화를 보고 싶어 더 이상 기다릴 수 없다고 말했어요.

나단의 영화가 완성되기 전에 학기가 끝나 갔는데, 내년에 나단과 함께 일할 선생님뿐만 아니라 나단의 계획에 관여했던 모든 성인들이 만났다. 그들은 미국의 흑인 역사를 일반적인 교육과정에 통합시키기 위해 계속해서 구체적인 계획을 세워 나갔다. 그리고 그들은 영화를 완성하기 위해 나단의 계획을 수정했다. 예측할 수 없는 장애물을 제외하고는, 나단은 4학년 중반까지는 영화를 개봉하려는 계획을 세우고 있다. 수는 중재 과정을 평가하면서 자신의 저널에서 다음과 같이 결론 내렸다.

> 어떤 일이라도 시도해 볼 가치가 있다! 난 나단의 발전을 보면서 너무 감동했다. 그의 성적은 전반적으로 평균 이상으로 향상되었고, 영재 프로그램에 참

가할 수 있는 자격 조건도 갖추었다. 그는 크리스마스 이후로는 교무실로 보내지지 않았고, 다른 친구들은 모두 그의 영화에서 어떤 부분을 연기할 수 있는지를 알고 싶어 했다. 이제부터 그는 소리를 지르거나 다른 사람을 방해하는 행동을 하여 주목을 받지 않을 것이다.

스티븐(Stephen)의 사례

스티븐은 지도교수의 연구실에 앉아서, 자신의 학업 상담을 맡은 교육대학의 신임 교수인 커클런드(Kirkland) 박사에게 자신의 문제를 설명했다. 스티븐은 초조한 목소리로 자신이 다른 남자 신입생과 기숙사에서 장난친 것이 학업 면에서 문제를 야기했다고 설명했다. 스티븐은 교외에 있던 고등학교를 다니던 시절에 뛰어난 학업, 운동 성적뿐만 아니라 심화과정에서 뛰어난 성적을 거둔 과외 활동 기록을 가지고 있었다. 고등학교 시절의 별명은 '바이킹'이었는데, 스티븐이 스칸디나비아 사람으로 노르웨이의 혈통을 지녔다는 것을 보여 주는 것이다.

스티븐은 산업의 기반이 우주 산업을 중심으로 이루어져 있고, 대부분의 계약이 NASA와 체결되어 있는 남부의 중산층 출신이다. 출신 지역의 기술 지향적인 특성은 학군 내의 학교 교육과정에 반영되었고, 스티븐은 자신의 친구들이 학교생활 내내 아주 우수한 학업성적을 보여 주었으며, 그중 많은 학생이 어린 나이에 지적으로 도전감을 주는 수학과 과학 과정을 추구해 왔다고 설명했다. 그가 두 살 때 혼자가 된 스티븐의 어머니는 컴퓨터 소프트웨어 디자이너로 우주 산업 분야에서 일했다. 그녀는 종종 스티븐을 '우리 집의 가장'이라고 불렀다. 스티븐은 자신이 두 살 때 부모가 이혼했고, 그 이후로 자신의 인생에는 아버지의 존재가 없었다고 설명했다. 스티븐의 누나는 그보다 세 살 많고, 남부 지역의 인근 학교에서 동물학을 전공하는 학부 4학년생이라고 했다. 졸업 후에는 의과대학 진학을 계획하고 있다.

그는 자신의 첫 학기 평점이 한심하게도 1.6에 불과했고, 자신의 수행 정도도 불만족스럽다고 설명했다. 또한 그는 더 이상 스포츠와 웨이트 트레이

닝을 하지 않으며, 고등학교 시절 내내 했던 종교 활동도 더 이상 안 한다고 했다. 그는 대학생이 되어 불안한 시작을 하면서 당황해했고, 결국은 담당교수의 도움을 요청하게 되었다.

커클런드 박사는 초기 만남 과정에서 스티븐이 대학 신입생으로서 학업 미성취로 고생한다는 사실을 알 수 있었다. 당시 커클런드 박사는 운동과 공부를 모두 뛰어나게 잘했던 고등학교 시절이 스티븐에게 무척 중요하다는 사실을 느낄 수 있었다. 대학 신입생으로서 대학 생활을 참담하게 시작한다는 것은 갑자기 '큰 연못에 있는 하나의 작은 물고기'로 자신을 받아들이게 하였고, 그러한 생각은 큰 부담이 되어 그의 마음을 짓누르는 것처럼 보였다. 커클런드 박사와 스티븐은 고등학교 시절의 학업과 운동에서의 성공에 대해 얘기를 나누었고, 지도교수는 자신의 연구 프로젝트 중 하나를 스티븐과 공유하였다. 커클런드 박사는 교육받은 운동선수의 성공적인 코치들에 대한 연구에 필요한 논문을 도서관에서 찾는 일을 도와줄 수 있느냐고 스티븐에게 물으며 문헌 조사를 할 사람이 필요하다고 말했다. 스티븐은 고등학교 시절 풋볼 코치와 맺었던 건전한 코치와 운동선수의 관계를 통해 좋은 영향을 받았다고 설명했다. 그리고 그는 새로운 지도교수의 연구를 도울 수 있다는 사실을 기뻐했다. 스티븐은 새로운 지도교수를 위해 대학의 스포츠연구 도서관에서 일정 시간 일하는 것에 동의했다. 도서관 관리자와 후속 만남을 가졌고, 스티븐은 커클런드 박사를 위해 일하러 갔다.

중재 커클런드 박사는 스티븐에게 도서관에서 찾은 연구 논문에 대해 토론을 하자며 일주일 단위로 만나고 싶다고 했다. 그는 스티븐이 어떤 논문을 찾든 연구 교수에게 큰 도움이 될 것이기 때문에 매주 만남을 기다렸다. 또한 커클런드 박사는 그에게 다른 동기가 있다는 것을 설명할 정도로 솔직했다. 그는 일주일에 한 번씩 새로운 지도 학생의 학문적 노력을 점검하기 위해 만남을 갖고, 재능이 많은 학생에게 자신이 제공할 수 있는 지원을 계속하기를 원했다. 스티븐은 이것이 그에게 좋은 계획 같다는 점에 동의했다. 그 다음 주에 그들은 학생회관에서 함께 점심을 먹었고, 스티븐이 발견한 저널에 실린 논문들을 검토하고, 스티븐이 그 주에 겪은 사건들에 대해 의논했다. 커클런드 박사는 스티븐에게 그가 스티븐의 어머니를 만나 그들이 합의했던 계획, 즉 스티븐을 학문적으로 '정상궤도로 되돌리는' 전략에 대해 설명할 것이라고 알려 주었다. 스티븐의 어머니는 커클런드 박사로부터 이 이야기를 듣고 기뻐했으며, 스티븐의 미성취를 바꾸기 위한 계획에 찬성했다.

그들이 주별 만남을 갖는 동안 스티븐과 지도교수는 왜 스티븐이 첫 학기에 학업에 실패했는지와 관련하여 중요한 결론에 이르렀다. 스티븐은 고등학교 때 심화학습의 과중한 부담, 학교 밴드 참여, 여러 가지 학교 대표 팀의 스포츠 참가로 얼마나 바빴는지를 생각했다. 그러나 그는 바쁘면 바쁠수록 자신의 시간을 더 잘 관리했다. 분명한 것은 기숙사에서의 비구조화된 시간이 스티븐이 통제할 수 없는 대학 생활의 한 측면이었다는 것이었다.

커클런드 박사는 학업 지도의 한 부분으로, 대학에서 처음으로 개설되는 혁신적인 전자 음악 수업에 스티븐이 등록하는 것을 찬성했다. 스티븐은 음악 수업이 고등학교 밴드 경험 이후로 접하지 못했던 창의성의 출구가 될 수 있을 것이라고 했다. 커클런드 박사는 스티븐이 학부 필수 과정이 아닌 과정에 등록하는 것에 대해 약간 주저하는 마음이 있었지만, 그러한 경험을 통해 스티븐이 자신의 능력에 대해 좀 더 좋은 느낌을 가질 수 있도록 도움을 줄 것이라는 사실을 깨달았다.

8월이 되자 스티븐은 2학년 때는 기숙사에 살지 않을 거라며 즐거운 표정으로 말했다. 그는 한 친구와 학교 안에 있는 작은 아파트를 빌려서 생활했는데, 공부에 집중할 수 있는 조용한 환경이라고 느꼈다. 스티븐과 지도교수는 학문적으로 제 궤도를 유지할 수 있는 계획을 다시 세웠다. 그리고 두 사람은 스티븐이 학교 안에서 시간제 일을 하면 도움이 될 것이라는 점에 동의했다. 커클런드 박사는 스티븐에게 대학교 레크리에이션 센터 수영장에서 안전 요원 일을 해 보라고 제안했다. 커클런드 박사는 스티븐에게 고등학교

사회적 · 정서적 문제, 미성취, 상담

시절의 운동과 관련된 경험이 중요한 역할을 해 왔다는 사실을 알았기 때문에, 스티븐이 대학 럭비 팀에 참여하려고 계획하였다는 사실을 듣고 크게 기뻐하면서 열심히 해 보라고 격려했다. 이전 해에 시작된 연구 프로젝트가 완료되었지만, 두 사람은 일주일 단위로 계속 만나는 것이 스티븐이 학업에 초점을 맞추도록 하는 데 도움을 줄 것이라는 사실에 동의했다.

결과 매주 이루어지는 멘터와의 만남과 커클런드 박사의 연구 조교로서의 역할은 미성취를 지속적으로 벗어나도록 하는 데 도움을 주었다. 또한 전자 음악 수업은 적절한 보완의 역할을 했음이 증명되었다. 스티븐은 수업을 즐거워했고, 그는 전자 록(rock) 음악에 대한 자신의 열정을 공유할 수 있는 새로운 또래 집단을 발견했으며, 쉽지 않은 그 과정에서 A를 받았다. 커클런드 박사는 그 수업을 들은 학생들이 오리지널 전자 음악을 연주하며 최고의 기량을 선보인 콘서트에 참가하여 스티븐의 성공을 축하해 주었다. 전자 음악 수업에서의 성공과 더불어, 스티븐은 두 번째 학기에 훌륭한 수준으로 평점을 끌어올리면서 큰 발전을 보였다. 스티븐은 두 번째 학기에 경험했던 성공을 기술하면서 다음과 같이 말했다.

> 내게 가장 큰 일은 성적이 엉망이었던 신입생 시절에 그가 내 얘기를 들어 주기 위해 그곳에 있다는 사실을 알고서, 그의 연구실에 찾아간 것이라고 생각해요. 나는 또 한 번의 기회가 필요하다는 것을 느꼈고, 내가 열심히 할 수 있다는 것을 알았어요. 나는 성적을 올려야만 한다는 것을 알았어요. 그는 내 얘기를 들었고 나를 믿는다고 말했어요. 그리고 내가 할 수 있을 것이라고 했어요. 그것은 정말 더 열심히 분발하도록 했고, 동기를 불러일으켰어요. 그는 여러 가지 점을 강조했어요. 예를 들면, 내가 새로운 장소인 큰 대학교의 신입생이라는 사실과 내가 그 체제에 적응하려면 약간의 시간이 필요하다는 점을 지적했어요. 그는 내가 대학 첫 학기에 공부 때문에 괴로워한 최초의 똑똑한 학생이 아니라고 말했어요. 나는 그날 내가 너무 열등하다고 느끼고 있어서 어떻게 해서든 그가 긍정적인 측면에 초점을 맞추었다고 추측하고 있어요. 또한 커클런드 박사는 학업 이외에 나와 관련된 다른 일들에 대해서도 걱정

하고 있다는 사실을 보여 주었어요. 그는 우리 가족이 어떻게 지내는지, 내가 어떤 과외 활동에 관여하고 있는지, 내가 심심할 때 무슨 일을 하기를 좋아하는지, 내 삶에 대한 모든 것을 알고 싶어 했어요. 그는 그 학기에 내가 어떤 수업을 선택해야 하는지에만 초점을 맞추지 않았어요. 그는 온전한 인간으로서의 내게 관심을 가졌어요. 처음 그의 연구실에 갔을 때, 난 겁을 많이 먹었어요. 나 자신에 대해 수치심을 느끼고 있다고 추측했어요. 그날 내가 그와 공유해야 하는 모든 것은 학업과 관련되어 근신하게 되었다는 사실이에요. 그것은 당황스러운 일이었어요. 그는 내게 나를 믿는다고 말했는데, 그것은 나로 하여금 내가 그를 실망시킬 수 없다고 느끼게 했어요.

새로운 주거환경, 시간제 일, 럭비 팀 참가 등도 또한 차이를 만든 것처럼 보였다. 그는 2학년 때 이른 아침 시간에 수영장 안전 요원으로 일했기 때문에, 수영장에서 보낸 시간이 '일에 대한' 공부를 할 수 있는 부가적인 기회를 허락했다는 사실을 발견했다. 럭비 팀은 새로운 친구들이 필요했던 그에게 운동에 대한 출구를 제공했다. 또한 스티븐은 록 밴드를 조직하려고 계획했던, 그의 아파트에 사는 소규모의 음악가 집단과 어울릴 수 있는 시간을 발견했다. 2학년 가을 학기에는 아주 바빴음에도 불구하고, 그는 공부 시간을 확보했고 성적을 계속 향상시켰기 때문에 자신의 시간을 보다 신중하게 관리할 수 있었다.

커클런드 박사는 매주 스티븐과 지속적인 만남을 가졌고, 그가 미성취에서 벗어나 성공하고 있다는 사실을 듣고 기뻐했다. 그는 스티븐에게 여러 젊은 여성들과 데이트하기 시작했다는 사실을 지적하면서 자신이 얼마나 더 자신 있어 보이는지를 이해하도록 도와주었다. 또 스티븐은 자신의 전공에서의 성공이 큰 차이를 만들었다는 점을 지적했다. 그리고 그는 지역 공립학교 수업에서 어린이들과 일하면서 임상 경험을 즐기고 있었는데, 초등학교 아이들과 함께 일하는 시간은 고향에서 수영장 안전 요원으로 일하면서 발견했던 긍정적인 경험과 유사했다. 이러한 자신감 형성 경험은 그로 하여금 전공을 변경한 것이 옳은 일이었다는 사실을 확신하게 해 주었다.

스티븐의 가족 상황의 변화 때문에, 그는 3학년 첫 학기를 마치고 대학교를 바꿀 필요가 있었다. 스티븐은 '남학생들의 우애의 집(frat houses)에 성공적으로 정착'하는 데 성공했던 그의 새 록 밴드와 새 친구들을 떠나야 하는 것이 싫었지만, 신입생 시절 비참한 봄 학기를 보낸 이래 자신이 성취한 부분에 대해 좋게 느끼고 있었다. 그는 평균 B의 성적을 받았고, 커클런드 박사에게 자신을 지지해 주는 멘터십, 더 나아가 우정을 경험하게 해 준 것에 대해 감사했다. 그는 캠퍼스를 떠날 때 지도교수 연구실을 마지막으로 방문해서 커클런드 박사에게 유타(Utah) 대학교 졸업식에 참석해 달라는 첫 번째 초청장을 보내겠다고 약속했다. 그로부터 오래지 않아 커클런드 박사는 스티븐으로부터 다음의 편지를 받고 연구자들과 함께 읽었다.

우리 관계에는 학생과 지도교수 관계 이상의 우정이 있었다고 느껴지는 무언가 특별한 것이 항상 있었어요. 우리는 편안한 관계였어요. 당신은 처음부터 나를 믿어 주셨어요. 당신은 단지 내가 기운을 내도록 하고, 기분 좋게 느끼도록 하지 않았어요. 당신은 첫날부터 나를 믿었어요. 나는 그걸 즉시 알아 차렸어요. 나는 당신이 내게 해 준 것에 대해 감사해요. 당신은 항상 나의 모든 일이 잘되고 있는지 알기 위해 점검했어요. 수업뿐만 아니라 학교 밖에서의 다른 일들, 즉 사회생활, 내가 새로운 사람들을 만나고 새로운 친구들을 사귀고 있는지까지도요. 당신은 한 인간으로서 나의 성장을 염려했어요. 나를 돌봐주는 사람이 그곳에 있다는 사실 자체가 내겐 중요했어요. 솔직하게 말하면, 매번 어떤 사람이 박사학위를 가지고 있다는 사실을 들을 때마다 상당히 두려웠어요. 그러나 그 수준에 있는 어떤 사람이 내 얘기를 잘 들어 주고, 날 믿는다고 얘기해 주고, 내가 할 수 있다는 것을 알고 있다고 말해 주는 것이 날 기분 좋게 했어요.

논의 및 시사점

각 사례에서 밝혀진 결과에 따르면, 하나의 중요한 범주가 나타났다. 그것은 젊은 사람에 대한 의미 있는 성인의 영향이다. 그러나 그와 관련된 여러 가지 하위 범주가 있었다. 첫째, 마음이 넓고 편협한 판단을 하지 않는 멘터의 특성이 지속적인 관계를 유지하는 데 필수적이었다. 둘째, 멘터를 돌보는 어른들이 가진 타고난 특성과 관련하여, 각 멘터는 단순한 교사-학생의 관계를 넘어서 자신의 멘터에게 지속적이고 개인적인 방식으로 사회적 · 정서적 지원과 격려를 하는 것으로 나타났다. 마지막으로 미성취 유형을 바꾸는 중재에 필요한 흥미와 강점에 기반한 전략에 대한 계획이 각 사례에서 성공적으로 수행되었다.

Torrance(1984)의 연구를 뒷받침하면서, 이 연구에서 기술한 세 명의 젊은 남학생이 경험한 멘터 관계는 각자가 사회적 · 정서적으로 성숙해져서 자신을 한 인간으로 돌봐 주었던 수용적인 성인과 동료 관계가 되어 감을 밝히고 있다. 각 사례에서, 중요한 성인은 젊은 학생이 자신의 창조적 생산성을 방해하는 것이 무엇인지 숙고할 수 있도록 도와주었고, 그러한 장애물을 뛰어넘을 수 있는 적절한 계획과 전략을 개발시켰다.

각 멘터들이 상당한 성장을 경험했다는 점은 흥미롭다. 잭슨의 사례에서, 멘터는 가난한 지역의 도시 청소년들이 직면하는 시련과 고생에 대해 기꺼이 배우려고 했다. 이와 유사하게, 나단의 멘터였던 암만은 미국 흑인 역사부터 아동에게 적합한 교육학적 기법까지 자신의 기술 목록을 확대하려고 노력했다. 그리고 대학교수(스티븐의 지도교수)는 그가 보호한 학생의 진척 상황을 감독하는 것 이외에 전형적인 학업과 관련된 책임을 지려고 했다. Torrance(1984)의 연구결과와 유사하게, 본 연구에서 각 멘터는 그들이 보호하는 학생과 '코치-스폰서 관계 이상의 보다 깊이 있고 배려하는 관계'(p. 8)를 형성하였다.

이 연구의 또 하나의 중요한 시사점은 Torrance(1984)의 종단 연구에서 그의 피험자들이 "자신의 멘터를 '게임하는 방법'을 가르치는 사람으로 알았다."라고 보고한 부분과 유사하다. 잭슨의 경우, 학교에서의 자유시간을 학문적으로 사용하고, 학교 밖에서도 우주와 천문학에 대해 공부할 기회를

사회적 · 정서적 문제, 미성취, 상담

제공받았다는 것과 관련된다. 암만은 나단의 영화 제작에 대한 숨겨진 재능을 밝혀 내고, 학교에 열중할 수 있게 하는 수단으로써 역사 속에서 흑인의 투쟁에 대한 그의 관심을 어떻게 사용해야 하는지를 가르쳤다. 커클런드 박사는 스티븐에게 중심을 유지하고, 자신의 시간을 더 생산적으로 사용하도록 격려하고, 계속 더 바쁘게 생활하면서 '게임을 하는 방식'을 가르쳤다.

이전 연구결과들과는 다르게, 이 연구에서 제시된 사례연구 결과는 학교의 인적 자원이 학생들을 위한 멘터십을 형성하는 데 중요한 역할을 한다는 점을 지적하였다. 이러한 관계를 설계할 때 의도적인 중재이 없이는 멘터 관계가 제대로 발전될 수 없다. 또한 그 사례들은 부모가 종종 그러한 기회를 제공받을 수 없는 자신의 환경을 상당히 괴로워한다는 점을 지적한다. 게다가 부모에게는 지역사회에서 적절한 멘터를 찾을 수 있는 연락처가 없는 경우가 많다.

각각의 어린 남학생들의 옹호자나 대변인으로서의 멘터의 중요성이 세 가지 사례에서 모두 나타났다. 잭슨의 멘터인 보브는 학업 프로그램을 감독하고, 잭슨이 우주 프로젝트를 개발하고 우주 클럽을 시작하기 위해 NASA의 강사와 적절한 만남을 가질 수 있도록 학교 직원을 자주 만났다. 암만은 나단이 학급에서 정규수업 내용과 미국 흑인 역사를 연계할 수 있는 기회를 충분히 가질 수 있도록 했다. 커클런드 박사는 스티븐이 단핵증 때문에 수업을 많이 결석할 수 밖에 없었을 때 그의 편이 되어 주었다.

개인적 강점과 흥미에 초점을 맞추는 것이 젊은이의 동기, 자기조절, 학문적 노력을 향상하는 것을 도와주는 데 효과적이라는 사실이 밝혀졌다. 이 결과는 재능 발달에 대한 Renzulli(1994)의 조언을 강조한다. 세 가지 사례연구에서, 젊은이들은 자신의 학문적 책임감과 흥미가 어떻게 연결될 수 있는지를 발견했다. 잭슨의 우주에 대한 관심, 나단의 미국 흑인 역사에 대한 매료, 전자 음악에 대한 스티븐의 열정, 그 무엇이든지 간에, 각 젊은이들은 개인적 회망과 전통적 학문적 기대 사이의 관련성을 이해하기 시작했다. 세 사례 모두에서 이러한 깨달음은 학교에서 학업과 행동 성취를 크게 향상시켰다.

스티븐이 또래와의 상호작용의 범위와 질을 확대시킨 반면, 잭슨과 나단은 각각 또래들과의 관계가 향상됨을 경험했다. 잭슨은 긍정적인 또래 집단이 거리의 갱이 아니라 우주 클럽에 흥미를 가진 학생의 집단이 될 수 있다는 점을 깨달았다. 나단은 갑자기 인기가 높아졌는데, 그가 흑인 역사에 관한 영화를 제작하는 데 관심을 가진 것을 친구들이 알게 되면서 영화에 참여하도록 허락을 얻으려고 했기 때문이다. 반면, 스티븐은 기숙사에서의 장난보다는 상호 흥미와 가치에 따라 맺어지는 보다 강력하고 풍부한 우정 관계를 발달시켰다. 이러한 결과들은 학생이 학문적으로 성취를 이룬 또래와 친구 관계를 맺고, 공통의 관심사를 공유하게 된다는 Baum, Rénzulli 및 Hebert (1995)의 연구결과를 강조하는 것이다.

여러 선행연구 결과들(Emerick, 1992; Hébert, 1997; Olenchak, 1995; Reilly, 1992; Torrance, 1984)을 지지하면서, 본 연구는 각 사례에서 멘터가 진정으로 그의 멘티를 배려했고, 믿었고, 눈앞에 놓인 학문적 과제를 넘어서 특별한 재능과 능력을 가진 독특한 개인으로 평가하고 존중했다는 점을 밝히고 있다. 모든 사례연구에서 멘터는 멘티의 장점에 초점을 맞춤으로써 미성취 행동 이상을 볼 수 있었다.

궁극적으로 이 연구는 멘터 관계가 젊은 남자 영재아들의 미성취 유형을 바꾸는 데 효과적일 수 있다는 사실을 지적하고 있다. 멘터십 접근은 연령, 사회문화적 배경, 환경과 상관없이 젊은이의 강점을 키워 주고 개인적 흥미를 파악하는 데 성공적이었다. 교육자들과 다른 전문가들은 의도적으로 미성취를 보이는 어린 남학생들과 그들을 보호하는 성인과의 관계를 격려해야 한다. 그렇지 않으면 그들의 잠재력과 가능성을 방해하는 것이다.

📄 참고문헌

Alvino, J. (1991). An investigation into the needs of gifted boys. *Roeper Review,*
  13, 174-180.

Ambrose, D., Allen, J., & Huntley, S. (1994). Mentorship of the highly creative.
  Roeper Review, 17, 12-134.

Arnold, K., & Subohlik, R. (1995). Mentoring the gifted: A differentiated model.
  Educational Horizons, 73, 118-123.

Baum, S. M., Olenchak, F. R., & Owen, S. V. (1998). Gifted students with
  attention deficits: Fact and/or fiction? Or, can we see the forest for the
  trees? *Gifted Child Quarterly, 42,* 96-104.

Baum, S. M., Renzulli, J. S., & Hébert, T. P. (1995). Reversing underachievement:
  Creative productivity as a systematic intervention. *Gifted Child Quarterly,*
  39, 224-235.

Clasen, D. R. (1993). Resolving inequities: Discovery and development of
  talents in student populations traditionally underrepresented in gifted
  and talented programming. *Journal of the California Association for the*
  Gifted, 23(4), 25-29.

Clasen, D. R., & Clasen, R. E. (1997). Mentoring: A time-honored option for
  education of the gifted and talented. In N. Colangelo., & C. A. Davis
  (Eds.), *Handbook of gifted education* (2nd ed., pp. 281-229). Boston:
  Allyn and Bacon.

Colangelo, N., & Peterson, J. S. (1993). Group counseling with gifted students.
  In L. K. Silverman (Ed.), *Counseling the gifted and talented* (pp. 111-
  129). Denve., CO: Love.

Csikszentmihalyi, M. (1990). *Flow: The psychology of optimal experience.* New
  York: Harper and Row.

Csikszentmihalyi, M., Rathunde, K., & Whalen, S. (1997). *Talented teenagers:*
  The roots of success and failure. New York: Cambridge University Press.

Davis, G. A., & Rimm, S. B. (1994). *Education of the gifted and talented.* Boston:

Allyn and Bacon.

deBone, E. (1986). *CoRT Thinking Skills Program*. Oxford, England: Pergamon Press.

Denzin, N. K. (1997). *Interpretive ethnography: Ethnographic practices for the 21st century*. Thousand Oaks, CA: Sage.

Edlind, E., & Haensly, P. (1985). Gifts of mentorships. *Gifted Child Quarterly, 29,* 55-60.

Emerick, L. J. (1992). Academic underachievement among the gifted: Students' perceptions of factors that reverse the pattern. *Gifted Child Quarterly, 36,* 140-146.

Flaxman, E., Ascher, C., & Harrington, C. (1988). *Youth mentoring: Programs and practices*. New York: ERIC Clearinghouse on Urban Education.

Ford, D. Y. (1993). An investigation of the paradox of underachievement among gifted Black students. *Roeper Review, 16,* 78-84

Ford, D. Y, (1996). *Reversing underachievement among gifted Black students*. New York: Teachers College Press.

Frasier, A., Passow, A. H., & Goldberg, M. L. (1958). Curriculum research: Study of underachieving gifted. *Edutational Leadership, 16,* 121-125.

Goh, B. E., & Goh, D. (1996). Developing creative writing talent through a mentorship program. *Gifted Education International, 11,* 156-159.

Halpern, R. (1992). The role of after school programs in the lives of inner-city children: A study of the "urban youth network." *Child Welfare, 71,* 215-230.

Heath, S. B., & McLaughlin, M. W, (1993). *Identity and inner-city youth: Beyond ethnicity and gender*. New York: Teachers College Press, Columbia University.

Hébert, T. P. (1997). Jamison's story: Talent nurtured in troubled times. *Roeper Review, 19,* 142-148.

Kaufman, F., Harrel, G., Milam, C., Woolverton, N., & Miller, J (1986). The nature, role, and iufluence of mentors in the lives of gifted adults. *Journal of Counseling and Development, 64,* 576-577.

Lemley, D. (1994). Motivating underachieving gifted secondary students. *Gifed*

Child Today, 17(4), 40-41.

Levinson, D. J., Darrow, C. N., Klein, E. B., Levinson, M. H., & Mckee, B. (1978). *The seasons of a man's life.* New York: Alfred A. Knopf.

Merriam, S. B. (1998). *Qtfazitative research and case Study applications in education.* san Francisco: Jossey-Bass.

Miles, M. B., & Huberman, A. M. (1994). *Qualitative data analysis: An expanded sourcebook* (2nd ed.) Thousand Oaks, CA: Sage.

Noller, R. B., & Freyr R. (1994). *Mentoring: Annotated bibliography* 1982-1992. Sarasota, FL: Center for Creative Learning.

Olenchak. F. R. (1995). Effects of enrichment on gifted/learning disabled students. *Journal for the Education of the Gifted, 18,* 385-399.

Patton, M. Q. (1990). *Qualitative evaluation and research methods* (2nd ed.). London: Sage

Reilly, J. M. (1992). *Mentorship: The essential guide for schools and businesses.* Dayton, OH: Ohio Psychology Press.

Renzuili, J. S. (1994). *schools are places for talent development: A practical plan for school improvement.* Mansfield Center, CT: Creative Learning Press.

Rimm, S. B. (1986). *Underachievement syndrome: Causes and cures.* Watertown, Wl: Apple.

Rimm, S. B., & Olenchak, F. R. (1991). How FPS helps underachieving gifted students. *Gifted Child Today, 14*(2), 19-22.

Scruggs, T. E., & Cohn, S. I. (1983). A university-based summer progranl for a highly able but poorly achieving Indian child. *Gifted Child Qttarterly, 27,* 90-93.

Seeley, K. (1993). Gifted students at risk. In L. K. Silverman (Ed.), *Counseling the gifted and talented* (pp. 263-276). Denver, CO: Love.

Shaughnessy, M., & Neely, R. (1991). Mentoring gifted children and prodigies: Personological concerns. *Gifted Education International, 7,* 129-132.

Silverman, L. J. (1993). Counseling families. In L. K. Silverman (Ed.), *Counseliug the gifted and talented* (pp. 151-178). Denver, CO: Love.

Stake, R. (1995). *The art of case study research.* Thousand Oaks, CA: Sage.

Strauss, A., & Corbin, J. (1990). *Basics of qualitative research: Grounded theory procedures and techniques.* Newbury Park, CA: Sage.

Torrance, E. P. (1980). Growing up creatively gifted: A 22-year longitudinal study. *Creative Child and Adult Quarterly, 5*(1), 148-158, 170.

Torrance, E. P. (1984). *Mentor relationships: How they aid creatiue achievement, endure, change, and die.* Buffalo, NY: Bearly Limited.

Torrance, E. P., Goff, K., & Satterfield, N. B. (1998). *Multicultural mentoring of the gifted and talented.* Waco, TX: Prufrock Press.

White-Hood, M. (1993). Taking up the mentor challenge. *Educational Leadership, 51*(3), 76-78.

Whitmore, J, R. (1980). *Giftedness, conflict, and underachievement.* Boston: Allyn and Bacon.

Wright, L., & Borland, J. H. (1992). A special friend: Adolescent mentors for young, economically disadvantaged, potentially gifted students. *Roeper Review, 14,* 124-129.

Yin, R. K. (1989). *Case study research: Design and methods.* London: Sage.

Yin, R. K. (1993). *Applications of case study research.* London: Sage.

13

영재학생의 미성취: 우리가 알아야 할 것과 나아갈 방향[1]

Sally M. Reis, D. Betsy McCoach(The University of Connecticut)

미성취를 정의하고, 미성취 영재학생을 판별하고, 이러한 미성취에 대한 원인을 설명하는 과정들은 실천가, 연구자 그리고 임상학자들 사이에서 계속 논쟁거리가 되고 있다. 이러한 관심에도 불구하고 영재학생의 미성취는 여전히 수수께끼로 남아 있다. 이 논문에서는 현재 연구를 명확하게 설명하기 위한 시도로 미성취 학생에 대한 30년의 연구를 재검토하고 분석한다. 특히 미성취 영재학생을 정의하고 판별하는 데서의 고유한 문제가 주목받고 있다. 저자(연구자) 역시 이 영역에서 잠재적으로 유망한 새로운 연구의 방향과 탐색을 추구하는 데 흥미를 가지는 사람들의 제안을 포함한다.

미성취 영재학생은 복잡한 현상이다. 분명한 원인은 없지만 훌륭한 학업적 장래성을 보여 주는 예전의 학생들의 능력과 유사한 수준의 수행에도 실패하여 부모나 교사를 좌절시키는 경우가 너무나 빈번하다(Whitmore, 1986). 미성취를 정의하고, 미성취 영재학생을 판별하고, 이러한 미성취의 원인을 설명하는 과정은 영재교육 실천가, 연구자 그리고 임상가들 사이에서 지속적

---

[1] 편저자 주: Reis, S. M., & McCoach, D. B. (2000). The underachievement of gifted students: What do we know and where do we go? *Gifted Child Quarterly, 44*(3), 152-170. ⓒ 2000 National Asociation for Gifted Children. 필자 승인 후 재인쇄.

인 논쟁을 일으키고 있다. 미성취 영재학생들이 다른 학생들보다 사회적 또는 정서적인 문제에서 더욱 위험한 상황에 처해 있는지 아닌지를 결정하는 데 논리적인 문제들은 여전히 남아 있으며, 미성취를 변화시키기 위한 대부분의 중재들은 제한적으로 성공하고 있다. 국립영재연구소(NC/GT)의 요구 사정에 응답한 실천가들은 대부분 주요 연구문제로 미성취의 판별을 들고 있다(Renzulli, Reid, & Gubbins, 1992). 이러한 관심에도 불구하고 영재학생의 미성취는 여전히 수수께끼로 남아 있다.

영재학생의 미성취에 대한 정의

영재학생의 미성취와 관련된 논의나 쟁점에서 영재성과 미성취에 대한 구인은 매우 신중하게 정의되어야 한다. 영재학생의 미성취에 대한 정의는 쉽고도 간단한 과제처럼 보일 수 있다. 공교롭게도 현재 미성취의 정의는 보편적으로 합의된 것이 없다. 최근 몇몇 연구자들의 미성취 영재에 대한 조작적이고 개념적인 정의는 〈표 13-1〉, 〈표 13-2〉, 〈표 13-3〉, 〈표 13-4〉에 정리되어 있다. 영재학생의 미성취에 대한 다양한 정의 가운데 가장 일반적인 내용은 능력(ability)과 성취(achievement) 사이의 불일치(차이)를 확인하는 것을 포함한다(Baum, Renzulli, & Hébert, 1995a; Butler-Por, 1987; Dowdall & Colangelo, 1982; Emerick, 1992; Redding, 1990; Rimm, 1997a; Supplee, 1990; Witmore, 1980; Wolfle, 1991).

미성취 영재에 대한 많은 조작적이고 개념적인 정의로부터 세 가지 일반적인 주제가 등장한다(Dowdall & Colangelo, 1982; Ford, 1996). 〈표 13-1〉에 제시된 첫 번째 주제는 잠재력(또는 능력)과 수행(또는 성취) 사이의 불일치로 미성취를 표현한다. 두 번째로 일부 학자들은 예측된 성취와 실제 성취 사이의 불일치로 미성취를 정의한다. 〈표 13-2〉에 제시된 이러한 종류의 정의는 인간 잠재력과 수행을 포함하는 회귀방정식으로 미성취를 보여 준다

사회적·정서적 문제, 미성취, 상담

(Frick et al., 1991). 만약 한 학생의 측정된 능력을 근거로 하여 기대 점수보다 성취에서 측정된 점수가 낮다면, 그 학생은 미성취다. 〈표 13-3〉에 제시된 세 번째 주제는 다른 외적인 준거를 참조하지 않고 숨겨진 잠재력을 발달시키거나 활용하는 데 실패하는 것을 미성취로 본다. 이러한 범주로 정의하는 학자들은 명시적으로 잠재력을 정의하거나 측정하려 하지 않는다. 미성취를 이런 개념으로 볼 때, 미성취 아동들은 자아 실현에 실패한 것으로 보일 수도 있다.

가장 일반적인 정의는 영재 미성취를 잠재력과 수행 사이의 불일치로 보는 것이다. 그러나 미성취가 능력과 성취 사이의 불일치를 포함한다는 일반적인 가정을 받아들인다면, 이러한 핵심 개념들에 대한 조작적 정의가 필요하다.

능력을 정의하는 보편적인 방법은 WISC-Ⅲ 또는 Stanford-Binet Ⅳ와 같은 지능검사를 사용하는 것이다. 그러나 지역(주나 자치구)마다 영재성을 판별하는 데 필요한 준거가 다르다. 어떤 지역(주)의 학생들은 영재로 분류되기 위하여 일정 한계(cut-off) 또는 그 이상의 IQ 점수를 획득해야만 한다. 많은 지역(주)에서는 영재성을 결정하기 위하여 다양한 준거의 사용을 필요로 한다. 각기 다른 학교 체제들은 영재를 분류하기 위하여 서로 다른 준거를 사용하기 때문에, 영재로 판별된 학생의 모집단은 다양하다. 따라서 어떤 경우는 학생들을 서로 비교할 수 없다. 이러한 현상을 때로 '지리적 영재성(geographic giftedness)'(Borland, 1989)이라 부른다.

성취를 정의하는 것은 좀 더 어려운 문제다. 두 가지 일반적인 성취 측정은 표준화 성취검사 점수(예, 캘리포니아 성취검사, 아이오와 기초기능검사, Stanford 성취검사, 메트로폴리탄 성취검사, 테라 노바 등등)와 성적(평점)으로 증명되는 학업수행이다. 표준화 성취검사는 학급 성적(평점)보다 한 가지 장점이 있다. 증명 가능하며 경험적 증거가 되는 신뢰도를 제공한다는 점이다. 그러나 표준화 성취검사는 직접적으로 실제 학교 경험을 반영하지 못하기 때문에, 학생들의 학업수행 지표가 되지 못하는 경우가 있다. 학업성적(평점)은 신뢰하기 어렵고 교사 의존적이기는 하나, 학생을 사정하고 평가하기 위하여 사용되는 가장 보편적인 방법 중 하나다. 거의 모든 전문대학이나 대학교에서는 입학 허가의 절차로 고등학교 성적(평점)을 사용한다. 학년 수준이나 과정에서 재이수가 필요한 학생들은 표준화 성취검사의 낮은 점수 때문에 좀처럼 선발되는 경우가 없다.

능력과 성취 사이의 불일치를 만들어 내는 것이 무엇인지를 정확하게 구분하는 것은 도전할 과제다. 만약 한 학생이 지능검사에서 백분위 점수가 99점이었다고 표준화 성취의 측정에서 백분위 점수가 99점이라는 것을 뜻하지는 않는다. 모든 영재학생이 학업적으로 성취할 것이라든지(Jason & Robinson, 1985), 능력과 성취가 완벽하게 상관이 있을 것이라고(Thorndike, 1963) 믿는 어떠한 근거도 없다. Pirozzo(1982)는 대개 개별화된 지능검사에

사회적 · 정서적 문제, 미성취, 상담

서 지적 능력이 상위 5%의 점수를 보이는 영재아동의 약 1/2은 이에 필적할 만한 학교 성취를 보이지 않는다고 주장한다. Thorndike는 측정된 지능과 성취 사이의 상관관계가 미성취에 관한 현재의 쟁점에 통찰력을 완벽하게 제공하지 못하는 네 가지 이유를 설명한다.

측정오차

어떤 검사도 100% 신뢰할 수는 없다. 점수의 차이는 표집오차, 검사 당일 학생의 심리 상태, 건강 상태, 다른 외재 변인(extraneous variance)에 따라 발생한다. 신뢰 구간은 일반적으로 표준화 검사에서는 보고된다. 예를 들어, WISC-Ⅲ에서 측정점수 130점은 백분위 점수 98이다. 130점에 대한 90% 신뢰구간은 124~134이다. 바꾸어 말하면, 한 학생이 같은 지능검사를 받았는데, 124~134점에 해당한다면 유의 수준은 90%다. 124점은 백분위 점수 95에 해당하며, 134점은 백분위 점수 99에 해당한다. 이 학생의 지능지수가 측정에서 모집단의 상위 5%에 위치한다는 것은 95% 신뢰로 규정할

표 13-1 잠재력과 수행 사이의 불일치(차이)를 포함하는 영재 미성취의 정의

저 자	연 도	핵심 개념
Baum, Renzulli, & Hébert	1995a	지능, 성취검사, 또는 특수한 적성검사, 교사 관찰, 성적(평점)으로 입증된 높은 잠재력, 수행과 잠재력 사이의 불일치로 입증된 미성취
Butler-Por	1987	학교 수행과 잠재력 사이의 상당한 불일치
Dowdall & Colangelo	1982	잠재력과 실제 수행 사이의 불일치
Emerick	1992	영재성의 증거는 표준화 성취검사 점수, 일반 적성검사 점수, 또는 평균 이상의 학업수행 잠재력에 대한 척도임…. 미성취의 증거는 검사점수, 성적(평점), 그리고 교사 관찰로 평가된 평균 또는 그 이하의 학업수행
Whitmore	1980	높은 적성 점수를 가지나 낮은 성적(평점)과 성취검사 점수, 또는 높은 성취검사 점수를 가지나 불충분한 과제에 따른 낮은 성적(평점)

표 13-2		미성취 영재아동을 판별하기 위한 준거로써 특정 IQ/능력검사를 강조한 정의
저 자	연 도	핵심 개념
Colangelo와 동료들	1993	ACT(미국대학수능시험)에서 백분위 점수 95 또는 그 이상의 점수로 입증된 영재성, 고등학교 교육과정에서 GPA(평점평균) 2.25이거나 그 이하의 점수로 입증된 미성취
Gowan	1957	IQ 130 또는 그 이상으로 입증된 영재성, 학생이 학문적 성취에서 중앙의 1/3로 떨어진 미성취에 대해 진단, 그리고 학생이 학문적 성취에서 하위 1/3로 떨어질 때 미성취에 대한 서비스 제공
Green, Fine & Tollefson	1988	지능검사에서 Tollefson 규준 집단의 상위 2%에 속하는 점수로 입증된 영재성 다음 준거로 입증된 미성취: (a) 적어도 하나의 주요 과목에서 C 또는 그 이하를 획득하는 것, (b) 최소 1년 동안 발생하는 표준화 성취검사에서 기대되는 수행과 실제 수행 사이의 차이, (c) 과제를 완성하는 데 실패하거나 최소 25% 불완전한 과제를 제출하는 것
Krouse & Krouse	1981	미성취 아동-오랜 기간에 걸쳐 꾸준하게 정규학급 상황에서의 수행보다 학업적 적성 또는 지능의 측정에서 높은 수준의 수행을 보이는 학생
Supplee	1990	높은 학업능력-IQ 점수나 성취검사를 통해 8 또는 9 스테나인 점수로 평가 낮은 학업능력-IQ 점수보다 적어도 2 스테나인 낮은 성취검사점수 또는 교사의 평정, 또는 IQ나 성취검사에 근거하여 기대되는 성취보다 두드러진 불일치를 보여 주는 학교 성적(평점)에 따라 입증

수 있는 것이다. 반대로 이 학생의 '실제' IQ점수가 124보다 낮거나 134보다 높을 수 있다는 10%의 우연이 존재한다. 이러한 측정오차 때문에 심리학자들은 학생의 처음 검사에서의 '진(true)' 점수가 100% 정확하다는 결정을 내릴 수 없다. 또 다른 관련 측정에서 학생의 기대 점수를 예측하기 위하여 처음의 진 점수를 추정하여 사용하는 것은 이러한 측정의 부정확성을 뒤섞이게 한다. 예를 들어, 평균에 대한 통계적 회귀는 두 가지의 적성 또는 성취 측정의 비교를 더욱 어렵게 만드는 것이다. 한 사람이 한 검사 상황에서 검

표 13-3 예측된 성취 대 실제 성취를 강조하는 영재 미성취 정의

저자	연도	핵심 개념
Gallagher	1991	"실제 성취점수가 예측된 성취점수보다 상당히 낮다면, 학생은 미성취 아동으로 분류될 수 있다."(p. 223)
Lupart & Pyryt	1996	1. IQ와 성취 사이의 상관으로 결정한다. 2. 표준오차를 사용한 각 학생의 성취와 비교하여 기대되는 IQ를 추정한다. 3. 추정에서 1 표준오차 이상의 불일치를 보이는 사람은 미성취 아동일 가능성이 있다고 간주한다.
Redding	1990	"미성취는 WISC-R IQ 점수를 근거로 예측된 GPA가 사용된 회귀 절차에 기초한, 실제 GPA와 예언된 GPA 사이의 불일치"(p. 7)
Thorndike	1963	미성취는 같은 연령, 같은 IQ, 같은 유형의 가정 배경을 가진 학생집단이 학교에서 받는 점수가 매우 다를 것이라는 사실과 관련되어 있다.

사 연속선상의 하나의 극단에 있는 점수를 획득했다면, 다음 검사 상황에서는 평균에 보다 더 가까워지는 것처럼 보인다. 그러므로 미성취를 조작적으로 정의하기 위해 불일치를 사용하는 것은 높은 성취 수준을 가진 학생의 미성취를 과대 판별하고, 낮은 성취 수준을 가진 학생을 과소 판별할 것이다(Frick et al., 1991). Thorndike(1963)는 교육 전문가와 심리학자에게 측정오차에서 발생하는 것을 설명하기 위해 시간과 노력을 낭비하지 말라고 충고하였다.

준거의 이질성

준거의 이질성은 적성 또는 성취의 준거점수가 특성과 의미를 변화시키는 정도다(Raph, Goldberg, & Passow, 1966, pp. 11-12). 만약 준거가 성적(평점)으로 정의된 학업성취라면, 내용과 표현(presentation)의 타당도 때문에 교과(과목) 간 혹은 심지어 학생들 간의 비교가 불가능하다. 3학년 수학에서 받은 A학점과 상급 미적분학에서 받은 A학점을 동일하게 취급하는 것은 잘

표 13-4		잠재력의 발달을 강조하는 영재 미성취의 정의
저 자	연 구	핵심 개념
Richert	1991	"1. 영재학생들 사이의 성취-영재성의 네 가지 양상의 발달: 능력, 창의성, 생산적인 수행, 동기, 정서, 가치 2. 영재학생 사이의 미성취-영재성 발현에 필요한 네 가지 영역 중 어느 것에서도 미성취" (p.142)
Rimm	1997a	"만약 학생이 학교에서 그들의 능력만큼 수행하지 못한다면 미성취다." (p. 18)

못된 일이다. 사실 다양한 교사들의 교육과정의 강조점, 성적 산출 방침, 검사 절차에서의 차이점 때문에 같은 교육과정(course)이라 할지라도 학점을 비교하는 것은 불가능하다.

표준화 성취검사 점수의 사용은 준거 변수에서 다소 많은 이질성이 발생한다. 이러한 가변성 중 일부는 준거의 측정오차로 설명된다. IQ 점수를 반드시 신뢰할 수 없는 것처럼, 표준화 성취검사 점수 또한 내용 표집(content sampling), 시간 표집, 그리고 다른 문제들(issues) 때문에 측정오차가 발생한다. 더욱이 학교가 선택한 교육과정과 학생 학업성취를 사정하기 위하여 사용하는 표준화 검사 내용은 대개 불일치한다.

다음의 두 가지 방법은 준거 변수의 이질성을 감소시킬 수 있다(Raph et al, 1966). 첫 번째 방법은 준거 이질성의 효과를 약화시키기 위하여 피험자를 대규모 무선 표집하는 것이다. 두 번째 방법은 '준거점수의 중요한 결정 요소로 생각되는 변수에 관해서는 동질적인' 피험자 표본을 사용하는 것이다. 두 방법 모두 학교 관련(school-based) 연구에서 논리적이거나 실제적이지 못한 것처럼 보인다.

예언 변인의 제한된 범위

Thorndike(1963)는 다음과 같이 설명한다.

사회적 · 정서적 문제, 미성취, 상담

모든 행동은 복잡하게 결정된다. 하나의 예언 변인(predictor)이 행동 결과에 대한 모든 결정 요인을 포함할 수는 없다. 학업적성(scholastic aptitude)은 사실상 이후 학업성취와 상관이 있으며, 결론적으로 예언의 정확성을 증진시켜 주기 때문에, 사람들은 학업적성의 측정에 몰두하는 경향이 있다. 그러나 심리학적 직관이나 통계학적 증거는 학업 적성검사가 학업성취의 모든 중요한 결정 요인을 측정한다고 믿을 수 있는 근거를 제공하지는 않는다.(p. 5)

IQ 점수와 측정된 GPA(평점평균)의 상관관계는 약 .5다(Neisser et al., 1996). 지능검사 점수와 학교 성적(평점) 평균 사이의 중간 정도의 상관은 IQ 점수가 학교 평점(성적)과 IQ 점수 간의 변량의 단지 25%만을 설명하며, IQ 점수로 설명되지 않는 학업성취검사 점수의 변량이 75% 남아 있다는 것을 뜻한다. 최근 연구들(Anderson & Keith, 1997)은 능력과 학업성취 측정 사이에 .67 정도의 높은 상관이 있다고 보고한다. 그러나 능력검사와 평점(성적) 사이에 .70 정도의 높은 상관이 있다 할지라도, 두 측정 사이의 단지 49%의 변량만을 설명하며, 능력으로 설명되지 않는 평점(성적)의 변량이 약 50% 이상 남아 있다. 분명히 동기, 성격 특성, 가정환경, 학교 환경, 그리고 또래 압력과 같은 능력 이상의 다른 요인들은 성취에 영향을 미친다. 이러한 요인들의 결합이 능력이라는 하나의 요인보다는 성취의 더 많은 변량을 설명할 수 있다.

다양한 경험의 영향

환경적인 요인과 사건들은 학생의 성취에 중요한 영향을 미친다. 극단적인 예를 생각해 보자. 오랫동안 몸이 아픈 학생이 비슷한 능력의 건강한 급우보다 표준화 성취검사나 기말고사에서 유의미하게 낮은 점수를 획득했다면 전혀 놀랄 만한 일이 아니다. 그러나 학교 인사(학교 관련자)나 학부모에게는 분명해 보이지 않는 다른 중재된 환경적 영향과 경험 또한 성취에 영향을 미친다. 예를 들면, 임상적으로 우울하거나 정서적인 문제 혹은 약물 관련 문제를 지닌 학생의 경우, 갑작스러운 성적(평점) 하락을 경험할 수도 있다. 이러한 요인들을 잘 파악하는 것은 미성취 학생에 대한 교사와 학부모의 인식을 바꿀 수 있다. 또한 학생의 가족, 학교, 지역사회 환경 또는 또래의 영향 역시 학생의 성취 수준에 영향을 줄 수 있다.

미성취 정의의 활용

만약 적성 측정과 성취 측정 사이의 약간의 편차가 정규적이라면, 점수의 정상적인 변이와 원인을 나타내는 불일치(차이)를 어떻게 구별할 수 있을까? 앞서 언급한 것처럼, 미성취에 대한 대부분의 정의는 능력과 학업성취 그리고 수행 사이의 불일치를 포함한다. 〈표 13-4〉(Mather & Udall, 1985; Redding, 1990)에 있는 몇 가지 정의는 제한적인 조작적 정의다. 그 밖의 다른 정의(Butler-Por, 1987; Ford, 1996; Rimm, 1997a)는 보다 광범위하고 포괄적이다. 미성취를 조작적으로 정의하는 것은 연구자와 독자에게 연구 표집의 구성에 대하여 분명하게 서술하며, 다른 연구결과들과의 비교를 가능하게 해 준다. 조작적 정의가 명료성을 제공해 준다고는 해도, 정확함의 탐색에서 유연성과 포괄성을 희생시킨다. 조작적 정의는 연속 변수(학업수행)를 범주화한다. 그것으로 성취와 미성취 사이의 임의의 절단점(cut-off point)이 만들어진다. Ford는 미성취를 정의하고 판별하기 위하여 보다 총제적인 접근을 사용할 것을 주장했다. "미성취에 대한 광범위하고 포괄적인 정의는 미성취가 단일한 검사도구로 평가될 수 없는 다면적인(다차원적인) 구인(construct)이라는 견해를 지지한다."(Ford, 1996, p. 54)

엄격하게 학업적 성공 혹은 실패에 근거하여 미성취를 정의하는 것은 제한적일 수 있다. 만약 어떤 학생이 세계 종교에 관한 책을 읽거나 지역 병원에서 자원봉사를 하면서 자유시간을 보내고 일상적인 과제에 게을리 한다면, 이것은 미성취를 나타내는 것인가, 아니면 시간을 유용하게 사용하는 개

사회적 · 정서적 문제, 미성취, 상담

인적 결정을 나타내는가? 이 학생은 겉보기에 무의미한 과제를 수행하는 데 시간을 소비하거나 노력을 기울이지 않기 위해서 의도적으로 결정할 수도 있으며, 또 보다 자아 실현적인 활동을 계획적으로 선택할 수도 있다. Schweitzgebel(1965)은 "미성취 학생은 느린(slower) 학습자와 대조적으로 실제로 빠르고 능숙하게 학습할 수도 있지만, 그들이 학습한 것이 시험의 내용과 일치하지 않을 수 있다."(p. 486)라고 말했다.

미성취의 출현은 학생과 교육과정 사이의 잘못된 결합을 보여 주기도 한다. 최근에 Reis(1998)는 학교에서 도전받지 못하는 영재학생은 지적 수준 이하에 있는 과제를 하지 않아도 될 때, 실제로 성실과 용기를 보여 줄 수 있다고 언급했다. 이런 현상을 'dropping out with dignity(틀에 박힌 교육과정에서의 낙오)'라고 이름 붙이면서, 그녀는 일부 학생들에게 부적절하고 동기화되지 못한 교육과정의 직접적인 결과로 미성취가 나타날 수 있다고 추론했다. 최근 연구(Reis, Hébert, Diaz, Maxfield, & Rately, 1995)는 지루함이 미성취에 영향을 미친다는 증거를 제공한다. 고등학교에서 성취 또는 미성취인 영재학생을 대상으로 수행한 4년간의 종단 연구의 결과는 초등학교와 중학교의 지루한 정규 교육과정이 종종 고등학교에서의 미성취에 영향을 미친다는 사실을 보여 준다. 교사가 학생이 몇 년 일찍 숙달한 내용과 개념들을 포함하는 과제를 수행하기를 기대할 때, 고능력 학생은 동기화되기 어렵다. 동기화되기 어려운 학생은 종종 미성취 아동으로 분류된다. Whitmore(1986)는 "대부분 학교 참여나 학업적으로 우수해지기 위한 노력에 대해 동기가 부족한 영재학생의 문제점은 아동의 성격(특성)과 학급에 제공되는 기회들 간의 부조화의 산물"(p. 67)이라고 말한다.

끝으로, 몇몇 원리의 철학적 논쟁은 미성취의 전반적인 개념을 포함하고 있다. 누가 성취에 대해, 성취한다는 것의 가치에 대해 의사결정을 해야 하는가? 학생을 미성취 아동으로 분류하는 것은 성취에 대한 가치판단을 필요로 한다. 어떤 교사는 새로운 비디오 게임을 습득하는 것보다 『허클베리핀(Huckleberry Finn)』을 읽는 것이 더 가치 있다고 믿을 수 있지만, 아동은 그렇게 믿지 않을 수도 있다. 이런 행위는 성인과 아동 간의 가치 갈등을 보여 준다(Whitmore, 1986).

사람들은 몇 살 때 자신의 운명에 대한 통제력을 가지며, 우선 사항이나 목적을 고려하여 의사결정을 하는가? 끝으로 성인은 영재학생에게 높은 기대를 가지는가? 또는 이것이 인류에 대해 우월적이고 공리주의적인 견해를 나타내는가? 이러한 질문에 대한 어떤 대답들은 미성취가 존재하지 않는다거나, 아니면 미성취가 성인들이 치료해야 하는 문제가 아니라는 결론을 이끌어 내기도 한다. 이 논문의 나머지 부분은 미성취가 존재하며, 주목하고 연구할 만한 가치가 있다는 것을 가정한다. 그러나 연구자들은 이러한 가장 기본적인 개념조차도 가치판단과 논쟁을 불러일으킬 수 있다는 사실을 알고 있다.

미성취 영재에 대한 정의들은 일치되지 않으며 때로는 상반되는 경우도 있다. 용어는 의사소통을 촉진한다. 공통적인 용어 없이, 전문가들이 동일한 구인(construct)에 대하여 논의한다는 것은 가정할 수 없다. 이 분야에 존재하는 무수히 많은 미성취에 대한 정의를 분명히 하는 것은 전문가와 학자가 보다 효과적으로 이러한 현상에 대하여 의사소통하고 연구할 수 있게 해 줄 것이다.

미성취 아동의 판별

미성취 영재에 대한 판별은 미성취와 영재성 두 가지 정의에 달려 있으므로, 판별 준거에 대한 논의는 복잡하다. 한 가지 사실은 분명해 보인다. 판별의 절차는 영재 미성취의 정의로부터 직접적이고 논리적으로 도출되어야 한다. 그러나 능력(ability)과 표준화 성취검사로 측정된 성취 사이의 불일치를 찾아냄으로써 영재학생의 미성취를 판별하는 것은 이러한 모집단을 과소 판별(underidentification)로 이르게 할 수 있다. 그리고 낮은 성적(평점)을

사회적 · 정서적 문제, 미성취, 상담

받은 똑똑한 학생은 표준화 성취검사 상황에 숙달되어 있다는 것을 증명해 보이기도 한다(Colangelo, Kerr, Christensen, & Maxey, 1993; Lupart & Pyryt, 1996). 그리하여 미성취를 정의하고, 판별하고, 마침내 미성취를 변화시키는 체제는 학습수행이 표준화 검사 수행보다 유의미하게 낮은 학생들을 포함해야 한다.

더 광범위하고 보다 포괄적인 정의 중 하나를 사용하여 미성취 아동을 정의하는 것도 어려운 일이다. Rimm(1997a)은 "학생이 자신의 능력을 발휘하지 못한다면, 미성취를 겪고 있는 것이다."(p. 18)라고 믿는다. 이러한 정의는 학교에서 꾸준한 노력을 하지 않고도 높은 성적(평점)을 받는 대부분의 영재학생을 포함할 수 있다. 심지어 Rimm의 정의는 거의 모든 학생을 포함한다고 말할 수도 있다. 그러나 이러한 생각은 개념적으로 옳을 수 있지만, 전 과목에서 A를 받은 학생과 실패의 위험에 빠진 학생 사이에 차이가 없다는 정의는 실천가들에게 거의 비실용적일 수 있다. 바꾸어 말하면, 너무 협소한 정의를 사용하면 제2종 오류가 증가할 수 있어서 실제 발생한 영재학생의 미성취를 판별하는 데 실패할 수 있다. 반대로, 너무 광범위한 정의의 사용은 제1종 오류를 발생시켜서 미성취 학생의 과대 판별을 야기할 수 있다.

미성취 영재아동을 판별하는 준거는 능력과 성취 사이에서 관찰할 수 있는 한 불일치를 결정하기 위한 방법을 포함해야 한다. 많은 전문가들은 판별 절차에 시간적인 차원을 추가한다(Mandel & Marcus, 1995). 학생이 최소한 1년 동안 낮은 수행을 보이지 않는다면, 미성취 아동으로 분류되지 않을 수도 있다. 장기적으로 미성취 문제가 나타나지 않아도 학생은 단기적인 지연을 경험하기도 한다. 그러나 학생의 수행이 단기간을 넘어 크게 떨어질 때마다, 교사나 상담자는 관심을 가져야 한다.

몇몇 전문가들은 미성취 아동을 판별할 때 연령과 수행의 불일치를 측정하려고 한다(Mandel & Marcus, 1995). 바꾸어 말하면, 적어도 한 가지 중요한 주요 과목(주 전공 분야)에서 최소 1년 동안 학년 수준 이하로 수행한 것이 아니라면 학생을 미성취 아동으로 판별하지 않을 수도 있다. 이것이 일반학교 모집단에서 미성취 아동을 판별하는 적절한 방법일 수 있지만, 이러한 연령과 수행의 불일치는 가장 심하게 미성취를 보이는 영재학생을 판별하는 유일한 방법이다. 일부 주요 과목, 특히 학생이 영재로 판별된 영역에서 학년 수준보다 높은 영재학생의 수행을 기대할 수 있다. 영재학생이 그러한 내용 영역에서 단지 학년 수준 정도의 수행을 보일 때, 그것이 정당화되는 원인이 있을 수 있다. 미성취 영재를 판별하기 위해 이러한 판별방법을 사용하는 것은 과소 판별의 문제를 일으킬 수 있다.

Rimm, Cornale, Manos 및 Behrend(1989)는 있을 법한 미성취를 선별 (screen)하기 위해 종단적 검사 자료의 사용을 제안했다. 이 방법은 아동이 동일한 규준 집단과 반복적으로 비교될 때 아동 성취의 특성에 대해 많은 통찰을 제공할 수도 있다. 원점수에서 3년 동안 하락을 보여 온 IQ 검사점수, 성취 백분위 점수, 또는 성적(평점)은 미성취 문제를 보여 주는 유력한 지표다. 그러나 미성취 영재를 분류하기 위해 이런 상투적인 방법을 사용하는 것은 미성취 유형을 보이는 많은 학생을 과소평가할 수 있다. 종종 표준화 검사는 낮은 상한선(최고점, 천장)을 가지므로, 영재학생이 검사도구의 최고점을 획득했을 때, 만약 최고점이 높아졌다면 학생이 얼마나 더 높은 수행을 보여 주었을지는 알 수 없다. 그러므로 영재학생의 수행이 시간이 지남에 따라 감소할지라도, 여전히 규준 집단의 최상위에 있는 것처럼 보인다. 즉, "검사가 정확하게 판별하지 못하기 때문에 검사는 감소를 보여 주지 못한다."(Rimm et al., 1989, p. 62)

연구자는 불충분하지만 미성취 영재뿐만 아니라 일반적인 미성취 아동을 정의하고 판별하는 데 활용 가능한 조작적 정의를 제안한다. 미성취 아동(표준화 성취검사 점수 또는 인지적 혹은 지적 능력 평가로 측정된)은 기대되는 성취(학급 성적(평점)과 교사의 평가로 측정된)와 실제 성취 사이의 명확한 불일치를 보여 주는 학생이다. 미성취 아동으로 분류되기 위해서는, 기대와 실제 성취 사이의 불일치가 진단된 학습장애의 직접적인 결과가 아니어야 하며 오랜 기간에 걸쳐 나타나야 한다. 미성취 영재아는 기대되는 성취의 측

사회적 · 정서적 문제, 미성취, 상담

정(표준화 성취검사 점수 또는 인지적 지적 능력 평가)에서 우수한 점수를 보여주는 미성취 아동이다. 이상적으로 연구자는 예언 변인과 준거 변인 모두를 표준화하려고 하며, 실제 성취가 기대되는 성취 수준보다 적어도 1 표준편차 아래에 있는 학생을 미성취 아동으로 판별하고자 한다. 실제로 학업성적(평점)의 표준화는 실행할 수도 없고 또 의미가 없을 수도 있다.

미성취 영재아동의 특성

미성취 영재아동을 설명하기 위해 중요한 심리학적 구인들을 정의하려는 시도는 사실상 불가능하다. 미성취 아동들은 다양한 모집단이며, '일반적인 성격 특성들'로 가정되고 연구될 수 있는 그들의 특성에 대한 목록이나 설명은 무수히 많다. 많은 연구자들에게서 인용한 미성취 영재아동의 특성 영역(범위)은 정리해 놓은 〈표 13-5〉와 같다. 미성취 영재아동의 가정된 특성을 종합하는 것은 거의 불가능한 과제이며, 그러한 목록의 활용에 관해서 논리적인 문제들이 있다. 미성취 영재아동에게는 공통적인 성격 특성이 있는데, 이러한 특성을 보이지 않는 많은 영재학생들이 있다. 또한 미성취가 아닌 학생이 이러한 특성 중 한 가지 또는 몇 가지를 나타내기도 한다. 종종 일반적인 성격 특성 목록은 다른 것을 부정한다. 심지어 미성취 영재학생의 일반적인 특성에 관한 연구는 종종 불일치를 보인다. 예를 들어, 낮은 자아개념은 미성취 영재학생의 가장 보편적인 특성 중 하나다(Belcastro, 1985; Bricklin & Bricklin, 1967; Bruns, 1992, Clark, 1988; Diaz, 1998; Fine & Pitts, 1980; Fink, 1965; Ford, 1996; Kanoy, Johnson, & Kanoy, 1980; Schunk, 1998; Sipplee, 1990; Van Boxtel & Mönks, 1992; Whitmore, 1980). 하지만 몇몇 연구들은 미성취 아동이 다른 분야에서 성취할 때 낮은 자아개념을 나타내지 않았다는 것을 발견하였다(Holland, 1998). Emerick(1992)은 미성취 영재 분야의 연구를 재검토한 후, "미성취 영재아동에 대한 기술은 복잡하고 종종 상반되며, 그리고 확정적이지 않다."(p. 140)라는 것을 알 수 있었다. 흥미롭게도, 몇몇 최근 연구는 미성취 영재학생이 성취 영재학생보다 미성취 아동과 더 많은 공통적인 특성을 공유한다는 것을 보여 준다(Dowdall & Colangelo, 1982; McCall, Evahn, & Kratzer, 1992).

몇몇 연구자(Heacox, 1991; Mandel & Marcus, 1988, 1995; Rimm, 1995; Schneider, 1998)는 서로 다른 미성취 아동의 유형에 대한 프로파일을 만들었다. 이러한 패러다임 중 세 가지가 〈표 13-6〉에 비교·대조되어 있다. 미성취 유형에 대한 세 연구자의 개념은 상당하게 겹치는 부분이 있기는 하나, 각 연구자들은 다른 연구자가 언급하지 않은 한 가지 이상의 미성취 아동의 유형에 대해 설명하고 있다. 실제로 단지 세 가지 유형들, '불안한 미성취 영재아' '반항적인 미성취 영재아' '자기만족적이고 타성적인 미성취 영재아'는 세 연구자의 인지 구조에서 거의 일치한다. 이러한 프로파일은 교육 전문가에게 만나게 될 다양한 미성취 아동에 대한 편리한 범주를 제공하기는 하지만, '전형적인' 미성취 아동에 대한 일관성 있는 프로파일을 만드는 데 어려움을 주기도 한다. 더욱이 Rimm(1995)은 임상 연습에서 다른 학생들의 다양성을 반영하기 위하여 미성취 아동 프로파일을 개발하였다. 그러나 형식적, 임상적 상담을 받는 미성취 아동이 전체 미성취 아동 모집단을 대표할 필요는 없다. 끝으로 세 연구자가 개발한 미성취 아동의 전형적인 범주 사이에서 나타나는 차이점들은 목록에 있는 어떤 것도 결정적이거나 불변적이지 않다는 것을 보여 준다.

가족 역동

미성취 영재학생의 가족 특성에 대한 연구에 따르면, 특정한 유형의 가정 환경은 학생의 미성취 형태의 발달과 관련이 있다고 한다(Baker, Bridger, & Evans, 1998; Brown, Mounts, Lamborn, & Steinberg, 1993; Rimm & Lowe,

사회적·정서적 문제, 미성취, 상담

1988; Zilli, 1971). 미성취 아동의 가족은 긍정적 감정(정서)을 좀 더 적게 나타내는 경향이 있다(Mandel & Marcus, 1988). 성취에 대한 부모의 강조는 좀 더 높은 학업성취를 고취시키는 경향이 있는 반면(Brown et al., 1993), 미성취 아동의 부모는 교육에 대해 무관심한 태도를 나타내기도 한다(Jeon & Feldhusen, 1993).

Rimm(1995)은 아동의 성취와 미성취 행동의 발달에서 양육 태도와 부모가 미치는 영향의 중요성을 강조하고, 미성취 아동의 가정에는 종종 비일관된 양육 기술이 있었다는 것을 알아냈다(Rimm & Lowe, 1988). 그리고 부모가 자녀를 훈육할 때 종종 서로 대립한다는 사실을 발견하였다. "95%의 가족이, 한 부모는 도전하고 훈육하는 부모의 역할을 하며, 다른 한 부모는 보호자(protector)의 역할을 하였다. 도전자는 점점 권위주의자가 되어 가고 보호자는 점점 보호(방어)적으로 되어 가는 것처럼, 부모 사이에서도 대립이 점차 증가하였다." (p. 335) Rimm과 Lowe는 양육 접근법에서 일관성을 유지하는 것이 특별한 양육 태도보다 중요하다는 결론을 내렸다.

높은 성취 학생의 부모는 낮은 성취 학생의 부모보다는 자주 권위 있는 양육 태도를 사용하는 것 같다(Taylor, 1994). 미성취 아동의 부모는 종종 지나치게 관대하거나 지나치게 엄격하다(Pendarvis, Howley, & Howley, 1990; Weiner, 1992). 이와 대조적으로 미성취 학생의 가족은 더욱 엄격하고 처벌 지향적인 경향을 나타내기도 한다(Clark, 1983). 그리고 너무 어린 나이의 아동들에게 성인의 지위를 부여함으로써(성인처럼 행동하기를 기대함으로써) 미성취의 발달에 영향을 주기도 한다(Fine & Pitts, 1980; Rimm & Lowe, 1988). 높은 성취 아동의 부모는 종종 성취 지향적 행동의 역할모델을 제공한다(Rimm & Lowe, 1988; Zilli, 1971). 대조적으로 미성취 영재아동의 부모는 말로는 성취의 가치를 지지하지만, 실패나 실행 부족의 특성을 나타내는 생활을 하기도 한다(Rimm & Lowe, 1988). 게다가 높은 성취 학생의 가족은 낮은 성취 학생의 가족보다는 자기 동기화, 환경적 중재, 자율성을 장려한다(Taylor, 1994). 미성취 학생은 자신의 부모와 동일하게 취급되는 것을 원하

표 13-5 미성취 영재아동의 일반적인 특성

미성취 영재아동의 특성	인 용
성격 특성	
1. 낮은 자아존중감, 낮은 자아개념, 낮은 자기효능감	Belcastro, 1985; Bricklin & Bricklin, 1967; Bruns, 1992; Clark, 1988; Diaz, 1998; Dowdall & Colangelo, 1982; Fine & Pitts, 1980; Fink, 1965; Ford, 1996; Kanoy, Johnson, & Kanoy, 1980; Schunk, 1998; Supplee, 1990; Van Boxtel & Mönks, 1992; Whitmore, 1980
2. 소외되고 내향적(탓하거나 철회), 의심이 많고 비관적	Delisle, 1982; Fink, 1965; Ford, 1996; Mandel & Marcus, 1988, 1995; Van Boxtel & Mönks, 1992; Whitmore, 1980
3. 불안, 충동적, 부주의, 과잉행동, 주의산만, ADD나 ADHD 증상을 보일 수 있음	Bruns, 1992; Clark, 1998; Diaz, 1998; Frick et al., 1991; Mandel & Marcus, 1988; Redding, 1990; Rimm, 1995; Whitmore, 1980
4. 공격적, 적대적, 화를 잘 냄, 과민함	Butler-Por, 1987; Diaz, 1998; Mandel & Marcus, 1988; Whitmore, 1980
5. 우울	Mandel & Marcus, 1988; Rimm, 1995
6. 수동적-공격적 특성	Bricklin & Bricklin, 1967; Bruns, 1992; Dowdall & Colangelo, 1982; Fine & Pitts, 1980; Khatena, 1982; Pendarvis, Howley, & Howley, 1990; Weiner, 1992
7. 학업 지향적이기보다 사회 지향적임 사교적으로 보임 느긋하고, 사려 깊고, 겸손하게 보임	Mandel & Marcus, 1988; Rimm, 1995; Van Boxtel & Mönks, 1992; Whitmore, 1986
8. 의존적, 높은 성취 아동보다 융통성 부족	Bruns, 1992; Rimm, 1995, 1997b
9. 사회적으로 미성숙	Clark, 1988; Dowdall & Colangelo, 1982; Fink, 1965; Weiner, 1992; Whitmore, 1980; Wolfle, 1991
내적 중재인	
10. 실패에 대한 두려움, 미성취 영재아동은 자아상과 능력을 방어하기 위하여 경쟁 또는 도전적인 상황을 회피할 수 있음	Bricklin & Bricklin, 1967; Butler-Por, 1987; Diaz, 1998; Gallagher, 1991; Laffoon, Jenkins-Friedman, & Tollefson, 1989; McNabb, 1997; Rimm, 1995, 1997a, Richert, 1991; Weiner, 1992
11. 성공에 대한 두려움	Bricklin & Bricklin, 1967; Butler-Por, 1987; Ford, 1996; Weiner, 1992; Whitmore, 1986

표 13-5 (이어서)

미성취 영재아동의 특성	인 용
12. 성공이나 실패의 원인을 외부의 힘으로 돌림, 외재적 통제 소재를 나타내며, 성공은 운으로 실패는 능력 부족으로 귀인, 불일치(갈등)와 문제를 외적으로 귀인	Butler-Por, 1987; Clark, 1988; Ford, 1996; Gallagher, 1991; Kanoy et al., 1980; Weiner, 1992; Whitmore, 1980
13. 학교에 대한 부정적 태도	Bruns, 1992; Clark, 1988; Colangelo, Kerr, Christensen, & Maxey, 1993; Diaz, 1998; Ford, 1996; Frankel, 1965; Lupart & Pyryt, 1996; McCall et al., 1992; Rimm, 1995
14. 반사회적 또는 반체제적	Bricklin & Bricklin, 1967; Clark, 1988; Dowdall & Colangelo, 1982; Emerick, 1992; Mandel & Marcus, 1988; Richert, 1991; Rimm, 1995; Whitmore, 1980
15. 자기비판적 또는 완벽주의적, 타인의 기대에 미치지 못하는 삶에 대해 죄의식을 느낌	Bricklin & Bricklin, 1967; Bruns, 1992; Diaz, 1998; Weiner, 1992

차별화된 사고기술/양식

16. 세심하거나 수렴적인 사고를 필요로 하는 과제를 잘 수행하지 못함	Redding, 1990
17. 숫자 반복, 문장 반복, 부호화, 단순 계산, 철자 쓰기와 같은 반복되는 과제에 낮은 점수를 받음	Silverman, 1993
18. 통찰력과 비판적 능력의 부족	Fink, 1965

부적합한 전략

19. 목표 지향적 행동의 부족, 자신을 위한 현실적 목표에 실패	Clark, 1988; Emerick, 1992; Van Boxtel & Mönks, 1992; Weiner, 1992
20. 적응(대처) 기술의 부족, 단기간의 스트레스는 성공적으로 감소시키나, 장기간의 성공을 억제하는 적응(대처) 기제를 발달시킴	Gallagher, 1991
21. 자기조절 전략의 부족, 실패에 대한 참을성 부족, 인내 부족, 자기통제의 부족	Baum, Renzulli, & Hébert, 1994, 1995a; Bricklin & Bricklin, 1967; Burns, 1992; Diaz, 1998

표 13-5 (이어서)

미성취 영재아동의 특성	인 용
22. 방어기제 사용	Bricklin & Bricklin, 1967; Mandel & Marcus, 1988; Rimm, 1995; Van Boxtel & Mönks, 1992

긍정적 귀인

23. 자기가 선택한 과제에 굉장한 관심과 헌신	Baum, Renzulli, & Hébert, 1994, 1995a; Reis, 1998; Weiner, 1992
24. 창의적임	Ford, 1996
25. 도전적이지 못한 교육과정 (coursework)을 거부하는 데 정직하고 성실함을 보임	Reis, 1998

지 않는다(Clark, 1983; Weiner, 1992). Fine과 Pitts는 미성취 아동의 가정에서 더 많은 갈등이 발생한다고 생각했으며, 최근 연구(Reis, Hébert, Diaz, Maxfield, & Ratley, 1995)는 이러한 견해를 뒷받침한다. 도시에 거주하는 미성취 아동에 대한 최근의 연구를 보면, 미성취 영재아동의 생활을 특징짓는 가족 역기능은 성취 아동의 행복한 가정생활과 대조를 이룬다(Reis et al., 1995). 사례연구 보고서들을 보면, 가족 갈등과 미성취의 인과관계를 설정할 수 없다. 가족의 갈등 때문에 학생의 미성취가 발생되는가? 아동의 미성취는 가족 안에서 문제를 발생시키는가? 아니면 미성취 아동과 가족 사이의 역동적인 상호작용이 존재하는가?

미성취 아동의 가족과 성취 아동의 가족을 비교한 또 다른 연구에서는, "미성취 영재학생의 가족들이 성취 영재학생의 가족보다 더 자주 역기능적으로 분류되지는 않았다." (Green, Fine, & Tollefson, 1988, p. 271) 그러나 역기능적인 성취 아동의 가족은 역기능적인 미성취 아동의 가족보다는 가족생활에 더욱 만족하였다. 가족의 불화는 아동의 미성취의 원인이라기보다는 그 결과일 것이다.

표 13-6 미성취 아동에 대한 설명

Heacox(1991)	Rimm(1995)	Mandel & Marcus(1995)	공통 특성
I. 다른 연구자들이 설명하는 미성취 유형과 적어도 한 가지는 비슷한 미성취 유형			
반항자	"반항적인 레베카" 독단적 비순응자	반항적인 미성취 아동	분열이며 태만하기도 함 적대적이고 과민하며 변덕스러움
순응자	"사교적인 샐리, 속임수에 능한 잭, 역동적인 딕" 독단적 순응자		또래 압력에 굴복하기도 하며 '바보' 라 분류되기를 원치 않음
강요된 학습자	"완벽주의자 펄" 의존적 순응자 "우울한 도나" 의존적 비순응자	불안한 미성취 아동 슬프고 우울한 미성취 아동	불안, 완벽주의, 실패에 대한 두려움 슬프고 우울하고 낮은 자아존중감
희생자	"서투른 폴리" 의존적 순응자 "창의적인 크리스" 독단적 비순응자	정체성을 찾는 미성취 아동	책임지기를 꺼림, 성인에 의존 순응하는 것을 원치 않음
주의산만한 학습자	"소란스러운 토미" 독단적 순응자 /비순응자		학교 관련자들에게 알려지지 않은 개인적인 이유로 스트레스와 불안을 경험
	"교활한 메리" 독단적 순응자	책략가인 미성취 아동	교활함, 사회 집단을 강조, 그러나 우정 은 변하기 쉬움, 자신감이 없거나 낮은 자아개념을 가질 수도 있음
자기만족적인 학습자	"수동적인 폴" 의존적 순응자	타성적인 미성취 아동	꾸물거림, 과제를 하다가 쉽게 산만해 짐, 과제에 무관심해 보임
II. 다른 연구자들이 설명하는 미성취 유형과 비슷하지 않은 미성취 유형			
단일한 측면에서 성취자			한 영역에서는 성취, 다른 영역에서는 미성취를 보임
	"과잉행동적인 해리" 독단적 비순응자		부주의하고 충동적이며 비일관적임
권태로운 학습자			더욱 도전적인 활동을 요구, 실패에 대한 두려움

표 13-6 (이어서)

Heacox(1991)	Rimm(1995)	Mandel & Marcus(1995)	공통 특성
애쓰는 학습자			적절한 공부기술을 학습하지 않은 똑똑한 학생 지능의 감퇴로 성공에 대한 부족을 인식

또래의 영향

또래 역시 청소년의 성취와 미성취에 영향을 줄 수 있다. 또래 관계는 청소년의 행동에 영향을 미친다(Brown, 1982; Clasen & Brown, 1985). Reis, Hébert, Diaz, Maxfield 및 Ratley(1995)는 고성취의 또래는 고등학교에서 미성취가 시작된 영재학생에게 긍정적인 영향을 끼친다. 긍정적인 또래 상호작용은 일부 학생의 미성취를 변화시키는 데 도움을 준다. 마찬가지로 부정적인 또래 태도는 종종 미성취의 원인이 될 수 있다(Clasen & Clasen, 1995; Weiner, 1992). 미성취 학생은 종종 자신의 성취를 방해하는 가장 강력한 요인이 또래의 영향이라고 한다(Clasen & Clasen, 1995). "66%의 학생들은 좋은 성적(평점)을 얻는 것을 방해하는 가장 중요한 영향력으로 또래 압력 또는 친구들을 포함한 다른 아동들의 태도를 들었다."(pp. 68-69)

NELS 연구   학습에 대한 관심을 지닌 친구를 둔 학생은 교육적으로 흥미나 관심이 적은 친구를 둔 학생보다 교육 결과가 더욱 우수하다는 것이 88개의 자료에 나타났다(Chen, 1977). 학생의 학교 적응에 또래가 미치는 효과에 대한 최근 연구에서는 한 학년도 가을 (학기)과 봄 (학기) 동안의 성적(평점)과 행동을 측정하였다. Berndt는 학생이 학년 초보다 학년 말에 더욱 자신의 친구와 비슷해진다는 것을 알았다. 만약 친구가 가을 (학기)에 더 낮은 성적(평점)을 받았다면, 학생의 성적은 가을 (학기)과 봄 (학기) 사이에 떨어졌다. '비슷한 성격을 가진 친구를 선택함으로써 서로 이미 비슷하기' 때문에 (Berndt, p. 18) 이러한 결과가 인과성을 뜻하지는 않는다. 그러나 이러한 결과는 학생의 성취와 또래 집단 친구 사이에 상관이 있다는 견해를 지지한다.

문화적 다양성을 지닌 미성취 아동

영재학생의 미성취에 대한 구인은 문화에 따라 다르다. 공교롭게도, 특히 문화적 다양성을 지닌 미성취 아동에 초점을 둔 연구는 거의 없다(Ford, 1996; Reis, Hérbert, Diaz, Maxifield, & Ratley, 1995). 문화적으로 다양한 학생들은 몇 가지 이유로 성취를 가로막는 독특한 장벽에 직면한다. 영재 프로그램에 참여하는 소수 집단(소수 민족) 학생들은 실제보다는 적다(Ford, 1996; Tomlinson, Callahan, & Lelli, 1997). 문화적으로 다양한 학생들은 학교와 사회에서 의도되지 않은 편견에 계속 직면한다(Ford, 1996). 특정 하위 문화권(소수 문화권)에서 성취에 대한 정의는 지배 문화의 정의와는 매우 다르다.

몇 가지 쟁점들은 아프리카계 미국인 학생(흑인 학생)의 미성취를 이해하는 데 잠재적인 문제점을 제기한다. 첫째, 심리측정학적 정의는 미성취를 야기하는 중요한 행동적 원인이나 상관을 무시하는 경향이 있다(Ford, 1996). 둘째, 미성취 영재를 판별하는 데 사용하는 심리측정 검사 또는 표준화 검사는 다양한 문화적 배경을 지닌 학생의 능력에 대해 타당하고 신뢰할 수 있는 지침이 아닐 수도 있다. 연구를 살펴보면, 영재 프로그램의 참여 여부를 판단하는 단일한 준거로 IQ 점수를 사용하는 것은 아프리카계 미국인 학생들에 대한 편견을 만들어 낼 수도 있다(Baldwin, 1987; Ford, 1996; Frasier & Passow, 1994). 아프리카계 미국인 영재학생을 과소 판별하는 현행 판별 관행은 아프리카계 미국인 출신의 미성취 영재아동을 판별하는 데 장애가 된다. 만약 검사가 학생의 능력이나 성취에 대하여 타당하지 못한 추론을 한다면, 그 검사는 미성취에 대한 타당하지 못한 지침임에 틀림없다(Ford, 1996). 끝으로 아프리카계 미국인 학생은 빈번하게 태도-성취의 모순을 나타낸다. 이들은 교육에 대해서는 긍정적 태도를 보여 주지만 학업성취 수준이 낮다. 이러한 태도-성취 모순은 이와 같은 현상에 익숙하지 않은 사람들이 미성취를 이해하고 변화시키는 것을 어렵게 만든다(Mickelson, 1990).

35개의 다양한 문화를 지닌 도시 영재고등학교 학생에 대한 종단 연구는 성공한 학생들과, 성취하지는 못하였으나 높은 능력을 가진 비슷한 집단의 학생들을 비교하였다(Reis et al., 1995). 연구자들은 낮은 성취, 부모의 이혼과 성취, 또는 가족 크기와 성취 사이의 관계를 밝히지 못하였다. 높은 성취 학생은 학문적 재능을 지닌 학생이 있는 우수한 상급 학급에 함께 있다는 것의 중요성을 인식하였다. 성공한 학생들은 서로에게서, 그리고 교사, 진로상담자, 코치, 멘터를 포함하여 지원적인(지지적인) 성인들로부터 지원과 격려를 받는다. 학교에서 성취한 학생들은 방과 후나 방학 중 다양한 과외 활동(특별활동, extracurricular activities)에 참여하였다. 이 연구에서 대부분의 높은 성취 여학생은 공부에 모든 열정을 쏟아 부어 데이트를 할 수 없었다. 이와 대조적으로 미성취 학생들은 자신에 대한 강한 신념과, 그리고 가족, 학교, 지역사회에 대한 부정적 경험을 극복하려는 의지도 개발시키지 못했다. 그리고 Daiz(1998)에 따르면, 조기에 적절한 학문적 경험을 갖지 못한 푸에르토리코 학생들은 고등학생이 되었을 때 능력을 발달시킬 수 있는 기회에서 장애를 겪는다. 비록 그녀의 미성취 모형이 푸에르토리코 청소년의 미성취 행동에 가족, 개인, 지역사회, 그리고 학교 요인들의 상호작용을 강조한다 할지라도, 민족적으로 다양한 학생들의 비성취(nonachievement)를 이해하는 데도 도움을 줄 것이다.

라틴 아메리카계 학생들 역시 학업성취에서 독특한 장애에 직면할 수 있다. 일부 연구자들은 소수 민족(소수 집단)의 언어적 배경은 라틴 아메리카계(스페인어를 사용하는 라틴 아메리카계 미국인; 히스패닉) 학생의 학업성취에 불리하게 작용할 수도 있다고 언급했다(Fernandez, Hirano-Nakanishi, &

Paylsen, 1989). 그러나 언어 유창성과 학교 사이의 관계는 복잡하다. 학교에서 영어 유창성은 이민 세대의 향상을 가져오는 경향이 있지만, 특수하게도 라틴 아메리카인 사이에서는 검사점수, 성적(평점), 그리고 다른 형태의 교육적 성취에 향상을 가져오지 못할 수도 있다(Rumberger & Larson, 1998). Rumbergur와 Larson은 다음과 같은 사실을 알아냈다.

> 스페인어를 배경으로 하면서 영어가 유창한 멕시코계 미국인 학생(FEP)은 대개 스페인어를 배경으로 하면서 영어가 유창하지 못한 학생(LEP 학생) 또는 영어를 배경으로 하는 라틴 아메리카계 학생보다 학교에서 더욱 성공적이었다. 이러한 결과는 영어 유창성은 성취의 필수조건이지만, 충분조건은 아니라는 것을 보여 준다(p. 86).

끝으로, 교육 전문가들은 라틴 아메리카계 미국인 청소년들의 성취를 이해하려면 라틴 아메리카계 지역사회의 상이한 가치 체계를 고려해야만 한다(Reis et al., 1995).

미성취를 정의하는 것은 어렵기 때문에, 미성취의 개념은 객관적이라기보다는 오히려 주관적인 분류로 생각될 수 있다. 일반적으로 아동기와 성인의 성취를 모두 소중하게 여기는 문화에서는 학생이 수행하기를 기대할 뿐만 아니라, 수행을 하지 못한 학생을 미성취 아동으로 분류한다. 이러한 것은 몇 가지 중요한 쟁점을 불러일으킨다. 기대된 성취와 실제 성취 사이의 불일치를 미성취라고 정의해 보자. 만약 낮은 기대를 가진 학생이 낮은 수준의 성취를 보였을 때, 그들은 미성취 아동이 아니다. 바꾸어 말하면, 성공하지 못할 것이라고 예상한 학생이 실패한다면, 그들은 처음 기대치보다 낮은 수행을 한 것이 아니다. 이러한 경우 문제는 학생의 성취 수준에 있는 것이 아니라 처음 기대에 있게 된다. 학생에게 낮은 기대를 가질 때, 이러한 학생의 미성취 행동을 인식하지도 못하고, 따라서 변화시킬 수 없을지도 모른다.

문화적으로 다양한 영재학생의 판별을 둘러싼 쟁점은 최근 몇 년 동안 더 많은 주목을 받았으며, 몇 가지 주안점들이 분명해 보인다. 첫째, 연구자는 문화적으로 다양한 청소년의 재능을 인식해야 한다. 잠재력을 인식한 이후에 수행이 잠재력보다 낮은지 아닌지를 평가할 수 있는 것이다. 영재성을 가지면서 이후 인식되지 않은 미성취를 경험하는 학생은 교육 체계가 그들의 잠재력을 인식하지 못하기 때문에 때로 '잠재적인 미성취 아동'(Ford, 1996)이라 불린다. 또한 문화적 상대주의의 다양한 집단에서 미성취를 판별할 때 하나의 요인이 된다. 한 문화에서는 높이 평가되는 것도 다른 문화에서는 가치가 없는 것일 수 있으며, 성취와 미성취를 다르게 정의할 수 있는 문화에 하나의 신념 체제를 강요하는 것은 어려운 일이다. 아동에게 주류문화(majority culture, 다수문화)에 동화되도록 요구하는 것은 아동을 돕는 것인가? 아니면 어려움을 겪게 하는 것인가? 얼마나 많은 연구자들이 동화되지 않고 미국의 주류사회에서 성공할 수 있는 방법에 대해 연구하는가?

교육 기회의 평등 또한 미성취에 영향을 미친다. 공교롭게도, 빈곤한 학교에서 성취로 간주되는 것이 경쟁력 있는 학교나 사회에서는 미성취로 간주되기도 한다. 재능을 발달시킬 수 있는 충분한 기회를 가지지 못한 학생들은 종종 '비자발적인 미성취 아동'이 된다. 최근 연구는 학교교육의 질(Anderson & Keith, 1997; Baker, Bridger, & Evans, 1998)과 학문적 교육과정 연구의 수행은(Anderson & Keith) 위험한 상태에 있는 고등학생의 성취에 중요한 변인으로 보인다. 실제로, "위험한 상태에 있는 학생이 수행한 부가적인 학업 과정은 학업성취검사 점수의 1/8 표준편차의 증가를 가져다줄 것으로 기대될 수 있다."(Anderson & Keith, p. 264)

연구자들과 교육 전문가들이 문화적으로 다양한 학생 모집단 안에서 일어나는 현상들을 확인하고 검토하려고 할 때, 영재성과 미성취에 대한 그들의 견해를 조정할 필요가 있다. 미성취 구인에 대하여 문화적으로 내포하는 것들에 대한 논의는 더욱 주목할 가치가 있다.

사회적·정서적 문제, 미성취, 상담

미성취와 특수 모집단 영재학생

최근 연구자들은 미성취, 주의력 결핍장애, 학습장애 사이의 관련성을 찾아내려고 한다(Hinshaw, 1992a, 1992b). 동기가 없는 것처럼 보이는 학생은 주의력 결핍이나(Busch & Nuttall, 1995) 잠재된 학습장애를 가지고 있을 수 있다. 최근 연구에 따르면, 많은 장애영재들(twice-exceptional students)이 학교에서 미성취를 보이고 있다고 한다. 그러나 "미성취 영재와 특수 모집 단들(영재/학습장애, 영재/주의력 결핍장애, 영재/주의력 결핍 및 과잉행동장애, 심리적 장애나 행동 또는 정서적 문제를 지닌 영재학생)에 대한 현재의 개념화와 논문(연구)은 두 집단은 별개이고 관련이 없는 것처럼 다루고 있다."(Lupart & Pyryt, 1996, pp. 39-40) 고능력 학생은 다양한 형태의 학습문제(Barton & Starnes, 1988; Baum, Owen, & Dixon, 1991; Bireley, 1995) 또는 주의력 결핍 (Baum, Olenchak, & Owen, 1998)을 가질 수 있다. 이러한 소집단을 위한 적절한 중재는 근본적으로 다르기 때문에, 만성적인 미성취 학생과 처리 결핍 (processing deficits), 학습장애 또는 주의력 결핍을 지닌 영재학생을 식별하는 것은 중요한 일이다.

중 재

영재 미성취의 원인과 상관은 최근 연구 논문에서 상당한 주목을 받고 있다(Dowdall & Colangelo, 1982; Van Boxtel & Mönks, 1992; Whitmore, 1986). 그러나 이러한 모집군을 위한 효과적인 중재 모형에 대한 연구는 여전히 부족한 실정이다. 미성취 영재학생에 대한 사례연구와 질적 연구들이 수행되고 있기는 하나, 다양한 중재의 효과성에 대한 진형 유사실험 설계(true quasi-experimental design)를 활용하려는 연구는 드물다. 논문에 보고된 대부분의 중재(즉, Supplee, 1990; Whitmore, 1980)는 심각한 미성취 영재학생 집단의 즉 각적인 결과에 효과를 나타내도록 설계되었다. 윤리적으로 연구자는 미성취 영재학생을 위해 가치 있다고 믿는 처치들을 자제해야 하기 때문에, 그러한 연구에서 좋은 비교집단을 가지는 것은 어려운 것일 수 있다.

영재학생의 미성취를 바꾸어 놓기(변화시키기) 위해 설계된 대다수의 중 재에 대한 효과성은 일관적이지 않으며 확실하지 않다(Emerick, 1988). 그리 고 중재의 대다수는 제한된 장기간의 성공을 얻었다(Dowdall & Colangelo, 1982; Emerick, 1992). 영재 미성취의 변화에서 목적은 두 가지 범주로 분류 된다. 바로 상담적 중재와 수업적 중재이다(Butler-Por, 1993; Dowdall & Colangelo, 1982).

상담적 중재는 학생의 미성취에 영향을 미치는 개인 또는 가족의 역동을 변화시키는 것에 집중한다. 상담적 중재는 개인, 집단, 가족 상담을 포함할 수 있다(Jeon, 1990). 상담적 처치를 통하여 미성취 학생의 학업성취를 향상 시키려 했던 초기의 많은 시도들은 성공하지 못하였다(Baymur & Patterson, 1965; Broedel, Ohlsen, Proff, & Southard, 1965). 대개의 상담 상황에서 상담 자의 목적은 미성취 아동이 성공적인 학생이 되도록 강요하는 것이 아니라, 가능하다면 오히려 학생이 바람직한 목적으로 성공을 결정하도록 도와주고, 또한 비생산적인 습관과 인식을 바꿀 수 있도록 도와주는 것이다.

Weiner(1992)는 4개의 낮은 성취 집단을 위한 다른 4개의 중재에 대하여 명시하였다. (1) 부족한 보상 체제 강화하기, (2) 인지적, 정서적 장애 완화 하기, (3) 교육적 격차 충족하기, (4) 수동적-공격적 성향 수정하기다. 상담 자와 치료사들은 부족한 보상 체제를 강화하고, 수동적-공격적 성향을 수정 하고, 정서적 결손(장애)을 완화함으로써 미성취 아동을 도울 수 있다. 교육 전문가들은 교육 격차를 충족시키거나 인지적 장애를 보상함으로써 학생을 도울 수 있다. 동기화되지 않은(동기가 없는) 미성취 아동은 더 나은 학생이 되어야 하는 이유를 알지 못할 수도 있다. 이러한 유형의 미성취 아동을 대 상으로 할 때, 상담자는 학생의 학문적 노력을 격려하고 학업성공을 강화시

사회적 · 정서적 문제, 미성취, 상담

킬 수 있는 보상 체제를 실행하는 방법을 찾아야 한다. 동기화되지 않은 미성취 학생의 부모는 교육에 대하여 긍정적으로 말하고, 자녀의 학업에 대하여 관심을 보이고, 그리고 자녀의 성취에 대하여 칭찬할 수 있도록 도와주는 치료적 전략으로부터 이익을 얻을 수 있다.

수동적-공격적인 미성취는 동기적, 교육적, 인지적 요소에 기인하는 미성취보다 심리적 혼란을 더 많이 나타내지만, 이러한 유형의 미성취는 심리치료에 상당히 민감하다(Weiner, 1992). 수동적-공격적인 미성취 아동에 대한 상담적 중재는 학생이 상담을 원하거나, 적어도 상담 과정에 기꺼이 참여하려고 할 때 가장 효과적이다. 그러한 아동의 수동적-공격적 행동은 종종 가족을 거스르는(가족과 반대되는) 방향으로 나타나기 때문에, 가족 상담 중재는 수동적-공격적 미성취를 변화시키는 데 도움이 되기도 한다. 수동적-공격적 미성취 아동을 상담하는 한 가지 전략은 "청소년들이 그들의 능력과 관심을 깨닫게 하고, 자신의 개인적 가치 체계와 선호하는 목적을 명백하게 하고, 또 타인의 요구를 충족시키거나 좌절시키기보다 자신의 목적을 위하여 공부하도록 돕는 것을 포함한다."(Weiner, p. 290) 임상학자들이 상담적 중재의 성공을 보고했지만, 치료적 접근에 대한 연구는 학생들의 미성취 유형을 바꾸어 놓은 제한적 성공만 입증해 왔다(Baymur & Patterson, 1965; Butler-Por, 1993; Jeon, 1990).

영재학생을 위한 가장 잘 알려진 교육적 중재는 미성취 영재아동을 위한 반일제(part-time) 또는 전일제(full-time) 특별학급을 개설하는 것이다(예, Butler-Por, 1987; Fehrenbach, 1993; Supplee, 1990; Whitmore, 1980). 이러한 학급에서 교육 전문가들은 전통적인 학습 조직을 변경함으로써 학생의 성취를 위하여 좋은 환경을 만들기 위해 노력한다. 대개 교사 1인당 학생 비율이 더욱 적어지고, 교사는 보다 덜 상투적인 교수-학습 활동 양식을 만들어 내고 학생에게 자신의 환경을 통제할 수 있는 선택권과 자유를 제공하며, 학생은 다양한 학습 전략을 사용하도록 장려된다.

Whitemore(1980)는 미성취 영재아동을 위한 전일제 초등학교 프로그램을 고안하고 실행하였다. Supplee(1990)는 미성취 영재 초등학생을 위한 반일제 프로그램을 마련하였다. 두 프로그램 모두 학생 중심의 학급 환경 조성의 필요성뿐만 아니라 정의적 교육의 중요성을 강조하였다. Whitmore와 Supplee 모두 미성취 구인을 연구하기 위해서, 그리고 학생 행동의 변화에 즉각적으로 영향을 주기 위해서 프로그램을 설계하였다. 두 프로그램은 적어도 부분적 성공에 대한 일화적이고 얼마간의 양적인 증거를 제공한다. 그러나 통제집단 또는 비교집단을 사용하지 않는 연구이므로, 연구결과는 미성취 아동 전체 모집단에게 일반화될 수 없다. 어느 연구(Whitmore와 Supplee의 연구 중)도 종단적 설계를 사용하지 않았으며, 어느 연구자도 학생이 초등학교를 졸업하기 전에 한 번도 학생의 향상을 추적할 수 없었다. 몇몇 미성취 학생들이 학업적 중재가 진행되는 동안에 향상을 보였더라도, 그러한 프로그램의 장기적인 효과는 분명하지 않다. 또다시 자극 없는 학업에 직면할 때 어떤 일이 발생하는가? 연령이 많은 학생의 미성취를 어떻게 변화시킬 수 있는가? 이런 많은 질문들은 해답 없이 남겨져 있다.

　Emerick(1992)은 일부 학생이 형식적인 중재의 도움 없이도 학업적 미성취를 변화시킬 수 있다는 것을 연구하였다. 그녀는 10명의 청소년들의 미성취와 잇따라 나타나는 성취 형태에 대하여 질적 연구를 하였다. 학생들의 미성취를 변화시키는 데 어느 정도의 역할을 하는 몇 가지 공통적인 요인들이 나타났다. Emerick 연구의 참여자들은 학교 밖의 관심 활동, 부모, 성적(평점)과 연관된 목표의 개발, 교사, '자신'의 변화는 성취에 영향을 준다는 사실을 발견하였다. 또 다른 연구 또한 특별활동(과외 활동)에(Colangelo et al., 1993; Reis et al., 1995) 더 많이 참여한 학생이 미성취를 덜 나타낸다고 보고하였다. 그리고 참여자들은 학급에서 자극을 받을 때, 또 관심 있는 주제를 탐색할 수 있는 기회가 주어질 때 가장 성취 지향적인 행동을 발달시키는 것처럼 보였다. 이러한 결과는 '미성취 형태를 변화시키는 것은 오랜 시간, 즉 미성취 아동의 교육과정과 학급 환경을 면밀히 조사한다는 것을 뜻할 수도 있다.'는 것을 보여 주었다. 이 연구에서 학생들의 반응과 활동은 적절한 교육 기회가 주어졌을 때, 미성취 영재아동들이 긍정적으로 반응한다는 것을 보여 준다(Emerick, 1945).

Emerick의 연구는 효과적인 중재의 한 가지 유형은 학생의 의지와 흥미에 기초한다고 말했다(Renzulli, 1977; Renzulli & Reis, 1985, 1997). 최근 연구에서 연구자들은 미성취 영재학생을 위한 체계적인 중재로 3단계 심화 프로젝트를 사용하였다. 이 접근은(Renzulli, 1977) 특별하게도 학업적 미성취를 변화시키기 위하여 학생의 의지와 흥미를 목표로 삼고 있다. 이러한 중재기술에 대한 질적 연구에서 3단계 심화과정의 다섯 가지 주된 특징은 성공에 영향을 미쳤다. 이 요인들은 교사와의 관계, 자기조절 전략의 사용, 미성취와 관련된 주제를 탐색할 수 있는 기회, 선호하는 학습양식을 사용해서 관심 영역을 공부할 수 있는 기회, 그리고 적당한 또래 집단과 상호작용할 수 있는 시간이다. 3단계 연구를 수행한 대부분의 학생은 학기 중(수업 중)의 행동이나 성취에서 일부 긍정적인 진전을 보여 주었다. 17명의 참여자 중 11명은 성취가 증가하였으며, 17명 중 13명은 학급에서 열심히 노력하려고 하였고, 17명 중 4명은 학급에서의 행동이 개선되었음을 보여 주었다. 이런 연구결과는 융통성 있고 학생 중심적인 심화 접근법이 영재학생의 미성취를 바꿀 수 있다고 보고했다.

미성취를 변화시키는 데 목적을 둔 처치는 상담적 중재와 학교 중심적 중재와 연관되어 있다. Rimm의 TRIFOCAL 모형은 미성취 학생을 변화시키려는 노력으로 부모, 학교 인사를 포함한 세 가지 접근법이다(Rimm, 1995; Rimm et al., 1989). 미성취의 발달과 출현에 영향을 끼치는 요인들은 다양하기 때문에 전 영역(분야)에 걸친 미성취 영재학생에게 효과적인 하나의 중재유형은 있을 수 없다. 오히려 이러한 문제들에 체계적으로 대처하려고 한다면 전략과 서비스 연속체가 필수적이다. 중재에 근거한 모형은 진단과 처방적인 요소 사이의 내재적인 연속성을 제공한다. 따라서 이 분야에 대한 향후 연구자들은 일관성 있게 진행해야 하며, 영재 미성취 모형을 실행하고 그들이 제안한 모형에 중재를 설계해야 한다.

향후 연구 분야

우리는 얼마나 많은 재능 학생(영재학생)이 미성취를 겪고 있는지 알 수 없다. 그러나 우리는 실천가들이 이러한 쟁점을 중요하게 생각하고 있다는 것은 알고 있다(Renzulli, Reid, & Gubbins, 1992). 향후 연구는 학업적 미성취의 복잡한 원인을 밝히려고 시도해야 하며, 미성취 행동을 변화시킬 수 있는 중재를 제공해야 한다. 연구에 대한 몇 가지 방향들은 충분하게 탐색되지 않고 있다.

미성취 학생의 일반적인 특성에 대한 상관연구를 넘어서는 연구를 해야 하며, 여러 가지 다른 특성들과 학생 성취 사이의 인과성에 대한 결합과 구조를 탐색해야 한다. 예를 들어, 몇몇 연구자들에 따르면(예, Belcastro, 1985; Bricklin & Bricklin, 1967; Bruns, 1992; Diaz, 1998; Dowdall & Colangelo, 1982; Fine & Pitts, 1980; Fink, 1965; Ford, 1996; Kanoy, Johnson, & Kanoy, 1980; Schunk, 1998; Supplee, 1990; Van Boxtel & Mönks, 1992, Whitmore, 1980) 긍정적 자아개념은 학생의 성취와 상관을 보였다. 관심은 증가하지만 해답이 없는 질문들도 있다. 낮은 자아개념은 미성취를 야기시키는가? 미성취는 자아개념을 저하시키는가? 자아개념과 학업성취에 영향을 미치는 제3의 변수가 있는가? 등의 질문들이다. 만약 낮은 자아개념이 미성취를 야기한다면, 자아개념을 높이기 위한 중재는 학생의 성취를 향상시켜야 한다. 따라서 상담적 접근은 미성취의 문제를 효과적으로 탐색할 것이라고 기대할 수 있다. 그러나 상담적 처치는 제한된 성공에 직면하였다. 자아개념과 미성취 사이의 인과관계의 방향은 충분하게 검토되지 않았다. 성취 아동과 미성취 아동에 대한 종단 연구와, 성취와 미성취에 대한 구조방정식 모형의 개발은 이러한 두 가지 변인 사이의 인과관계의 방향을 명백하게 해 줄 수 있다. 학생 성취와 자기효능감, 자기조절, 학생 태도, 또래 태도, 그 밖에 미성취에 영향을 미치는 요인들 사이의 인과성 구조에 대한 유사한 연구들은 연구자들이 영

사회적 · 정서적 문제, 미성취, 상담

재학생이 미성취를 극복하기 위한 효과적인 중재 전략을 개발하는 데 도움을 줄 것이다.

다른 영역(분야)의 연구는 미성취 영재아동이 영재가 아닌 미성취 아동과 유의하게 다른지, 또 다르다면 어떻게 다른지를 연구한다. McCall, Evahn 및 Kratzer(1992)는 영재 미성취 영역 내의 비교집단 연구가 대부분 미성취 영재아동을 정신능력 코호트(cohort) 집단과 동등하게 다루고 있다. 이러한 많은 연구는 성취 영재아동과 미성취 영재아동 사이의 질적 차이를 발견했다. 연구는 거의 없지만 흥미로운 연구 분야는, 측정된 정신능력을 고려하지 않은 채 평점평균(GPA), 성취검사 점수 등으로 미성취 영재아동과 같은 성취 수준을 가진 다른 학생을 비교하고 있다는 것이다. 미성취 영재아동은 낮은 성취를 보이는 학생과 비슷한가? 미성취 영재아동은 성취 영재학생 또는 영재가 아니면서 낮은 성취를 보이는 학생과 많은 공통점을 가지고 있는가? Dowdall과 Colangelo(1982)는 미성취 영재아동은 성취 영재아동보다는 미성취 아동과 더 많은 특성을 공유하는 것 같다고 말했다. 향후 연구는 미성취 현상의 일반성(보편성)을 탐색하고, 영재아동을 성공으로 이끄는 중재가 광범위한 미성취 학생의 영역에도 적용 가능한지를 탐구해 볼 수 있을 것이다. 영재학생이 실제로 영재가 아닌 미성취 아동과 질적으로 다른 중재를 필요로 하는지에 대해서는 아직까지 결론을 내릴 수 없다.

끝으로, 연구자와 실천가들은 미성취의 원인과 상관에 대한 지식과 통찰을 교육 전문가가 보다 효과적인 예방과 중재 프로그램을 개발하는 데 사용할 수 있는 모형과 전략으로 바꾸어 주어야 한다. 첫째, 연구자들은 학급 실제와 학업 미성취 사이의 관계를 탐색해야 한다. 만약 도전 없는 학문적 환경이 미성취 영재학생을 만들어 낸다면, 모든 학년 수준에 적합한 지적인 도전과 자극을 제공함으로써 미성취를 감소시켜야 한다. 고성취 학생을 위하여 차별화된 수업을 제공하는 학교에는 미성취의 출현이 더 적은가? 영재의 학업적 미성취 발생에 대한 반일제 또는 전일제 영재 프로그램을 제공하고 있는가? 특정 연령 동안 지적 도전을 제공하는 것이 특히 중요한가? 미성취 학생은 교육과정 압축 또는 3단계 심화 기회와 같은 교육과정 차별화 방법 (Renzulli & Smith, 1978; Reis, Burns, & Renzulli, 1992)을 통해 도움을 받을 수 있다. 이러한 학급 전략은 뛰어난 학생들에게 흥미 있는 교육과정에 대한 선택권과 심화(프로그램)를 제공한다. 논문에서는 자기충족적(self-contained) 학급, 그리고 가정과 학교의 협력과 같은 다양한 학급 설계를 제시한다. 그러나 이러한 선택에 대한 효과성을 검토한 연구는 거의 없다. 대부분의 자기충족적 학급 연구는 적절한 통제집단이 부족했다. 미성취 영재 아동을 위한 차별화된 수업의 효과성에 대한 향후 연구는 유사 실험설계를 사용해야 한다.

가족, 학교, 개인적 요인은 모두 미성취 행동의 출현에 영향을 주는 듯하다(Baker, Bridger, & Evans, 1998). 미성취의 원인과 상관은 다르기 때문에, 하나의 중재이 전 영역에 걸쳐 있는 미성취 영재아동의 미성취 유형을 변화시킬 수는 없다. 이러한 영역에 대한 더 많은 연구는 미성취를 예방하고 변화시키기 위한 다양한 접근법을 개발하는 데 주력해야 한다. 그러한 접근법은 다양한 미성취 형태를 구별하고, 선행적이고 예방적인 상담과 혁신적인 수업적 중재를 결합시킨다. 자기통제와 자기조절의 부족은 미성취를 일으킬 수 있다(Borkowski & Thorpe, 1994; Krouse & Krouse, 1981). 연구자들은 미성취를 극복하기 위하여 사회인지 이론적 지식을 결합해야 한다(Dai, Moon, & Feldhusen, 1998; Shunck, 1998; Zimmerman, 1989). 자기효능감을 증진시키거나 자기조절력을 계발시키는 중재는 다른 중재 전략을 보완하고 다른 중재의 효과를 증진시킬 수 있다. 미성취 아동의 다양한 유형은 다양한 규모의 상담, 자기조절 훈련, 그리고 수업 또는 교육과정의 수정을 필요로 할 수 있다. 공교롭게도, 처방을 위한 다양한 접근법의 필요성은 미성취 중재의 효과를 검증하기 위해 필요한 연구 설계를 복잡하게 만들 것이다. 따라서 그러한 연구들은 정교화된 설계 기법을 활용할 수 있는 연구자들의 관심을 필요로 한다.

사회적 · 정서적 문제, 미성취, 상담

결 론

종종 논의되어 오기는 했지만, 미성취의 개념은 전문적인 논문에도 여전히 모호하게 정의되어 있다. 미성취 영재에 대해 분명하고 정확한 정의가 없어 비교에 근거를 둔 연구가 제한되고 있고, 적절한 중재에 대한 탐색이 지연되고 있다. 미성취 영재에 대한 분명한 조작적 정의의 사용은 연구에 참여하는 모집단의 정확한 특성을 명백히 하기는 하나, 잠재적 미성취 영재아동의 유형을 판별하는 데 방해가 될 수 있다. 미성취 영재에 대한 광의의 포괄적 정의는 미성취 영재아동을 판별하는 데 더욱 융통성을 부여한다. 그러나 포괄적 정의는 성취 영재학생과 미성취 영재학생을 적절하게 구별하지 못할 수 있다. 미성취 영재아동의 심리적 특성은 다양하며, 때로 서로 상반되기도 한다. 너무 많은 정의와 판별방법은 이런 모집단의 특성에 대한 연구를 어렵게 하기도 한다. 일반적으로 미성취를 변화시키는 데 목적을 둔 중재를 검토하는 연구는 충분하지 않다. 영재학생의 미성취의 원인과 영재학생의 성공을 도울 수 있는 방법에 대한 의문점을 해결하기 위하여 이러한 영역에서 더 많은 연구가 필요하다.

연구 논문은 소수의 중재만을 언급한다. 이러한 영역의 더 많은 연구와 탐색은 미성취 영재아동을 위하여 명확하게 정의되고, 잘 연구되어 있으며, 효과적인 중재의 필요성을 검토해야 한다. 이러한 중재는 아마도 상담과 교육과정 수정 또는 차별화를 포함해야 할 것이다. 추후연구는 수업과 상담적 처방의 효과성을 평가하는 데 주안점을 두어야 한다. 추후연구자들은 이러한 교육적 딜레마를 기술하는 것 이상으로 연구를 진행해야 하며, 해결책을 찾기 위해 노력해야 한다.

📖 참고문헌

Anderson, E. S., & Keith, T, Z. (1997). A longitudinal test of a model of academic success for at-risk high school students. *The Journal of Educational Research, 90,* 259-268.

Baker, J. A., Bridger, R., & Evans, K. (1998). Models of underachievement among gifted preadolescents: The role of personal, family, and school factors. *Gifted Child Quarterly, 42,* 5-14.

Baldwin, A. Y. (1987). I'm Black but look at me, I am also gifted. *Gifted Child Quarterly, 31,* 180-185.

Barton, J. M., & Starnes, W. T. (1988). Identifying distinguishing characteristics of gifted and talented teaming disabled students. *Roeper Review, 12,* 23-29.

Baum, S. M., Owen, S. V., & Dixon, J. (1991). *To be gifted and lenrning disabled: From identification to practical intervention strategies.* Mansfield, CT: Creative Learning Press.

Baum, S. M., Olenchak, F. R., & Owen, S. V. (1998). Gifted students with attention deficits: Fact and/or fiction? Or, can we see the forest for the trees? *Gifted Child Quarterly, 42,* 96-104.

Baum, S. M., Renzulli, J. S., & Hébert, T. P. (1995a). *The prism metaphor: A new paradigm for reversing underachievement* (CRS95310). Storrs, CT: University of Connecticut, The National Research Center on the Gifted and Talented.

Baum, S. M., Renzulli, J. S., & Hébert, T. P. (1995b). Reversing underachievement: Creative productivity as a systematic intervention. *Gifted Child Quarterly, 39,* 124-235.

Baymur, F., & Patterson, C. H. (1965). Three methods of assisting underachieving high school students. In M. Kornrich (Ed.), *Underachievement* (pp. 501-513). Springfield, IL: Charles C. Thomas.

Belcastro, F. P. (1985). Use of behavior modification strategies: A review of

사회적 · 정서적 문제, 미성취, 상담

the research. *Roeper Review, 7,* 184-189.

Berndt, T. J. (1999). Friends' influence on students' adjustment to school. *Educational Psychologist, 34,* 15-28.

Bireley. M. (1995). *Crossover Children: A sourcebook for helping students who are gifted and learning disabled.* Reston, VA: The Council for Exceptional Children.

Borkowski, J. G., & Thorpe, P. K. (1994). Self-regulation and motivation: A life-span perspective on underachievement. In D. H. Schunk & B. J. Zimmerman (Eds.), *Self-regulation of learning and practice* (pp. 45-74). Hillsdale, NJ: Lawrence Erlbaum.

Borland, J. H. (1989). *Planning and implementing programs for the gifted.* New York: Teachers College Press.

Bricklin, B., & Bricklin, P. M. (1967). *Bright child-poor grades: The psychology of underachievement.* New York: Delacorte.

Broedel, J., Ohlsen, M., Proff, F., & Southard, C. (1965). The effects of group counseling on gifted underachieving adolescents. In M. Komrich (Ed.), *Underachievement* (pp. 514-528). Springfield, IL: Charles C. Thomas.

Brown, B. B. (1982). The extent and effects of peer pressure ameng high school students: A retrospective analysis. *Journal of Youth and Adolescence, 11,* 121-133.

Bown, B. B., Mounts, N., Lamborn, S. D., & Steinberg, L. (1993). Parenting practices and peer group affiliation in adolescence. *Child Development, 64,* 467-582.

Bruns, J. H. (1992). *They can but they don't.* New York: Viking Penguin.

Busch, B., & Nuttall, R. L. (1995). Students who seem to be unmotivated may have attention deficits. *Diagnostique, 21*(1), 43-59.

Butler-Por, N. (1987). *Underachievers in school: Issues and intervention.* Chichester, England: John Wiley and Sons.

Butler-Por, N. (1993). Underachieving gifted students. In K. A. Heller, F. J. Mönks, & A. H. Passow (Eds.), *International handbook of research and development of giftedness and talent* (pp. 649-668). Oxford: Pergamon.

Chen, X. (1997, June). *Students' peer groups in high school: The pattern and*

relationship to educational outcomes. (NCES 97055). Washington, DC:
U.S. Department of Education.

Clark, B. (1983). *Growing up gifted* (2nd ed.). Columbus, OH. Merrill.

Clark, B. (1988). G*rowing up gifted* (3rd ed.). Columbus, OH. Merrill.

Clasen, D. R., & Brown, B. (1985). The multidimensionality of peer pressure
in adolescence. *Journal of Youth and Adolescence, 14,* 451-467.

Clasen, D. R., & Clasen, R. E. (1995). Underachievement of highly able
students and the peer society. *Gifted and Talented International,
10*(2), 67-75.

Colangelo, N., Kerr, B., Christensen, P., & Maxey, J. (1993). A comparison of
gifted underachievers and gifted high achievers. *Gifted Child Quarterly,
37,* 155-160.

Dai, D. Y., Moon, S. M., & Feldhusen, J. F. (1998). Achievement motivation
and gifted students: A social cognitive perspective. *Educational
Psychologist, 55,* 45-63.

Delisle, J. (1982). Learning to underachieve. *Roeper Review, 4,* 16-18.

Diaz, E. I. (1998). Perceived factors influencing the academic underachievement
of talented students of Puerto Rican descent. *Gifted Child Quarterly, 42,*
105-122.

Dowdall, C. B., & Colangelo, N. (1982). Underachieving gifted students:
Review and implications. *Gifted Child Quarterly, 26,* 179-184.

Emerick, L. J. (1988). Academic underachievement among the gifted:
Students' perceptions of factors that reverse the pattern. Unpublished
doctoral dissertation, University of Connecticut, Storrs.

Emerick, L. J. (1992). Academic underachievement among the gifted:
Students' perceptions of factors that reverse the pattern. *Gifted Child
Quarterly, 36,* 140-146.

Fehrenbach, C. R. (1993). Underachieving students: Intervention programs
that work. *Roeper Review, 16,* 88-90.

Fernandez, R. M., Hirano-Nakanishi, M., & Paulsen, R. (1989). Dropping out
among Hispanic youth. *Social Science Research, 18,* 21-52.

Fine, M. J., & Pitts, R. (1980). Intervention with underachieving gifted

사회적 · 정서적 문제, 미성취, 상담

children: Rationale and strategies. *Gifted Child Quarterly, 24*, 51-55.

Fink, M. B. (1965). Objectification of data used in underachievement self-concept study. In M. Kornrich (Ed.), *Underachievement* (pp. 79-86). Springfield, IL: Charles C. Thomas.

Ford, D. Y. (1992). Determinants of underachievement as perceived by gifted, above average, and average Black students. *Roeper Review, 14*, 130-136.

Ford, D. Y. (1996). *Reuersing underachievement among gifted Black students.* New York: Teachers College Press.

Frankel, E. (1965). A comparative study of achieving and underachieving boys of high intellectual ability. In M. Kornrich (Ed.), *Underachievement* (pp. 87-101). Springfield, IL; Charles C. Thomas.

Frasier, M. M., & Passow, A. H. (1994). *Toward a new Paradigm for identifying talent Potential* (Research Monograph 94112). Storrs, CT: University of Connecticut, The National Research Center on the Gifted and talented.

Frick, P. J., Kamphaus, R. W., Lahey, B. B., Loeber, R., Christ, M. A. G., Hart, E. L., & Tannenbaum, L. E. (1991). Academic underachievement and behavior disorders. *Journal of Consulting and Clinical Psychology, 59*, 189-194.

Gallagher, J. J. (1991). Personal patterns of underachievement. *Journal for the Education of the gifted, 14*, 221-233.

Gowan, J. C. (1957). Dynamics of the underachievement of gifted students. *Exreptional Children, 24*, 98-101.

Green, K., Fine, M. J., & Tollefson, N. (1988). Family systems characteristics and underachieving gifted males. *Gifted Child Quarterly, 32*, 267-272.

Heacox, D. (1991). *Up from underachievement.* Minneapolis, MN: Free Spirit.

Hinshaw, S. P. (1992a). Academic underachievement, attention deficits, and aggression: Comorbidity and implications for intervention. *Journal of Consulting and Clinical Psychology, 60*, 893-903.

Hinshaw, S. P. (1992b). Externalizing behavior problems and academic underachievement in childhood and adolescence: Causal relationships and underlying mechanisms. *Psychologiral Bulletin, 111*(1), 127-155.

Holland, V. (1998). Underachieving boys: Problems and solutions. *Support for Learning, 13*, 174-178.

Janos, P. M., & Robinson, N. (1985). Psychosocial development in intellectually gifted children. In F. Horowitz & M. O'Brien (Eds.), *The gifted and talented: Developmental perspectives* (pp. 149-195). Washington, DC: American Psychological Association.

Jeon, K. (1990, August). *Counseling and guidance for gifted underachievers.* Paper presented at the First Southeast Asian Regional Conference on Giftedness. Manila, Philippines. (ERIC Document Delivery Service ED328051)

Jeon, K. W., & Feldhusen, J. F. (1993). Teachers' and parents' perceptions of socialpsychological factors of underachievement of the gifted in Korea and the United States. *Gifted Education International, 9*, 115-119.

Kanoy, R. C., Johnson, B. W., & Kanoy, K. W. (1980). Locus of control and self-concept in achieving and underachieving bright elementary students. *Psychology in the Schools, 17*, 395-399.

Khatena, J. (1982). *Educational psychology of the gifted.* New York: John Wiley and Sons.

Krouse, J. H., & Krouse, H. J. (1981). Toward a multimodal theory of underachievement. *Educational Psychologist, 16*, 151-164.

Laffoon, K. S., Jenkins-Friedman, R., & Tollefson, N. (1989). Causal attributions of underachieving gifted, achieving gifted, and nongifted students. *Journal for the Education of the Gifted, 13*, 4-21.

Lupart, J. L., & Pyryt, M. C. (1996). "Hidden gifted" students: Underachiever prevalence and profile. *Journal for the Education of the Gifted, 20*, 36-53.

Mandel, H. P., & Marcus, S. I. (1988). *The psychology of underachievement.* New York: John Wiley and Sons.

Mandel, H. P., & Marcus, S. I. (1995). *Could do better.* New York: John Wiley and Sons.

Mather, N., & Udall, A. J. (1985). The identification of gifted underachievers using the Woodcock-Johnson psychoeducational battery. *Roeper*

Review, 8, 54-56.

McCall, R. B. , Evahn, C. , & Kratzer, L. (1992). *High school underachievers: What do they achieve as adults?* Newbury Park, CA: Sage

McNabb, T. (1997). From potential to performance: Motivational issues for gifted students. In N. Colangelo & G. A. Davis (Eds.), *Handbook of gifted education* (2nd ed., pp. 408-415). Boston: Allyn and Bacon.

Mickelson, R. A. (1990). The attitude achievement paradox among Black adolescents. *Sociology of Education, 63,* 44-61.

Neisser, U. , Boodoo, G. , Bouchard, T. J. , Boykin, A. W. , Brody N. , Ceci, S. J. , Halpern, D. F. , Loehlin, J. C. , Perloff, R. , Sternberg, R. J. , & Urbina, S. (1996). Intelligence: Knowns and unknowns. *American Psychologist, 51,* 77-101.

Pendarvis, E. D. , Howley, A. A. , & Howley C. B. (1990). *The abilities of gifted children.* Englewood Cliffs, NJ: Prentice Hall.

Pirozzo, R. (1982). Gifted underachievers. *Roeper Review, 4,* 18-21.

Raph, J. B. , Goldberg, M. L. , & Passowr A. H. (1966). *Bright underachievers.* New York: Teachers College Press.

Redding, R. E. (1990). Learning preferences and skill patterns among underachieving gifted adolescents. *Gifted Child Quarterly, 54,* 72-75.

Reis, S. M. (1998). Underachievement for some-dropping out with dignity for others. *Communirator, 29*(1), 1, 19-24.

Reis, S. M. , Bums, D. E. , & Renzulli, J. S. (1992). *Curriculum compacting: A guide for teachers.* Mansfield, CT: Creative Learning Press.

Reis, S. M. , Hébert, T. P. , Diaz, E. F. , Maxfield, L. R. , &. Ratley, M. E. (1995). *Case studies of talented students who achieve and underachieve in an urban high school* (Research Monograph 95120). Storrs, CT: University of Connecticut, National Research Center for the Gifted and Talented.

Reis, S. M. , Neu, T. W. , & McGuire, J. M. (1995). *Talents in two places: Case studies of high ability students with learning disabilities who have achieved.* (Research Monograph 95114). Storrs, CT: University of Connecticut, National Research Center for the Gifted and Talented.

Renzulli, J. S. (1977). *The Enrichment Triad Model: A guide for developing defensibfe programs for the gifted and talented.* Mansfield Centerr CT: Creative Learning Press.

Renzulli, J. S., Reid, B. D., & Gubbins, E. J. (1992). *Setting an agenda: Research priorities for the gifted and talented through the year* 2000. Storrs, CT: University of Connecticut, The National Research Center on the Gifted and Talented.

Renzulli, J. S., & Reis, S. R. (1997). *The Schoolwide Enrichment Model: A how-to guide for educational excellence.* Mansfield Center, CT: Creative Learning Press.

Renzulli, J. S., & Smith, L. H. (1978). *The Learning Styles Inventory: A measure of student preference for instructional techniques.* Mansfield Center, CT: Creative Learning Press.

Richert, E. S. (1991). Patterns of underachievement among gifted students. In J. H. Borland (Series Ed.) & M. Bireley & J. Genshaft (Vol. Eds.), *Understanding the gifted adolescent,* (pp. 139-162). New York: Teachers College Press.

Rimm, S. (1995). *Why bright kids get poor grades and what you can do about it.* New York: Crown Trade Paperbacks.

Rimm, S. (1997a). An underachievement epidemic. *Educational Leadership, 54*(7), 18-22.

Rimm, S. (1997b). Underachievement syndrome: A national epidemic. In N. Colangelo & G. A. Davis (Eds.), *Handbook of Gifted Education* (2nd ed., pp. 416-435). Boston: Allyn and Bacon.

Rimm, S., Cornale, M., Manos, R., & Behrend, J. (1989). *Guidebook for implementing the trifocal underachievement program for schools.* Watertown, Wl: Apple.

Rimm, S., & Lowe, B. (1988). Family environments of underachieving gifted students. *Gifted Child Quarterly, 52,* 353-358.

Rumberger, R. W., & Larson, K. A. (1998). Toward explaining differences in educational achievement among Mexican American language minority students. *Sociology of Eduration, 71,* 68-93.

Schneider, S. (1998, Fall). Overcoming underachietrement. (Rev. ed.).

Bulletin of the Pennsylvania Association of Gifted Education, 1-7.

Schunk, D. H. (1998, November). *Motivation and self-regulation among gifted learners.* Paper presented at the annual meeting of the National Association of Gifted Children, Louisville, KY.

Schweitzgebel, R. (1965). Underachievement: A common fallacy. In M. Kornrich (Ed.), *Underachievement* (pp. 484-187). Springfield, IL: Charles C. Thomas.

Silverman, L. K. (1993). Counseling families. In L. K. Silverman (Ed.), *Counseling the gifted and talented.* Denver, CO: Love.

Supplee, P. L. (1990). *Reaching the gifted underachiever.* New York: Teachers College Press.

Taylor, R. D. (1994). Risk and resilience: Contextual influences on the development of African American adolescents. In M. C. Wang & E. W. Gordon (Eds.), *Educational resilience in inner city America*, (pp. 119-137). Hillsdale, NJ: Lawrence Erlbaum.

Thorndike, R. L. (1963). *The concepts of over and underachievement.* New York: Teachers College Press.

Tomlinson, C. A., Callahan, C. M., & Lelli, K. M. (1997). Challenging expectations: Case studies of culturally diverse young children. *Gifted Child Quarterly, 41,* 5-17.

Van Boxtel, H. W., & Mönks, F. J. (1992). General, social, and academic self-concepts of gifted adolescents. *Journal of Youth and Adolescence, 21,* 169-186.

Weiner, I. B. (1992). *Psychological disturbance in adolescence* (2nd ed.). New York: John Wiley and Sons.

Whitrnore, J. R. (1980). *Gifedness, conflict, and underachievement.* Boston: Allyn and Bacon.

Whitmore, J, R. (1986). Understanding a lack of mouvation to excel. *Gifted Child Quarterly, 50,* 66-69.

Wolfle, J. A. (1991). Underachieving gifted males: Are we missing the boat? *Roeper Review, 13,* 181-184.

Zilli, M. G. (1971). Reasons why the gifted adolescent underachieves and some of the implications of guidance and counseling to this problem. *Gifted Child Quarterly, 15,* 279-292.

Zimmerman, B. J. (1989). A social cognitive view of self-regulated academic teaming. *Journal of Educational Psychology, 81,* 329-339.

사회적 · 정서적 문제, 미성취, 상담

14

영재학생의 부모 상담을 위한 기능적 모형[1)]

David F. Dettmann, Nichlas Colangelo

이 논문의 목적은 영재학생의 교육적 발달을 촉진하는 부모-학교 중재 (parent-school involvement) 모형을 제시하는 것이다. 주된 가정은 영재학생의 교육에서 부모의 중재는 중요하고 긍정적인 영향을 미친다는 것이다. 부모가 이러한 교육적 시도에 효과적으로 참여하기 위해서는 학교 인사의 협력과 지원이 필요하다. 이 논문에 제시된 많은 제안은 교사와 행정가 같은 다양한 학교 인사들에게 적용할 수 있지만, 연구자들의 관심의 초점은, 특히 영재 부모를 대상으로 하는 학교 상담자의 역할에 있다. 학교 상담자들은 전통적으로 부모를 대상으로 삼아 왔다. 그러나 그들은 영재 부모를 상담하는 데 주요한 역할을 하지 못하였다(Colangelo & Zaffran, 1979). 여기서 소개되는 모형은 부모가 자녀의 교육에 능동적으로 관여하는 틀을 제공할 뿐 아니라, 상담자들이 영재교육에 능동적으로 관여하게 하는 구체적인 방침을 제시한다.

---

1) 편저자 주: Dettmann, D. F., & Colangelo, N. (1980). A functional model for counseling parents of gifted students. *Gifted Child Quarterly, 24*(4), 158-161. ⓒ 1980 National Asociation for Gifted Children. 필자 승인 후 재인쇄.

국회 보고에 따르면, Marland(1972)는 미국 교육에서 가장 많이 도외시된 소수 집단은 어린 나이에 영재로 판별된 집단이라고 언급하였다. 따라서 영재아동의 부모는 자녀가 자신의 요구에 충분하지 못한 교육환경에 처해 있을 것이라는 사실에 직면하고 있다. 이러한 가능성을 인식한 부모는 영재아동이 받을 교육에 대하여 우려한다.

Ross(1964)는 부모들이 자신의 자녀가 영재로 판별되었다는 사실을 알았을 때, 자녀가 학습장애를 가졌다는 사실을 알게 된 부모들과 비슷한 반응을 보인다고 보고했다. 부모는 자녀가 영재라는 사실에 반응하는 것이 아니라, 자녀가 다르다는 것에 반응하는 것이다. 따라서 자녀의 사회적 적응과 행복에 대하여 높은 관심을 가진다. 대부분의 부모는 '평범한(normal)' 양육 경험을 가지고 있으며, '평범한(normal)' 아동으로 양육하기를 기대하고(Ross, 1964), 그에 따라 특수아동을 양육할 때 불확실성과 심지어 두려움까지 느끼게 되는 것이다.

또한 영재 분야는 신화(myths)와 전형적인 형식(stereotypes)들이 만연해 있고(Colangelo, 1979; Solano, Note 1), 부모들은 영재성에 대한 여러 가지 잘못된 개념을 가지고 있다. 부모들은 영재 자녀를 이해하는 데 방해가 될 수 있는 전형적인 시각을 가질 수 있는 것이다.

역사적으로 특수아동(정신지체) 등의 부모들은 특별 프로그램에 자녀를 참여시키는 것에 관해 선택권이 거의 없었다(Ross, 1964). 그러나 영재학생의 부모는 좀 다른 상황에 처한다. 이 부모는 자녀를 특별한 영재 프로그램에 참여시킬 것인지 아닌지에 대한 의사결정에 직면한다. 사실상 부모들은 지역(국가)의 모든 영재 프로그램에서 아들과 딸의 참여에 대한 의사결정을 하게 된다. 그러한 의사결정에서 특히 어려운 점은 영재아동을 정말로 도울 수 있는 특별 프로그램에 대하여 상당한 불일치를 보이고 있다는 것과(Baer, 1980; Goldberg, 1965; Marland, 1972, Renzulli, 1977, 1980; Stanley, 1976a, 1976b; Weiler, 1978), 부모들이 실제로 또래 관계(Clark, 1979)에 지장을 줄 수 있다는 것이다. 이런 곤란한 상황에 직면할 때 부모에게 의사결정이 필요하다.

부모는 자녀의 교육 계획에 대하여 의사결정의 기회를 가져야 한다. 그러나 부모가 잘 알고 있지 않다면, 충분하고 건전한 의사결정을 할 것이라고 기대할 수 없다. Dunlap(1958)은 부모는 자녀가 똑똑하다고 생각은 하지만, 자녀의 실제 능력을 정확하게 알지 못한다고 주장했다. 이런 경우 부모가 자녀에게 가장 유익한 프로그램이 무엇인지를 평가하는 것은 어려운 일이다.

특히 영재교육 분야의 교육 전문가들은 영재아동의 교육과 사회적 발달에서 부모와 가족이 가지는 중요성(important benefits)에 대해 의견의 일치를 보인다(O'Neil, 1978). Morrow와 Wilson(1961)은 건전한 관계와 부모-자녀의 상호작용은 영재아동의 긍정적 적응에 중요한 영향을 준다고 보고했다. Sanborn(1979)은 "부모가 자녀의 발달에 강력한 역할을 하는 것은 분명하다. 좋든 나쁘든 아동의 역량과 기질은 부모의 영향을 보여 준다."(p. 396)라고 했다.

영재 부모에 관련된 논문 개관

교육 전문가, 특히 상담자들의 중요한 기능 중 하나는 부모를 대상으로 하는 것이다. 영재아동의 부모는 자녀의 높은 능력에 대해 특별한 요구를 가지므로, 상담자들은 이러한 특별한 요구에 대해 정통해야 한다. 영재 부모의 특별한 요구에 관한 논문을 철저하게 검토하는 동안 영재 분야의 교육 전문가, 특히 상담자들이 관심을 가지는 네 가지의 주된 쟁점이 드러났다.

1. 부모들은 영재아동을 판별할 때 자신의 역할에 대하여 혼란스러워한다. 몇몇 부모들은 (그리고 학교는) 이것이 전적으로 학교의 책임이라 생각하는 반면, 또 다른 부모들은 판별 과정에 능동적으로 참여하려고 한다. 하지만 많은 부모들은 참여하기를 원하는 만큼, 자녀에게서 기대하는 것이 무엇인지를 알지 못한다(참여에 대한 관심은 높지만 정작 자녀에게 무엇을 원하는지

는 모르면서 참여하려고 한다)고 말했다. 이와 같이 부모들은 판별 과정에서 자신의 역할에 대한 지침뿐만 아니라, 영재아동의 특성 판별에 대한 지식 역시 부족하다.

2. 일반적인 쟁점은 영재아동의 성취에 대한 부모의 깊은 관심과 불안을 동시에 보여 주었다. 이러한 분야의 경험적 논문은 부모들에게 분명하고 일관성 있는 지침을 제공하지 못했다. 예를 들어, 부모의 압력은 성취(Nichols, 1964)와 미성취(Raph, Goldberg, & Passow, 1966) 모두에 관련이 있다고 나타났다. 영재 부모들에게 더 쉽고 활용 가능한 논문은 대개 최근 증가하는 대중적인 '입문서('how-to' book)'들로 이루어져 있다(예, Delp & Martinson, 1977; Ginsberg & Harrison, 1977). 부모를 위한 전형적인 방법은 가정에서 자녀와 관계를 맺는 데 대한 매우 일반적인 조언 이외에 아동을 위한 폭넓은 독서와 과외 활동(특별활동)을 포함하고 있다. 이러한 자료(resources)들의 문제는 실제적인 정보를 제공하지 못하고, 영재아동과 관련된 가족 상호작용의 복잡함과 미묘함을 논의할 수 없다는 것이다.

3. 논문의 많은 쟁점들은 가족관계와 영재아동에 대해 가지는 부모의 문제점과 관심을 중심으로 전개되었다. 자주 인용되는 관련 분야는 훈육과 형제자매 사이의 경쟁 방지와 감소에 관한 것이었다. 성취에 대한 쟁점들과 마찬가지로, 이러한 문제의 해결을 위한 체계적인 관심이 없었다. 또한 부모들은 종종 가족 중에 영재아동이 있기 때문에 발생하는 개인적인 어려움이 있다고 보고했다. 대개 나타난 문제점들은 부부관계의 변화, 영재아동에 대한 기대와 기준에 대한 의사소통의 부족, 그리고 잠재되어 있거나 인지된 아동의 부적응에 대한 많은 우려를 포함했다. 영재 부모들이 영재 자녀를 위한 준비가 충분하지 않다고 생각하는 것이 가장 근본적인 우려인 듯하다.

4. 끝으로, 부모와 학교의 관계인데 이것은 논문에서 종종 언급되는 쟁점이다. 부모들이 영재 자녀의 교육에 참여하고 도움이 되기를 원한다는 것은

사회적·정서적 문제, 미성취, 상담

분명하게 나타났다. 그러나 부모들은 이러한 분야에서 자신의 역할과 학교에 대하여 기대하는 것에서 곤란을 겪는다. 부모들은 종종 모든 책임을 학교에 돌린다. 그러나 그 결과에 만족하지 못한다. 혼란스러운 학교-가정 관계에서 흔히 발생하는 결과로, 부모들은 자녀의 교육적 요구의 충족에 대하여 결정하고 요청하는 데 책임을 질 때 더 공격적(적극적)일 수 있다.

이러한 핵심으로부터, 상담자에게 명백한 것은 영재학생의 부모가 다양한 쟁점에 직면한다는 것이다. 상담자들이 도움을 제공하려면, 이러한 쟁점에 대해 부모의 이해가 중요하다.

상담적 접근

상담자들이 영재의 부모에 대해 취할 수 있는 선택과 접근법을 보다 완전히 이해하기 위해서, 우리는 상담자들을 도울 수 있는 모형을 만들었다. 제시된 모형은 세 가지 기초적인 상담 접근법에 대한 우리의 견해를 보여 준다. 세 가지 접근법들은 상호 배타적이지는 않지만, 각 접근법에 대한 근본적인 주안점은 다르다. 또한 각 접근법에는 고려되어야 할 강점(장점)과 약점(단점)이 있다.

부모중심 접근은 거의 대부분 부모의 동기와 그들의 배경(자원)에 전적으로 의존한다. 강점은 부모들이 자녀의 지적이고 정의적인 발달의 중심에 있다고 생각하는 것이다. 이 접근법은 부모의 폭넓은 역할을 허용한다. 실제로 이러한 부모의 역할은 학교교육이 점차 제도화되고 부모의 참여로부터 떨어져 나오면서 축소되고 있다. 이러한 접근법은 부모가 가진 자원(resource), 지식, 그리고 능동적인 관심에 따라 매우 제한을 받는다. 많은 부모는 영재의 다양한 요구에 대해 쉽게 준비하지(도움을 주지) 못하며, 경제적 지위와 교육 정도와 같은 요인들에 따라 자녀들의 재능 계발을 위한 기회들이 제한될 수 있다.

학교중심 접근은 진행(개발) 중인 프로그램을 제공한다는 점에서 더 많은 발전 가능성(잠재력)을 가진다. 학교는 많은 영재학생에게 제공할 수 있는 장기 프로그램을 마련할 수 있다(부모중심 접근법에서는 부모가 자신의 자녀에게만 제공할 것이다.). 또 학교는 프로그램을 조직할 때 도움을 줄 수 있는 훈련된 전문가(예, 심리학자, 상담자)를 손쉽게 요청할 수 있다. 이러한 접근은 분명한 강점이 있지만, 또 주의해야 할 제약이 있다. 학교중심 접근법에서 영재의 요구는 학교의 우선 사항에 속해 있으며, 몇몇 학교는 적절한 서비스를 제공할 수 있는 자원이나 책임(의무)을 가지고 있지 않다. 대부분의 상담자와 교사는 일방적인 교육적 의사결정을 함으로써 부모의 역할을 최소화한다. 이러한 정책(방침)의 한 가지 결과는 상담자가 부모로부터 얻을 수 있는 정보에 기초한 통찰력을 사용할 수 없다는 것이다. 상담자가 부모로부터 많은 정보를 얻을 때 영재에게 보다 효과적일 수 있다는 Sanborn(1979)의 보고에 따르면 이러한 접근은 바람직하지 못한 것이다.

장기적인 이점을 고려할 때, 가장 효과적이고 유망한 접근은 **협력적 접근**이다. 협력적 접근은 가정과 학교의 효과와 자원을 통합하기 때문에, 부모와 상담자의 능동적인 참여가 필요하다. 그러한 공동의 책임은 영재의 상담적 요구를 충족시켜 주기 위한 가정과 학교의 중요성을 강조한 연구들과 일치한다. 협력적 접근은 아동뿐만 아니라 부모와 상담자에게도 더 가치가 있는 것이라 여겨진다. 부모는 자녀의 교육적 요구를 충족시키기 위하여 능동적으로 참여할 수 있는 기회를 가지게 된다. 상담자는 전형적인 학교 관찰에만 의존할 경우 사용할 수 없는 포괄적인 정보에 접근할 수 있을 것이다. 부모와 상담자 모두 그들의 자원(resources)을 연합시켜야 하며, 동시에 교육계획에 대한 공동의 의사결정 책임을 유지해야 할 것이다. 영재아동이 가정과 학교의 불일치(discord)에 직면하지 않기 때문에, 이러한 협력관계는 영재아동에게 도움이 될 것이다. 영재아동이 지속적인 학습을 할 수 있도록 가정과 학교의 생활은 통합되어야 한다.

사회적 · 정서적 문제, 미성취, 상담

상담자
영재의 특별한 요구에 대한 지식
영재 부모들의 특별한 요구에 대한 지식

부모중심 접근

가정
- 부모는 아동의 지적, 정의적 발달에 책임이 있다.
- 가정환경은 영재의 발달에 매우 중요하다.
- 부모가 아동의 요구를 알았다면 외부 전문가를 찾거나 심화활동을 제공해야 한다.

상담자의 역할
- 부모가 활용할 수 있는 정보나 조언 제공
- 부모가 아동을 위한 적절한 경험을 능동적으로 찾을 수 있도록 격려

부모의 역할
- 자녀를 위한 준비에 매우 능동적이어야 한다.
- 역할은 재정적 자원과 부모의 흥미가 허락되는 만큼 능동적이다.

학교중심 접근

가정
- 학교는 아동의 지적, 정의적 발달에 책임이 있다.
- 학교 환경은 영재의 발달에 매우 중요하다.
- 학교는 적절한 영재 프로그램을 도입해야 한다.

상담자의 역할
- 영재의 요구에 대한 전문가
- 영재의 요구가 전문가나 학교 프로그램을 통하여 가장 잘 충족될 수 있는지 부모가 확인할 수 있도록 돕는다.

부모의 역할
- 수동적인(소극적인) 참여
- 자녀를 위한 교사로 볼 수 없음
- 부모의 역할이 특히 부모/학교 조직 등에 제한되어 있다.

협력적 접근

가정
- 상담자는 영재 부모에게 도움을 줄 수 있는 전문성을 가진다.
- 영재 부모는 상담자와 학교가 아동을 이해하기 위해 필요로 하는 지식과 전문성을 가진다.
- 상담자의 도움을 필요로 하는 부모는 자녀의 학습과정에 능동적으로 참여할 수 있다.

상담자와 부모의 역할
- 부모와 협력관계
- 부모에게 정보 제공을 하고 아동에 대한 정보를 이끌어 낸다.
- 부모와 상담자는 영재의 교육적 요구를 충족시키기 위한 가장 좋은 방향에 대한 합의된 의사결정을 한다.

[그림 14-1] 상담자가 영재 부모를 대상으로 하는 세 가지 접근

함 의

상담자와 학교 인사들은 부모가 영재아동의 교육적 발달에 중요한 요인이라고 인정한다. 그러나 현재는 부모를 대상으로 한 일관성 있고 체계적인 접근법이 없다. 특히 영재 프로그램에 대한 부모 참여는 무계획적으로 전개되고 있다. 이 논문에서 제시된 모형의 독창성은 상담자들(그리고 다른 교육 전문가들)에게 부모가 참여하는 일관성 있는 프로그램 개발을 위한 하나의 수단을 제공하는 것이다. 이 모형에 기초하여 상담자는 서로 통합되기를 원하는 접근법에 대한 계획뿐만 아니라, 현재 사용하는 제3의 접근법을 이해하고 설명할 수 있다. 상담자와 다른 교육 전문가는 프로그램의 목표와 평가절차를 체계화(공식화)할 수 있다. 상담자는 이런 방법으로 영재 부모들에 대한 자신의 역할을 정의하기 위한 틀을 갖는다.

📖 참고문헌

Baer, N. A. (1980). Programs for the gifted: A present or a paradox? *Phi Delta Kappan, 61*, 621-623.

Clark, B. (1979). *Growing up gifted: Developing the potential children at home and at School.* Columbus, OH: Charles E. Merrill.

Colangelo, N. (1979). Myths and stereotypes of gifted children: Awareness for the classroom teacher. In N. Colangelo, C. H. Foxley, & D. Dustin (Eds.), *Multicultural non-sexist education: A human relations approach.* Dubuque, IA: Kendall/Hunt.

Colangelo, N., & Zaffran, R. T. (Eds.). (1979). *New voices in counseling the gifted.* Dubuque, IA: Kendall/Hunt.

Delp, J. L., & Martinson, R. A.(1977). *A handbook for Parents of gifted and talented.* Ventura, CA: Ventura County Superintendent of Schools

사회적 · 정서적 문제, 미성취, 상담

Office.

Dunlap, J. M.(1958). The education of children with high mental ability. In W. M. Cruickshank & G. O. Johnson (Eds.). *Education of exceptional children and youth*. Englewood Cliffs, NJ: Prentice-Hall.

Ginsberg, G., & Harrison, C. H.(1977). *How to help your gifted child: A handbook for parents and teachers*. NYC: Monarch Press.

Goldberg, M. L. (1965). *Research on the talented*. Columbia University: Bureau of Publications.

Marland, S. P. (1972).*Education of the gifted and talented*. Report to the Congress of the United States by the US Commissioner of Education. Washington, DC: US Government Printing Office.

Morrow, W. R., & Wilson, R. C. (1961). Family relations of bright high achieving and underachieving high school boys. *Chiid Development. 32*, 501-510.

Nichols, R. C. (1964). Parental attitudes of mothers of intelligent adolescents and creativity of their children. *Child Development. 55*, 1041-1049.

O'Neill, K. K. (1978). Parent involvement: A key to the education of gifted children. *Gtyted Child Quarterly. 22*, 235-242.

Raph, J. B., Goldberg, M. L., & Passow, A. H. (1966). *Bright underachievers*. NYC: Teachers College Press.

Renzulli, J. S. (1977). *The enrichment triad model: A guide for developing defensible programs for the gifted and talented*. Wethersfield, CT: Creative Learning Press.

Renzulli, J. S. (1980). What we don't know about programming for the gifted and talented. *Phi Delta Kappan. 61*, 601-602.

Ross, A. O. *The exceptional child in the family*. NYC: Grune & Stratton, 1964.

Sanbom, M. P. (1979). Working with parents. In N. Colangelo & R. T. Zaffrann (Eds.), *New voices in counseling the gifted*. Dubuque, IA: Kendall/Hunt.

Stanley, J. C. (1976a). Identifying and nurturing the intellectually gifted. *Phi Delta Kavpan. 58*, 234-237.

Stanley, J. C. (1976b). The case for extreme educational acceleration of intellectually brilliant youths. *Gifted Child Quarterly. 20*, 66-75.

Weiler, D. (1978). The alpha children: California's brave new world for the gifted. *Phi Delta Kappan. 60*, 185-187.

사회적 · 정서적 문제, 미성취, 상담

15

영재청소년 상담: 학생, 학부모, 전문가를 위한 교육과정 모형[1]

Thomas M. Buescher(Northwestern University)

영재학생이 필요로 하는 상담을 제공하기 위해서는 자기 계발에 대한 지식, 사회 현실에 대한 이해, 청소년기의 갈등과 친교 간 상호작용에 대한 이해를 증가시키기 위한 세심한 노력을 해야 한다. 이 논문은 영재청소년의 올바른 성장을 돕고 그들이 필요로 하는 상담을 제공해 주기 위해 사용되고 있는 복선형 교육과정(two-tiered curriculum)에 대해 살펴본다. 이 교육과정은 영재청소년과 학부모, 교사 및 상담자들이라는 두 대상에게 통합 학습 전략을 적용하는 것으로, 아동의 발달과 관련된 쟁점들이 교육과정의 핵심을 이루고 있다. 아울러 이 교육과정 모형의 특징, 표본단원 설계(sample unit design), 교육과정의 시행을 위한 제언 등으로 논문을 마무리한다.

서 론

예방에 초점을 두고 청소년을 지원하고 양육하는 것은 여기에서 설명하는 상담 교육과정 모형(counseling curriculum model)만이 가진 독특한 특성

---

1) 편저자 주: Buescher, T. M. (1987). Counseling gifted adolescents: A curriculum model for students, parents, and professionals. *Gifted Child Quarterly, 31*(2), 90-94. ⓒ 1987 National Asociation for Gifted Children. 필자 승인 후 재인쇄.

이 아니다. 상담심리학자, 사회사업가 및 교육심리학자는 정신건강(mental health)과 관련된 문제에 초점을 맞추는 접근이 필요하다고 주장하지만, 일반적으로 그러한 전략들은 주로 정상적으로 적응하지 못하고 약물 남용, 우울증, 친구에 대한 공격성, 성적 행동 등을 나타내는 문제에 초점을 맞추고 있다.

최근에는 학자들이 개인 및 집단 상담 분야에서 좀 더 예방적인 접근을 탐색하고 개발하기 시작했다(Colangelo & Zaffran, 1979; Delisle, 1984a; Foster, 1985; Silverman, 인쇄 중; Buescher and Higham, 1984). 이러한 접근법들은 뛰어난 능력에 대한 보상 또는 적응을 위해 영재가 주로 사용하는 독특한 행동이나 극복 기제에 초점을 맞추고 있다.

차별화된 교육과정을 통해 재능 있는 청소년을 효과적으로 지도하고 상담하는 것은 임상 전문가 및 교육 전문가들이 주장하는 여러 가지 중요한 근본 원리(first principle)들을 전제로 한다. 그중에서도 가장 관련 깊은 세 가지를 살펴보면, 첫째, 중재 단계나 반응 단계보다는 사전예방 단계에서 효과적인 생활지도와 상담이 이루어진다. 둘째, 영재청소년은 타인(부모, 교사, 친구)의 기대와 같은 '압력'에 따라, 자신이 스스로 정한 예외적인 표준에 고착된다. 셋째, 개별 청소년의 다중 재능(multipotentialities)과 과잉흥분(over-exciteabilities)을 잘 알면 이들이 하는 적응의 역동성에 대해 잘 알 수 있다(Piechowski & Colangelo, 1982). Delisle(1984a)는 어린 청소년의 삶에 대해 다소 예방 차원에서 좀 더 지원적인 측면의 상담을 시작해야 한다고 주장한다. 어떤 면에서는 위기 중재(crisis intervention; 문제가 발생한 후에 도움을 주는 것)가 바람직하고 필요하지만 이것이 전부가 되어서는 안 된다. 특히 청소년들은 돌이킬 수 없는 결과가 나타나기 전까지는 결정적인 증상들을 숨기려고 하기 때문이다.

여기에 설명하는 상담 교육과정의 주요한 초점은 정교한 발견, 개념화, 필수 발달 영역의 통합 등이다. 현재 큰 관심을 받는 집약적 문제해결과 적응과 관련한 문제는 개별 상담 및 가족 상담을 통해 가장 잘 해결될 수 있다.

알아 가는 것의 중요성

지식, 특히 자신에 관한 지식은 우연히 얻어지지 않는다. 우연적 학습 (incidental learning)은 새로운 학습(novel learning)의 시작이 될 수도 있지만 기껏해 봐야 진정한 지식의 그림자 이상이 될 수는 없다. 만약 청소년들이 자신의 성장과 발전, 정체성, 희망 진로 등에 대한 생산적인 통찰력을 가질 수 있다면, 그들이 무엇을 해야 하며, '뭘 알아야 하는지' 확신할 수 있도록 해 주는 효과적인 전략을 사용할 수 있을 것이다.

상담 교육과정의 중핵(the core of the counseling curriculum)은 Smith, Goodman 및 Meredith(1982)가 개발하였고, 정보처리 이론을 교육 영역에 적용하는 데 관심이 많은 다수의 교육과정 설계자들이 수정한 3단계 학습모형이다.[2] 'Coming to know(알아 가는 것)'에 대해 이 모형은 새로운 정보가 두 가지, 즉 과거의 경험과 현재의 구조화된 일반화(개념)에 근거해서 만들어진다고 가정한다. 'coming to know' 하려는 개인은 하나의 특정 개념을 완벽히 알기 위해서 '지각(perceiving)' '관념화(ideating)' '제시(presenting)'라는 세 단계를 반드시 거쳐야 한다. 이 모형의 첫 번째 단계인 **지각**은 학습과정에서 가장 중요시되고 강조되는 단계지만, 불행하게도 교육자와 학생 모두 교육과정이나 현장 활동 등에 쫓겨 새로운 정보를 인식하기 힘들다. 계속적인 연구와 평가에서 알 수 있듯이, 지각이 '알아 가는 것'의 가장 우선이며 개념을 획득하고 행동에 영향을 미치거나 변화시키기 전에 반드시 해야 하는 것이다(Buescher, 1982).

두 번째 단계인 **관념화**는 설명하기는 힘들지만 인식하기는 쉽다. 새로운

---

2) 학습모형을 활용하고 평가하기 위한 교육과정 설계 연구는 현직 교사교육 프로그램, 교육과정과 수업에서의 대학원 프로그램, 초등학교와 중학교의 언어 교과 및 사회 연구 프로그램 및 취학 전 특수교육에서의 특별 훈련 활동 등을 포함한다. 이 분야의 주 연구자들을 살펴보면, E. Brooks Smith, Carol Stenroos, David Wallace, Thomas Buescher 등이 있다. 모든 연구는 1976~1982년 동안 웨인 주립 대학교(Wayne State University)에서 이루어졌다.

생각이나 개념이 한 사람의 정신(psyche) 세계에 들어오면 그 안에서 엄청나게 많은 작용이 일어난다. 즉, 예전의 생각과 개념은 변화를 거부한다. Piaget 같은 학자들은 개인이 현재 가지고 있는 개념적 틀이 새로운 변화, 특히 중요한 가치들과 연관될 때 어떻게 거부하는지를 보여 주면서 이러한 현상을 설명한다. 하지만 물리적 의미의 불균형이든 개념적 의미의 불균형이든 새로운 중요한 개념을 학습하는 데는 이와 같은 불균형이 꼭 필요하다. 여기에서 설명하는 교육과정의 모형이 바로 이것이다. 즉, 지각이 불일치를 만들어 내고, 학습자로 하여금 더 나은 해결 방안을 내리도록 하거나 관념화하게 만든다.

이와 같은 이유로 세 번째이자 마지막 단계인 **제시**가 아주 중요하다. 새로운 지식이 어떻게 이전의 지식을 밀어내거나 조화를 이루는지의 해결책을 제시함으로써 개인은 새롭게 만들어진 개념이나 일반화를 진정으로 소유하는 것이다. Smith와 동료들(1982)은 이러한 과정을 새로운 일반화라고 부른다. 이러한 새로운 일반화는 또 다른 지각, 관념화, 제시를 거쳐 궁극적으로 행동의 변화를 일으키게 한다.

지금부터 설명하려는 상담 교육과정의 맥락에서 이 세 가지 단계가 영재학생이 청소년기(사춘기)에 접어들고, 그것을 이해하는 것에 대한 새로운 개념을 획득하고 활용하기 위한 필수적인 틀이 된다. 상담에서 예방적 전략으로써 청소년기(사춘기) 정보를 제공하는 것만으로는 충분하지 않다. 관념화와 제시도 똑같이 촉진되어야 한다.

교육과정 핵심 쟁점

상담 교육과정은 네 가지의 중요한 주제에 초점을 둔다. 청소년 성장과 발달, 정체성과 적응, 인간관계의 변화, 그리고 직업(진로)이다. 이 네 가지 주제들은 개인 학습자나 소집단, 학급 등에서 수행한 수많은 조사들에 대한

사회적·정서적 문제, 미성취, 상담

통합(umbrella)을 제공해 준다([그림 15-1] 참조).

상담 대상(청소년, 부모, 상담자, 교사)과 제공되는 상담 시간에 따라서 핵심 쟁점에 대한 강조점이 달라진다. 네 가지 영역 모두 가정과 학교에서의 경험과 통합적으로 연계되어 있어서, 2개 또는 그 이상을 묶어 주제별로 살펴보기도 쉽다. 예를 들어, 어린 청소년은 신체의 크기와 구조, 호르몬 분비가 친구들이 보는 자신의 이미지에 어떠한 영향을 미치고 있는지, 또는 그들이 경험하는 스트레스, 가족이나 친구들에 대한 느낌 등과 같은 것을 주의 깊게 탐색할 것이다. 교육과정을 만들기 위해 네 가지 영역을 모두 활용함으로써, 청소년기에서의 자연스러운 상호작용이 학습을 향상시키기 위해

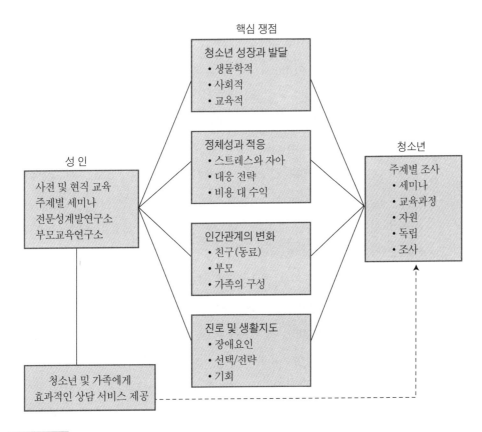

[그림 15-1] 상담과정 모형

일어날 수 있다.

아울러 상담자나 교사를 위해서는 다음과 같은 것들이 중요하다. 청소년 기의 개관(Offer, Ostrov, & Howard, 1981; Elkind, 1984; Buescher, 1985), 청소 년 삶의 체계적 조사(Csikszentimihalyi & Larson, 1984), 영재가 되기 위한 젊 은이들의 경험과 대응(Galbraith, 1983; Delisle, 1984b), 청소년이 부딪히는 문 제들에 대한 임상 정보(McCoy, 1982; Buescher & Higham, 1984), 청소년과 그들의 가족 및 친구 관계에서 발생하는 변화(Montemayor, 1984; Youniss & Smollar, 1985) 등이다.

실제 교육과정 모형 사례

앞에서 기술했듯이(Buescher, 1984), 상담 교육과정은 언어(말)와 경험에 기초해서 만들어진다. 여기에 중요한 영향을 미친 것은 James Britton (1971)이 수행한 아동들의 사고와 행동에서 언어의 역할 연구였다.

Britton과 Burgess(1978)는 상급생들 사이에서의 문어(written language) 의 강력한 중재 역할을 탐색하기 위해서 11세와 18세 아이들의 글쓰기 유 형, 내용, 구조를 연구했다. 이들은 이 연구에서 글쓰는 사람의 관점에 따라 처음에는 '표현적(expressive)', 그 다음엔 '교환적(transactional)', 마지막에 는 '시적(poetic)'으로 발전한다는 것을 증명하였다.

청소년기가 되기 전 어린아이들은 자신의 개인적인 감정이나 반응 및 경 험을 '표현'하기 전에 글로 쓰인 언어(문어)를 사용한다. 하지만 청소년기에 접어들면서 관점이 바뀐다. 즉, 존재하는 (최소한 존재한다고 가정된 상태에서) 대상자들과 함께 의사소통하기 위한 언어를 사용한다. 어린 청소년은 자신 이 쓴 것을 읽을 사람이 있다는 것을 알고 있으며, 따라서 생각이나 성격 및 경험을 구체적으로 제시하려고 한다. 청소년기 후반으로 오면, 아이들은 글 로 쓰인 것으로부터 독자들이 새로운 개념이나 일반화를 이끌어 낼 수 있도

사회적 · 정서적 문제, 미성취, 상담

록 도와주는 데로 관심이 옮겨 간다. 15~16세가 되면 저자의 글을 완전히 이해시키기 위해, 독자가 읽기에 몰입하도록 만드는 더 시적이고 은유적인 글쓰기를 한다.

Britton의 청소년기 글쓰기 과정의 일반화 개념을 활용하여, 유명한 고전문학, 설명적이고 창의적인 글쓰기, 초점이 있는 강의와 토론, 독자적인 개별 연구, 경험의 비공식적 공유 등을 통해서 영재청소년이 자신의 삶에서 중요한 국면을 탐색할 수 있게 만드는 교육과정 구조를 만들어 낼 수 있다.

어떻게 할 수 있는가? [그림 15-2]에 청소년 발달(생물학적 성장과 심리사회적 적응)과 연관된 영역을 탐색하는 교육과정 단원 중 하나의 일반적인 구조가 잘 나타나 있다.

이 단원의 목적은 영재청소년이 가족과 친구들과 관련된 정서적 과민성에 대해 증가된 호르몬 불균형의 작용에 대하여 여러 가지 일반화를 발견하고 표현할 수 있도록 하는 것이다. 이 모형은 집단으로 하여금 두 개의 균형적인 활동을 하게 하는 것으로 시작된다. 즉, 주제와 관련된 유명한 출판물 중에 선택된 3개의 소설(모든 학생이 3개 중 2개를 선택) 읽기와 탐색하려는 주제에 대해 그 집단이 가지고 있는 개념도(concept map)를 사전에 구성하도록 하는 것이다. 개념도는 교사나 상담자가 알려진 사실 또는 개념, 집단 구성원들의 실제 경험, 모호한 정보, 명백한 미신과 오해에 대한 교육과정을 만들도록 하는 데 결정적인 단서를 제공한다. 이와 같이 초기 개념도 위에 새로운 정보를 선택적으로 만듦으로써, 관련된 교과를 직접적으로 가르치거나 문헌 중에서 관련된 목록을 계속 분석하게 하여 교사와 학생이 모형의 첫 단계인 지각을 할 수 있다. **지각**은 집단 구성원으로부터 도출된 개인의 사진이나 경험을 추가함으로써 활성화된다.

새로운 정보의 기초를 만들면 다음 단계인 **관념화**로 넘어간다. 집단 토의와 같은 목적의 창의적 글쓰기 활동은 학생들이 사전에 가진 개념적 틀 속으로 새로운 사실과 인식을 집어넣도록 만든다. 예를 들어, 학생들은 두 명의 청소년 간의 대화 전개에 초점을 둘 수도 있다. 만약 그 대화를 만들어 내는

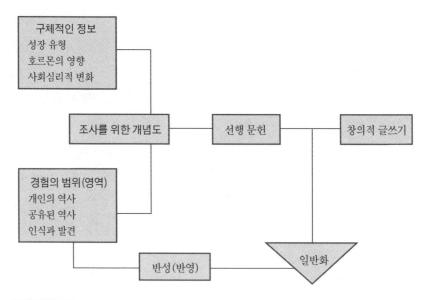

[그림 15-2] 청소년기 탐색을 위한 단원의 구조

상황을 교사가 잘 구조화했다면, 저자의 느낌이나 통찰력 또는 예측 불가능
한 행동의 변화를 이해하는 것에 대한 중요한 단서들이 이전에 집단에서 분
석되고 토의된 요인들과 연결될 수도 있다. 관념화를 효과적으로 자극하는
또 다른 것으로는 새롭고 좀 더 복잡한 단편소설을 소개하는 것이다.

교육과정 모형의 가장 큰 장점은 발견된 일반화를 형식적인 과정으로 **제
시**할 수 있다는 것이다. [그림 15-2]의 예시 모형을 보면 이 단계를 완성하기
위한 '반성(reflection)'이라는 특별한 활동이 있다. 위 모형의 맥락이 언어에
기반을 두고 있으므로 이 반성은 창의적 글쓰기의 원천이 될 것이며, 시나
소설이나 드라마 대본이 될 수도 있으므로 반성은 이것을 끝내기까지 정해
진 시간이 없다. 내용은 일일이 열거되지 않지만 반성은 중요한 통찰력을
지닌다. 보통 이러한 일반화를 실제로 가르치지 않기 때문에 이 글쓰기는
학습에 제시된 개념의 가장 중요한 측면을 반영한다. 따라서 마지막 산출물
인 제시는 교사나 상담자가 이 단원의 활동에서 목표로 한 개념을 기술하고
확증한다.

사회적·정서적 문제, 미성취, 상담

제 언

상담 교육과정은 영재학생을 위해 중학교 또는 고등학교에서 융통성 있게 구성될 수 있다. 이상적으로는 이 프로그램이 프로그램 영역 상담자, 교사, 조정자를 포함한 전문가 팀으로 인력이 구성되고 실행되어야 한다. 상담 관련 인사, 사회사업가 또는 심리학자, 외부 자문가들은 청소년 성장과 발달 영역의 내용 전문 지식을 제공할 수 있다. 충분한 자료와 준비가 되어 있을 때, 자질을 갖춘 구성원이 교육과정에 포함된 학습활동을 쉽게 지도할 수 있다.

교육과정은 여러 가지 방법으로 실행될 수 있다. 가장 좋은 방법은 개인의 성장과 적응(보통 고등학교 수준에서 가르쳐짐) 또는 문학과 글쓰기 같은 기존의 교과 내에서 일정 기간을 계획하는 것이다. 이러한 방식으로 교육과정은 다른 관심 영역과 전문성 영역과도 결합할 수 있다. 또 다른 효과적인 방식은 영재청소년과 함께 특정 주제에 초점을 맞춘 세미나를 매달 개최하는 방식으로 내용중심적인 교육과정을 사용하는 것이다. 이것은 학생들이 개별적으로 읽게 한 다음에 매달 집단적으로 만나서 토론을 하고 나이별, 학년별로 공유한 다음 산출물을 만들어 내는 것이다.

교사, 상담자, 영재청소년의 부모들의 연수(훈련) 모형은 과소평가되어서는 안 된다. 어려운 쟁점, 복잡한 상호작용, 다른 사람의 기대 역할 등은 모형 설계에 따라 경제적으로 검토될 수 있다. 지금까지 설명한 교육과정은 지난 2년간 재능계발센터(the Center for Talent Development)에서 실시한 현직 연수에 참여한 중등학교 상담자 및 교사들과 함께 활용한 결과, 계속 개선되고 있다. 현장에서의 실행은 영재학생들을 위해 중학교에서 다양한 프로그램으로 이루어지고 있다.

Benjamin Bloom(1985)이 재능 계발에 대한 최근의 회고적인 연구에서에서 언급한 것처럼, 청소년들은 특별한 재능 영역에서 최적의 성장과 성공의 수준에 도달하기 위해 계속적인 지원을 필요로 한다. 상담 교육과정의 예방적인 접근은 자신의 계발과 적응에 대해 정확한 통찰력을 가지도록 도와줄 뿐만 아니라 청소년기 동안에 성인들이 매우 중요한 역할을 해 주어야 함을 강조한다.

참고문헌

Bloom, Benjamin (Ed.). (1985). *Developing talent in young people*. New York: Ballantine Books.

Britton, J. (1971). *Language and experience*. Miami: University of Miami Press.

Britton, J., & Burgess, T. (1978). *Developmental study of children's writing: 11 to 18*. London: Routledge-Kegan Paul.

Buescher, T. M. (1982). Immersion learning project: Comparative models for inservice training; A final report. Detroit: Wayne State University.

Buescher, T. M. (1984, April). Investigating adolescence through literature and writing with gifted middle school students. Paper presented at the Annual Convention Council for Exceptional Children, Washington, DC.

Buescher, T. M. (1985). A framework for understanding the social and emotional development of gifted and talented adolescents. *Roeper Review, 8*(1), 10-15.

Buescher, T. M., & Higham, S. J. (1984). Young gifted adolescents: Coping with the stresses and strains of being different. Paper presented at 61st Annual Meeting, American Orthopsychiatric Association, Toronto.

Colangelo, N., & Zaffran, R. (1979). Counseling with gifted and talented students. In *New voices in counseling the gifted*. Dubuque, IA: Kendall-Hunt.

Csikszentmihalyi, M., & Larson, R. (1984). *Being adolescent*. New York: Basic Books.

Delisle, J. (1984b). *Gifted children speak out*. New York: Walker and Company.

Delisle, J. (1984a). Vocational problems. In J. Freeman (Ed.), *The psychology of gifted children*. London: John.

Elkind, D. (1984). *All grown up and no place to go.* Reading, MA: Addison-Wesley.

Foster, W. (1985). Helping a child toward individual excellence. In J. Feldhusen (Ed.), *Toward excellence in gifted education.* Denver, CO: Love Publishing Company.

Galbraith, J. (1983). *The gifted kids survival guide for ages 11 to 18.* Minneapolis, MN: Free Spirit Press.

McCoy, K. (1982). *Coping with teenage depression: A parents' guide.* New York: New American Library, Mosby.

Montmayor, R. (1984). Changes in parent and peer relationships between childhood and adolescence: a research agenda for gifted adolescents. *Journal for the Education of the Gifted, 8*(1), 9-23.

Offer, D., Ostrov, E., & Howard, K. (1981). *The adolescent: A psychological self-portrait.* New York: Basic Books.

Piechowski, M., & Colangelo. N. (1982). Developmental potential of the gifted. *Gifted Child Quarterly, 8*(2), 80-88.

Silverman, L. (in press). Issues affecting the counseling of older gifted students. In T. M. Buescher (Ed.), *Counseling gifted and talented adolescents: A resource guide.* Evanston, IL: Midwest Talent Search Project, Northwestern University.

Smith, E. B., Goodman, K., & Meredith, R. (1982). *Language, thinking and reading in the elementary school.* New York: Holt, Rinehart and Winston.

Youniss, J., & Smollar, I. (1985). *Adolescent relations with parents and friends.* Chicago: University of Chicago Press.

영재와 영재 가족을 위한
차별화된 상담: 요구사정[1]

Sidney M. Moon

Kevin R. Kelly

John F. Feldhusen

(Purdue University)

많은 학자들은 영재에게도 상담이 필요하다고 주장하고 있다(Colangelo, 1991; Kerr, 1986; Silverman, 1993b). 하지만 부모, 교사, 상담전문가들이 어떠한 유형의 상담이 영재아동의 발달에 가장 도움이 된다고 믿는지에 대한 연구는 거의 이루어지지 않고 있다(Myers & Pace, 1986; Passow, 1991; Shore, Cornell, Robinson, & Ward, 1991). 이 연구에서는 학부모, 학교 인사, 상담전문가 등 335명에게 설문조사를 실시하여, 대학의 상담센터에서 제공하는 상담에 대한 일종의 요구사정(need assessment), 즉 영재아동과 청소년들을 위한 특화된 상담의 필요성에 대한 인식을 조사하였다. 연구결과, 응답자들은 영재아동이 차별화된 상담으로만 충족될 수 있는 사회적, 정서적, 가정적 요구 및 재능과 진로 발달 요구를 가지고 있으나, 그러한 상담이 거의 이루어지지 않고 있다고 공통적으로 믿고 있었다. 결론적으로 상담 서비스가 더 발전되어야 하며, 상담전문가 훈련을 위한 연구가 필요함을 제언하고 있다.

1) 편저자 주: Moon, S. M., Kelly, K. R., & Feldhusen, J. F. (1997). Specialized counseling services for gifted youth and their families: A needs assessment. *Gifted Child Quarterly*, *41*(1), 16-25. ⓒ 1997 National Asociation for Gifted Children. 필자 승인 후 재인쇄.

상담 서비스

수많은 학자들이 영재학생들에게는 그들에게 맞는 특별한 상담과 생활지도(guidance)가 필요하다는 주장을 제기하고 있다(Colangelo, 1991; Dettman & Colangelo, 1980; Hollingworth, 1926; Frederickson, 1986; McMann & Oliver, 1988; Milgram, 1991; Silverman, 1991, 1993b; Webb, Meckstroth, & Tolan, 1982). 하지만 서로 다른 집단이 무엇이 필요하다고 인식하고 있는지 또는 정확히 무엇이 필요한지(필요의 본질)를 살펴본 연구는 거의 없다(Myers & Pace, 1986; Passow, 1991; Shore, Cornell, Robinson, & Ward, 1991). 이 연구의 목적은 대학의 상담센터가 영재아동과 가족에게 어떠한 유형의 상담을 제공하는 것이 중요하다고 생각하고 있는지에 대한 부모, 교사, 상담자 및 전문가의 인식을 알아보는 것이다.

선행연구 고찰

심리학적 학습능력 평가 및 재능 평가

일반적으로 재능, 특히 지능(intellectual talent)이나 학업적 재능(academic talent)은 일종의 심리학적 학습능력 평가(psychoeducational assessment)를 통해 알아볼 수 있다. 학교에서 지능 또는 학문적 재능을 알아보기 위해 가장 많이 사용하는 도구는 집단 성취도검사(group achievement test)다. 하지만 학년별로 표준화 성취도검사로는 인지 처리 능력에 대한 정보를 파악하기가 힘들다. 단지 잠재적 지적 능력을 아주 제한적으로 드러내 줄 뿐이고(Gardner, 1983; Maker, 1996), 천장효과(ceiling effects)에 부딪히기 쉬우며(Feldhusen & Baska, 1989; Feldhusen & Jarwan, 1993; Silverman, 1989), 문화적으로나 언어적으로도 편향된 결과가 나타나기 쉽다(Maker, 1996).

이 연구는 영재와 그들의 가족이 차별화된 상담을 필요로 하는 특별한 사회적, 정서적 지도를 요구하고 있음을 부모와 전문가가 인식하고 있다는 것을 보여 준다. 역사적으로 영재교육 분야는 차별화된 교육과정을 통해 영재의 학습 욕구를 충족시키는 데는 큰 관심을 기울였지만, 차별화된 상담을 통해 영재아의 사회적, 정서적 지도 및 진로 개발을 충족시키는 데는 큰 관심을 가지지 않았다. 따라서 차별화된 상담 서비스가 영재 가족에게 쉽게 활용되기 위해서는 많은 연구가 이루어져야 한다. 우선 대학교는 영재 관련 교과수업과 함께 상담연수(counselors-in-training)를 제공해야 하며, 영재와 가족이 함께 활동할 수 있는 기회를 제공할 필요가 있다. 이에 차별화된 상담 모형을 개발하고 평가하여야 한다. 또한 어떠한 유형에는 어떠한 상담 전략이 가장 효과적인지, 전통적인 상담 모형이 영재에게 적용될 때는 수정될 필요가 있는지 등에 대한 연구도 이루어져야 한다. 이 연구결과는 영재와 가족을 위한 차별화된 상담 서비스의 개발에 관심을 가지고 있는 부모와 전문가를 위해 사용될 수 있다.

개별 지능검사(individual intelligence test)는 지적 처리 과정에 대해 좀 더 정확한 정보를 제공해 주기는 하지만, 많은 시간과 비용이 요구되어 학교에서 영재아동에게 사용하기가 매우 힘들다. 지적인 영재아동, 특히 고도의 영재(Silverman, 1989)나 월반 후보자(Proctor, Feldhusen, & Black, 1988), 미성취 아동(Rimm, 1995), 장애영재(twice-exceptional children)(Barton & Starnes, 1989)을 판별하기 위해서는 개별 지능검사를 해야 한다는 주장이 제기되고 있다. Boodoo, Bradley, Frontera, Pitts 그리고 Wright(1989)는 2개 주에 걸친 설문조사를 통해 대부분의 학군에서 학습장애 아동들이 파악조차 안 되고 있음을 밝혔다. 지능검사는 서로 다른 인지 영역(언어, 공간지각, 논리사고 등)과 관련된 하위척도를 포함하고 있기 때문에 특히 학습장애아나 주의력 결핍장애 아동, 그리고 영재아동을 밝히는 데 도움이 된다. 이 학생들은 자신이 부족한 영역에 대한 하위척도 점수가 심각하게 넓은 분포로 나타나는 경향이 있다(Barton & Starnes, 1989; Fox, 1983; Schiff, Kaufman, & Kaufman,

1981; Suter & Wolf, 1987).

게다가 학교에서의 검사는 창의성, 시각 및 행위예술, 직업미술, 대인관계 등과 같이 지능-학업 영역 이외의 영역에서 재능을 가진 아동을 판단하기 힘들다(Feldhusen, 1995; Gardner, 1983). 이러한 영역은 심리측정으로 판별하기가 매우 힘들기 때문이다. 예를 들어, 창의성 평가(Tannenbaum, 1983)나 시각예술적 재능을 확인(Clark & Zimmerman, 1984)할 수 있는 신뢰있고 타당한 검사도구가 부족한 것이다. Clark와 Zimmerman(1984)은 시각 및 행위예술에서의 재능을 확인하기 위해 표준화된 예술 및 창의성 검사, 작품 포트폴리오, 그리기 과제, 수행 체크리스트, 약력, 학생 면접, 예술 행위 관찰 등을 포함한 다양한 방법을 사용해야 한다고 주장한다. 하지만 시각 및 행위예술에서의 재능을 알아보기 위해 학교에서 이와 같은 다중 측정법을 실시하기는 힘들다. 마찬가지로, 지도력이나 무용 등과 같은 비학업 영역에서의 재능을 파악하기 위해 그것들을 광범위하게 측정하는 학교는 거의 없다(Feldhusen, 1995). 이 연구는 영재아의 재능 측정의 필요성에 대한 인식을 알아보기 위한 것이다.

심리사회적 적응

일반적으로 적당히 지능이 높은 영재아들은 평균 이상의 심리사회적 적응을 보인다(Janos & Robinson, 1985; Robinson & Noble, 1991). 지능이 높은 아동들은 대부분 자아존중감, 특히 학문적 자아존중감에서는 심각한 장애를 보이지 않는다(Hoge & Renzulli, 1991, 1993). 하지만 임상자료에 따르면, 영재아들은 독특한 스트레스 요인을 가지고 있어서 사회적, 정서적 적응에 어려움이 있을 때 더 쉽게 상처를 받는 것으로 나타났다(Genshaft, Greenbaum, & Borovsky, 1995; Hoge & Renzulli, 1991; Hollinger, 1995; Silverman, 1993a, 1994; Webb, Meckstroth, & Tolan, 1982). 영재아들은 집중성, 민감성, 감수성, 높은 열정, 좌절에 대한 참을성 부족, 내·외적 기대 충족에 대한 압력, 완벽주의

사회적·정서적 문제, 미성취, 상담

등과 같은 특성을 가지고 있기 때문에 사회적, 정서적 문제에 대해 더 쉽게 상처를 받으며, 특히 가족이나 학교가 최적의 환경을 제공하지 못할 경우 갈등을 겪는다(Ford, 1989; Hafenstein, 1995; Kitano, 1990; Lewis, Kitano, & Lynch, 1992; Lovecky, 1992; Mendaglio, 1993; Roberts & Lovett, 1984; Sowa, McIntire, May, & Bland, 1994; Waldroo, 1990).

청소년기는 영재가 특히 상처받기 쉬운 시기다(Robinson & Noble, 1991). 영재청소년은 본인의 성취와 타인과의 협력 사이에 갈등을 경험하며(Gross, 1989; Clasen & Clasen, 1995), 자신의 재능을 부정함으로써 또래의 배척을 극복하는 특별한 전략을 개발한다(Cross, Coleman, & Terhaar-Yonkers, 1991; Clasen & Clasen, 1995). 부인 전략(denying straegies)을 가장 많이 사용하는 영재 집단은 고도의 영재아동, 여자 영재아동 및 언어 영재아동이다(Dauber & Benbow, 1990; Silverman, 1995; Swiatek, 1995).

학업적, 지적 영재들의 대부분은 높은 성취를 보이지만 일부분은 학교에서 낮은 성취를 보이기도 한다(Colangelo, Kerr, Christensen, & Maxey, 1993; Dowdall & Colangelo, 1982; Peterson & Colangelo, 1996; Rimm, 1995). 그리고 많은 미성취 영재아동은 심리적 적응과 관련된 문제를 가지고 있다(Dowdall & Colangelo, 1982). 연구자들은 가난, 지루함, 부적절한 학교 환경, 개인적인 부적응 문제, 또래의 영향, 사회적인 자기 방어기제, 가족 문제 등과 같은 수많은 원인들이 영재아의 낮은 성취를 야기한다고 말한다(Compton, 1982; Dowdall & Colangelo, 1982; Kolb & Jussim, 1993; Pirozzo, 1982; Rimm, 1995b, 1995c; Rimm & Lowe, 1988).

많은 학자들은 차별화된 심리교육적(psychoeducational) 중재 및 상담적 중재를 통해 영재아동만의 독특한 사회적, 정서적 요구를 드러낼 수 있는 체계적인 노력이 필요하다고 주장한다(Colangelo, 1991; Kerr, 1991; Milgram, 1991; Silverman, 1993a; Shore, Cornell, Robinson, & Ward, 1991; VanTassel-Baska, 1990; Webb & DeVries, 1993). 그리고 이와 유사한 차원에서, 학교에서 낮은 성취를 보이는 학업적, 지적 영재에게는 차별화된 교육적 생활지도

(Peterson & Colangelo, 1996), 가족 상담(Zuccone & Amerikaner, 1986), 학교-가족 간 긴밀한 협력 체제(Fine & Pitts, 1980; Rimm, 1995) 등과 함께 다양한 상담 서비스가 제안되고 있다. 이 연구는 영재성과 관련된 심리사회적 적응 문제를 지닌 성취 및 미성취 영재청소년을 돕기 위해 설계된 특별 상담 서비스에 대한 학부모, 학교인사, 지역 상담가들의 필요성 인식 정도를 알아보기 위해 수행되었다.

가족 발달

많은 가족에게 영재성은 스트레스로 작용하며, 부모에게 특별한 도전을 하게 한다(Keirouz, 1990; Moon, Jurich, & Feldhusen, 인쇄 중; Rimm, 1995). 영재 부모의 관심사는 가족의 역할과 관계, 부모의 자아개념, 가족 적응, 또래 관계, 미성취, 판별과 분류, 학교 프로그램 등이다(Colangelo, 1988, 1991; Hackney, 1981; Keirouz, 1990; McMann & Oliver, 1988; Silverman & Kearney, 1989; Wierczerkowski & Prado, 1991). 가족의 가치, 관계, 양육 방식 등은 영재성의 발달 방식뿐만 아니라 영재아동의 사회적, 정서적 적응에도 영향을 미친다(Bloom, 1985; Moon, Jurich, & Feldhusen, 인쇄 중; Gelbrich & Hare, 1989; Olszewski, Kulieke, & Buescher, 1987). 따라서 영재의 부모는 전문화된 지원 집단으로부터 도움을 받아야 하며(Meckstroth, 1991; Webb & DeVries, 1993), 영재의 부모에게는 차별화된 상담을 제공하여야 한다는 주장이 끊임없이 제기되고 있다(Colangelo, 1991; Dettman & Colangelo, 1980; Silverman, 1993a; Moon, Nelson, & Piercy, 1993; Porter & Meyers, 1995). 이 연구의 목적 중 하나는 상담자, 교육 전문가 및 학부모들이 영재아동의 가족도 차별화된 상담 서비스를 받아야 한다고 인식하고 있는지를 알아보기 위한 것이다.

사회적 · 정서적 문제, 미성취, 상담

상담자의 태도와 사전 준비

현재 영재아동과 그 가족에게 상담을 제공할 수 있는 훈련된 상담 인력은 매우 부족한 실정이다(Ford & Harris, 1995; Shore, Cornell, Robinson, & Ward, 1991). Ford와 Harris(1995)에 따르면, 대학의 상담자들은 영재학생의 특별한 요구에 대해 잘 모르고 있다. Deiulio(1984)는 「Marland 보고서」를 인용하면서, 다른 어떤 전문가들보다 상담자와 심리학자들이 영재에 대해 더 무관심하고 비우호적이라는 주장을 뒷받침하고 있다. 그리고 Robinson (1986)은 그러한 부정적인 태도가 시간이 지나도 지속되고 있음을 밝히고 있다. 다만, 학교에서는 영재에 대한 상담자들의 태도가 영재 프로그램 등 때문에 다소 우호적인데(Wiener, 1968), 이것은 영재학생의 요구에 대해 잘 알고 있는 것이 영재에 대한 태도나 제공되는 서비스의 질 등을 향상시킬 수 있음을 보여 준다. 따라서 상담자들에게는 영재와 함께 활동하는 것과 관련된 사전 교육 및 현직 교육이 계속적으로 더 많이 필요하다(Ford & Harris, 1995). 교사와 교장, 학교 상담자와 심리학자 및 지역사회 상담자를 위한 전문화된 연수가 필요하다는 인식도 이 연구에서 다루어졌다.

교육 및 진로 개발

영재청소년들은 그들만의 독특한 진로 개발 유형을 가진다. 높은 학문적 재능과 진로 성숙도는 매우 관련이 높다(Kelly, 1992; Kelly & Colangelo, 1990). 영재학생들은 초등학교 시기부터 직업을 고려하기 시작하며, 또래들보다 장래 직업에 대한 많은 지식을 가지고 있다(Kelly & Cobb, 1991). 영재학생들은 성취 수준이 높기 때문에 집중적인 교육과정과 전문적 훈련을 필요로 하는 직업에 대한 열망이 크다(Kelly, 1994). 이러한 조숙한 진로 성숙도, 직업에 대한 지식, 높은 열망 때문에 영재학생은 특별한 상담을 필요로한다. 예를 들어, 영재학생에게는 이른 청소년기 때부터 체계적인 직업 탐색과 계획을 하게 해 줌으로써 도움을 줄 수 있다. 또한 이들에게는 대부분의 고등학교에서 제공하는 일상적인 진로 상담(career counseling)이 아닌 직업 정보를 소개해 줄 필요가 있으며, 대학원 및 전문적 훈련을 받을 수 있는 고등학교 및 대학의 교육과정을 계획할 수 있도록 도와주어야 한다. 그러나 불행하게도 현재 많은 영재 성인들이 청소년기 때 받았던 진로 상담이나 교육적 차원의 장래 계획 등이 만족스럽지 못하였다고 밝히고 있다(Kerr & Colangelo, 1988; Montgomery & Benbow, 1992; Post-Kramer & Perrone, 1983). 이 연구의 목적 중 하나는 영재학생이 가지고 있는 차별화된 진로 상담의 요구를 부모와 교육 전문가들이 인식하고 있는지 여부를 알아보기 위한 것이다.

연구 목적

영재학생을 위한 심리사회적 상담, 교육적 상담 및 진로 상담 등의 필요성에 대해서는 공감하고 있지만, 어떠한 유형의 상담 서비스가 영재학생에게 가장 좋은지에 대한 연구는 거의 없는 상황이다. 이 연구의 첫 번째 목적은 학부모, 교사, 상담자 및 관련 전문가들이 영재와 그 가족에게 어떠한 유형의 상담이 중요하다고 인식하고 있는지를 알아보고, 그러한 차별화된 상담을 개발할 수 있도록 하는 것이다. 두 번째 연구 목적은 학부모와 전문가의 인식 차이를 비교하는 것이다.

연구방법

연구 설계

이 연구는 전통적인 현장연구(Borg, Gall, & Gall, 1993; King & Lonquist,

사회적 · 정서적 문제, 미성취, 상담

1995)에서 볼 수 있는 요구사정 및 평가연구(Madaus, Scriven, & Stufflebeam, 1983)로, 지역의 의사결정을 도와주고 영재에 대한 상담의 필요성에 대한 지식의 토대를 구축하기 위해 실시되었다. Borland(1989)에 따르면, 영재에게 효과적인 프로그램이 되려면 "실증적인 요구사정을 포함하여 관련 당사자의 요구를 고려한 체계적이고 진단-처방적인 접근"(p. 73)이 이루어져야 한다.

이 연구에서 요구사정은 영재와 그 가족을 위한 다차원적 상담 서비스 센터(multi-service counseling center)의 체계적인 발전에 도움을 주기 위해 실시되었다. 지역의 학부모, 학교 인사, 지역사회 상담자 및 교수들을 표집 대상으로 설문조사를 실시하였다. 아울러 설문을 통해 수집된 응답자들의 인식, 즉 영재와 그 가족에게 필요하다고 생각하는 차별화된 상담 서비스가 무엇이라고 보는지에 대한 정보를 학교와 지역사회에 제공하였다.

설문 대상

설문지는 중서부 지역 대학의 토요일 프로그램 및 여름 프로그램에 참여한 학생들의 **학부모**, **영재교육 담당자**(또 이들이 속한 학군의 교사, 교장, 학교 상담자 및 학부모에게도 설문할 수 있도록 한 지침서를 동봉), 전화번호부의 업종별 안내에 나와 있는 **지역의 상담자**(이들의 동료에게 설문할 수 있도록 한 지침서를 동봉), 상담 관련 분야의 **교수**들에게 우편물을 보내 이루어졌다. 설문지 배포는 배포된 정확한 설문지의 수를 알 수 없는 방식을 사용하였다. 설문 결과, 총 335명으로부터 응답이 왔으며, 집단별로는 학부모(64명), 학교 인사(교사, 영재 프로그램 담당자, 학교 행정가, 학교장 등 238명), 지역사회에서 일하는 상담 전문가(15명), 상담 관련 분야 교수(18명) 등이었다.

자료 수집

설문지는 세 가지 유형, 즉 학부모용, 학교용, 상담자용(지역사회 상담자와 상담 관련 학과 교수)으로 나누어 사용하였다. 설문 문항은 영재들의 상담 요구와 관련된 선행연구를 철저히 분석한 후에 분류하여 사용하였다. 설문 문항 초안을 5명의 성인에게 예비조사로 실시하였는데 모든 문항에 응답을 하도록 하였으며, 오탈자나 오류 및 의미 전달의 명확성 부족 등이 있는지를 지적하게 하였다. 이들의 응답을 통해 새로운 설문지를 만들고 좀 더 많은 사람에게 현장 검증을 거친 다음 만족할 만한 마지막 설문 문항을 완성하였다.

설문지 형태는 대상자별로 조금씩 다르지만 핵심 문항은 동일하며, 각 설문지의 용어나 표현도 응답자를 고려하여 만들었다. 즉, 여섯 가지 핵심 영역(일반적 요구 6문항, 검사 및 평가 10문항, 생활지도 서비스 5문항, 훈련 및 교육 서비스 4문항, 상담 관련 12문항, 지문 4문항)에 대해 설문을 하였다. 응답자는 각 문항에 대해 5점 척도로 응답(전혀 필요없다: 1, 매우 필요하다: 5)하였다. 따라서 응답 점수가 높을수록 각 문항에서 물어본 상담에 대한 요구가 크다는 것을 의미한다. 각 핵심 영역의 끝에는 빈 공간을 남겨 두어 응답자가 자신의 의견을 자유롭게 적을 수 있도록 했는데, 몇 개 영역에서는 대부분의 응답자가 의견을 제시했다. 매우 자세하게 자신의 견해를 밝힌 사람도 많았다.

자료 분석

자료 분석은 양적인 방법과 질적인 방법을 모두 사용하였으며, 양적인 분석은 기술통계와 추리통계의 두 가지 방법을 사용하였다. 기술통계 분석에서는 전체 응답자(335명)가 각 문항에 Likert 척도로 응답한 것을 분석하였다. 즉, 평균과 표준편차를 구하였고, 특별히 점수가 높은 문항과 낮은 문항을 살펴보았다. 추리통계 분석에서는 6개 핵심 영역 중 각 영역(시험 및 측정, 생활지도 등)에 대한 합계 점수를 구한 다음, 각 영역의 합계 점수를 가지고 4집단(학부모, 학교 인사, 상담자, 교수) 간 응답의 차이를 비교하는 변량분석을 실시하였다. 합계 점수 간에 통계적으로 유의미한 차이가 있을 때는 각 하위 문항에 대해서도 변량분석을 실시하였다. 또한 학부모와 학교 인사 인식 간의 단순 비교도 실시하였다.

그리고 개방형 질문에 대해서는 질적 분석으로 내용 분석을 실시하였다. 학교 인사와 학부모들은 특히 영재들을 위한 상담 서비스에 대해서 의견을 많이 제시하였다. 질문에 대한 이들의 응답은 분석적 귀납 방식과 목록표(Goetz & LeCompte, 1984) 방식을 사용하여 범주화하고 분석하였다.

연구결과

양적 분석

일반적인 요구사정 문항과 6개 영역의 각 하위 문항들의 평균과 표준편차는 〈표 16-1〉과 같다. 각 영역의 하위 문항들을 합한 합계의 평균은 모두 4.0 이상이었는데, 이것은 응답자들이 6개 영역 모두에서 차별화된 상담 서비스가 필요하다고 인식하고 있음을 말해 주는 것이다. 일반 요구사정 문항에서 응답자들은 영재의 나이를 세 범주(3~11세 아동, 청소년, 성인 초기 단계)로 나누어서 응답하였다. 이 중에서 상담이 가장 필요하다고 인식한 시기는 청소년기(평균 = 4.28)였으며, 그 다음이 성인 초기(평균 = 4.04)와 아동기(평균 = 3.97)였다. 영재의 가족에 대한 상담도 매우 필요하다고 인식하고 있었다(평균 = 4.17).

검사 및 평가 서비스 이 영역에서 필요성을 가장 높게 인식하고 있는 것은 진로 흥미 평가(career interest assessment, 평균 = 4.39)이며, 그 다음이 개별 지능검사(평균 = 4.31)였다. 그리고 그 다음이 창의성과 행위예술, 과학, 인문학 등에서의 재능 검사(평균 = 4.30)이었다. 필요성을 가장 낮게 인식하는 항목은 집단 성취도검사(평균 = 3.14)였다. 이러한 응답이 나온 이유는 집단 성취도검사의 결과가 학교에서 실시하는 주 단위(statewide) 시험성적을 활용하면 된다고 인식하고 있기 때문이다. 이 영역의 문항 전체 평균은 4.00이었다.

생활지도 서비스 이 영역에서는 모든 항목에 대해 필요성을 높게 인식하고 있었다. 가장 높은 항목은 영재 부모에 대한 생활지도 상담(평균=4.47)이었으며, 그 다음이 교육 계획(평균=4.44)이었다. 이 영역의 문항 전체 평균은 4.34였다.

연수 및 교육 서비스 이 영역에서 필요성을 가장 높게 인식한 항목은 교사나 교장을 위한 연수 프로그램(평균=4.49)이었으며, 그 다음으로 학교 상담자와 심리학자를 위한 연수 프로그램(평균=4.46), 그리고 부모를 위한 교육 프로그램(평균=4.35)이었다. 필요성을 가장 낮게 인식한 항목은 지역사회 상담자를 위한 연수 프로그램(평균=4.06)이었다. 하지만 모든 항목에서 평균 4.00 이상으로 나온 것으로 보아, 학부모와 교사뿐만 아니라 지역사회의 상담자를 위해서도 별도의 전문화된 연수가 필요함을 높게 인식하고 있음을 알 수 있다. 이 영역의 문항 전체 평균은 4.34였다.

상담 관련 이 영역에서는 하위 문항 중 특히 네 가지 항목에서 높은 필요성을 인식하고 있는 것으로 나타났다. 또래 관계(평균=4.54), 정서적 적응(평균=4.53), 사회적 적응(평균=4.52), 스트레스 관리(평균=4.51)의 항목이다. 이 외에도 미성취(평균=4.38), 학교와 일의 관계(평균=4.27), 양육 및 가족 관계(각각 평균=4.26, 4.21), 우울(평균=4.22) 등에도 필요성을 높게 인식하고 있었다. 차별화된 상담의 필요성을 가장 낮게 인식하고 있는 항목은 가족 구성원의 죽음(평균=3.70), 이혼과 재혼(평균=3.92), 알코올이나 마약(평균=3.96)이었다. 응답자들의 반응을 분석해 보면, 필요성을 낮게 인식하는 세 가지 항목은 영재가 아닌 다른 청소년에게도 공통적으로 해당하는 항목이므로 영재에게 특별히 차별화된 상담을 제공할 필요는 없다고 인식하고 있음을 알 수 있다.

자문(Consulation) 응답자들에게 정서적, 행동적, 학문적 및 사회적 문제가 있을 때 대학에 있는 상담 센터에 상담을 받을 것인지를 물어보았다.

사회적·정서적 문제, 미성취, 상담

표 16-1	개별 조사 문항에 대한 기술적 자료		
		평 균	표준편차
일반적 요구사정 문항			
1. 영재청소년은 전문적인 생활지도와 상담 서비스를 받고 있다.		4.28	0.77
2. 영재의 가족은 영재를 키우는 동안에 전문적인 생활지도를 받고 있다.		4.17	0.80
3. 성인 초기 단계의 영재는 전문적인 생활지도와 상담 서비스를 받고 있다.		4.04	0.87
4. 영재아동(3~11세)은 전문적인 상담과 생활지도 서비스를 받고 있다.		3.97	0.86
합 계		4.12	0.84
검사 및 평가 서비스			
1. 진로 흥미 평가		4.39	0.84
2. 개별 지능검사		4.31	1.07
3. 재능검사		4.30	0.87
4. 개별 성취도 검사		4.11	1.19
5. 학습장애 검사		4.04	1.20
6. 성격검사		3.81	1.06
7. 집단 지능검사		3.31	1.26
8. 집단 성취도검사		3.15	1.27
합 계		4.00	0.96
생활지도 서비스			
1. 영재의 부모를 위한 생활지도		4.47	0.83
2. 교육 계획		4.44	0.84
3. 재능 계발 계획		4.33	0.80
4. 진로 계획		4.31	0.84
5. 진로 멘터링		4.14	0.91
합 계		4.34	0.84
연수 및 교육 서비스			
1. 교사나 교장을 위한 연수 프로그램		4.49	0.76
2. 학교 상담자와 심리학자를 위한 프로그램		4.46	0.80
3. 영재 양육을 위한 학부모 프로그램		4.35	0.81
4. 지역사회 상담자, 가족 치료사 등을 위한 연수 프로그램		4.06	0.80
합 계		4.34	0.80

표 16-1 (이어서)

	평균	표준편차
상담 관련		
1. 또래 관계	4.54	0.75
2. 정서적 적응	4.53	0.77
3. 사회적 적응	4.52	0.77
4. 스트레스 관리	4.51	0.78
5. 미성취	4.38	0.83
6. 학교와 일의 관계	4.27	0.82
7. 양육	4.26	0.91
8. 우울	4.22	0.93
9. 가족 관계	4.21	0.89
10. 알코올/마약	3.97	1.03
11. 이혼/재혼/계부모 양육	3.92	1.03
12. 가족 구성원의 죽음	3.70	1.10
합 계	4.25	0.92
자 문		
아래와 같은 경우, 나는 대학의 생활지도 및 상담 센터에서 제공하는 상담을 받을 것이다:		
1. 내 자녀에게 정서적 문제가 있을 경우	4.05	0.90
2. 내 자녀에게 행동장애가 있을 경우	4.09	0.94
3. 내 자녀에게 학업 문제가 있을 경우	4.05	0.90
4. 내 자녀에게 사회문제가 있을 경우	4.00	0.92
합 계	4.05	0.91

문항 간 응답의 차이는 거의 없었으며 모든 항목의 평균이 약 4.00으로 나타났다. 즉, 응답자들은 영재아동이 네 가지 하위 문항에 대한 문제가 발생했을 때, 전문적으로 훈련받은 전문가가 제공하는 차별화된 상담 서비스를 받을 의향이 높다는 것을 알 수 있다.

영역별 합계 점수의 집단 차이 네 집단(학부모, 학교 인사, 지역의 상담자, 대학 교수) 간 상담의 필요성에 대한 인식 차이는 크지 않았다. 즉, 관련 당사자들인 네 집단 모두 상담 서비스의 필요성에 대해 비슷하게 인식하고 있었다. 하지만 집단의 크기가 다르고, 특히 지역의 상담자와 대학 교수는 응답자 수가 매우 적었기 때문에 집단 간 차이 분석의 의미가 그리 크지는 않다.

검사 및 평가 영역에서 집단 간 통계적으로 유의미한 차이가 나타났다 ($F(3,316) = 3.10, p < .03$). 어느 집단 간에 차이가 있는지를 살펴보기 위해 실시한 사후검증 결과, 학부모 집단과 지역의 상담자 집단의 표준편차가 1.5 정도 떨어져 있긴 하지만 집단 간 유의미한 차이는 나타나지 않았다(학부모 평균 = 3.54, 학교 인사 평균 = 3.08, 지역의 상담자 평균 = 2.08, 교수 평균 = 2.82). 연수 및 교육 영역에서도 집단 간에 통계적으로 유의미한 차이가 있는 것으로 나타났다. 즉, $F(3,326) = 4.00, p < .008$이었다.

하위 문항별로 살펴보면, 영재 양육을 위한 학부모 프로그램의 필요성 항목($F(3,328) = 5.47, p < .001$)과 교사나 교장을 위한 프로그램의 필요성 항목($F(3,327) = 4.14, p < .007$)에서 집단 간 통계적으로 유의미한 차이가 나타났다. 즉, 영재 양육을 위한 학부모 프로그램의 필요성 항목에서는 지역의 상담자 집단(평균 = 4.87)과 학부모 집단(평균 = 4.10) 간 유의미한 차이가 나타났으며, 교사와 교장을 위한 프로그램의 필요성 항목에서는 지역의 상담자 집단(평균 = 5.00)과 학교 인사 집단(평균 = 4.43) 간 유의미한 차이가 나타났다. 다시 말하면, 학부모보다 상담자들이 학부모 프로그램의 필요성을 높게 인식하고 있었고, 교사와 교장보다 오히려 상담자들이 교사와 교장을 위한 프로그램의 필요성을 높게 인식하고 있었다.

질적 분석

많은 응답자가 개방형 응답을 통해 전반적으로 영재를 위한 상담이 증가될 필요성이 있다는 의견을 피력하였다. 이러한 견해는 다양하게 나타났는데, 한 학부모는 "학부모의 한 사람으로서, 도움이 필요할 때 위의 영역들에 대한 생활지도를 받을 수 있는 곳을 알고 있다면 정말 좋겠다."라고 응답하였다.

응답자 중 14명은 설문조사의 6개 영역 중 하나 또는 두 개 이상 영역의 마지막 부분에 "전부 필요하다."라고 기술하였다. 학교에 속해 있는 응답자 중 한 명은 "모든 영역의 서비스가 다 필요하다."라고 기술하였으며, 한 학부모는 "이 영역에 있는 모든 문항이 다 필요하다. 우리는 이 모든 항목에 대해 어려움을 겪고 있다."라고 응답하였다.

개방형 응답에서 가장 많이 언급된 영역 세 가지는 학부모 및 가족 상담과 교육(44명), 전문가를 위한 연수 및 훈련(42명), 교육 계획 및 진로 개발(38명)이었다. 이들 세 영역에 대해서 좀 더 자세히 기술하면 다음과 같다.

부모 및 가족 상담 서비스 부모(4명)와 학교 인사(6명) 모두 부모와 가족을 위한 생활지도 상담이 "가장 필요하다."라고 응답하였다. 즉, 응답자들은 영재 자녀들의 욕구를 이해하기 위해서는 부모에게도 교육이 필요하다고 인식하고 있었다. 예를 들어, 한 학교의 응답자는 "나는 영재 부모는 자녀가 무슨 생각을 어떻게 하고 있는지 알기가 힘들 것이라고 생각한다."라고 응답하였으며, 한 학부모는 "우리가 아는 영재의 학부모는 모두 생활지도, 특히 정서적인 것과 관련해서는 거의 절망적이다. 부모의 나이가 많으면 많을수록 학문적 습관 등과 관련된 부분이 힘들다."라고 기술하였다. 영재아동의 부모를 위한 지원 역시 중요한 요구 사항이었다. "영재의 부모에게는 다른 영재 부모와 함께할 수 있는 지원 체제가 필요하다. 집단 상담과 연수를 혼합하는 형태가 될 수도 있겠지만, 단순히 서로 상호작용하는 것만 해도 큰 도움이 될 것이다." 3명의 학교 응답자들은 양육 지원과 교육이 사회적, 정서적 상담의 성공에 아주 중요하다고 인식하고 있었다. 한 학교 응답자는 뛰어난 부모에게서 태어난 뛰어나지 못한 아이에게도 필요하다고 응답하였다.

교육 및 연수 10명의 학부모와 학교 인사 응답자들은, 대부분의 교육자가 영재의 사회적, 정서적 지도와 생활지도의 필요성을 이해하기 위해서 더 많은 교육과 연수가 필요하다고 기술하였다. 이들 중 학교에 속한 응답자들은 이러한 서비스를 제공하기 위해 가능한 연수가 무엇인지, 연수 대상자들은 누구여야 하는지 등, 연수 형태와 연수 대상자에 대해 질문하고 제언하였

사회적 · 정서적 문제, 미성취, 상담

다. 그리고 그러한 연수에는 학급 담임교사, 중등교사, 학교 상담자 및 학교 행정가가 포함되어야 한다고 하였다. 한 학교 응답자는 "특히 공립학교의 상담자에게 이와 같은 연수가 필요하다. 교사는 학급경영 전략과 상담 수업을 관찰함으로써 배울 수 있으며, 학교 행정가는 학교 체제가 허용하는 한 영재에 대한 최대한 많은 정보를 이용해야 한다."라고 기술하였다. 이러한 연수나 교육의 장애 요인에 대해서 학교 응답자들은 접근성의 제약(3명)과 시간의 제약(2명)을 들었다.

교육 계획 및 진로 개발 영재, 특히 고등학교 영재학생을 위해 전문화된 진로 사정과 그에 따른 지도가 필요하다는 응답이 많이 나타났다(11명). 학부모들은 "이러한 학생은 자신의 진로 목적과 열정에 초점을 맞출 수 있도록 도와주는 도움이 절실하다."라고 했고, "내가 해 주고 싶은 것은 영재학생이 직업을 선택할 수 있도록 해 주는 것이며, 자신의 재능이 무엇인지 알고 그 재능을 어떻게 생산적으로 사용할 수 있는지를 알게 해 주고 싶다."라고도 했다. 학교에 속한 응답자 한 명은 기존의 진로 사정 도구를 영재에게 사용하기에는 부적절하다는 의견을 제시하기도 하였다.

특수 모집단 개방형 응답에서 가장 필요하다고 언급된 세 가지 상담 영역 외에, 소수의 학교 인사와 부모들은 영재의 미성취(10명)와 학습장애(10명)와 같은 특수 집단에 대한 상담의 필요성을 언급하였다. 이와 같은 특수 집단에 대해서는, 특히 학생에 대한 검사, 부모에 대한 지원, 위험 수준에 처한 영재학생을 우선순위로 두기 등을 강조하였다. 예를 들어, 한 학교 응답자는 "나에게 가장 필요한 것은 지능검사다. 즉, 성적이 매우 높으면서 학급 내 활동에서 문제를 보이는 학생들을 진단할 수 있는 도움을 받는 것이다."라고 하였다.

학습장애 영재를 키우는 한 학부모는 다음과 같은 방식의 지원이 필요하다고 기술하였다.

"부모나 지역사회가 전혀 이해하지 못하는 영재학생들도 많다. 나는 IQ는 130이 넘지만 학습장애를 보이는 자녀 한 명과 평균 이상의 성취를 보이는 학생 2명을 키우는 학부모로서, 교육받는 것보다 더 큰 도움이 필요하다. …자녀를 위해 최선을 다하면서 외로움을 느낄 때, 유사한 다른 가족들의 경험을 공유할 수 있다면 큰 도움이 될 것이다."

논 의

이 연구의 목적은 영재와 그 가족을 위한 대학의 상담 서비스 필요성에 대해 학부모와 학교 인사 및 전문가들이 어떻게 인식하고 있는지를 알아보는 것이었다. 설문조사를 통해 살펴본 결과, 응답자들은 거의 모든 영역에 대해 상담의 필요성을 인식하고 있었다. 그중에서도 검사 및 평가, 진로 지도와 교육 계획, 가족 상담, 영재 자녀를 가진 학부모와 교사를 위한 교육 및 연수에 대한 전문화된 상담이 필요하다고 인식하고 있었다. 이 연구결과를 특정 지역에 한정된 설문조사, 표집 절차의 간소화, 특정 집단의 경우 적은 응답자 등의 이유로 일반화하기에는 무리가 있다. 그러나 이 연구를 통해 학부모와 학교 인사 및 관련 전문가들은 영재를 위한 전문화된 상담의 필요성을 잘 알고 있었으며, 그럼에도 불구하고 그러한 요구를 어떻게 충족시킬 것인지에 대한 연수가 부족하다는 것을 알 수 있었다. 설문 응답자들은 영재아동과 그 가족을 위한 차별화된 상담이 지금보다 더 쉽고 더 활발히 이루어져야 한다는 통일된 의견을 보이고 있었다.

특히 필요하다고 인식된 상담은 매우 전문화된 분야이거나 비용이 많이 들어서 지역에서는 거의 이루어지지 않는 것들이었다. 예를 들어, 집단 성취도검사보다는 개별 지능검사의 필요성이 높게 나타났으며, 창의성이나 행위예술, 과학, 인문학 등에서의 재능검사 또한 매우 필요한 것으로 나타났다. 이와 같이 고도로 전문적이고 비용이 높은 재능검사 서비스는 많은 학

사회적 · 정서적 문제, 미성취, 상담

생들에게 제공되기 힘들기 때문이다.

많은 학부모와 교사들은 그들의 학생과 자녀가 매우 똑똑하다는 것을 알고 있다. 하지만 그러한 학생과 자녀의 지적 능력에 대한 프로파일을 제대로 알고 있지는 못하다. 매우 뛰어난 능력을 가지고 있지만 학습장애나 행동장애를 동시에 보이는 학생들, 특히 그러한 장애가 특수교육 서비스를 통해 확인되는 수준을 넘었거나 주에서 정의한 특수교육에 포함되지 않은 학생들(보통 주의력 결핍 및 과잉행동장애: ADHD)의 부모나 교사들에게는 진단검사가 아주 유용하다. 대부분의 학부모와 교사는 그러한 아동을 어떻게 다루어야 하는지 모른다(Moon & Dillon, 1995; Nielsen, Hammond, Higgins, & Williams, 1994). 또한 학부모는 장애가 없는 아이라도 그 능력 수준에 대해서는 잘 모르는 듯하다. 효과적인 교육 계획이 이루어지려면 개별 아동의 지적인 강점과 약점을 정확하게 측정해야만 한다(Betts, 1985; Feldhusen, Hoover, & Sayler, 1990; Feldhusen & Moon, 1995). 하지만 이러한 사실을 알고 있는 가정이나 학교는 거의 없다는 것이 이번 연구에서 나타났다.

후기 중등교육에서는 관심 분야의 진로 측정과 계획에 대한 명확한 요구가 나타났다. 많은 학교와 대학들이 생활지도 상담(guidance counseling)을 제공하고는 있지만, 영재학생이 원하는 고도로 전문화된 직업 및 훈련 프로그램에 대한 정보는 제공해 주지 못하고 있다(Kerr, 1986; Schroer & Dorn, 1986). 대부분의 학교 상담자들은 시간의 제약과 과중한 업무 부담 때문에, 재능 있는 학생의 발달을 극대화시킬 수 있는 교육 계획을 세우거나 안내해 주지 못하고 있다. 아울러, 교육 계획과 함께 영재학생을 위한 차별화된 진로계획(career planning)의 요구가 절실하였다. 영재를 위한 이러한 진로 계획에는 대학과 대학원 교육 및 전문적 훈련에 대한 계획까지 포함되어야 한다.

또한 영재아동의 가족들을 위한 가족 상담의 필요성이 두드러지게 나타났다. 다시 말하지만, 가족 상담은 전문화된 서비스로 인식되어야 한다. 가족 상담이 다른 상담에 비해 상대적으로 널리 이루어지고는 있지만, 영재들이 가족의 역학 관계에 어떠한 영향을 미치는지에 대해 알고 있는 가족 상담자들은 거의 없다. 아이가 영재라는 사실이 확인되면 아이 당사자와 부모 및 형제들에게도 영향을 미친다(Colangelo, 1991). 영재아에게 맞는 학문적 경험을 제공하기 위해 부모가 그 아동의 교육 프로그램을 바꾸면 이것이 모든 가족에게 영향을 미치게 되는 것이다(Hackney, 1981; Keirouz, 1990; Moon, Jurich, & Feldhusen, 인쇄 중; Rimm, 1995; Silverman, 1993b). 이러한 사실은 영재교육 관련 문헌에는 많이 제시되고 있지만, 다른 분야에는 거의 알려져 있지 않다. 부모와 교사 모두가 가족 상담의 광범위한 효용성을 받아들이고 인정해야 한다.

학교 인사와 학부모를 위한 연수 및 교육 서비스 또한 매우 시급한 것으로 나타났다. 연구결과, 학교는 교사, 행정가, 상담자 및 학교 심리학자를 대상으로 영재가 필요로 하는 독특한 상담 요구와 관련된 현직 연수를 제공할 필요가 있는 것으로 드러났으며, 대학은 이들 전문가 집단을 위해 학부와 대학원 프로그램에 영재 관련 과목을 포함시킬 필요가 있는 것으로 나타났다. 부모 교육(parent education)은 여러 가지 다양한 형태로 제공될 수 있다. 학교나 정신건강원 및 대학교 모두가 영재의 학부모 지원의 후원자가 될 수 있다. 또한 학부모들을 '영재의 사회적 · 정서적 욕구 지원(Supporting the Social and Emotional Needs of the Gifted : SENG)' 컨퍼런스에 참석시키거나, '미국영재협회(National Association for Gifted and Talented Children)' 또는 '특수아동의 이익집단 위원회(TAG)' 등에 참여하도록 할 수도 있다.

전반적으로 이 연구에서의 요구사정은 매우 유용하였다. 요구사정 결과, 영재를 위한 전문화된 상담 서비스 필요성에 대한 인식은 매우 높았지만, 그러한 상담 서비스나 상담 인력은 부족한 것으로 나타났다. 이 연구의 결과는 영재를 위한 세 가지의 통합 서비스(교육심리학적 측정, 사회적 · 정서적 관심과 미성취에 대한 가족 상담, 교육 및 진로 계획)를 제공하는 학제적 상담센터(interdisciplinary counseling center)를 세우려는 사람들에게 활용될 수 있다. 또한 영재를 위한 상담 서비스 제공에 관심이 있는 다른 사람들(학교, 지역사회, 대학교 등 어디에 속해 있든 상관없음)에게도 의의가 큰 연구다. 이와 같은

사회적 · 정서적 문제, 미성취, 상담

상담 서비스는 기존의 상담과는 달라야 한다. 즉, 영재의 특별한 요구를 다룰 수 있는 차별화된 것이어야 한다. 또한 설문조사는 필요한 상담 서비스를 제공하기 위해 간학문적(학제적) 협력(interdisciplinary cooperation)의 필요성을 드러내고 있다. 즉, 영재가 필요로 하는 차별화된 상담은 하나의 전문가 집단이 제공해서는 안 된다. 영재의 상담 욕구를 충족시켜 주고 싶어 하는 학교 및 상담센터는 교육자, 상담자, 사회사업가, 가족 치료사, 심리학자 등 다양한 집단의 전문가들과 함께 활발한 협력을 해야만 한다.

참고문헌

Barton, J. M., & Starnes, W. T. (1989). Identifying distinguishing characteristics of gifted and talented/learning disabled students. *Roeper Review, 12*(1), 23-28.

Betts, G. T. (1985). *The autonomous leaner model for the gifted and talented.* Fort Collins, CO: Alps.

Bloom, B. S. (Ed.) (1985). *Developing talent in young people.* New York: Ballentine Books.

Boodoo, G. M., Bradley, C. L., Frontera, R. L., Pitts, J. R., & Wright, L. B. (1989). A. survey of procedures used for identifying gifted learning disabled children. *Gifted Child Quarterly, 33,* 110-114.

Borg, W. R., Gall, J. P., & Gall, M. D. (1993). *Applying educational research: A practical guide.* New York: Longman.

Borland, J. H. (1989). *Planning and implementing programs for the gifted.* New York: Teachers College Press.

Clark, G. A., & Zimmerman, E. D. (1984). *Educating artistically talented students.* Syracuse, NY: Syracuse University Press.

Clasen, D. R., & Clasen, R. E. (1995). Underachievement of highly able students and the peer society. *Gifted and Talented International, 10,* 67-76.

Colangelo, N. (1988). Families of gifted children: The next ten years. *Roeper*

Review, 11, 16-54.

Colangelo, N. (1991). Counseling gifted students. In N. Colangelo & G. A. Davis (Eds.), *Handbook of gifted education* (pp. 273-284). Boston, MA: Allyn & Bacon.

Colangelo, N., Kerr, B., Christensen, P., & Maxey, J. (1993). A comparison of gifted underachievers and gifted high achievers. *Gifted Child Quarterly, 37*, 155-160.

Compton, M. F. (1982). The gifted underachiever in middle school. *Roeper Review, 4*(4), 23-25.

Cross, T. L., Coleman, L. J., & Terhaar-Yonkers, M. (1991). The social cognition of gifted adolescents in schools: Managing the stigma of giftedness. *Journal for the Education of the Gifted, 15*, 44-55.

Dauber, S. L., & Benbow, C. P. (1990). Aspects of personality and peer relations of extremely talented adolescents. *Gifted Child Quarterly, 34*, 10-15.

Deiulio, J. M. (1984). Attitudes of school counselors and psychologists toward gifted children. *Journal for the Education of the Gifted, 7*, 164-169.

Dettman, D. F., & Colangelo, N. (1980). A functional model for counseling parents of gifted students. *Gifted Child Quarterly, 24*, 158-161.

Dewdall, C. B., & Colangelo, N. (1982). Underachieving gifted students: Review and implications. *Gifted Child Quarterly, 26*, 179-180.

Falk, C. R. (1987, September). Children's perceptions of the effects of divorce on school life. Paper presented at the annual convention of the American Psychological Association, New York.

Feldhusen, J. E. (1995). *Talent identification and development in education*, 2nd ed. Sarasota, FL: Center for Creative Learning.

Feldhusen, J. F., & Baska, L. K. (1989). Identification and assessment; of the gifted. In J. F. Feldhusen, J. Van Tassel-Baska, & K. Seeley (Eds.), *Excellence in educating the gifted* (pp. 84-101). Denver: Love.

Feldhusen, J. F., & Jarwan, F. A. (1993). Identification of gifted and talented youth for educational programs. In K. A. Heller, F. J. Monks, & A. H. Passow (Eds.), *International Handbook of Reseach and Development of Giftedness and Talent* (pp. 233-251). Oxford, England: Pergamon.

Feldhusen, J. F., & Moon, S. M. (1995). The educational continuum and delivery of services. In J. L. Genshaft, M. Birely, & C. L. Hollinger (Eds.), *Serving gifted and talented students: A resource for school personnel* (pp. 103-121). Austin, TX: PRO-ED.

Feldhusen, J. F., Hoover, S. M., & Sayler, M. F. (1990). *Identifying and educating gifted students at the secondary level.* Monroe, NY: Trillium Press.

Fine, M. J., & Pitts, R. (1980). Intervention with underachieving gifted children: Rationale and strategies. *Gifted Child Quarterly, 24,* 51-55.

Ford, D. Y. (1995). *Counseling gifted African American students: Promoting achievement, identity, and social and emotional well-being.* Storrs, CT: National Research Center for the Gifted and Talented.

Ford, D. Y., & Harris, J. (1995). Exploring university counselors' perceptions of distinctions between gifted black and gifted white students. *Journal of Counseling and Development, 73,* 443-450.

Ford, M. (1989). Students' perceptions of affective issues impacting their social emotional development and school performance of gifted/talented youngsters. *Roeper Review, 11*(3), 131-134.

Fox, L. H. (1983). Gifted students with reading problems: An empirical study, In L. H. Fox (Ed.), *Learning-disabled gifted children* (pp. 117-139). Baltimore: University Park Press.

Frederickson, R. H. (1986). Preparing gifted and talented students for the world of work. *Journal of Counseling and Development, 64,* 556-557.

Gardner, H. (1983). *Frames of mind: The theory of multiple intelligences.* New York: Basic Books.

Gelbrich, J. A., & Hare, E. K. (1989). The effects of single parenthood on school achievement in a gifted population. *Gifted Child Quarterly: 33,* 115-117.

Genshaft, J. L., Greenbaum, S., & Borovsky, S. (1995). Stress and the gifted. In J. L. Genshaft, M. Birelyr, & C. L. Hollinger (Eds.). *Serving gifted and talented students: A resource for school personnel* (pp. 257-268). Austin, TX: PRO-ED.

Goetz, J. R., & LeCompte, M. D. (1984). *Ethnography and qualitative design in educational research.* San Diego, CA: Academic Press.

Gross, U. M. (1989). The pursuit of excellence or the search for intimacy? The forced-choice dilemma of gifted youth. *Roeper Review, 11,* 189-194.

Hackney, H. (1981). The gifted child, the family, and the school. *Gifted Child Quarterly, 25,* 51-54.

Hafenstein, N. L. (1985, September). Pyschological intensities in your gifted children. Paper presented at the Esther Katz Rosen Symposium on the Psychological Development of Gifted Children, Lawrence, KS.

Hoge, R. D., & Renzulli, J. S. (1991). *Self-concept and the gifted child.* Storrs, CT: National Research Center on the Gifted and Talented.

Hoge, R. D., & Renzulli, J. S. (1993). Exploring the link between giftedness and self-concept. *Review of Educational Research, 65,* 449-465.

Hollinger, C. L. (1995). Counseling gifted young women about educational and career choices. In J, L. Genshaft, M. Bireley, & C. L. Hollinger (Eds.). *Serving gifed and talented students: A resource for school personnel* (pp. 337-350). Austin, TX: PRO-ED.

Hollingworth, L. S. (1926). *Gifted children: Their nature and nurture.* New York: Macmillan.

Janos, P. M., & Robinson, N. M. (1985). Psychosocial development in intellectually gifted children. In F. D. Horowitz, & M. O'Brien (Eds.), *The gifted and talented: Developmental perspectives* (pp. 149-195). Washington, DC: American Psychological Association.

Keirouz, K.S. (1990). Concerns of parents of gifted children: A research review. *Gifted Child Quarterly, 34,* 56-63.

Kellyr, K. R. (1992). Career maturity of young gifted adolescents: A replication study, *Journal for the Education of the Gifted, 16,* 36-45.

Kelly, K. R. (1994). Careel planning and counseling for highly able students. In J. B. Hansen and S. M. Hoover (Eds.), *Talent development theories and practice* (pp. 281-296). Dubuque, IA: Kendall/Hunt Publishing Company.

Kelly, K. R., & Cobb, S. J. (1991). A profile of the career development characteristics of young gifted adolescents: Examining gender and multicultural differences. *Roeper Review, 13*, 168-175.

Kellyr K. R., & Colangelo, N. (1990). Effects of academic ability and gender on career development. *Journal for the Education of the Gifted, 13*, 168-175.

Kerr, B. (1991). *Handbook for counseling the gifted and talented.* Alexandria, VA: AACD.

Kerr, B. A. (1986). Career counseling for the gifted. Assessments and interventions. *Journal of Counseling and Development, 64*, 602-604.

Kerr, B. A. (1988). The college plans of academically talented students. *Journal of Counseling and Development, 67*, 42-49.

Kerr, B., & Colangelo, N. (1988). The college plans of academically talented students. *Journal of Counseling and Development, 67*, 42-49.

King, J. P., & Lonquist, M. D. (1995, April). A review of writing on action research. Paper presented at the American Educational Research Association, San Francisco.

Kitano, M. K. (1990). Intellectual abilities and psychological intensities in young children: Implications for the gifted. *Roeper Review, 13*(1), 5-10.

Kolb, L., & Jussim, K. J. (1993). Teacher expectations and underachieving gifted children. *Roeper Review, 17*(1), 26-30.

Lewis, R. B., Kitano, M. K., & Lynch, E. M. (1992). Psychological intensities in gifted adults. *Roeper Review, 15*(1), 25-31.

Lovecky, D. V. (1992). Exploring social and emotional aspects of giftedness in children. *Roeper Review, 15*(1), 18-25.

Madaus, G. F., Scriven, M., & Stufflebeam, D. L. (1983). *Evaluation models: Viewpoint educational and human Services evaluation* (PP. 23-43). Boston: Kluwer-Nijhoff.

Maker, J. (1996). Identification of gifted minority students: A national problem, needed changes, and a promising solution. *Gifted Child Quarterly, 40*, 41-50.

McMann, M., & Olive., R. (1988). Problems in families with gifted children: Implications for counselors. *Journal of Counseling and Development,*

66, 275-278.

Meckstroth, E. A. (1991). Guiding parents of gifted children: The role of counselors and teachers. In R. M. Milgram (Ed.), *Counseling gifted and talented children: A guide for teachers, counselors, and parents* (pp. 95-120). Norwood, NI: Ablex.

Mendaglio, S. (1993). Counseling gifted learning disabled: Individual and group counseling techniques. In L. K. Silverman (Ed.), *Counseling the gifted and talented* (pp. 131-150). Denver: Love.

Milgram, R. M. (1991). *Counseling gifted and talented children: A guide for teachers, counselors, and parents.* Norwood, NJ: Ablex.

Montgomery, J. L., & Benbow, C. P. (1992). Factors that influence the career aspirations of mathematically precocious females. In N. Colangelo, S. G. Assouline, & D. L. Ambroson (Eds.), *Talent development: Proceedings from the 1991 Henry B. and Jocelyn Wallace National Research Symposium on Talent Develoment* (pp. 384-386). Unionville, NY: Trillium Press.

Moon, S. M., & Dillon, D. R. (1995). Multiple exceptionalities: A case study. *Journal for the Education of the Gifted, 18*, 111-130.

Moon, S. M., Jurich, J. A., & Feldhusen, J. F. (in press). Families of gifted children: Cradles of development. In R. Friedman (Ed.), *Talent in context: Historical and social perspectives.* Washington, DC: APA.

Moon, S. M., Nelson, R. S., & Piercy, F. P. (1993). Family therapy with a highly gifted adolescent. *Journal of Family Psychotherapy, 4*, 1-16.

Myers, R. S., & Pace, T. M. (1986). Counseling gifted and talented students: Historical perspectives and contemporary issues. *Journal of Counseling and Development, 64*, 548-550.

Nielsen, M. E., Hammond, A. E., Higgins, L. D., & Williams, R. A. (1994). Gifted children with disabilities. *Gifted Child Today, 16*(5), 29-36.

Olszewski, R., Kulieke, M., & Buescher, T. (1987). The influence of the family environment on the development of talent: A literature review. *Journal for the Education of the Gifted, 11*, 6-28.

Passow, A. H. (1991). A neglected component of nurturing giftedness:

사회적 · 정서적 문제, 미성취, 상담

Affective development. *European Journal for High Ability, 2*, 5-11.

Peterson, J. S., & Colangelo, N. (1996). Gifted achievers and underachievers: A comparison of patterns found in school files. *Journal of Counseling and Development, 74*, 399-407

Pirozzo, R. (1982). Gifted underachievers. *Roeper Review, 4*(4), 18-21.

Plucker, J. A. (1996). Gifted Asian-American students: Identification, curricular, and counseling concerns. *Journal for the Education of the Gifted, 19*, 315-443.

Porter, G., & Meyers, J. (1995). Family consultation as an approach to providing psychoeducational services to gifted children. In J. L. Genshaft, M. Bireley, & C. L. Hollinger (Eds.). *Serving gifted and talented students: A resource for school Personnel* (pp. 303-322). Austin, TX: PRO-ED.

Post-Kammer, P., & Perrone, P. (1983). Career perceptions of talented individuals: A follow-up study. *The Vocational Guidance Quarterly, 51*, 203-211.

Proctor, T. B., Feldhusen, J. E., & Black, K. N. (1988). Guidelines for early admission to elementary school. *Psyrhology in the Schools, 25*, 41-43.

Renzulli, J. S., & Reis, S. M. (1985). *The schoolwide enrichment model: A plan for comprehensive educational excellence.* Mansfield Center, CT: Creative Learning Press.

Rimm, S. B. (1995a). Impact of family patterns upon the development of giftedness. In J. L. Genshaft, M. Bireley, & C. L. Hollinger (Eds.). *Serving gifted and talented students: A resource for school personnel* (pp. 243-256). Austin, TX: PRO-ED.

Rimm, S. B. (1995b). Underachievement syndrome in gifted students. In J. L. Genshaft, M. Birely, & C. L. Hollinger. (Eds.). *Serving gifted and talented students: A resourre for srhool personnel* (pp. 173-200). Austin, TX: PRO-ED.

Rimm, S. B. (1995c). *Why bright kids get poor grades and what you can do about it.* New York: Crown.

Rimm, S. B., &. Lowe, B. (1988). Family environments of underachieving gifted children *Gifted Child Quarterly, 52,* 353-359.

Roberts, S. M., & Lovett, S. B. (1994). Examining the "F" in gifted: Academically gifted adolescents' physiological and affective responses to scholastic failure. *Journal for the Education of the Gifted, 17,* 241-259.

Robinson, A. (1986). The identification of gifted children. What does research tell us? In K. A. Heller. & J. F. Feldhusen (Eds.), *Identifying and nurturing the gifted. An international perspective* (pp. 103-109). Toronto: Hans Huber.

Robinson, N, M., & Noble, K. D. (1991). Social-emotional development and adjustment of gifted children. In M. C. Wang, M. C. Reynolds, & H. J. Walberg (Eds.), *Handbook of special education: Research and practice* (Vol. 2, pp. 57-76). New York: Pergamon press.

Schiff, M. M., Kaufman, A. S., & Kaufman, N. L. (1981). Scatter analysis of WISC-R profiles for learning disabled children with superior intelligence. *Journal of Learning Disabilities, 14,* 400-403.

Schroer, A. C. P., & Dorn, F. J. (1986). Enhancing the career and personal development of gifted college students. *Journal of Counseling and Development, 64,* 567-571.

Shore, B. M., Cornell, D. G., Robinson, A., & Ward, S. (1991). *Recommended practices in gifted education.* New York: Teachers College Press.

Silverman, L. K. (1989). The highly gifted. In J F. Feldhusen, J. Van Tassel-Baska, & K. Seeley (Eds.), *Excellence in educating the gifted* (pp. 71-83). Denver: Love.

Silverman, L. K. (1991). Preventive counseling for the gifted. *Understanding Our Gifted,* 3(4), *1,* 11-13.

Silverman, L. K. (Ed.) (1993a). *Counseling the gifted and talented.* Denver: Love Publishing Co.

Silverman, L. K. (1993b). Counseling Families. In L. K. Silverman (Ed.), *Counseling the gifted and talented* (pp. 151-178). Denver: Love.

Silverman, L. K. (1993c). Social development, leadership, & gender issues. In L. K. Silverman (Ed.), *Counseling the gifted and talented* (pp. 291-328). Denver: Love.

사회적 · 정서적 문제, 미성취, 상담

Silverman, L. K. (1995). Highly gifted children. In J. L. Genshaft, M. Bireley, & C. L. Hollinger (Eds.). *Serving gifted and talented students: A resource for school Personnel* (pp. 217-240). Austin, TX: PRO-ED.

Silverman, L. K. (1994). The moral sensitivity of gifted children and the evolution of society. *Roeper Review, 17*(2), 110-116.

Silverman, L. K., & Kearney, K. (1989). Parents of the extraordinarily gifted. *Advanced Development, 1,* 41-56.

Sowa, C. J., McIntire, J., May, K., & Bland, L. (1994). Social and emotional adjustment themes across gifted children. *Roeper Review, 17*(2), 95-98.

Suter, D. P., & Wolf, J. S. (1987). Issues in the identification and programming of the gifted/learning disabled child. *Journal for the Edutntion of the Gifted, 10,* 227-237.

Swiatek, M. A. (1995). An empirical investigation of the social coping strategies used by gifted adolescents. *Gifted Child Quarterly, 59,* 154-161.

Tannenbaum, A. J. (1983). *Gifted children: Psychological and educational perspective.* New York: Macmillan.

Van Tassel-Baska, J. (1990). *A practical guide to counseling the gifted in a school setting.* Reston, VA: Council for Exceptional Children.

Waldroo, P. B. (1990). A structure for affective education for young gifted children. *Early Child Development and Care, 65,* 119-129.

Webb, J. T., & Devries, A. R. (1993). *Training manual for facilitators of SENC model group discussions.* Dayton, OH: Ohio Psychology Press.

Webb, J. T., Meckstroth, E. A., & Tolan, S. S. (1982). *Guiding the gifted child.* Columbus, OH: Ohio Psychology.

Wieczerkowski, W., & Prado, T. M. (1991). Parental fears and expectations from the point of view of a counseling center for the gifted. *European Journal of High Ability: 2,* 56-72.

Wiener, J. L. (1968). Attitudes of psychologists and pscyhometrists toward gifted children and programs for the gifted. *Exceptional Children, 34,* 354.

Zuccone, C. F., & Amerikaner, M. (1986). Counseling gifted underachievers: A family systems approach. *Journal of Counseling and Development, 64,* 590-592.

찾아보기

인 명

Allen, J. 277
Ambrose, D. 277
Anastasi, A. 222, 224
Arnold, K. 275
Ascher, C. 276

Baker, J. A. 83
Baum, S. 302, 311
Behrend, J. 320
Benjamin Bloom 371
Berndt, D. J. 115, 328
Boodoo, G. 377
Borland, J. H. 383
Bradley, C. L. 377
Britton, J. 368, 369
Brookshire, W. K. 69
Burgess, T. 368
Butler-Por, N. 311

Clark, W. W. 378
Colangelo, N. 222, 311, 312, 339
Corbin, J. 282
Cornale, M. 320
Csikszentmihalyi, M. 278

Deiulio, J. 381
Denzin, N. 279
Diaz, E. 328, 380

Dowdall, C. 222, 311, 339
Dunlap, J. 355

Emerick, L. J. 311, 321, 336, 337
Erdwins, C. 33, 57
Evahn, C. 339

Fine, M. J. 312
Flaxman, E. 276
Folkman, S. 127
Ford, D. 316, 381
Frontera, R. L. 377

Gallagher, J. J. 313
Goldberg, M. D. 241
Goodman, K. 365
Gowan, J. C. 312
Green, K. 312

Hébert, T. P. 302, 311, 328
Halpern, R. 278
Harrington, C. 276
Harris, J. 381
Harter, S. 103
Heacox, D. 327
Heath, S. B. 277, 278
Holland, V. 321
Hollingshead, A. B. 103
Huntley, S. 277

Javits, J. K. 174
Jean A. Baker 83

Kaiser, C. F. 115
Kaufman, F. 241, 277
Kratzerl, L. 339
Krouse, J. H. 312

Larson, K. A. 331
Lazarus, R. S. 127
Lehman, E. B. 33, 57
Levinson, D. J. 276
Lowe, B. 323
Lupart, J. L. 313

Mandel, H. P. 319, 323, 327
Manos, R. 320
Marcus, S. I. 319, 327
Marland, S. P. 354
Maxfield, L. R. 328
May, K. M. 37, 39
McCall, R. B. 339
McCoach, D. B. 40
McLaughlin, M. W. 277, 278
Meredith, R. 365
Moon, S. M. 31
Morrow, W. R. 355

Neely, R. 277

내 용

편저자 소개

Sally M. Reis

Sally M. Reis는 코네티컷(Connecticut) 대학교의 교육심리학과 학과장이며, 국립영재연구소의 책임 연구원으로 활동하고 있다. 15년 동안의 교사 재직 기간 중에서 11년을 초·중·고등학교에서 영재를 가르쳤다. 130여 편의 논문, 9권의 책, 그리고 수많은 연구 보고서를 집필하였다.

그녀의 연구대상은 학습장애 학생, 여성 영재, 재능 있는 학생 등 영재와 재능을 지닌 학생이다. 특히, 영재를 위한 학교전체 심화학습모형의 확장뿐 아니라, 이전에 영재로 판별되지 않은 학생의 잠재력과 재능을 확인하기 위해 일반적인 강화를 제공하고 강의를 늘리는 데도 노력을 기울이고 있다.

또한 워크숍을 운영하며, 학교의 영재교육, 심화 프로그램, 재능발달 프로그램의 전문성 개발을 위해 여러 곳을 다니며 힘쓰고 있다. 『The Schoolwide Enrichment Model』 『The Secondary Triad Model』 『Dilemmas in Talent Development in the Middle Years』의 공동 저자이며, 1998년에는 여성의 재능 발달을 다룬 『Work Left Undone: Choices and compromises of Talented Females』를 출판하였다. 그리고 『Gifted child Quarterly』를 포함한 여러 저널 위원회의 편집 위원으로 활동하면서, 미국영재학회 회장을 역임하였다.

Sidney M. Moon

Sidney M. Moon은 퍼듀 대학교(Purdue University)의 영재교육 교수이자 영재교육 자료 연구원(Gifted Education Resource Institute)의 이사다. 그녀는 25년 동안 부모, 상담가, 교사, 관리자, 연구자로서 영재교육 분야에서 적극적으로 활동하였다. 60권 이상의 책, 논문, 책의 장 집필을 통해 영재교육 분야에 공헌해 왔다. 가장 최근에 출간된 책은 공동 편집본인 『영재아의 사회적·정서적 발달: 우리는 무엇을 알고 있는가?(The social and emotional development of gifted children: What do we know?)』다. 미국영재학회(National Association for Gifted Children)에서도 적극적으로 활동하고 있다. 현재 이 학회의 이사회, 편집위원회, 정의적 교육과정 특별전문위원회에서 영재교육을 위해 애쓰고 있다. 주로 STEM 학문(과학, 테크놀로지, 공학, 수학)에서의 재능 계발과 개인적 재능 계발에 관심을 두고 연구 중이다.

역자 소개

문 은 식

충남대학교 교육학과 졸업

충남대학교 대학원(교육학 석 · 박사)

한국교육과정평가원 파견교사

한국교육심리학회 및 한국영재교육학회 이사

(현재) 강원대학교 영 · 유아보육학과 교수

〈주요 저서 및 논문〉

교육심리학(공저, 공동체, 2007)

중학생의 심리적 안녕에 관련되는 사회 · 동기적 변인들의 구조적 분석(교육심리연구, 2007)

중 · 고등학생이 지각한 사회적 지지와 심리적 안녕 및 학교생활 적응의 관계(교육심리 연구, 2005)

청소년의 학교생활 적응에 영향을 미치는 사회 · 심리적 변인들의 구조적 분석(교육심리 연구, 2002)

송 의 열

공주대학교 사범대학 교육학과 졸업

중앙대학교 대학원 유아교육학과(문학석사)

건국대학교 대학원 교육학과(교육학박사)

한국영재학회 평생회원, 한국영재교육학회 이사

(현재) 공주영상대학 유아교육과 교수

〈주요 저서 및 논문〉

인간 이해를 위한 심리학(공저, 상지사, 1996)

교육학 개론(공저, 상지사, 1997)

교육심리학 용어사전(공저, 학지사, 2000)

교육심리의 이해(공저, 도서출판 보성, 2001)

에니어그램: 성공하는 사람의 성격 관리(공역, 학지사, 2001)

에니어그램 지능(공역, 교육과학사, 2003)

초등학생용 갈등해결활동 프로그램(공역, 시그마프레스, 2005)

중·고등학생용 갈등해결활동 프로그램(공역, 시그마프레스, 2006)

영재 아동의 사회 정서적 특성과 스트레스 대처 행동의 이해(영재와 영재교육, 2002)

최 지 영

숙명여자대학교 교육심리학과 졸업

서울대학교 대학원 교육학과 교육학 석사

미네소타대학교 교육심리학과 박사

건국대학교, 숙명여자대학교, 서울대학교 강사

(현재) 서울대학교 교육연구소 한국인적자원연구센터 선임연구원

〈주요 저서 및 논문〉

청소년 자녀에게 날개를(공저, 인간과 자연사, 2005)

학교폭력 예방과 상담(공저, 학지사, 2006)

도덕심리학의 관점에서 본 치과대학생의 전문직업의식 발달경향(교육심리연구, 2007)

Relationship between Moral Judgment Development and Political Attitude(SNU Journal of Education Research, 2005)

송 영 명

경북대학교 교육학과 졸업

경북대학교 대학원(교육학 석사, 박사 수료)

영진전문대학 아동창의성계발연구소 상근 연구원

(현재) 경북대학교 강사

〈주요 논문〉

협동학습이 자아존중감에 미치는 효과 분석(중등교육연구, 2007)

자기조절학습전략, 자기효능감 및 학업성취도 수준에 따른 학업적 동기와 자기평가의 차이(중등교육연구, 2005)

영재교육필독시리즈 제8권

사회적 · 정서적 문제, 미성취, 상담
Social/Emotional Issues, Underachievement, and Counseling of Gifted and Talented Students

2008년 1월 8일 1판 1쇄 인쇄
2008년 1월 15일 1판 1쇄 발행
엮은이 • Sidney M. Moon
옮긴이 • 문은식 · 송의열 · 최지영 · 송영명
펴낸이 • 김진환
펴낸곳 • 학지사
121-837 서울시 마포구 서교동 352-29 마인드월드빌딩 5층
대표전화 • 02-326-1500   팩스 • 02-324-2345
등록 • 1992년 2월 19일 제2-1329호
홈페이지 www.hakjisa.co.kr
ISBN 978-89-5891-548-5 94370
      978-89-5891-540-9 (전13권)
가격 17,000원

역자와의 협약으로 인지를 생략합니다.
잘못 만들어진 책은 구입처에서 교환하여 드립니다.

인터넷 학술논문 원문 서비스 뉴논문 www.newnonmun.com